안승일 安承壹

한국외국어대학교 독일어과와 동 대학원에서 수학하였으며, 한국은행에서 근무한 후 현재
는 자유기고가로 저술활동을 하고 있다.
주요 저서로는『혁명에 배반당한 비운의 혁명가들』(2004, KBS '화제의 책' 선정),『조선 엘리트
파워 김옥균과 젊은 그들의 모험』(2012) 등이 있으며, 연구 논문은『소외의식의 극복-프란츠
카프카의「변신」을 중심으로』, 번역문은 고트프리트 A. 뷔르거의『레노레(Lenore)』등이 있다.

열정의 천재들 광기의 천재들

2014년 5월 10일 초판 1쇄 인쇄
2014년 5월 15일 초판 1쇄 발행

지은이 안승일
펴낸이 권오상
펴낸곳 연암서가

등록 2007년 10월 8일(제396-2007-00107호)
주소 경기도 고양시 일산서구 호수로 896번지 402-1101
전화 031-907-3010
팩스 031-912-3012
이메일 yeonamseoga@naver.com
ISBN 978-89-94054-55-1 03990

값 17,000원

열정의 천재들 광기의 천재들

안 승 일
지 음

연암서가

위대한 천재들의 드라마틱한 삶과 영혼의 목소리

인간은 위대하지 않아도
자유로울 수 있다.
그러나,
자유롭지 못해서는 결코 위대함에 이를 수 없다.

'자유로운 영혼의 순례자' 칼릴 지브란의 말이다. 이 책에서 이야기하
고자 하는 천재들도 불멸의 가치를 남겨 위대함에 이른 '자유로운 영혼'
들이다. 영혼이 자유롭지 못해서야 어떻게 위대한 업적을 달성할 수 있
겠는가? '미치지 않으면 미치지 못한다(不狂不及)'는 말이 있다. 어떤 일
에 미칠 정도로 몰두하지 않으면, 이루고자 하는 큰 목표점에 도달할 수
없다는 뜻이리라. 학문이나 힘으로 뛰어나고 고결한 품성으로 만인의 존
경을 받는 사람이라 해서 다 위대한 사람이라고 일컫는 것은 아니다. 인
간적인 약점에도 불구하고, 자신의 분야에서 어느 누구도 미칠 수 없는

위대한 업적을 달성하여 만인에게 이로움과 기쁨을 주는 사람, 그 사람이야말로 위대한 사람, 위대한 천재가 아니겠는가? 위대한 천재들의 특성에 대해서 철학자 쇼펜하우어는 이렇게 말하고 있다.

위대한 천재란 모든 시대를 초월하여 인류에게 불멸의 가치를 남긴 사람들만을 두고 하는 말이다. 그렇다고 해서 천재들의 재능이 그들에게 행복한 삶을 약속하는 것은 아니며, 오히려 그 반대인 경우가 많음을 알 수 있다. 그리고 천재들의 행동은 거의 모든 면에서 동시대와 모순되기 마련이므로, 외부세계와의 관계가 원만치 못하다. 그런가 하면 천재는 시대라는 유성의 궤도에 뛰어든 혜성과도 같은 존재라 할 수 있다. 그 궤도의 규칙적인, 그리고 명확히 들여다볼 수 있는 질서의 세계에서 보면, 혜성의 변덕스러운 진로는 매우 기이하게 보인다. 따라서 천재는 오래 전에 확립된 시대의 규칙적인 궤도에 진입할 수 없으며, 오히려 시대가 그의 능력을 뒤쫓아서 겨우 붙잡을 수 있는 아득히 먼 길에 내던져진다…… 또한 천재들의 이와 같은 속성을 광기라는 말과 결부시켜 이야기할 수 있는데, '광기를 지니지 않은 천재는 없다'고 단언한 아리스토텔레스의 말이나 '위대한 정신은 광기와 흡사하다'고 정의한 포프A. Pope의 말처럼 천재와 광기는 서로 밀접한 관계가 있을 뿐만 아니라 함께 뒤섞인 측면이 있다.

이처럼 보통사람들과 달리 시대를 앞서간 천재들은 살아생전에는 상당 기간, 어떤 경우에는 일생을 두고 세인의 몰이해와 기피의 대상이 되기도 하였다. 그럼에도 이들 천재들은 이에 굴하지 않고, 기존의 낡은 가치체계의 개혁과 '창조적 파괴(creative destruction)' 정신으로 어느 순간에 사라지는 것이 아닌 영원한 것을 추구하며 영육을 불살랐기 때문에 오랜 세월이 지난 오늘에 이르기까지 광채를 발하고 있다. 이 점이 바로 이 책에서 다루게 된 위대한 천재들의 공통인자이며 대상인물로 선정한 주된 기준이다.

저자는 이 책에서 다루고자 하는 8인의 인물들 중에 먼저 도스토옙스키를 앞세운다. 그는 인간의 본질적인 문제, 즉 선과 악, 신과 악마 사이에서의 인간적인 갈등과 고뇌를 거쳐 구원에 이르기까지의 과정을 무섭고 소름이 끼칠 정도로 세밀하게 해부하였다. 그의 작품 배경은 전원의 목가적인 분위기와는 거리가 먼, 음습한 도시 뒷골목과 그 속에서 힘겹게 다투며 살아가는 하층민들을 주 대상으로 하고 있다. 그는 작품 속의 여러 복잡한 군상들과 함께 고민하고 괴로워하면서, 그 속에 자신을 투영하여, 그들이 지닌 불행과 절망으로부터 공동 해방을 모색하였다. 이런 점들이 우리가 도스토옙스키에 빠져들어가는 이유일 것이다,

실존 철학자 니체는 현대 철학의 아이콘으로, 그는 기존의 낡은 가치체계를 거부하고 인간의 실존과 당시의 부패한 기독교 사회가 만든 거짓된 신이 아닌 진정한 신을 찾고자 몸부림쳤지만, 무신론자로 지탄받고 말았다. 그의 핵심 사상은 '허무주의 극복과 가치의 전도'로 특징지을 수 있다. 그는 기존의 낡은 가치를 부정하면서 새로운 가치를 적극 수용하고 그것이 새로운 것으로 전환되는 것이 허무주의의 극복이며 가치의 전도라고 규정하고, 이를 그의 철학의 귀결점으로 삼고 있다.

카를 마르크스, 어쩌면 그의 사상은 자본주의 경제학도와 식자들에게 두렵고 거북한 대상이지만, 이 시대에 사는 우리로서는 누구나 그의 사상에 알게 모르게 영향을 받고 있기 때문에 한 번은 치러야 할 홍역이나 다름없다. 마르크스는 주저 『자본론』을 통해서 자본주의의 모순과 비밀

을 논리정연하게 파헤쳤다. 자본가와 노동자, 나아가 노동자 간의 관계에서까지도 야기되는 인간 소외문제, 기업의 이윤증대와 노동착취로 야기되는 인간사회의 갈등구조, 이러한 문제들이 마르크스 사상에서 다루어지는 키워드들이다. 이제 우리는 아프지만, 마르크스 사상을 무조건 배격만 할 것이 아니라 자본주의 체제의 개선과 발전을 위해서라도 그의 사상과 『자본론』에 대한 차분한 접근을 보편화, 일반화해야 할 것이다.

고전 음악의 황제 베토벤, 그의 음악은 절망의 순간에 인간의 마음을 정화해 줌으로써 불멸의 가치를 남기고 있다. 그의 〈교향곡 5번(운명)〉과 〈교향곡 9번(합창)〉을 듣고 어느 누구인들 감동하지 않을 수 있겠는가? 그런가 하면 살아생전에 한 점의 유화밖에 팔지 못한 너무도 불행했던 천재 화가 반 고흐, 그의 천재성이 사후에 제대로 인정받아 오늘날 그의 많은 그림들이 거의 천문학적 가격으로 거래(〈의사 가셰의 초상〉이 사후 백 년이 지난 1990년 8,250만 달러에 거래됨)되고 있는 현실을 어떻게 받아들여야 할까? 가슴 아픈 일이다.

침체의 늪에 빠진 조각을 온갖 좌절과 시련을 딛고 참 예술로 부활시킨 세기의 거장 오귀스트 로댕, 그의 치열한 작가정신은 후배 예술인들에게는 물론 오늘을 살아가는 우리들에게도 많은 메시지를 주고 있다. 또한 노래에 살고 사랑에 살며 사랑할수록 사랑에 목말랐던 천재 가수 에디트 피아프, 그녀는 신이 내린 '천상의 목소리'로 삶에 지친 일반 대중들에게 슬픔으로부터 위로를, 절망으로부터 희망을 안겨 주면서 마지막까지 자신의 영혼을 깡그리 소진하였다. 그 점이 바로 비록 대중가수였지만 그녀만이 지닌 천재성이요, 위대성이다.

이 책의 대미를 장식하는 사마천에 대해서는, 그의 위대성을 아무리 언급해도 부족함이 많다. 죽음보다 더한 궁형宮刑을 받고 삶과 죽음의 기로에서 인류 최고의 유산인 역사서『사기史記』를 저술하기 위해 치욕을 감수하고 영육을 불살랐던 불굴의 정신에 대해서 우리는 머리를 숙이지 않을 수 없다. 종이가 없었던 당시 칼과 끌로 대쪽이나 나무판에 무려 52만 6,500자에 달하는 방대한 글자를 일자일획 새겨 나갔다는 것은 초인적인 노력이 아닐 수 없다. '죽는 것은 어렵지 않다, 죽음에 처했을 때 어떻게 대처하느냐가 중요하다'는 그의 사생관은 오늘을 살아가는 우리들에게 많은 교훈을 안겨 주고 있다.

저자는 이 책에서 천재들의 위대성만을 천착하거나 그들의 행동을 영웅적인 모습으로 미화하지는 않았으며, 오히려 이들을 우리와 함께 호흡하며 살아가는 '인간의 모습'으로 그리면서 위대성을 찾고자 했다. 이들도 하나의 인간이었기에 씻을 수 없는 개인적인 과오와 밝히고 싶지 않은 '불편한 진실'도 많았으며, 파란만장한 삶을 살아가면서 때로는 사랑의 아픔과 끝없는 방황을 거듭하였다. 다만 이들이 우리와 다른 점이 있다면 과오는 누구나 저지를 수 있는 일상사이지만, 이루어낸 결과는 어느 누구도 해낼 수 없는 기념비적인 위업偉業이었기에 그 존재가치가 더욱 돋보일 따름이다.

또한 이 글을 쓰면서 간과할 수 없는 중요한 사실은, 이들 천재들이 위대한 업적을 이루기까지 걸어간 험난한 여로에는 그들의 약점을 감싸 주고 보완해 준 훌륭한 조력자와 동행자가 있었음을 알고, 세상은 홀로 걸어가는 길이 아니라는 점을 새삼스럽게 인식하게 되었다. 따라서 저자는 이 책에서 이들의 일생에 직·간접적으로 영향을 미친 주변 인물에 대해서도 지면을 할애하여 독자들의 이해와 관심을 돕고자 했다.

이 책은 지난 2000년에 출판되어 당시 독자들로부터 과분한 평가와 성원을 받았기에, 이에 대한 보답으로 차제에 미진한 부분을 손질하고 인물을 추가로 보완하여 개정·증보판으로 다시 내놓게 되었음을 밝힌다. 아무쪼록 여러 면에서 미흡한 이 책이 치열하게 살다 간 위대한 천재들의 심원한 정신세계와 창조적 광기의 세계에 접근하는 데 친절한 길잡이요 흥미로운 안내서가 되기를 바라면서 독자 여러분의 관심과 질정叱正을 기대한다.

2014년 4월
안승일 씀

카를 마르크스
스스로 고난의 길을 택한 소외계층의 메시아

'빛과 어둠의 인간' | 고난의 길을 예고한 김나지움 졸업 논문 | 다정다감했던 젊은 날의 마르크스 | 헤겔 철학에 대한 관심과 그 뛰어넘기 시도 | 현실 참여의 길 | 엥겔스와의 역사적인 만남 | 『독일 이데올로기』와 유물사관의 성립 | 『공산당 선언』–'만국의 노동자여, 단결하라!' | 참담한 망명생활과 잇따른 불운 | 마르크스의 사생활에 숨겨진 '불편한 진실' | 자본주의의 비밀을 밝혀낸 불후의 대작 『자본론』 저술 | 제1차 인터내셔널의 창립 | 혁명가의 마지막 나날들 | 영원한 동지 엥겔스를 뒤에 두고 먼 길 가다 | 마르크스 사상의 오늘과 내일

루트비히 판 베토벤
〈운명〉을 통해 운명을 극복한 진정한 승리자

진정한 영웅 | 늦깎이 천재 | 모차르트와의 짧은 만남 | 빈에서의 비상 | 빨리 다가온 가혹한 시련–청각 장애 | 요양지 하일리겐슈타트에서의 유서 | 〈교향곡 제3번〉으로 새로운 도약 | 〈교향곡 제5번〉 탄생–'운명은 이렇게 문을 두드린다' | 명성 뒤에 숨겨진 그늘 | 고난을 통해 환희로–〈교향곡 제9번〉 완성 | '불멸의 연인'들 | '희극은 끝났다'

에디트 피아프

343 　노래에 살며 사랑할수록 사랑에 목말랐던 노래의 여신

신이 내린 '천상의 목소리' | 홍등가의 귀염둥이 | 운명을 바꿔 준 카바레 업주-르플레 | 재기의
은인-시인 레이몽 아소와 문화계 거목 장 콕토 | 이브 몽탕과의 만남과 헤어짐-〈장밋빛 인생〉과
〈고엽〉의 변주곡 | 가수 인생에서 처음 겪은 첫 미국 공연 실패 | 프로 복싱 세계 미들급 챔피언
마르셀 세르당과의 슬픈 사랑 이야기 | 절망의 늪에 빠진 가련한 피아프 | 영혼을 깡그리 소진한
마지막 나날들 | 마지막 연인 테오파니의 품에서 고이 잠들다

사마천

393 　치욕을 저술로 승화시킨 위대한 역사가

사나이의 길 | 학문의 습득과 주유천하 | 부친 사마담의 한(恨)과 죽음 | 뜻밖의 시련-'이릉 사건' |
사마천의 울분과 고뇌 | 『사기』의 짜임새 | 사기에 나타난 주요 인간상-와신상담, 집념과 복수
의 아이콘-구천 | 합종연횡의 창안자-소진과 장의 | 테러리즘을 미학으로 승화시킨 자객-
예양과 형가 | 토사구팽의 표본-한신 | 우국충정에 불타오른 비운의 문인-굴원 | 지혜와 용
기·겸양의 전형-인상여 | 사마천의 탁월한 경제사상- '화식열전' | '높은 산이 있어 우러러보
네, 큰 길이 있어 따라가네'

표도르 도스토옙스키

인간의 내면을 파헤친 감정의 해부학자

Fyodor
Mikhailovich
Dostoevskii

당신께서 제게 오시나이까?
예수께서 답하여 가로되, 나를 붙잡지 말라.
우리가 이같이 하여 모든 의로움을 이루는 것이 합당하느니라.

—마태복음

신을 시험한, 그러나 신을 사랑한 인간

60년이라는 그다지 길지 않은 삶이건만, 인간 도스토옙스키의 일생은 팽팽한 긴장감을 자아내는 한 편의 드라마와 같다. 밀폐된 공간에서의 외롭고 불안했던 소년기, 청년기의 긴 유형생활, 영혼의 밑바닥까지 파고드는 간헐적인 발작 증세, 도박과 낭비로 벼랑에 선 빚더미 삶, 그리고 끝없는 자기 질책과 자기 학대 속에서 도스토옙스키는 모든 고통과 비애를 다 맛보았다. 그러기에 그의 작품세계는 전원의 목가적인, 현실의 로맨틱한 분위기와는 거리가 멀다. 작품 속에서의 등장인물들은 어둡고 습기 찬 도시 뒷골목의 힘겨운 삶에 찌든 하층민들, 가난한 학생과 하급관리, 살인과 강간 등 온갖 범죄로 얼룩진 군상들이다. 우리는 이런 그의 작품 속의 인물들에 대해서 분노와 비감을 느끼면서도, 때로는 동정과 연민을, 때로는 인물들의 비극적 운명에 대해서는 야릇한 카타르시스와 동질감마저 느끼게 된다.

셰익스피어와 괴테, 톨스토이의 유려하고 로맨틱한 문장과는 달리, 도스토옙스키의 문체는 거칠고 투박하지만 그 속에는 밑바닥 인생들의 근원적인 문제와 복잡한 인간심리를 낱낱이 해부하는 통찰력이 번득이고 있어 읽는 이로 하여금 긴장감을 자아내게 한다. 그런 면에서 우리는 도스토옙스키를 모순에 찬 인간의 내면을 파헤친 '감정의 해부학자'라고 말할 수 있을 것이다.

슈테판 츠바이크(Stefan Zweig, 1881-1941: 오스트리아 작가)는 말했다.

가슴으로 도스토옙스키를 체험하지 못한다면, 그는 우리에게 그 무엇도 아닌 무無와 다를 바 없다. 우리는 가장 내밀한 가슴속, 영원불변의 그곳, 마음으로만 도스토옙스키와의 만남을 소망할 수 있다…… 그러나 이 고결한 위인의 깊은 마음속을 파고 들어간다는 것은 얼마나 멀고 먼 미로를 더듬어 가는 일인가, 그 넓이는 얼마나 위력적이며, 그 깊이는 얼마나 심원한가…… 우리 자신의 참다운 전인적 본질에 이르러야만 도스토옙스키에 접근할 수 있다……그의 작품세계에 이르는 길은 모든 정열을 불사르는 용광로를 지나 사악한 패륜의 지옥을 거쳐 현세에서 맛볼 수 있는 모든 고통의 계단으로 통한다. 인간의 고통, 예술가의 고뇌, 그리고 가장 잔혹한 신에 대한 고통이다. 우리가 그의 깊은 내면세계에 몰입하기 전, 먼저 우리는 자신의 내면세계를 성찰해야 한다…… 불행 중에 환희가 있고 절망 중에도 희망의 세계가 있다면 그것은 바로 도스토옙스키의 세계이다…… 도스토옙스키의 작품에서 영혼은 하나의 혼란이며 신성한 카오스다. 그의 작품에는 순수를 향한 동경으로 인한 술고래, 복수심에 가득 찬 범죄자, 순결을 존경하는 소녀 능욕자, 종교적 욕망에서 비롯된 신성 모독자 등이 있다. 그의 작품 속의 인물들이 갈망한다면 그들은 배척과 실현에 대한 희망에서 그렇게 되는 것이며 그들의 반항은—이것을 완전히 펼쳐 보이지만—다만 감추어진 수치심일 뿐이며 그들의 사랑은 위축된 증오이고, 그들의 증오는 감추어진 사랑일 뿐이다. 대립은 대립을 낳는다. 그의 작품에는 고통에 대한 열망으로 말미암아 탕아, 쾌락에 대한 열망으로 인한 자기 학대자가 있으며, 그들의 욕망은 격렬하게 소용돌이친다. 그들은 욕망 속에서 이미 향락을 즐기며, 향락 속에서 혐오를 맛보고, 행위 속에서 또다시 회한을, 회한 속에서 다시 감정을 돌이키며 행위를 즐긴다…… 그는 60년 동안 신과 싸웠으며 마치 불꽃을 기다리는 메마른 가스처럼 신을 갈망하였다. 영원히 분열된 것은 합일을, 영원히 쫓기는 것은 휴식과 평온의 바다를 원했다. 그래서 그는 위안으로서의 신을 꿈꾸었고, 정열로서의 신을 찾았을 뿐이다.(슈테판 츠바이크, 장영은 옮김, 『천재와 광기』, 도서출판 예하, 1993, 74-161쪽 발췌 재정리)

이처럼 도스토옙스키는 작품의 인물들을 통해서 위선과 고통에 찬 다양한 인간의 모습을 적나라하게 그렸을 뿐만 아니라 인간의 원죄의식까지도 깊이 다루었다. 그는 작품 속에서 마치 신을 시험하는 것처럼 온갖 사악과 패덕을 자행하는 인물들을 자주 등장시켰으나 끝내는 이들을 신을 사랑하는 인간의 모습으로, 그리고 구원의 세계로 안내하였다. 그는 또 이렇게 말했다. "인간의 고뇌의 원천은 인간의 혼속에 내재해 있는 원죄에 기인한 것으로 사회제도의 모든 조건과는 무관하다고 본다. 인간은 무엇보다 자기 자신, 자신의 내면세계에 숨어 있는 악과 투쟁해야 하며 자신의 힘으로 도덕적인 완성을 이루어야 한다."

도스토옙스키는 그 자신도 인간적인 과오와 수많은 시행착오를 겪으면서 참 인간의 길을 향하여 온갖 번뇌와 자기성찰을 되풀이하였다. 그는 작품 속의 여러 인물들과 함께 고민하고 괴로워하면서 그 속에 자신을 투영, 그들이 지닌 불행과 절망으로부터 공동 해방을 모색하였다. 이 점이 우리가 도스토옙스키의 작품 속에 빠져들어가는 이유일 것이다. 그리고 그의 기이하고 험난한 삶과 작품 속의 인물들에 때로는 혐오감과, 때로는 동질감을 느끼면서 인간이 종국적으로 가야 할 길이 무엇인가 하는 의미를 되새겨보게 된다.

암울했던 소년기의 가슴 아픈 추억들

한 인간의 일생은 출생에서 성장에 이르는 과정과 무관하지 않다. 그러기에 감수성이 예민한 유년기와 청소년기의 가정과 주변 환경은 인간의 인생행로에 중대한 결정인자로 작용할 수 있다. 만년의 그의 얼굴에서 보이듯이 꼭 다문 입술과 툭 튀어난 광대뼈, 그 밑으로 움푹 들어간 양볼, 약간 푸르고 갈색이 혼합된 신비스러운 두 눈과 넓은 이마, 그 속에서 묻어 나오는 무표정한 얼굴은 좌절과 체념, 그러면서도 그것을 딛고 일어선 그의 험난했던 삶을 직감적으로 말해 주고 있다.

표도르 미하일로비치 도스토옙스키Fyodor Mikhaillovich Dostoevskii는 1821년 10월 30일 모스크바 마리인스키 자선병원 의사의 4남 3녀 자녀 중 차남(당초에는 8남매였으나 딸 하나는 일찍 죽음)으로 태어났으며, 형 미하일과는 그가 먼저 죽을 때까지 따뜻한 형제애를 나누었다. 그의 아버지(할아버지는 그리스 정교 사제였음) 미하일 도스토옙스키는 우크라이나(러시아어로 변방이라는 뜻이 담겨 있음)에서 모스크바로 나와 모스크바 대학에서 의학을 전공하였으며, 의사가 된 후 모스크바 한 상인의 딸 마리아 네차예바와 결혼했다. 그녀는 감수성이 예민하고 글재주가 있었으나 심약한 성격에다 잦은 출산 등으로 병치레가 많았다.

도스토옙스키의 아버지는 군의관 복무를 마친 뒤 자선병원에서 의사로 재직하면서 부인과 일곱 자녀와 함께 비좁은 이 병원 부속 아파트에서 그런대로 단란한 가정을 꾸려갔다. 그러나 무미건조하고 내성적인 성품을 지닌 그는 자녀들이 외부세계와 접촉하는 것을 가급적 단절시켰고, 여가생활은 대부분 가족과 함께 보냈다. 긴 겨울밤이면 그는 자녀들에게 역사책을 읽어 주거나 수학, 기하학 등 기초학문을 가르쳤다. 그는 박봉에 쪼들렸기 때문에 자녀들에게 최소한의 용돈 지출도 억제하였다. 도스토옙스키의 천성이 내성적인 탓도 있었지만, 가정 형편이 어렵다 보니 친구도 없이 침침한 골방에 틀어박혀 혼자 책을 읽거나 고작 형과 조용히 어울리는 정도였다. 도스토옙스키가 후일 낭비벽이 심해진 것도 유년기의 억압된 가정환경과 내핍생활에서 비롯된 반작용에 기인할 수도 있다는 분석이 가능하다.

이처럼 도스토옙스키는 소년기에 집과 학교를 오고 갈 뿐 전원생활을 전혀 체험하지 못했기 때문에 그의 작품세계는 도시의 어두운 분위기에 국한되었으며 서정적인 것과는 거리가 멀다. 그의 작품 속의 인물들이 "밀폐된 방안에서는 생각조차 닫히기 마련이다."고 말하고 있는 것처럼 그의 작품은 도시의 따분한 인간들의 갈등 세계가 기조를 이루고 있다. 그의 어머니는 자녀들을 모두 성장시키지 못하고 1937년 폐결핵으로 사망하였다. 그때 도스토옙스키의 나이는 불과 15세였다. 어머니의 죽음은 말할 것도 없이 도스토옙스키에게는 커다란 충격이었다. 후일 그가 연약한 여성에게 연민의 정과 편집광적인 애정을 갖게 된 것도 어머니의 조기 사망과 무관하지 않다.

1881년 1월 도스토옙스키는 페테르부르크 육군공과학교에 입학하였으며, 그보다 한 살 위인 형 미하일은 레발 공과학교에 들어갔다. 이때부터 두 형제는 서로 떨어져 있으면서도 서신 왕래로 끈끈한 형제애를 나누었으며, 그 뒤로는 두 사람 다 아버지를 영영 만나지 못했다. 그 까닭은 도스토옙스키 아버지는 부인이 사망한 후 상심한 나머지 병원에 사직서를 내고 어린 두 딸만을 데리고 모스크바에서 멀리 떨어진 영지 다르보예로 이주해 버렸기 때문이었다. 그는 적막한 시골 영지에서 더욱 고독해졌으며, 독한 술만이 그의 유일한 벗이었다. 그는 무척 가혹하게 농노들을 학대했기 때문에 1839년 그들에게 참혹하게 살해되었다. 그러나 당국에서는 이상하게도 그의 사인규명도 제대로 하지 않고 졸도사로 규정짓고 말았다. 부친의 타살 소식은 도스토옙스키에게 엄청난 충격이었으며, 죽을 때까지 그 아픈 상처에서 벗어날 수가 없었다. 그리고 아버지의 피살은 훗날 작품 『카라마조프가의 형제들』의 모티프가 되었다. 학창시절 동료들의 회고에 의하면, 당시 16세인 도스토옙스키는 혼자 책을 읽거나 무언가 골똘히 생각하는 데 대부분의 시간을 할애하였으며, 친구들과 어울리는 일이 별로 없었다. 도스토옙스키는 학교 수업보다는 문학에 관심이 많았으며 푸슈킨은 그의 우상이었다. 그 후로는 점차 고골의 문학에 경도되었으며, 외국 작가로는 셰익스피어와 발자크의 『외제니 그랑데』(이 작품은 도스토옙스키가 1843년 직접 번역하기도 하였음), 괴테의 『파우스트』, 실러의 『군도群盜』, 빅토르 위고의 『레미제라블』 등을 탐독하였다. 특히 실러의 『군도』에서 그는 가장 큰 감동을 받았다고 그의 형에게 실토하기도 하였다. 이 작품(1781년 완성됨)은 사회악에 대한 도전, 압제와 인습에 대한 저항, 자유와 이상이 그 기조를 이루고 있다. 그러나 그 무렵 도스토옙스키에게 많은 영향을 끼친 작가는 러시아 낭만파 시인 시들로프스키였다. 시들로프스키는 하급관리 생활을 하다가 일찍 사직하고 문학에 전념하였다. 그의 생애는 잘 알려지지 않았지만 젊은 시절 방탕한 생활을 하다가 중년에는 모든 것을 청산하고 수도원에 들어가 수도생활을 하며 일생을 마쳤다. 이러한 그의 인생행로는 도스예프스키의 삶에 어떤 시사점이 되었음직도 하다. 소년기의 밀폐된 가정환경과 어머니의 조기 사망, 아버지의 피살, 도시의 각종 범죄와 살인 사건, 관리들의 부정부패, 지도층의 위선과 기만 등 이 모든 카오스 세계는 예민한 도스토옙스키를 내면의 어두운 세계로 침잠시켰으며, 그는 독서와 글쓰기로 그 탈출구를 찾았다. 그는 형에게 보낸 편지에서 이렇게 썼다. "인간이란 참으로 신비한 존재입니다. 나는 그 것을 밝혀 나가겠습니다. 일생을 두고 그 신비를 풀어 나간다면 결코 헛된 삶이 아니겠지요?"

1841년 도스토옙스키는 학업을 가까스로 마친 뒤 공병 소위보로 임관, 영외거주가 허용되자 문학에 대한 열정을 더욱 불살랐다. 그 당시 실러의『마리아 슈트아르트』는 그의 애독서였다. 이 작품의 주인공 마리아는 스코틀랜드 왕비로 왕이 어느 귀족에 의해 피살되자 여왕이 되었으며, 후에 그 귀족과 결혼하여 국민들이 반기를 들자 잉글랜드로 피신하였으나 끝내는 그곳 엘리자베스 여왕에 의해 처형되고, 여왕도 육친을 죽인 자책감으로 괴로워 한다는 내용을 담고 있는데, 주인공 마리아를 둘러싼 미묘한 여성 심리, 정치·종교 문제 등이 밀도 있게 다루어진 실러의 대표작 중의 하나이다. 1843년 소위로 정식 임관한 도스토옙스키는 육군성에 근무하게 되었으나 '감자와 같이 싫증나는' 틀에 박힌 군생활은 그를 더욱 싫증나게 만들었다. 마침내 그는 사직서를 내고 작가의 길을 걷기로 결심하였다. 군생활을 청산한 후 특별한 수입이 없게 되고 천성이 낭비벽이 심한 도스토옙스키는 아버지로부터 물려받은 얼마 되지 않은 유산마저 깡그리 탕진해 빈털터리 신세가 되고 말았다. 이제 그는 스스로 생계를 꾸려가야 될 형편이 되었으나 글쓰기 외에는 다른 재주가 없었다.

데뷔작 『가난한 사람들』의 성공과 무거운 짐

1845년 5월 도스토옙스키는 서간체 중편소설 『가난한 사람들』을 탈고하여 그의 친구 그레고리에비치에게 보여 주었다. 그는 시인 네크라소프와 그 원고를 단숨에 읽고서 새벽 4시경 곧바로 도스토옙스키에게 뛰어가서 억누를 수 없는 감동의 말을 전하고, 그 원고를 비평가이며 문단의 지도자인 벨린스키에게 넘겨주며 "새로운 고골이 태어났다."고 외쳐댔다. 벨린스키는 원고를 다 읽고 이틀 뒤 반응을 초조하게 기다리는 도스토옙스키를 자기 집으로 불러 이렇게 말했다. "당신의 작품은 하나의 무서운 사건이오. 당신은 이 천부적인 재능을 마음껏 발휘하세요. 그러면 훗날 위대한 작가가 될 것이오." 도스토옙스키는 어안이 벙벙하여 감사의 말도 제대로 하지 못하고 집에 돌아와서도 벅찬 감정을 억제하지 못하였다. 『가난한 사람들』은 이렇게 해서 그 다음해 1월 벨린스키의 추천을 받아 네크라소프가 주관하는 잡지 「알마나크」에 정식 발표되었다.

소설 『가난한 사람들』은 어느 가난한 하급관리의 슬픈 사랑 이야기이다. 중년 넘어 노년기에 접어든 가난한 하급관리인 재판소 서기 체브스킨은 가난한 이웃집 소녀 바르체카를 사랑한다. 내성적인 체브스킨은 소녀를 애틋하게 사랑하면서도 자기 사람으로 만들려 하지 않고 단지 동정하며 그녀의 가난을 덜어주려고 노력한다. 소녀를 위하여 얼마 안 되는 적금을 해약하고 유일한 낙인 담배까지 끊었다. 맛있는 음식과 꽃을 보내 주고 싶은 생각에 자신의 남루한 옷차림도 신경 쓰지 않고 그녀로부터 보답도 바라지 않았다. 결국 이 소녀는 가난을 이기지 못하고 돈 많은 방탕한 노인과 결혼해 버림으로써 두 사람의 애틋한 사랑은 비련으로 끝나고 만다. 체브스킨과 바르체카 간의 편지 왕래로 시작되는 이 소박한 이야기는 고골의 『외투』처럼 빈민굴을 배경으로 쓰인 것이었으나 고골이 인간의 외부생활에 치중한 반면, 도스토옙스키는 인간의 내면세계에서 발현되는 심리적 갈등을 섬세하게 그려 나갔다.

도스토옙스키는 이 한 편의 소설로 약관 25세에 일약 스타덤에 올랐으나 명성에 들뜬 나머지 다소 기고만장해져 주변으로부터 질시를 받기도 했다. 심지어 그를 추천한 네크라소프도 투르게네프와 함께 도스토옙스키를 겨냥한 「우수의 얼굴을 띤 기사」라는 풍자시에서 "문학의 얼굴 위에 그대는 너무 설익은 여드름을 피웠네……"라고 도스토옙스키를 조롱하였다. 슈테판 츠바이크의 말대로 "비약은 몰락이라는 대가를 치러야 했으며, 일순간의 은총은 부역과 좌절이라는 수많은 절망의 시간을 맛보게 했다. 벨린스키가 도스토옙스키에게 씌워 준 빛나는 관은 일순간에 족쇄가 되고 말았다. 그는 평생을 두고 이 족쇄에 묶인 채 비틀거리며 작가라는 무거운 짐을 끌고 다녀야 했다."

도스토옙스키는 그 후 작품 『이중인격』을 발표하였으나 벨린스키로부터 차가운 비판을 받았으며, 그로 인해 1847년 봄부터 두 사람의 관계는 사실상 종지부를 찍었다. 그럼에도 이 작품은 인간의 양면성을 정신병리학적 측면에서 다룬 것으로, 그 속에는 비극적이면서도 희극적인, 혹은 그로테스크한 요소가 뒤섞인 가운데 인간의 분열된 의식세계가 적나라하게 묘사되어 있는 문제작이다.

벨린스키는 1848년 폐결핵으로 사망하였으며, 사후에 러시아 급진주의자들에 의해서 위대한 비평가로서뿐만 아니라 정신적인 지도자로 추앙받았다. 한편 도스토옙스키는 문학적인 명성과는 달리 내적으로는 늘 고독하고 공허했다. 그는 고독에서 벗어나려고 여자에 관심을 가졌으나 여자를 다루는 방법이 서툴러서 번번이 실패하였다. 예컨대 그 무렵 도스토옙스키는 문단의 유력인사들과 교류하면서 문인 파나예프와 가까이 지내면서 그의 집에 자주 드나들었다. 파나예프에게는 당시 22세의 젊고 아름다운 야코브레나라는 이름의 부인이 있었는데 도스토옙스키는 그녀를 보자마자 첫눈에 반해 버렸다. 물론 그녀에 대한 사랑은 짝사랑에 지나지 않았으며, 그녀는 그 후 시인 네크라소프의 정부가 되었다.

명성 뒤에 오는 허탈감, 문단 동료들의 시기와 냉대, 그리고 파나예프 부인과의 이루어질 수 없는 사랑으로 야기된 정신적인 갈등, 이 모든 것들이 도스토옙스키를 괴롭혔다. 마침내 도스토옙스키는 도박과 거리의 여자들에게 정신을 빼앗겼으며, 그로 인한 빚을 갚기 위해 집필·번역·교정 등 닥치는 대로 일을 했다. 그런 가운데서도 소설 『백야』를 완성한 것은 그나마 작은 위안이었다.

사형선고와 감형, 그리고 기나긴 시베리아 유형

그 무렵(1848-49년) 러시아에서는 극심한 사회적 변동으로 정국이 소용돌이치고 있었다. 즉 서유럽에서 일어나고 있는 공산주의 혁명 운동이 러시아에도 스며들어와 이 사상이 당시 지식인들 사이에 주된 관심사가 되었다. 왕정의 횡포 속에서 민중들이 겪는 가난과 압제를 지켜본 도스토옙스키도 서유럽의 공산주의·인도주의 사상이나 프랑스에서 풍미하고 있던 공상적 사회주의 사상에 관심을 갖게 되었다. 마침내 도스토옙스키는 당시 사회 비판적 지식인 서클인 '페트라셰프스키 모임'에 발을 들여 놓기 시작하였다. 페트라셰프스키는 러시아 외무성의 젊은 관리로 일찍부터 서유럽 개혁사상을 접하고 동료들과 비밀 서클을 조직하여 매주 금요일에 그의 집에서 집회를 갖고 열띤 토론회를 가졌다. 그들은 프리에, 프루동과 같은 프랑스 사회주의 공산주의자들의 사상을 논하였으며, 한 걸음 더 나아가 러시아 농노제의 문제점과 이의 폐지운동까지 논하게 되었다. 물론 그 비밀 서클은 체계적인 조직이나 행동강령 등을 갖춘 조직체는 아니었으며, 단지 개혁적인 순진한 젊은이들의 토론장에 불과하였다. 그러나 시간이 지나면서 이 서클은 점차 대담한 행동을 계획하게 되었다. 그들은 왕정체제를 비판하는 유인물을 자체 제작하기 위해 인쇄소를 차리기로 하고 곧바로 자금을 각출하여 인쇄기까지 구입하였다. 회원 중에는 도스토옙스키의 형도 끼어 있었다.

그러나 그 비밀조직은 구체적인 행동에 들어가기도 전에 당국에 의해서 적발되고 말았다. 회원으로 위장 잠입한 안토넬라라는 정부 비밀요원에 의해 그들의 일거수일투족이 당국에 낱낱이 보고된 것이다. 마침내 1849년 4월 페트라셰프스키와 도스토옙스키를 포함한 회원 34명이 당국의 비밀경찰에 의해 체포되었다. 왕권의 위태로움을 느껴온 황제(니콜라이 1세)측에서 볼 때 분명히 그 조직은 반동세력이었다. 도스토옙스키의 주된 죄목은 그가 당시 개혁적이며 문단의 지도자이자 비평가인 벨린스키의 고골에 관한 급진적인 서간문을 낭독했다는 것이었다. 그런 와중에서도 인쇄소 설립 계획은 아직 누설되지 않았다. 체포된 사람 가운데는 도스토옙스키가 문제의 그 서간문을 낭독할 때 고개를 끄덕인 폴란드인도 끼어 있었다. 어떻든 이 사건은 일파만파 도스토옙스키의 운명까지 바꿔놓은 계기가 되고 말았다. 마침내 도스토옙스키는 형이 확정될 때까지 8개월 동안 미결수로 갇혀서 수차례의 조사를 받은 후 동료 22명과 함께 군법회의에 회부되었다. 조사과정에서 기이하게도 도스토옙스키의 형과 이름이 비슷한 사람이 체포되고 그의 형은 무혐의 처리되었다.

군법회의는 1849년 9월 30일부터 11월 16일까지 속개되어 결국 죄실이 무겁다고 판단된 23명 중 21명에게 사형을 선고하였다. 물론 사형수가운데는 도스토옙스키도 끼어 있었다. 12월 22일 오전 9시 살을 에는 듯한 혹독한 추위 속에서 21명의 사형수들은 윗옷이 벗겨진 채 총살대에 묶여 일렬로 늘어 세워졌다. 이어서 사형 집행관은 최후 판결문을 낭독하기 시작하였다. "표도르 미하일로비치 도스토옙스키, 러시아 정교와 황제의 주권에 불손한 언동을 일삼아 온 벨린스키의 반동적 조직에 직접 간여하였으므로 일체의 사회적 신분을 박탈하고 총살형에 처함." 이런 식으로 다른 사형수들에게도 판결문이 낭독되었다. 십자가를 쥔 사제가 사형수들에게 마지막 참회를 종용하였다. 그러나 참회에 응한 사형수는 단 한 명뿐, 나머지 사형수들은 은십자가에 입을 맞추는 것으로 참회를 대신하였다. 그러고 나서 형리들은 맨 먼저 이 사건의 주모자인 페트라셰프스키, 몸베리, 그리고예프 등 세 명의 사형수들에게 하얀 수의를 입히고 눈을 가렸다. 잠시 무거운 침묵이 흐른 뒤 집행관의 구령에 따라 사격수들은 일제히 거총자세를 취하였다. 바로 그 순간 멀리서 군인 한 사람이 흰 수건을 흔들며 헐레벌떡 뛰어와 황제의 감형명령을 알려왔다. 생과 사를 넘나드는 일촉즉발의 순간이었다. 처형은 중지되고 죄수들은 처형대에서 풀려났다. 그 사이에 그리고예프는 미쳐 버렸다. 불행하게도 그는 사형을 면하고 자유의 몸이 되었으나 영원히 치유되지 못하였으며, 몸베리의 경우는 검은 머리가 백발로 변해 버렸다.

뒤에 알려진 일이지만, 이 사형 집행조치는 설익은 젊은이들의 무모한 행동에 경종을 울리고 일반 백성들에게는 경각심을 주기 위해 사전에 계획된 가짜 처형극으로 밝혀졌다. 그러나 사형을 면했지만 형 자체가 면제된 것은 아니었다. 이들에 대한 최종 형량은 12월 19일 황제의 재가 과정에서 다음과 같이 확정되었다. 즉 주모자 페트라셰프스키는 종신형에다 시베리아 강제노역, 스페쉬네프는 동 10년형, 그리고 도스토옙스키와 듀로프는 4년형에 역시 시베리아에서의 강제노역과 4년간의 사병복무에 처해졌다. 그런가 하면 일부 죄수들은 형량이 오히려 늘어난 경우도 있었다. 어떻든 이들 사형수들이 죽음을 면한 것은 다행한 일이었지만 이 판결은 그들의 일생에 엄청난 타격이요, 앞으로 다가올 수많은 시련을 예고해 주는 대사건이었다.

이제 이틀 후에는 도스토옙스키와 여타 죄수들은 시베리아 유형지로 떠나게 된다. 출발 전 도스토옙스키는 그의 형에게 이렇게 말했다. "저는 이제 펜을 잡을 수 없을까요? 4년만 지나면 되겠지요. 아아! 제가 스스로 체험하고 창조하고 있는 많은 대상들이 얼마나 소멸되어가는 것일까요? 이 모든 것들이 저의 머릿속에서 사라지고 말겠지요? 그러나 쓸 수 없다면 저는 파멸입니다. 설령 저에게 15년형이 선고되더라도 펜을 드는 것이 좋을 것입니다. 이제 곁에 있는 모든 것으로부터 멀어져 갑니다. 그 것을 버리고 떠난다는 것은 괴롭고 가슴 아픈 일입니다……."

마침내 도스토옙스키 일행은 쇠사슬로 발이 옭아매인 채 뚜껑도 없는 세 대의 눈썰매에 실려 머나먼 동토 시베리아로 떠날 참이었다. 도스토옙스키는 전송하는 형 미하일 앞에서 남자로서 창피함도 잊은 채 눈물을 쏟았다. 그때 도스토옙스키 나이 스물여덟이었다. 유형지 옴스크로 이송되는 도중에 어느 기착지에서 죄수들은 12월 당원(Dekabrist) 반란, 즉 '데카브리스트 반란'자 부인들의 위문을 받았다. 그 부인들은 반란이 실패로 끝나자 시베리아 유형지로 끌려가는 남편을 따라 이곳까지 온 것이다. '데카브리스트 반란'은 1825년 11월 알렉산드르 1세가 급서하자 그의 동생 콘스탄틴이 왕위를 계승할 것으로 국민들은 예상했으나 그 대신에 또 다른 동생 니콜라이가 즉위하게 되자 유럽 전쟁에서 돌아온 일단의 귀족층 장교들이 니콜라이 1세가 즉위하는 1825년 12월 14일 아침 세르게이 트루베츠코이 공을 지도자로 앞세워 병사 약 3천 명과 함께 거사를 일으키다가 진압된 사건이다. 이 반란은 비록 실패로 끝났으나 차르체제를 크게 흔들었으며, 다음 세대의 혁명가들에게 혁명의 동기를 제공한 대사건이었다. 반란주모자 부인들 중 폰 비지나라는 여성이 도스토옙스키에게 『신약성서』 한 권을 주었다. 그는 후에 삶의 의문이 풀리지 않을 때마다 이 성서를 읽고 해답을 구하였으며, 죽을 때까지도 이 성서에 의지하였다.

뼛속까지 파고드는 혹한이 지속되는 시베리아 벌판, 그 속에서 도스토옙스키가 겪은 유형생활은 너무나 긴 고통과 시련의 세월이었다. 밀폐된, 협소한 공간에서 반복되는 온갖 수모와 노역 생활 속에서 그는 세인으로부터 잊힌 사람이 되어가고 있었다. 인간으로서의 자존심은 이미 짓밟힐 대로 짓밟혔으며, 고통을 견디다 못해 자살해 버릴 생각을 해본 적도 한두 번이 아니었다. 그곳에 온 수형자들은 강도, 강간·살인범·파렴치범 등이 대부분이었으며, 그들 간에 동료애라는 것은 아예 생각조차 할 수 없었다. 그의 유일한 낙은 『성서』를 읽는 것이었으며, 친구라고는 옴에 걸린 늙은 개와 깃털이 다 빠져 날지도 못하는 초라한 독수리뿐이었다. 그가 훗날 형에게 말한 대로 죄수들은 더러운 방에서 마치 소금에 절인 청어처럼 꼭 끼어 지냈으며, 나무통 변기에서 풍겨 나오는 악취는 도저히 견딜 수 없는 노릇이었다. 거기다가 벼룩, 이, 빈대 등 온갖 해충들이 득실거려 잠을 이룰 수가 없었다. 죄수들은 거의 대부분이 무식하고 포악했으며, 이들의 귀족 지식인 출신 죄수들에 대한 편견과 증오심은 이루 말할 수 없었다. 특히 감옥생활의 집단 목욕상황은 그의 소설 『죽음의 집의 기록』에서 잘 나타나 있다. "…… 비좁은 욕실의 문을 열었을 때 마치 지옥에 들어온 듯한 느낌이었다. 종횡으로 열두어 걸음 정도밖에 안 되는 욕실에 대략 백 명, 아무리 적게 잡아야 팔십 명은 더 되어 보이는 죄수들이 한꺼번에 빼곡하게 차 있는 것을 상상해 보라…… 우리 모두는 2백 명이었는데 눈을 뜰 수도 없는 수증기 속에서 먼지와 때가 뒤범벅인 체 손과 발을 제대로 펼 수 없을 정도로 북적였다…… 저마다 물을 양동이로 끼얹는다고 하지만 몸을 씻는다고 할 수 없을 정도로 더러운 물만 튀기기 일쑤였다. 그리고 그 더러운 물은 그들의 몸에서 흘러 밑

에 앉아 있는 죄수들의 삭발한 머리에 떨어져 오히려 몸을 더 더럽혔다
…… 오십 개의 채찍이 선반 위에서 아래로 내리쳐지면 죄수들은 제정신
이 아닌 상태에서 매를 맞을 수밖에 없었다. 그런 속에서 스팀은 계속 끓
어올랐다. 그들은 숨이 막히고 가마솥 속에서 끓는 고깃덩어리 같았다.
모두가 비명을 지르고, 마룻바닥에서는 철거덕거리는 족쇄소리가 뒤엉
켜 그야말로 아비규환이었다……."

생각만 해도 끔찍한 장면이 아닐 수 없다. 감옥 속에서 죄수는 일체의
사제 물건을 소지할 수 없다고 규정되어 있지만, 많은 죄수들은 적은 액
수나마 기발한 곳에 돈을 숨겨 가지고 있었다. 도스토옙스키도 『성서』
갈피 속에 25루불을 끼워 넣어 두고 있었다. 감옥 속에서도 돈만 있으면
어떤 물건이든 구입할 수 있었으며, 놀랍게도 가끔 여자가 감옥 안에 들
어오는 일도 있었고, 작업장에 나갈 때 마음씨 좋은 교도관을 만나면 여
자와 재미를 보는 것도 허용되었다.

그러나 감옥 속이라도 악인만 있는 것은 아니었다. 감옥 속에서도 인
간적으로 존경할 만한 사람도 있었다고 도스토옙스키는 그의 형에게 써
보냈다. 그가 『죽음의 집의 기록』에서 밝힌 바와 같이 "현자가 민중에게
가르쳐야 할 것은 많지 않다. 오히려 이들이 민중에게서 배워야 할 점이
많다."고 기술하였다. 사실 시베리아 유형생활이 아니었다면 그는 러시
아 민중들의 고통스러운 삶을 극명하게 형상화하지는 못했을 것이다. 감
옥 속에서 도스토옙스키는 처음으로 발작 증세를 보였지만, 규칙적인 생
활과 육체노동으로 건강상태는 오히려 좋아졌다. 거기다가 그의 갖가지
체험은 『죽음의 집의 기록』을 비롯한 그의 많은 작품에서 밑거름이 되었
다. 그는 훗날 형에게 보낸 편지에서 다소 애매한 표현이지만 이렇게 썼
다. "이 4년간 저의 혼과 신앙, 정신과 마음이 어떤 변화를 겪어 왔는가
를 말씀 드릴 심경이 못됩니다. 왜냐하면 말을 꺼내면 너무 길어질 것 같

기 때문입니다. 그러나 영혼의 집중이라고나 할까, 처절한 현실로부터 자신의 내면세계로 도피할 수 있었습니다. 이제야 저는 이전에 감히 꿈도 꿀 수 없었던 많은 새로운 요구와 희망을 가지고 있습니다. 그러나 이런 일들은 매우 수수께끼 같은 말들인 까닭에 다른 이야기나 드리겠습니다……."

잘못된 첫 결혼

도스토옙스키는 옴스크 유형지에서 4년간의 형기를 마치고 1854년 2월 15일부터 다시 국경 근처 세미팔라틴스크에 있는 국경수비대에서 부사관으로 근무하게 되었다. 그의 나이도 이제 서른세 살이 되었다. 무거운 족쇄를 풀고 몸은 다소 자유로워졌지만 예전의 장교신분에서 사병으로 강등되어 새로운 삶을 시작한다는 것은 또 다른 고통이었다. 지난 4년 간 인고의 세월, 그 동안 도스토옙스키의 정신세계에는 많은 변화가 생겼다. 그는 내면의 질적 변화만이 인간을 더 높은 의식수준으로 끌어 올릴 수 있다는 확신을 갖게 되었으며, 초월적이며 영원한 가치가 인간에 의해서가 아니라 오직 신에 의해서 고양된다는 것을 의식하게 되었다.

그는 유형지로 가는 도중에 그에게 『신약성서』를 준 폰 비지나 부인에게 이렇게 편지를 썼다. "그리스도보다 숭고하고 이성적이며 완전한 존재는 없습니다…… 진리는 그리스도의 밖에 있다고 증명하는 사람이 있다고 해도 나는 진리보다 그리스도와 함께 하겠습니다……." 그러나 도스토옙스키의 신앙으로 향하는 길은 그렇게 완전한 것도 아니었으며, 순탄치도 않았다. 그에게는 이상과 현실, 현세와 내세에 대한 의혹과 갈등, 그리고 고뇌의 연속이었다. 그의 이러한 정신적 갈등은 생의 마지막 순간까지도 그를 괴롭혔고 채찍질했다. 그는 이어서 이렇게 썼다. "나는 모순에 찬 시대의 아들이며 불신과 회의에 가득 찬 인간이라고 말할 수 있습니다. 지금까지 나는 그런 사람이었으며, 앞으로도 그럴 것입니다. 신앙에 대한 회의와 갈망 때문에 얼마나 많이 번민했으며, 앞으로도 얼마나 많이 번민해야 할까요? 신앙에 대한 갈망이 강하면 강할수록 나는 그것에 반하는 더욱 더 많은 논증을 필요로 합니다."

그런데 그해(1854년) 가을, 이 삭막한 국경 소도시에 부랑겔이라는 젊은 검사가 부임하였다. 그는 신이 도스토옙스키에게 보내 준 최근 수년간의 가장 큰 선물이었다. 그는 검사라는 직책과는 달리 퍽 겸손하고 따뜻한 성품이었으며, 거기에다 학식과 교양, 예술적인 감각까지 갖춘 보기 드문 지식인이었다. 도스토옙스키는 완전히 자유롭지는 않았지만 영외거주가 허용되었기 때문에 부랑겔과 자주 만나 자신이 걸어온 길, 특히 감옥생활에서의 갖가지 애환과 에피소드, 인생과 예술에 대해서 흉금을 털어놓고 폭넓게 이야기를 나누었다. 사람이 자신과 공감대를 갖는 대상을 만났을 때 그 기쁨을 무엇과 바꿀 수 있겠는가? 브랑겔과의 친교는 그 후에도 변함없이 지속되었고, 특히 도스토옙스키가 어려울 때 브랑겔은 든든한 조력자가 되어 주었다.

그 무렵 도스토옙스키는 베리고프라는 상관 집에 드나들면서 중학교 교사 출신이며 현재는 이곳에서 관리로 일하고 있는 알렉산드르 이사예프라는 사람을 알게 되었고, 이를 계기로 자연스럽게 그의 부인도 알게 되었다. 이사예프의 부인 마리아 이사예바는 중간키에 금발의 가냘픈 몸매를 가졌으며, 성격이 예민하면서도 열정적인 여자였다. 그녀는 갓 서른 살이 되었으며 슬하에 일곱 살 난 아들이 있었다. 이사예프는 부인보다 술집을 즐겨 찾았고, 때로는 고주망태가 되어 밤늦게 집에 돌아오곤 하였다. 이런 그였기에 그녀의 남편에 대한 불만은 날로 높아지고 급기야는 남편을 혐오하기 시작하였다. 거기에다 단 하나 밖에 없는 아들마저 말썽만 부려 기대할 것이 못되었다. 이럴 때 그의 집에 자주 들러 자상함을 보여 주는 도스토옙스키가 그녀로서는 참으로 고마웠다. 그러나 외양이 별로 보잘것없는데다가 사병신분이며 남성적인 매력도 없는 도스토옙스키에 대해서 그녀는 크게 관심을 갖지는 않았다. 반면, 도스토옙스키는 점차 그녀에게 마음이 끌려 하루라도 그녀를 만나지 못하면 못 견딜 지경이었다. 그는 자기만이 이 불쌍한 여자를 절망적인 삶에서 구할 수 있다고 생각하였다. 이렇게 되자 그녀의 마음도 처음과는 달리 흔들리기 시작하였으며, 시간이 지남에 따라 두 사람은 서로가 없어서는 안 될 연인 사이로 발전하였다.

이런 상황에서 마리아의 남편 이사예프가 집에서 약 9백 마일 떨어진 소도시 쿠즈네츠크로 전근을 가게 되었다. 이렇게 되자 도스토옙스키는 내심 미칠 것만 같았다. 도스토옙스키는 단 둘이 있을 때에는 눈물을 흘리면서 어찌할 바를 몰랐으나 마리아는 의외로 침착하였다. 마침내 이별의 순간이 다가왔다. 두 사람의 관계를 알고 있는 브랑겔도 그들의 이별을 안타깝게 생각하고, 이사예프가 이사하는 날 밤 수 마일을 동행하였다. 브랑겔은 자기 마차로 도스토옙스키와 함께 이사예프 일행이 탄 마차를 뒤따르다가 이사예프가 술에 곯아떨어진 것을 알게 되자 이사예프를 자기 마차에 옮기고 도스토옙스키를 마리아가 타고 있는 마차로 옮겼다. 그날은 달 밝은 오월 어느 날이었다. 두 사람은 이사예프의 아들이 잠든 사이에 정담을 나누었으며, 그들이 전송하려는 지점에 이르자 두 연인은 달이 휘영청 밝은 밤 전나무 그늘 아래서 아쉬운 작별인사를 나누었다. 도스토옙스키는 미지의 땅을 향해 평원을 가로질러 아스라이 사라져가는 연인의 마차 뒷모습을 망연자실 바라보며 하염없이 눈물을 흘렸다. 보다 못한 브랑겔은 넋을 잃고 서 있는 도스토옙스키의 등을 살며시 토닥거리며 마차에 태웠다. 먼 훗날 도스토옙스키는 그날을 '잊을 수 없는 날'이었다고 술회하였다.

두 사람이 헤어진 지 얼마 후 두 연인은 첫 번째 편지를 교환하였다. 헤어질 때만 해도 다소 느긋했던 마리아였건만, 지금에 와서는 도스토옙스키 못지않게 그녀가 더 몸이 달아 있을 정도였다. 그녀는 편지에서 가난과 질병, 고독을 하소연하면서 도스토옙스키와 이야기를 나누던 때가 몹시 그립다고 실토하였으며, 두 번째 편지에서는 남편과 알게 된

마리아 이사예바

젊은 교사가 최근 갑자기 자기한테 관심을 보이고 있다고 털어놓았다. 이 편지를 받고 도스토옙스키의 가슴은 미어질 것만 같았다. 도스토옙스키는 고민 끝에 브랑겔에게 이 모든 사실을 털어놓고 조언을 구하였다.

브랑겔은 곧바로 세미팔라틴스크와 쿠즈네츠크의 중간 지점에 두 연인의 밀회장소를 마련해 놓고 이들이 만나도록 주선해 주었다. 그러나 안타깝게도 마리아는 갑자기 남편이 불편하다는 핑계로 그곳에 나타나지 않았다. 그녀의 남편은 전근한 지 3개월 만에 죽고 말았다. 이제 도스토옙스키의 마음은 더욱 초조해졌다. 남편의 술주정으로 빚더미에 빠진 그녀를 도와야 되겠다는 일념에서 도스토옙스키는 그가 가진 돈과 브랑겔로부터 빌린 돈까지 합쳐 마리아에게 우편으로 보내면서 위로의 말을 아끼지 않았다. 그러나 그녀는 이미 베르구노프라는 24세의 젊은 교사에게 모든 것을 허락한 상태인지라 도스토옙스키에 대한 반응은 냉담했다.

도스토옙스키는 1856년 다시 소위로 승진하게 되었다. 그가 이렇게 빨리 승진한 것도 알고 보면 브랑겔의 도움이 컸던 것이다. 도스토옙스

키는 자신이 장교로 승진하였다는 소식과 함께 마리아의 장래를 자신이 책임질 의무가 있으며, 그녀의 아들도 자신이 돌보겠다는 뜻도 분명히 밝혔다. 이미 과부가 된 입장에서 도스토옙스키의 호의를 긍정적으로 생각해 볼 수도 있었지만, 젊은 교사와 깊은 관계에 빠져 있는 그녀로서는 현실과 이상 사이에서 쉽게 판단을 내릴 수가 없었다. 초조해진 도스토옙스키는 관내 외출허가를 받아 위수 지역을 벗어나 쿠즈네츠크로 그녀를 단숨에 찾아갔다. 그는 이틀 동안 마리아를 설득한 끝에 반쯤 내락을 받고 무사히 귀대하였다. 그러나 도스토옙스키는 연적인 그 젊은 교사 때문에 날이 갈수록 초조해졌다. 마리아는 번민 끝에 결국 도스토옙스키를 선택하였다. 그러면서도 그녀의 마음은 젊은 교사를 쉽게 포기할 수가 없었다. 훗날 도스토옙스키의 딸 류보프의 회상에 의하면, 마리아는 도스토옙스키와 결혼하기 전날까지도 젊은 교사와 짙은 밀애를 나누었고 한다.

1857년 2월 6일 도스토옙스키는 천신만고 끝에 마리아와 결혼식을 올렸다. 그러나 두 사람의 결혼은 처음부터 잘못된 결혼이었다. 결혼식을 올리고 신혼여행지인 친구 집에서 며칠 묵고 돌아오는 길에 도스토옙스키는 심한 발작을 일으키고 말았다. 그는 나흘 동안 꼼짝도 할 수가 없었다. 마리아의 입장에서는 참으로 기가 막힌 일이었다. 대경실색한 마리아는 일종의 배신감에 치를 떨었다. 정신이 돌아온 도스토옙스키 자신도 어찌할 바를 몰랐다. 행복에 대한 모든 기대감이 한꺼번에 무너져내린 것 같은 막막한 심경이었다. 그가 생각해봐도 마리아가 울부짖는 것도 무리가 아니었다. 사실 도스토옙스키는 자신의 간헐적인 발작증세가 고질적인 간질병이라고까지는 생각하고 싶지 않았다. 이렇게 되고 보니 두 사람의 결혼생활은 처음부터 삐걱거렸다. 신경이 극도로 예민하고 이해심이 부족한 마리아는 매일 불안 속에 떨면서 온갖 투정을 부렸다. 달콤한 신혼생활이 되어야 할 두 사람의 하루하루는 후회와 자책의 연속이었다. 나날이 계속되는 불만스러운 부부관계, 부족한 생활비, 마리아의 잦은 병치레, 이 모든 것들은 도스토옙스키의 정신세계를 피폐하게 만들었다. 이러한 상태에서 도스토옙스키의 창작의욕이 되살아날 리 만무하였다. 그나마 부족한 생활비는 페테르부르크에서 담배공장을 경영하는 형 미하일의 도움으로 근근이 꾸려 나갔다. 미하일은 담배에 경품 이벤트를 추진하여 사업이 날로 번창해갔으며, 그 사이에 4남매를 두고 비교적 넉넉한 생활을 하고 있었다.

한편 도스토옙스키는 형 미하일과 브랑겔 검사의 도움을 받아 사회적 복권을 꾸준히 추진하였다. 크림전쟁(1853-1855년 사이에 러시아가 영국과 프랑스의 지원을 받은 터키와 벌인 전쟁)의 패배로 니콜라이 1세가 1855년 2월 음독자살하고 알렉산드르 2세가 즉위하여 도스토옙스키의 복권 전망은 밝아졌다. 황제는 즉위하자마자 사회개혁을 단행하였으며, 그 가운데 가장 큰 개혁은 1861년에 발효된 농노제 폐지였다. 1859년 봄 도스토옙스키는 형을 통해서 그의 복권소식을 듣게 되었으며, 황제의 칙령에 따라 그의 거주지는 모스크바로부터 150마일 떨어진 트라베르라는 소도시로 지정되었다. 그는 약간 자유의 몸이 되었지만 트라베르 생활은 무미건조했으며, 마리아의 투정과 병세는 더욱 깊어만 갔다. 그녀는 이미 중증의 폐결핵을 앓고 있었다.

1859년 12월 마침내 도스토옙스키는 페테르부르크로의 귀환이 허용되었다. 도스토옙스키는 페트라셰프스키 사건으로 투옥된 지 실로 만 10년 만에 자유의 몸이 된 것이다. 그는 억누를 수 없는 감격을 채 가라앉히기도 전에 아내 마리아를 트라베르에 남겨 놓은 채 꿈속에서도 그리던 페테르부르크로 떠났다. 그의 나이도 벌써 마흔을 눈앞에 두고 있었다. 크리스마스를 얼마 앞둔 그해 12월 중순 도스토옙스키 형제는 감격적인 재회의 기쁨을 나누었다.

페테르부르크에서의 두 번째 여인, 『죽음의 집의 기록』발표

10년이면 강산도 변한다지만, 10년 만에 다시 본 페테르부르크는 외견상 큰 변화는 없었다.

알렉산드르 2세가 즉위하여 각종 개혁을 단행하였으나, 보수와 개혁세력 간의 주도권 싸움이 격화되어 사회적 불안은 가시지 않았다. 오랜만에 다시 만난 도스토옙스키 형제는 밤이 지새도록 그 동안 못다 한 이야기를 나누었으며, 며칠 후에는 마이코프와 야노프스키, 그리고 훗날 도스토옙스키 전기를 쓴 스트라호프 등 문단의 옛 동료들을 만났다. 해가 바뀌자 도스토옙스키는 아내 마리아를 페테르부르크로 데려왔다. 그러나 마리아는 그곳의 기후가 맞지 않았을 뿐만 아니라 주변 사람들과 잘 어울리지 못하여 트라베르로 다시 돌아가고 싶어 했다. 한편 형 미하일은 동생을 다시 만나자 잘 되고 있는 담배공장을 다른 사람에게 넘겨버리고 그 동안 게을리 했던 문학관련 일에 다시 관심을 기울였다. 형제는 먼저 그들의 꿈을 자유롭게 펼 수 있는 문학 잡지사 설립을 추진하여 1861년 1월 「브레미야(시대)」라는 이름으로 창간호를 내놓았다. 형 미하일은 편집인으로, 도스토옙스키와 그의 동료들은 자유기고가로 재기의 발판을 의욕적으로 다지기 시작하였다.

창간호에는 도스토옙스키의 『학대받은 사람들』 1회분이 게재되어 좋은 반응을 얻었으며, 그 뒤 4월호에는 다른 잡지에 게재해 온 『죽음의 집의 기록』을 옮겨 실었다. 지난 10년간 세인의 관심에서 벗어났던 도스토옙스키는 화려하게 재기하게 된 것이다. 특히 지난 10년간 파란만장한 삶을 살아온 도스토옙스키는 젊고 이상적인 학생들에게는 영웅적인 존재로 각인되기 시작하였다. 특히 시베리아 유형생활에서의 생생한 체험을 바탕으로 쓴『죽음의 집의 기록』육성 낭독회는 젊은 독자들로부터 열광적인 갈채를 받았다. 철학자 니체도 이 작품을 읽고 그가 도스토옙스키를 만난 것은 큰 행운이며, 그를 통해 무언가를 배울 수 있었던 유일한 심리학자로 생각했다.

니체는 그의 저서『우상의 황혼(Götzendämmerung)』에서 이렇게 썼다. "범죄자의 전형, 이것은 불리한 조건에 있는 강한 인간의, 즉 병든 강한 인간의 전형이다. 이 문제에 대해서는 도스토옙스키의 증언이 중요하다…… 이 통찰력 깊은 인간은……, 도저히 바깥 사회로 나올 수 없는 중죄인들만 있었던 곳에서 생활했었지만, 그 시베리아 죄수들은 그 자신이 예상했던 것보다 전혀 다르게, 다시 말해서 시베리아 벌판에서 자라는 가장 훌륭하고, 가장 단단하며, 가장 값진 나무에서 잘려 만들어진 재목으로 보았다." 이처럼 이 작품의 반응은 폭발적이었으며, 문학에서뿐만 아니라 범죄학에서도 특별한 위치를 차지하게 되었다.

그런데 이 작품 낭독회의 청중 속에는 앞으로 도스토옙스키의 삶에 큰 영향을 미칠 아폴리나리아 수슬로바(도스토옙스키가 '폴리나'라 부름)라는 22세의 매혹적인 여성도 자리하고 있었다. 낭독회가 열리는 그날, 우레와 같은 박수를 받으며 연단을 내려오는 도스토옙스키에게 수슬로바는 당당하게 말을 걸어왔다. 그녀의 깜찍한 모습과 야무진 언행은 도스토옙스키에게 강한 인상을 주었다. 며칠 후 그녀는 깨알 같은 글씨로 도스토옙스키에게 장문의 편지를 보냈다. 도스토옙스키도 기다리고 있었기나 한 듯이 곧바로 성실하게 답장을 보냈다. 두 사람의 첫 대면은 도스토옙스키의 잡지사 사무실에서였고, 두 번째 만남은 그의 형 미하일 집에서였다. 그날 두 사람은 문학과 인생에 대해서 진지하게 이야기를 나누었

수슬로바(폴리나)

다. 알고 보니 그녀는 꿈 많은 문학소녀였다. 1861년 그녀의 단편 「당분간」이 도스토옙스키의 잡지에 실리게 되었다. 그 단편은 아직 설익은 문학소녀의 치기어린 글이었지만 도스토옙스키의 첨삭을 거쳐 게재되었으며, 거기에다 이 소녀는 앞날이 촉망된다는 촌평까지 곁들였다. 이렇게 해서 두 사람은 20년 가까운 나이 차이에도 불구하고 급속도로 가까워졌다. 사실 도스토옙스키는 지난 40년간의 삶에서 여자다운 여자와 교제를 해본 적이 없었다. 기껏해야 남의 부인에 대한 짝사랑, 마리아와 같은 따분한 여자와의 잘못된 결혼 등이 아니었던가. 도스토옙스키는 이 싱그러운 젊은 여자에게 자신의 모든 것을 걸고 싶었다.

수슬로바는 농노에서 해방되어 자수성가한 아버지 덕분에 대학까지 마친 소위 신여성으로서 사고방식은 진취적이다 못해 자유분방하였다. 훗날 그녀의 일기와 편지에서도 알 수 있는 바와 같이 수슬로바는 약 3년 가까이 도스토옙스키에게 영과 육, 모든 것을 다 바쳤다. 수슬로바의 회상에 의하면, 그녀는 도스토옙스키를 만나기 전에는 어느 누구도 사랑하지 않았으며, 40세의 도스토옙스키를 통해서 '첫 경험'을 가졌다. 그녀가 도스토옙스키를 만날 때까지 처녀성을 간직한 것은 어떤 윤리관 때문이 아니라 그녀의 꿈과 이상에 적합한 남자가 없었기 때문이었다. 그녀의 입장에서 볼 때 사랑의 대상은 외모가 아니라 지성과 명성이었다. 엘리트 의식을 가진 설익은 지식층 여성들이 그러하듯이 그녀도 지적 허영심에 가득 찬 당대의 신여성이었다. 더구나 출신이 비천하면서도 두뇌가 명석한 그녀로서는 도스토옙스키 같은 작가가 가장 적절한 자아실현의 대상이었다. 그러나 도스토옙스키의 입장은 조금 달랐다. 그는 병석에 누워 있는 아내와는 애정적으로는 이미 열이 식었으나 윤리적으로 볼 때 아내를 팽개칠 수 없는 입장이었다.

어떻든 두 사람의 관계는 지성을 매개체로 한 만남이었지만 결국은 연인 사이로 발전하였다. 그러나 시간이 지나면서 두 사람 간에는 불만과 갈등이 시작되었다. 수슬로바의 입장에서는 자신이 도스토옙스키의 성적 유희물로 전락하는 굴욕감으로 분노를 터뜨렸으며, 도스토옙스키는 그녀의 투정에 야릇한 쾌감을 느꼈다. 도스토옙스키의 형도 두 사람 간의 관계를 잘 알고 있었고, 그들의 관계가 더욱 깊어지기를 은근히 바라는 눈치였다. 그도 그럴 것이 형 미하일은 원래부터 도스토옙스키와 마리아의 만남을 탐탁지 않게 생각해 왔기 때문이었다.

이러한 상황에서 마리아의 병세는 더욱 악화되었으며, 1863년 도스토옙스키는 그녀를 브라지밀이라는 요양지로 보내고 수슬로바와 단 둘이서 유럽 여행을 하기로 결심하였다. 그것은 수슬로바의 계략이었다. 그러나 이러한 여행 계획은 잡지 「브레미야」가 정간되는 바람에 그해 8월까지 늦춰졌다. 기다리다 못해 수슬로바는 혼자서 먼저 파리로 떠나버렸다. 그것은 두 사람의 앞날에 불행을 예고하는 시발점이 되고 말았다.

잡지 「브레미야」 복간 문제는 예상보다 어렵게 꼬여만 갔다. 이러한 사정도 모르는 수슬로바는 도스토옙스키에게 왜 빨리 오지 않느냐고 연일 아우성이었다. 그러던 어느 날부터 수슬로바의 편지가 갑자기 끊기고 말았다. 이상한 예감이 든 도스토옙스키는 모든 일을 팽개치고 파리로 서둘러 출발하였다. 그러나 파리로 가는 도중에 도스토옙스키는 또다시 이상한 버릇이 발동하였다. 도박장이 많은 독일 비스바덴에서 그는 룰렛의 유혹을 뿌리치지 못하였다. 1863년 8월 21부터 24일까지 꼬박 3일간 룰렛게임을 하여 처음에는 가지고 온 돈의 절반 가량을 잃었으나 24일 비스바덴을 떠날 때는 오히려 5천 프랑으로 늘어났다. 그는 그 돈의 일부를 아내의 치료비로 보내고 의기양양하게 파리로 향하였다. 열차의 창가에 앉아 도스토옙스키는 수슬로바와의 달콤한 여행을 꿈꾸고 있었다. 그러나 그의 장밋빛 재회의 꿈은 생각대로 되지 않았다.

도스토옙스키가 수슬로바를 만나는 순간 그녀의 반응은 뜻밖에도 냉담하였다. 그녀는 "너무 늦었군요."라는 짤막한 말로 모든 상황을 대신하였다. 불길한 예감에 휩싸인 도스토옙스키는 무슨 말이냐고 다그쳤으나 이미 상황은 돌이킬 수 없는 국면으로 치닫고 있었다. 직선적이고 솔직한 수슬로바는 모든 사실을 털어놓았다. 그녀는 파리에 도착한 얼마 후 스페인 출신 젊은 의학도 살바도르를 알게 되었으며, 젊고 매력적인 이 의학도를 만나자 첫눈에 함락되고 말았다. 사실 수슬로바는 도스토옙스키를 통해서 성에 눈을 뜨게 되었지만 만족스럽지 못한 나날이었다. 그러나 젊고 열정적인 살바도르와의 만남은 그녀가 지금까지 느껴보지 못한 환희 바로 그 자체였다. 하지만 순진한 살바도르는 너무나 격정적인 이 러시아 여인에게 겁을 먹고 점차 멀리하였으며, 그러면 그럴수록 그녀는 집요하게 그에게 매달렸다. 마침내 살바도르는 수슬로바를 뿌리치고 미국으로 줄행랑을 치고 말았다.

이때를 놓치지 않고 도스토옙스키는 허탈감에 빠진 수슬로바를 집요하게 설득하였으며, 그녀는 마음을 고쳐먹고 '꿩 대신 닭' 격으로 도스토옙스키와 마지못해 동반자의 길로 들어섰다. 두 사람은 파리를 떠나 함께 여행길에 올랐으나 그녀의 태도는 냉담하기만 하였다. 그들은 호텔에 투숙할 때에도 각자 다른 방을 쓸 정도로 이상스런 동행길이 되고 말았다. 마지못해 한두 번 도스토옙스키의 요구에 응했으나 젊은 살바도르와는 느낌이 전혀 달랐다. 도스토옙스키는 더욱 더 애욕에 불타올랐으며,

그러면 그럴수록 수슬로바는 잔인할 정도로 그의 접근을 거절하였다. 그녀는 자신이 이렇게 초라하게 된 것은 도스토옙스키 탓이라고 생각했다.

10월 하순 결국 두 사람은 서로 다른 방향으로 진로를 바꾸었다. 도스토옙스키는 러시아로 돌아가야 할 일이 생겼고, 수슬로바는 파리로 발길을 돌렸다. 도스토옙스키는 러시아로 돌아가는 가는 길에 공허한 마음을 달래기 위해 다시 룰렛에 빠져들었다. 그는 특히 정신적인 갈등이 고조될 때 도박에 빠져드는 나쁜 버릇이 있었다. 이번 경우도 예외가 아니었다. 빈털터리가 된 도스토옙스키는 파리의 수슬로바에게 급전을 요청하였다. 이상하게도 수슬로바는 도스토옙스키의 전보를 받자 그녀의 패물을 전당포에 맡기고 돈을 보내 주는 아량을 보였다. 이처럼 두 사람 간의 관계는 어정쩡하게나마 그런 대로 지속되었으며, 서로가 필요에 의해서 완전히 단념할 수 없는 처지가 되고 말았다. 특히 도스토옙스키는 그녀의 강한 자기 긍정 태도에 더욱 매력을 느꼈으며, 상처받은 자존심이 누그러지면 그녀가 다시 돌아올 것으로 확신하였다. 한편 허영심이 많은 수슬로바의 입장에서도 도스토옙스키의 명성의 그늘에서 벗어나는 것도 쉽지 않았다.

이 무렵 도스토옙스키는 『학대받은 사람들』, 『죽음의 집의 기록』, 『겨울에 쓰는 여름 인상』, 그리고 『지하 생활자의 수기』 등 일련의 비중 있는 작품들을 연이어 발표하였다. 도스토옙스키는 이 작품들 속에 강한 개성의 수슬로바와 예민하고 나약한 마리아와 같은 여성상을 곳곳에 등장시켰다. 도스토옙스키는 살아날 가망이 없는 아내 마리아를 요양지 브라지밀에서 모스크바로 옮기고 정간된 「브레미야」 대신 「에포하」를 통하여 작품활동을 계속하였다. 그는 죽음에 이르는 아내 마리아와 수슬로바 사이에서 번민하였다. 그는 피를 토하는 아내 침대머리에서 파리발 스탬프가 찍힌 수슬로바의 편지봉투를 뜯고, 또 그것을 기다리고 있었다.

1864년 4월 15일 저녁, 마리아는 결국 고통스러운 경련을 일으키며 숨을 거두었다. 이처럼 도스토옙스키의 첫 번째 결혼은 처음부터 잘못된 것이었으며, 어떻든 그녀의 죽음은 도스토옙스키에게 많은 상처를 남겼다. 마리아가 죽은 뒤 두 달도 안 되어 1864년 6월 10일 형 미하일마저 죽었고, 9월에는 잡지 「에포하」 편집 동료인 그리고리예프까지 죽었다. 주변 사람들의 잇따른 죽음에 도스토옙스키의 마음은 황폐해졌다. 그는 훗날 브랑겔에게 당시의 심경을 이렇게 털어놓았다. "나는 이제 외톨박이가 되어 삶이 무섭기만 합니다. 나의 모든 삶이 두 동강 나고 말았습니다. 앞으로 남아 있는 미지의 세계는 모두 가보지도 못하고 생소한 것뿐이어서 그 두 사람(마리아와 형 미하일)을 대신할 만한 진실한 마음은 아무도 없습니다……." 특히 형의 죽음은 도스토옙스키에게는 정신적, 물질적으로 커다란 타격이었다. 이제 도스토옙스키는 혼자서 형의 유족(형수와 조카 4명)을 뒷바라지해야 했고, 의붓아들 파샤도 집에서 빈둥거렸으며, 또한 알코올 중독자가 되어 버린 동생 니콜라이까지 구원을 기다리고 있었으니 그야말로 사면초가에 처하고 말았다. 이런 상황에서 도스토옙스키와 수슬로바의 관계는 외견상 별 탈이 없이 지속되고 있었다. 그러나 도스토옙스키 쪽에서 볼 때 아내가 죽은 마당에 수슬로바가 더욱 필요했지만 그녀를 아내로 삼기에는 마음에 걸리는 바가 많았다. 반면 수슬로바의 입장에서는 파리에서 만났던 젊은 살바도르로부터 받은 상처가 아직 아물지 않은 상태인데다가 도스토옙스키와 뭇 사내들로부터 농락당한 굴욕감과 분노에 사로잡혀 있었다. 그 동안 수슬로바는 파리에시 많은 남성들과 애욕의 강을 넘나들었으나 진정으로 그녀를 사랑하는 남자는 아무도 없었다.

끝없는 방황

아내와 형을 잃은 후 도스토옙스키의 집필활동은 한동안 지지부진하였다. 그러던 1864년 여름 어느 날 도스토옙스키는 안나 쿠르코프스카야라는 젊은 여성으로부터 「꿈」이라는 제목의 단편소설을 우편으로 받았다. 그녀는 예비역 육군 준장의 딸로 그때 그녀의 나이 갓 스무 살의 문학 지망생이었다. 그녀는 도스토옙스키의 작품에 매료되어 그를 한 번 만나 앞으로의 문학활동에 조언을 듣고 싶어 했다. 이렇게 해서 두 사람은 옛날 수슬로바와의 경우처럼 서신을 주고받았다. 도스토옙스키는 그녀의 작품을 관심 있게 읽었다는 자상한 편지와 함께 소정의 원고료도 보내 주었다. 낯선 사람의 편지와 함께 원고료가 집에 도착한 사실을 알게 된 그녀의 아버지는 노발대발하였다. 그도 그럴 것이 그녀의 아버지는 딸이 소설이나 시를 쓰는 것은 고사하고 관심을 갖는 것조차 거부반응을 보여 온 터였다. 그러나 부인의 설득으로 그의 노기는 누그러졌으며 나중에는 딸의 글을 읽고 감탄까지 하였다. 도스토예스키의 격려에 고무된 쿠르코프스카야는 얼마 후 다른 작품을 우편으로 보냈으며, 그때마다 도스토옙스키는 친절한 의견과 함께 소정의 원고료도 빠뜨리지 않고 보내 주었다.

1865년 2월 말 쿠르코프스카야의 어머니는 그녀와 여동생(당시 14세) 소냐를 데리고 큰어머니 댁을 방문하였다. 그 집에서 그들은 도스토옙스키를 초대하였다. 마침내 도스토옙스키와 쿠르코프스카야는 다소 흥분된 기분으로 첫 대면을 하였으며, 이야기는 일상적인 것으로 진행되었다. 그도 그럴 것이 완고한 아버지로부터 단단히 다짐을 받은 어머니와 큰어머니의 철저한 감시 속에서 두 사람의 대화가 자연스럽고 자유롭게 진행될 수는 없었다. 더구나 원래 내성적인 성격인데다가 젊고 아름다운 여인을 대면하게 된 도스토옙스키는 40대의 원숙한 나이에 접어들었음에도 다소 긴장되고 수줍은 표정을 감추지 못했다. 며칠 후 도스토옙스키는 그녀를 다시 찾았다. 집안 어른들은 외출해 있었고 집에는 쿠르코프스카야와 동생 소냐만 있었다. 그날따라 그녀는 더욱 아름다워 보였다. 그녀는 균형 잡힌 몸매와 하얀 피부, 짙은 녹색의 이지적인 눈동자, 그리고 길게 늘어뜨린 비단결 같은 흑갈색 머리카락, 어느 것 하나 나무랄 데가 없는 미인이었다. 곁에 앉아 있는 소냐 또한 아직 솜털이 보송보송한 어린 나이였지만 무척 귀엽고 상냥해 보였다. 양갓집 규수라는 것은 이런 소녀들을 두고 하는 말이었다. 그 동안 뒤틀린 삶과 참 여인에 대한 그리움 속에서 불안정한 생활을 해온 도스토옙스키로서는 이 순간 모든 것이 말끔히 녹아내리는 희열을 느꼈다. 그들의 대화는 자연스럽고 진지하게 진행되었다. 곁에서 이야기를 듣고 있던 순진한 소냐가 오히려 도스토옙스키의 한 마디 한 마디에 빨려들었다. 도스토옙스키는 그 동안 구상 중인 작품에 관해, 그리고 그가 겪었던 숱한 체험을 이야기했다. 처형을 앞둔 세묘노프 광장에서의 마지막 5분간, 태양이 검은 구름 사이를 뚫고 교회의 첨탑을 화사하게 비췄을 때, 그는 그 빛과 함께 영원의 세계로 돌아간다는 절박한 순간들에 대해서도 이야기했다. 그리고 세미팔라틴스크의 부활제 밤에 그를 찾아온 친구와 신의 존재 문제에 관한 논쟁 중에 갑자기 엄습해 온 발작 증세에 대해서도 거리낌없이 털어놓았다.

아름다운 쿠르코프스카야의 영롱한 눈동자만을 응시하고 있는 도스토옙스키는 옆에서 가슴 조이며 극적으로 전개되는 이야기에 넋을 잃고 있는 소냐에게는 거의 눈길을 주지 않았다. 순진한 소냐는 파란만장한 삶을 실어온 중년의 소설가에게 자신도 모르는 사이에 마음을 빼앗기고 말았다. 온실과 같은 평온한 집에서 자라온 이 소녀는 아버지 같기도 하면서 신비에 가득 찬 이 작가를 흠모한 나머지 남몰래 눈물도 많이 흘렸다. 연적(?)인 언니 때문에 모든 것이 꿈으로 끝나고 말았지만, 소냐는 언니보다 도스토옙스키를 더 사랑했던 것 같다. 소냐는 훗날 유명한 수학 교수가 되어 명성을 날렸으며, 도스토옙스키와의 이루어질 수 없는 사랑의 아픔을 가슴에 묻어둔 채 그와 우정을 나누었다.

안나 쿠르코프스카야

이제 도스토옙스키의 마음은 쿠르코프스카야뿐이었다. 천방지축 자유분방한 수슬로바에 넌더리가 난 그로서는 양갓집 규수로서 절제된 자기표현과 귀족적인 용모를 지닌 쿠르코프스카야에게서 정신적인 안식처를 찾고 싶었다. 그 당시 1860년대 젊은 지성들이 다 그러했듯이 그녀도 자유평등 사상, 특히 남녀평등, 그리고 사회주의 이론 등에 깊은 관심을 가졌다. 그녀의 이와 같은 진보적인 성향은 도스토옙스키의 변모된 보수적인 세계관과는 일치하지 않았으나, 그것은 각자 자기인식의 세계일 뿐, 그것으로 인해서 두 사람 간의 인간적인 유대관계가 멀어지는 것은 아니었다.

도스토옙스키는 수슬로바와의 지겹고 어정쩡한 관계를 청산하고 쿠르코프스카야와 빨리 결혼하고 싶었다. 마음에 드는 여자를 만나면 언제나 그러하듯이 어린애처럼 조급해져 버리는 도스토옙스키는 20년 이상이라는 나이 차이도 잊은 채 그녀에게 '큐피드의 화살'을 쏘아댔다. 그러나 현명한 쿠르코프스카야는 이 위대한 소설가에게 존경과 경외심을 보이며 때로는 약간의 연정을 느끼기도 하였지만, 맹목적이고 종속적인 애정으로까지 발전시키고 싶지는 않았던 것 같다. 그리고 무엇보다도 그녀는 도스토옙스키를 가까이 접하면서 그의 예민한 성격과 독점욕, 그리고 불안한 정서 등 인간적인 약점을 하나하나 감지함으로써 자신의 일생을 이 남자에게 맡길 수 없다는 것을 은연중에 터득하게 되었다. 결국 쿠르코 프스카야는 페테르부르크를 떠났다. 그녀는 그 후 진보적 사회주의 사상에 탐닉, '파리 코뮌'에 가담하여 프랑스 혁명가 빅토르 자크라르와 결혼한 뒤 러시아로 돌아왔다. 그리고 도스토옙스키와 쿠르코프스카야는 이성관계가 아닌 지인으로 다시 만나 지난날의 추억을 뒤로 한 채 변함없는 우정을 나누었다. 도스토옙스키는 훗날 그녀에 대해서 이렇게 회상했다.

"쿠르코프스카야는 나의 전 생애를 통해서 가장 훌륭한 여자였다. 그녀는 총명하고 문학적인 자질이 뛰어난데다가 도덕성과 자제력까지 겸비한 현명한 여자였다. 그러나 그녀의 신념은 나의 생각과는 정반대였고 자기 존재감이 강했기 때문에 나는 그녀와 결혼하는 문제를 백지로 돌리고, 그녀의 이상과 일치하는 남성을 만나 행복하기를 마음속으로 빌었다."

도스토옙스키는 쿠르코프스카야와의 결혼이 수포로 돌아간 뒤 허전한 나날을 보내던 차에 마르타 브라운이라는 문학 애호가이며 바람기 많은 중년 여자를 만났다. 그녀는 인생이란 추억을 만들며 살아가는 것이라고 생각하고 유럽 각지를 돌아다니면서 끝없는 애정편력을 벌이는 여자였다. 그녀는 방황을 끝내고 페테르부르크로 돌아와 도스토옙스키 잡지사 「에포하」에 기고도 하고 영문 원고도 번역하면서 도스토옙스키와 가까워졌다. 그러나 두 사람 간의 관계는 그리 오래 지속되지 않았다. 「에포하」가 재정위기에 몰려 1865년 4월 폐간되자 그녀와의 관계도 흐지부지되었으며, 이런저런 일로 도스토옙스키는 다시 유럽 여행을 생각하게 되었다.

정신적 위기에 처할 때 언제나 그러했듯이 도스토옙스키는 다시 도박에 빠지게 되었고, 아직도 끝나지 않은 수슬로바와의 관계를 다시 복원하고 싶은 생각도 들었다. 사실 그는 1863년 7월 이후 수슬로바를 만나지 못해 그녀의 소식이 궁금하기도 했다. 만나면 다투고 떨어져 있는 사이에도 서로 비방해 왔으면서도 애증의 끈은 끊어질 듯 끊어질 듯하면서도 이어져 갔다.

잡지사 폐간으로 인한 채권자들의 빚 독촉, 형의 유족과 의붓아들의 생활비 부담 등 이 모든 것들이 도스토옙스키를 한없이 괴롭혔다. 이런 성가신 일들로 그는 최근 수년간 정신적으로 피폐해져 잡문 외에는 글다운 글을 제대로 쓰지 못하였기 때문에 문학적인 명성도 예전 같지 않았다. 이런 상황에서 그에게 돈을 선뜻 빌려 줄 사람이 있을 리 만무하였다. 바로 이런 위급한 때에 스텔로프스키라는 출판업자가 나타나 1866년 1월 1일까지 도스토옙스키 작품의 출판권과 일정 분량의 의무적인 작품 발표를 조건으로 3천 루불의 선불을 제시하였다. 단, 기한 내에 약속을 지키지 못할 경우에는 위약금도 내야 한다는 조건도 명시하였다. 다급한 상황에 처한 도스토옙스키는 앞뒤를 돌아볼 겨를도 없이 계약서에 서명하고 3천 루불을 받았다. 그러나 그 동안의 채무상환, 가족의 생계비 지원, 그리고 자질구레한 잡비를 제하고 나니, 남은 돈은 2백 루불도 채 못 되었다.

지금까지 진 빚을 다 갚고 기분을 전환하기 위하여 도스토옙스키는 이전에 수슬로바와 룰렛으로 재미를 본 비스바덴으로 떠났다. 비스바덴, 그곳은 도스토옙스키에게는 어쩌면 '기회의 땅이요, 약속의 땅'이기도 했다. 마침내 두 사람은 그곳에서 다시 만났으나, 도스토옙스키는 자기 돈은 물론 수슬로바의 몇 푼 안 되는 비상금까지 룰렛게임으로 깡그리 탕진하고 말았다. 다급한 나머지 도스토옙스키는 동료 문인 헤르첸과 투르게네프에게 구원을 요청하였다. 헤르첸은 이를 단호히 거절하였으나 투르게네프는 마지못해 돈을 꾸어 주었다. 그런데 이것이 화근이었다.

나중에 도스토옙스키가 빚을 갚을 때 투르게네프는 백 탈러를 꾸어 주었다고 주장한 반면, 도스토옙스키는 50탈러로 기억난다고 고집하였다. 결국 이 일로 인해 두 사람의 우정은 금이 가고 말았다. 게다가 수슬로바마저 떠나 버려 도스토옙스키는 초라한 신세로 비스바덴에 혼자 남게 되었다. 다급해진 도스토옙스키는 가장 만만한 수슬로바에게 다시 급전을 요청하였으나 그녀의 반응은 냉담하였다. 도스토옙스키는 생각 끝에 코펜하겐 공사관에서 근무하고 있는 과거의 은인 브랑겔에게 구원을 요청하였다. 마음씨 좋은 브랑겔은 백 탈러를 송금해 주고 도스토옙스키를 코펜하겐으로 초청하였다. 그러나 이 돈으로 그 동안 밀린 숙박비를 다 지불하기에는 턱없이 부족하였으므로, 이곳에 체재하고 있는 러시아 사제관으로부터 숙박비 지급보증을 받고, 러시아 출판업자 카타코프로부터 2백 루불을 송금 받아 마침내 도스토옙스키는 '약속의 도시'가 아닌 '굴욕의 도시' 비스바덴을 떠날 수 있었다. 그리고 그는 곧바로 코펜하겐행 열차에 몸을 실었다. 브랑겔은 거지꼴이 되어 버린 초라한 이 작가를 변치 않는 우정으로 따뜻하게 맞이하여 약 1주일간 보살펴 주고 페테르부르크로 돌아갈 여비까지 마련해 주었다. 도스토옙스키로서는 브랑겔이 또다시 잊을 수 없는 은인이 되고 말았다.

한편 수슬로바도 파리 유랑생활을 청산하고 또다시 페테르부르크로 돌아와 도스토옙스키와 재회하였다. 3년간에 걸친 사랑과 배신, 다툼과 화해, 그리고 증오와 연민이 뒤엉킨 채 두 사람은 이렇게 다시 만난 것이다. 그러나 그들의 만남은 다시 다툼으로 이어졌다. 이런 상황에서는 그녀가 페테르부르크를 떠나는 것만이 도스토옙스키의 환영으로부터 벗어나는 유일한 길이었다.

걸작『죄와 벌』에 나타난 윤리와 인간의 구원 문제

도스토옙스키는 그 동안 숱한 방황 속에서도 오래 전부터 구상해 온 작품『죄와 벌』을 1865년 여름부터 쓰기 시작하여 수차례 수정을 거친 끝에 1866년 잡지「러시아 통신」에 1월호부터 게재하여 그해 12월에 완성, 이듬해 단행본으로 내놓았다.『가난한 사람들』이후 실로 20년 만에 걸작『죄와 벌』이 출간되자 그 반응은 가히 폭발적이었다. 남녀노소를 불문하고 저마다 앞 다투어 그 작품을 읽고 감동하였으며, 사람들이 모이는 장소라면 어디에서나 도스토옙스키는 화제의 인물이 되었다. 이 한 편의 소설로 도스토옙스키는 잊혀질 뻔한 그의 명성을 되찾고도 남음이 있었다.

작품『죄와 벌』은 심리학적·윤리학적 내지 철학적 요소를 가미한 걸작으로 인간의 내면에서 일어나는 모순과 갈등구조를 낱낱이 해부하였으며, 궁극적으로는 신을 향한 인간의 구원 문제로까지 확장한 대작으로 이 작품의 소재는 1865년에 실제로 일어났던 두 여인 도끼 살해사건에서 착상한 것이다. 이 작품에서 라스콜리니코프라는 한 젊은 대학 중퇴생은 분석하기 힘든 복잡한 동기 때문에 고리대금업을 하는 노파와, 그 현장에 나타난 그녀의 여동생까지 살해한다. 주인공 라스콜리니코프는 세상이 너무 부조리한 것에 분격하고 있었다. 그는 가난이라는 죄 때문에 부당하게 모멸당하는 선량한 시민들에 대해서는 연민을, 반면에 사회에서 존재할 가치조차 없는 기생충과도 같은 고리대금업을 하는 노파와 같이 호의호식하며 살아가는 인간들에 대해서는 증오와 분노를 느낀다. 결국 그는 노파를 살해한 후 번민과 불안에 떨며 방황하다가 가족의 호구지책 때문에 매춘부가 된 가련한 소녀를 알게 된다. 그는 소녀가 악의 구렁텅이에 빠져 있으면서도 순결한 영혼을 지니고 있음을 알고, 결국

도스토옙스키

소녀의 발밑에 엎드려 그녀의 발에 입 맞추며 "나는 당신 앞에 엎드린 것이 아니라 전 인류의 고통 앞에 엎드린 것이다."라고 말한다. 가물거리는 촛불 아래서 살인범은 가엾은 매춘부가 읽어 주는 성경 구절을 듣는다.

이 작품에서 도스토옙스키는 주인공 라스콜리니코프를 통해서 모든 인류를 지배하려고 태어난 소수의 예외적인 인간과 지배받고 복종하며 살아가는 평범한 인간으로 구분하고, 소수의 초인적인 지도자는 선과 악의 피안에 있으며, 절대적인 도덕률도 없다고 보았다. 라스콜리니코프의 마음속에 내재해 있는 지성에서 볼 때 범죄 그 자체는 범죄 그 자신을 위해 존재하지 않는 것이기 때문에 범죄를 저지를 필요가 있을 때에는 그러한 초인에게 권리를 부여해도 좋다는 것이다. 그러나 그 범죄는 결국 자기합리화요 궤변임이 입증된다. 범죄행위가 끝나자 주인공 라스콜리니코프는 스스로 자기모순에 빠져 자기 어머니와 여동생으로부터, 아니 전 인류로 부터 고립되는 불안감에 빠져 마음의 안식처를 찾지만 끝내는 실패하고 만다. 바로 그 점이 범죄를, 나아가 살인을 정당화할 수 없는 현실이요 비극이다. 그리고 이 작품에서 라스콜리니코프는 자신의 논리의 제물이 되고 죄를 저지른 행위 속에서 구원을 찾지만 결국 허사였다.

도스토옙스키는 그가 작품 초안에서 묘사한 바와 같이 "도덕적인 이념은 종교적인 감정에서 발생한다. 논리는 결국 도덕적인 이념을 정당화 할 수 없다."는 점을 극명하게 밝히고 있다. 작품 『죄와 벌』에서 우리는 바로 이 점을 주목할 필요가 있다.

영원한 반려자 안나와의 재혼

그 무렵(1866년) 도스토옙스키는 작품『죄와 벌』과는 별도로 출판업자 스텔로프스키에게 신작 장편소설을 1866년 11월 1일까지 넘겨주는 조건으로 3천 루불을 미리 받았기 때문에 계약기간이 다가오자 마음이 초조해졌다. 그도 그럴 것이 만일 이 계약을 이행치 못한다면 도스토옙스키는 그가 쓴 현재 및 장래의 모든 소설 판권을 이 악덕 출판업자에게 무료로 모두 넘겨주어야 하기 때문이었다. 중압감에 시달린 도스토옙스키는 도무지 일이 손에 잡히지 않았다. 그는 당시의 절박한 상황을 이제는 다른 사람의 부인이 된 쿠르코프스카야에게 다음과 같이 토로하였다.

"나는 지금껏 듣고 보지도 못한 기발한 일을 하려고 합니다. 한쪽은 아침에 쓰고, 다른 한쪽은 밤에 써서 약정 기일까지 완성하려고 합니다…… 아마 우리 작가들 중에는 어느 누구도 나와 같은 조건으로 쓰지는 않았고, 앞으로도 쓰지 않을 거라고 생각합니다. 투르게네프와 같은 작가로서는 생각지도 못하는 끔찍한 일일 겁니다."

이러한 고민에 빠진 도스토옙스키에게 친구 밀류코프는 보다 못해 속기술이라는 방법이 있다고 귀뜸해 주었다. 도스토옙스키는 망설이던 끝에 이 기발한 방법을 받아들이기로 하고 젊은 여자 속기사를 추천받게 되었다. 그녀의 이름은 바로 안나 그리고리예브나로서 미래의 도스토에프스키 운명을 새롭게 결정지어 줄 여인이었다. 그녀는 평소에 도스토옙스키의 작품을 즐겨 읽는 문학소녀였으며, '1860년대'의 다른 젊은이들처럼 진보적 사고를 가지고 있었다. 안나는 중학교를 우등으로 졸업하고 사범학교에 진학하였으나 하급관리 생활을 하던 아버지가 1년 전에 갑자기 세상을 떠남으로써 학업을 중단하고 돈벌이가 되는 속기술을 배우게 된 것이다. 그때 그녀의 나이 갓 스무 살이었다. 안나는 집안이 별로 보잘것없었으나 두뇌가 명석하고 분별력이 뛰어났으며, 넓은 이마에 길쭉한 얼굴, 쑥 들어간 눈과 야무진 턱에 동양적인 코, 약간 창백한 양 볼을 갖춘 그다지 미인은 아니었으나 전체적인 분위기로 보아 생활력이 강하고 야무진 인상을 풍겼다

1866년 10월 4일 안나는 약속대로 도스토옙스키의 아파트로 찾아왔다. 도스토옙스키는 그곳에서 전처 아들인 말썽꾸러기 파샤와 살고 있었다. 그녀는 도스토옙스키를 처음 만났을 때 그의 외모에 다소 실망했다. 당시 45세의 이 작가는 약간 짝 눈에 신경질적이고 안정감이 없어 보였으며, 반면에 20세의 이 처녀는 꼭 다문 입술에서 볼 수 있는 바와 같이 여느 여자와 달리 의지가 강하고 침착한 느낌을 풍겼다. 이렇게 해서 만난 두 사람은 처음 얼마 동안은 거의 사무적인 만남을 가졌다. 아마 도스토옙스키는 이 여자가 젊기는 했지만 여성적 매력은 느끼지 못했던 것 같다. 안나는 방안을 서성거리며 이야기하는 작가의 말을 한 자도 놓치지 않고 속기로 받아썼으며, 이를 집에 가지고 가 청서하여 다음날 어김없이 도스토옙스키의 책상에 올려놓았다. 그는 처음에는 안나의 이름조차도 잊어버릴 정도로 그녀에 무관심했으나 날이 갈수록 그녀의 강한 책임감과 흐트러짐이 없는 몸가짐에 점차 매료되기 시작하였다. 도스토옙스키는 구술 중에 가끔 휴식을 취하고 그녀와 차를 나누기도 하며 험난했던 자신의 과거사를 털어놓기도 했다. 도스토옙스키는 그녀를 만나 구술로 작품을 시작한 지 불과 26일 만인 10월 30일 작품 『도박자』를 탈고하였다. 마침 그날은 도스토옙스키의 45회 생일이기도 했다. 그리고 그 다음날인 10월 31일 그 원고는 안나의 용의주도한 제안에 따라 경찰의 확인을 받아 스텔로프스키 앞으로 어김없이 우편으로 보냈다. 스텔로프스키가 고의적으로 약속된 날짜를 어긋나게 하여 도피할 가능성이 있었

기 때문이었다. 작품 『도박자』는 도박에 빠진 도스토옙스키 자신과 수슬로바와의 기이한 애정행각을 바탕으로 쓴 것이다. 이 소설의 중심인물은 폴리나와 이바노비치로 정하고 "사랑 때문에 증오하고, 증오 때문에 사랑한다."고 말한 것처럼 두 사람의 기이한 애정문제가 리얼하게 다루어지고 있다.

안나 그리고리예브나

도스토옙스키는 안나의 헌신적인 도움으로 작품을 무사히 탈고하고 중압감에서 벗어나자 그녀에게 고마움을 느꼈다. 그 보답으로 도스토옙스키는 홀어머니를 모시고 사는 안나의 집을 방문하였다. 그녀의 어머니는 그 당시로서는 다소 늦은 나이인 27세 때 40세가 넘은 중년 남자와 결혼하여 안나를 낳게 되었으나 지금은 남편과 사별하고 딸과 단 둘이 살고 있었다. 도스토옙스키와 안나의 공동작업으로 그의 작품활동은 순조롭게 진행되었으며, 이와 함께 두 사람 간에 쌓여가는 신뢰는 갈라놓을 수 없는 사랑으로 발전하였다. 마침내 도스토옙스키는 1866년 11월 8일, 안나에게 정식으로 청혼하였다. 그녀는 떨리는 가슴으로 이를 받아들였으나 그녀의 어머니는 긍정도 부정도 아닌 담담한 반응이었다. 그도 그럴 것이 25년이라는 나이 차이는―자신의 경우도 그러했지만―딸의 장래로 보아 부담스러웠기 때문이다. 그러나 두 당사자의 진지한 설득으로 안나의 어머니는 딸의 결혼을 승낙하였다.

도스토옙스키는 결혼준비가 막막하였다. 생각다 못해 그는 출판업자를 찾아가 다음 소설의 선불금으로 2천 루불을 요청하였다. 그는 착수금조로 7백 루불을 받아 그 중 5백 루불을 결혼준비금조로 안나에게 맡겼다. 두 사람의 결혼이 결정되자 도스토옙스키의 도움으로 살아가는 형

미하일의 가족들은 못마땅해하는 기색이었고, 어느 누구보다도 의붓아들 파샤는 노골적으로 반대하였다. 그러나 두 사람의 굳은 언약은 이 모든 장애물을 뛰어넘었다.

1867년 2월 15일 오후 8시 이즈미아로프 교회에서 두 사람의 결혼식은 조촐하지만 엄숙하게 이루어졌다. 그러나 즐거워야 할 이들의 신혼생활은 처음부터 시련의 연속이었다. 주변 가족들의 시기와 모략은 말할 것도 없고, 거기다가 갖가지 성가신 일로 신경을 집중시킨 나머지 도스토옙스키는 두 번이나 발작을 일으켰다. 그리고 누이 집에서 안나가 자기에게 호감을 가진 어느 젊은이와 간단한 이야기를 나눈 것이 도스토옙스키의 마음을 상하게 하여 이들 부부는 말다툼이 잦아졌다. 한집에서 같이 사는 의붓아들의 심술도 말이 아니었다. 영리한 안나는 이 모든 장애물을 슬기롭게 헤쳐 나갔다. 그러나 견디다 못해 안나는 패물과 지참금으로 군식구들의 생활비를 대주고 남편을 설득하여 신혼여행이 아닌 도피 여행을 결행하게 되었다

1867년 4월 14일 두 사람은 페테르부르크를 출발하여 드레스덴에서 여장을 풀었다. 참새 방앗간 격으로, 도스토옙스키는 다시 도박장을 찾아갔다. 그러나 밤늦게 집에 돌아오는 그의 주머니는 언제나 텅 비어 있었다. 약 두 달 뒤 그들은 거처를 비스바덴으로 옮겨 분위기를 바꿔 보았으나 그의 병적인 도박 습관은 여전하였다. 보다 못해 안나는 차라리 남편이 파국에 이르는 것이 낫겠다는 생각이 들었다. 그래서 그녀는 남편이 이 도박장 저 도박장을 옮겨 다니면서 돈을 잃어도 싫은 내색을 하지 않고 전당포에 옷가지와 패물을 맡기고서 도박비를 마련해 주었다. 그러나 그것도 하루 이틀이 아니고 허구한 날 반복되어 밑 빠진 독에 물 붓기 식이었다. 그녀는 자신의 기막힌 신세를 스스로 저주하며 이렇게 한탄했다.

"오, 주여! 수렁에 빠진 이 저주 받은 늪에서 우리는 언제 헤어날 수 있

겠습니까?"

1867년 8월 두 사람은 스위스 여행 중에 제네바에서 여장을 풀었다. 그리고 얼마 후 안나는 그곳에서 첫딸 소냐를 낳았다. 그러나 그토록 귀여움을 받던 소냐는 생후 석 달 만에 죽고 말았다. 슬픔을 견디다 못해 그들은 레만 호반 근처의 베베로 거처를 옮겼다. 그리고 그곳에서 도스토옙스키는 작품 『백치』를 집필하기 시작하였으나 도무지 진척이 되지 않았다. 마침내 두 사람은 다시 밀라노로 거처를 옮겨 그곳에서 약 10개월 간 머물렀다. 밀라노 생활은 그의 긴 유랑생활 중 가장 안정된 시기였다. 그는 낮이면 미술관을 찾아다녔고 틈틈이 교회도 나갔다. 그리고 얼마 후 두 사람은 다시 짐을 챙겨 베네치아와 프라하를 거쳐 다시 드레스덴으로 돌아왔다.

1869년 9월 안나는 둘째딸 류보프를 낳았다. 이 새로운 생명의 탄생으로 가난한 부부는 활기를 되찾았으나 생활은 말이 아니었다. 산모는 산후 조리는 고사하고 제대로 먹지도 못하여 갓난아이에게 젖조차 먹일 수가 없었다. 그래도 도스토옙스키는 이곳에서 작품 『영원한 남편』을 탈고하고, 『악령』 집필에 착수하였다. 그런 가운데서도 그의 도박 습성은 재발하여 마지막 한 푼까지 깡그리 날려 버렸다. 그런데 도스토옙스키에게 놀라운 변화가 생겼다. 숙소에 돌아온 그날 밤 그는 꿈속에서 아버지의 무서운 얼굴을 보았다. 꿈에서 깨어난 도스토옙스키는 잠을 이루지 못하고 갖가지 상념에 사로잡혔다. 그리고 그날 이후부터 도스토옙스키는 끝없는 방황과 악습에서 벗어나 새로운 삶을 시작하였다. 아내 안나의 눈물겨운 인내와 헌신이 이 철없는 '도박사'를 구출해낸 것이다. 마침내 두 사람은 지겨운 유랑생활을 청산하고 1871년 2월 8일 페테르부르크로 돌아왔다. 그리고 일주일 후 안나는 첫아들 표도르를 낳았다. 그들이 조국을 떠난 지 실로 4년 3개월 만의 귀환이었다.

만년의 왕성한 작품활동
-대작『카라마조프가의 형제들』

페테르부르크로 다시 돌아온 도스토옙스키의 마지막 10년은 인생을 마무리하는 그에게 매우 의미 있는 기간이었다. 긴 방황을 끝낸 도스토옙스키는 신으로부터 계시를 받기라도 한 듯이 작품활동에 마지막 정열을 불살랐다.『백치』,『악령』,『미성년자』, 그리고 걸작『카라마조프가의 형제들』등이 다 이 기간에 쓰였다. 그를 괴롭혀 온 불치병인 간질도 이 기간에는 거의 나타나지 않았다. 다만 귀국 후에 밀려드는 채권자들의 빚 청산 독촉에서는 여전히 벗어날 수 없었다. 이 무거운 짐은 죽기 얼마 전까지도 면키 어려웠다. 안나는 이때부터 그 동안 헐값으로 넘긴 남편의 원고를 직접 관리하며 제값을 받아내었다. 그녀는 험난했던 도스토옙스키와의 결혼생활을 용케도 견뎌냈다. 안나는 이 위대한 작가의 아내로서 세상물정을 모르는 남편을 슬기롭게 뒷바라지해 왔으며, 사생활에서도 어린아이처럼 투정이 많은 남편의 모든 불만을 자애로운 어머니처럼 다 받아 주었다. 이런 안나가 곁에 있었기에 그의 만년은 무척이나 행복했다. 안나는 그에게 신이 내린 축복이라고 해도 지나친 표현이 아니었다.

도스토옙스키는 1869년『백치』를 탈고한 데 이어 드레스텐에서 착수한『악령』을 1873년 단행본으로 내놓게 되었다.『악령』은 도스토옙스키가 쓴 작품 중에서 가장 힘찬 작품으로 평가되고 있다. 그는 이 작품에서 허무주의적인 '1860년대 세대들'을 통렬하게 비판하였다. 그는 당시 서유럽 전역에서 팽배하고 있는 무신론과 유물론적 사회주의 사상이 서구문화를 세속화시켰다고 개탄하고, 이러한 위험한 사상에 젊은이들이 무분별하게 빠져드는 것은 지극히 위험한 일이라고 경고하였다. 작품『백치』가 윤리의 이상을 다루었다면,『악령』은 윤리와 종교, 그리고 정치·사회 문제를 다룬 것이다. 안나가『악령』부터는 제값을 받고 직접 출판하여 부부는 점차 생활의 안정을 찾기 시작하였다. 그 동안 도스토옙스키는 스텔로프스키와 같은 악덕 출판업자들로부터 얼마나 농락당하였던가?

1875년 도스토옙스키가『미성년』을 집필하고 있던 그해 8월 안나는 둘째아들 알료사를 낳았으나 아버지의 간질병을 유전 받아 세 살 때부터 자주 발작을 일으키더니 끝내는 죽고 말았다. 작품『미성년』은 인간의 내적 심리문제를 다루었으나 소설로서는 그다지 성공을 거두지는 못했다. 이즈음 그는 메쉬체르스키 후작으로부터 잡지「그라즈다닌(시민)」의 편집인이 되어 달라는 제안을 받았다. 잡지 성격이 다소 반동적이어서 마음에 걸렸으나 고심 끝에 이를 받아들이고, 이 잡지에 1873년 1월부터 1874년 4월까지『작가일기』라는 제목으로 일종의 시사평론을 썼다.『작가일기』는 도스토옙스키의 명성을 다시 얻게 해주었고 경제적으로도 많은 도움이 되었다. 그리고 그는 위대한 작가로서의 명성에 걸맞게 그의 필생의 대작『카라마조프가의 형제들』구상에 몰두하였다. 생활이 안정되면서 간질병은 거의 재발하지 않았으나 만성 폐질환은 점차 심해졌다. 그는 할 수 없이 요양원에 입원해야 했다. 요양원에서 그는 안나를 너무나 그리워했다. 그는 안나에게 두 사람간의 노골적인 성행위 꿈까지 적어 보내기도 하였으나 훗날 안나는 남편의 글을 정리하면서 이 부분은 지워 버렸다.

도스토옙스키는 요양원에서 퇴원한 후 자기 작품은 물론 다른 사람의 작품 발표회에도 초빙되어 바쁜 나날을 보냈다. 그가 작품을 낭송할 때마다 청중들은 최면에 걸린 듯이 열광하였다. 그의 인기는 날로 치솟았고 그가 참석하는 문학회는 언제나 대성황이었다.

이제 그는 필생의 대작 『카라마조프가의 형제들』의 집필에 몰두하기 시작하였다. 이 작품은 1878년부터 시작하여 그가 죽기 전인 1880년 사이에 쓰인 것이다. 이 소설의 무대는 러시아의 한 시골도시, 당대 러시아의 모순된 사회구조와 부조화를 대변하듯, 러시아 지주 귀족 카라마조프 가문의 얽히고 설킨 비극적인 이야기를 다룬 것이다. 여기에는 아버지 표도르와 장남 드미트리, 차남 이반, 삼남 알료샤, 그리고 표도르와 백치 여자 몸에서 얻은 스메르쟈코프 간의 갈등이 복잡 미묘하게 그려지고 있다. 스메르쟈코프가 아버지 표도르를 살해하는 장면을 정점으로 하여 알료샤를 제외한 모든 인물이 파멸을 맞게 되고, 폭력을 긍정하는 무신론자 이반에 대하여 양순한 알료샤의 기독교적인 승리가 부각되어 있다. 이 방대한 장편의 거의 대부분의 내용이 불과 3일 만에 일어난 사건들이다. 이 소설의 비극적 파국의 토대는 미묘한 삼각관계에서 야기된다. 즉 남녀 간의 사랑의 심리와 여기에서 비롯된 갈등, 즉 방탕하고 변덕이 심한 아름다운 탕녀 그루센카와의 사랑을 둘러싼 아버지 표도르와 장남 드미트리와의 욕정과 재산문제가 뒤얽힌 다툼이 그것이다. 마침내 어느 무서운 밤 사생아인 스메르쟈코프에 의한 아버지 표도르 살해는 방탕의 극을 걷던 그의 삶에 종지부를 찍게 한다. 그러나 아버지를 증오하던 드미트리가 피고가 되어 판사의 오판으로 시베리아 유형을 선고받고 이를 수긍하는 장면은 당대의 불공정한 법제도와 사회적 허점을 간접적으로 고발한 것이다.

이 소설에서 작가가 주장하는 결론은 온갖 고뇌를 통한 사랑과 희생에 의해서 갱생과 진정한 자유로 이끄는 기독교 사상으로 귀결된다. 그 정신은 조시마 장로에서 구현되고, 이러한 신앙적 정신은 삼남 알료샤에 의해 실천을 모색하고 있다. 결국 알료샤는 신의 뜻에 따라 속세에서 무한한 관용과 겸양, 연민과 희생, 형제애를 실천하고자 한다. 도스토옙스키는 이 대작을 1차로 끝낸 후 알료사 카라마조프를 주인공으로 하는 속편을 구상하고 있었으나 아쉽게도 그 후 3개월 만에 세상을 떠남으로써 그의 원대한 계획은 실현되지 못했다.

생의 마지막 기간에 치솟은 명성

『카라마조프가의 형제들』로 도스토옙스키는 이제 대문호의 반열에 들어서게 되었다. 이제 그의 문학적 위치는 셰익스피어와 단테, 그리고 괴테와 견줄 만하였으며, 셰익스피어가 영국인에게 세계적인 자랑거리라면, 도스토옙스키는 러시아인에게 세계적인 자랑거리로 자리매김하게 되었다. 물론 그에 못지않게 톨스토이도 있지만. 이처럼 『카라마조프가의 형제들』 이후 도스토옙스키에게는 생의 마지막 순간까지 많은 명성이 찾아왔다. 그 가운데 1880년 6월 6일, 러시아 국민시인 푸슈킨 동상 제막식에 이어 7일부터 이틀 동안 개최된 기념 강연회에서 도스토옙스키의 강연은 그 절정을 이루었다. 강연 첫날인 6월 7일에 있었던 투르게네프의 강연은 세련되기는 하였으나 내용도 감동도 없다는 평이었다. 그는 셰익스피어와 괴테 등이 각각 그 나라의 국민시인인 것처럼, 푸슈킨이 러시아의 국민시인이라는 점에 대해서 설득력 있는 답변을 제시하지 못하였다. 그는 푸슈킨을 국민시인으로서 반대할 이유는 없지만 그를 슬라브주의적 애국자로 내세우려는 이 운동을 어떻게 해석해야 할지 명쾌한 해답을 내놓지 못하였다. 그 다음날 도스토옙스키는 푸슈킨에 대해서 이렇게 강연하였다.

우리 진정한 러시아인에게는 유럽도, 위대한 아시아인 전체가 지닌 재능도 러시아 그 자체만큼이나 귀중합니다. 왜냐하면 우리의 운명은 바로 그 보편성이라는 것이며, 그 보편성은 칼로 얻어지는 것이 아니라 인간의 통일성을 지향하는 우리의 형제적인 노력을 통해서 얻어지는 것입니다…… 그리고 훗날 우리들은, 우리가 아닌, 미래의 러시아인 모두, 마지막 한 사람까지도 진정한 러시아인이 된다는 것은 유럽의 갈등에 화해를 가져오도록 노력하는 것이며, 전 인류적이며 모든 것을 통합하는 러시아의 영혼으로 유럽을 동경하는 마음에 대안을 제시해 주려고 노력하는 것이며, 형제애로서 그 영혼 속에 모든 우리의 형제들을 포용하려고 노력하는 것이며, 마지막으로 위대한 보편주의적 조화, 그리스도의 복음의 계율에 따른 형제애적인 화해의 말을 기탄없이 다할 수 있도록 노력하는 것입니다!

이 강연에서 도스토옙스키는 슬라브주의와 서유럽주의의 오랜 기간의 냉담한 관계가 해소되어야 하며, 러시아인이 진정한 러시아인이 됨으로써 러시아인은 진정한 유럽인이 될 것이라고 주장하였다. 도스토옙스키의 강연이 끝나자 청중들은 상상을 초월할 정도로 갈채를 보냈으며, 여기저기서 함성이 터져 나왔다. 그 동안 소원했던 투르게네프까지도 가까이 다가와 칭찬을 아끼지 않았다. 연설 내용의 참신성은 말할 것도 없거니와 도스토옙스키 특유의 카랑카랑한, 그러면서도 영혼을 파고드는 짙은 호소력과 강한 메시지 전달력이 청중을 압도한 것이다. 이 행사는 모스크바에서 열렸기 때문에 그는 당시의 분위기를 페테르부르크에 있는 아내 안나에게 다음과 같이 편지를 썼다.

내가 강연을 마쳤을 때, 그 열광적인 함성과 소란을 말로 다 표현할 수 없소. 서로가 모르는 청중들끼리 얼싸안고 흐느끼며 앞으로 서로가 더 좋은 사람이 되자고, 이웃을 미워하지 말고 더 좋은 사람이 되자고,

이웃을 미워하지 말고 사랑하는 사람이 되자고 맹세하는 것이었소. 강연회는 중단되고 많은 사람들이 연단으로 뛰어 올라와 내게 달려들었소. 귀부인들, 학생들, 관리들 할 것 없이 모두가 앞 다투어 나를 껴안고 입 맞추었으며, 모두가—문자 그대로—환희의 눈물을 흘렸소. 30여 분이나 그들이 나를 불러대고 손수건을 흔들며 야단법석이었소. 한 예로 두 노인네가 갑자기 나를 붙들고 말했소. '우린 20년 동안이나 서로 적대적이었고 말도 제대로 하지 않았습니다. 그런데 이제 우리는 모든 응어리를 다 풀어버렸답니다. 당신이 우릴 화해시켜 준 거죠. 당신은 성직자이며 예언자입니다.' 내가 연설문에 호의적인 말을 넣었던 투르게네프까지도 눈시울을 적신 채 내 가슴으로 뛰어들었소…… 이반 악사코프(당시 유명한 슬라브주의 사상가)는 연단으로 뛰어 올라와 청중들에게 내 연설은 단순한 연설이 아니라 하나의 역사적인 사건이라고 말하고, 그 동안 수평선에 구름이 덮였는데 이제 도스토옙스키의 말이 태양처럼 떠올라 구름을 쫓아내고 모든 것이 빛을 던졌다고 말했소. 그러자 청중들은 '옳소, 옳소!'라고 연호하였소. 그리고 더 많은 포옹과 눈물이 터져 나왔소. 강연회는 중단되고 나는 달아나듯이 옆문으로 빠져나왔소. 그러나 사람들이 내 뒤를 쫓아왔으며, 특히 여성들이 내 손에 입 맞추며 괴롭혔소. 학생들도 달려들었소. 그 중 한 학생은 눈물을 흘리며 발광하듯이 넘어져 의식을 잃고 말았소. 성공, 완전히 대성공이었소!(얀코 라브린 지음, 강흥주 옮김, 『도스토예프스키』, 행림출판사, 1981. 233쪽 인용문 및 안나 도스토예프스키 지음, 김봉영 역, 『나는 도스토예프스키 아내』, 문음사, 1986, 318-338쪽 참고 재정리)

그 뒤 여러 사람들의 증언에 의하면, 도스토옙스키의 이와 같은 말은 전혀 과장된 표현이 아니었다. 사흘 동안의 푸슈킨 기념 축제는 이렇게 요란스럽게 끝났고, 그 축제는 마치 도스토옙스키를 위한 축제 같았다. 그 밖에도 도스토옙스키는 각종 문학회 강연회에 연사로 초청받아 그의 명성에 걸맞은 명강연으로 청중을 감동시켰다. 그는 가끔 강연 준비에 앞서 아내 안나에게 이렇게 실토하곤 했다. "당신, 내가 내 목소리로 읽는 줄 아오? 나는 내 정신으로 읽어요!" 이처럼 그는 모든 강연에서 그 특유의 신비스러운 목소리와 기교에 의존하지 않는 간결한 언어로, 그리고 뛰어난 명확성으로 작품과 연설의 요점을 정확히 청중에게 전달했다.(앞의 책 332쪽 참고) 이처럼 도스토옙스키의 명성은 하늘을 찌를 듯 치솟았다.

'나를 붙잡지 말라'

인간사가 다 그렇듯이, 중천에 뜬 해도 서산마루에 기울고, 달도 차면 이울어가는 법. 도스토옙스키는 생의 마지막 순간에 어느 누구도 견줄 수 없는 광채를 발하였지만, 그는 하루하루 운명의 신 곁으로 다가가고 있었다. 그는 자신의 운명을 예견하지 못한 채 향후 20년간의 계획을 그 나름대로 구상하며 집필활동에 몰두하였다. 그도 그럴 것이 그의 영과 육을 수없이 괴롭혔던 발작 증세도 과거보다 그 횟수가 훨씬 줄어들었고, 그 강도도 약해졌을 뿐만 아니라 고질화된 폐렴 증세도 완화되는 것 같았기 때문이었다. 그러나 죽음에 임박한 중환자가 일반적으로 죽기 전에 일시적으로 호전되는 병리학적 특이현상을 환자들은 잘 모르는 법이다. 도스토옙스키 역시 이러한 사실을 잘 모르는 채 밤늦도록 집필에 몰두하여 그의 심신에 무리가 가해짐으로써 병에 대한 저항력을 잃어가고 있었다. 현명한 안나는 이런 남편을 세심한 뒷바라지와 함께 무리하지 말도록 다독였으나 도스토옙스키는 귀담아듣지 않았다.

결국 '큰 일'이 터지고 말았다. 전하는 바에 의하면, 누이동생들이 찾아와 해묵은 백모의 유산문제를 놓고 도스토옙스키를 극도로 자극한 것이 화근이었다. 그날 밤 도스토옙스키는 흥분한 나머지 요 근래에 심상치 않은 그의 폐동맥이 파열을 일으키며 결국 쓰러지고 말았다. 그날은 1881년 1월 25일 밤이었다. 1월 28일 오전까지만 해도 상태가 다소 호전되는 듯한 느낌이었으나 오후부터 다시 악화되기 시작하였다. 죽음을 예감한 도스토옙스키는 안나를 불러 유형지의 기착지에서 폰 비지나 부인으로부터 받은 『신약성서』를 가져오라고 했다. 그는 떨리는 음성으로 그 성서의 아무 내용이나 읽어달라고 했다. 펼쳐진 대목은 「마태복음」 3장 14절이었다.

"…… 그러자 요한이 말려 가로되, 당신께 세례받기를 원하나이다. 당신께서 제게로 오시나이까? 예수께서 답하여 가로되, 나를 붙잡지 말라. 우리가 이같이 하여 모든 의로움을 이루는 것이 합당하느니라."(1820년대 성서에는 '나를 붙잡지 말라'라고 되어 있으나 그 후에는 '이제 허락하리라'로 바뀌었음)

그러자 도스토옙스키가 무언가 생각하는 듯 잠시 멈칫하더니, 힘겹게 말을 이어갔다. "여보, 들었소? '나를 붙잡지 말라'고 했소. 그건 내가 죽을 거라는 뜻이오."

그날 내내 안나는 남편 곁을 떠나지 않았다. 도스토옙스키는 안나의 손을 꼭 쥔 채 나지막하게 말했다. "가엾은 당신, 내가 당신에게 남기고 가는 것이 무엇이 있겠소…… 불쌍한 애들…… 당신은 얼마나 힘들겠소……."

그러고 나서 그는 아이들을 불러달라고 했다. 두 아이는 아버지에게 마지막 입을 맞추었다. 저녁 7시쯤, 수많은 인사들이 대작가의 임종을 지켜보려고 몰려들었다. 마침내 도스토옙스키는 의식을 잃어가기 시작하

도스토옙스키의 묘소

였다. 안나와 두 아이들은 참았던 눈물을 쏟아냈다. 임종 확인 의사가 인간의 감각 중에 제일 마지막까지 남는 것이 청각이라고 주의를 주고, 자제할 것을 당부함으로써 울음소리가 다소 진정되었다.

이렇게 해서 위대한 작가 도스토옙스키는 1881년 1월 28일 저녁 8시 38분, 영원한 반려자 안나가 지켜보는 가운데 평화롭게 숨을 거두었다. 1월 31일 토요일 오전 11시, 도스토옙스키의 시신은 알렉산드르 네브스키 수도원으로 옮겨졌다. 그때 뒤따르는 인파는 그야말로 인산인해였다. 수도원까지는 그리 멀지 않은 길이었지만, 시신은 오후 2시가 넘어서야 수도원에 도착하였다. 조문객 속에는 도스토옙스키가 어려울 때 언제나 따뜻한 우정을 보여 주었던 브랑셀도 있었다.

장례식에는 미리 배포된 출입증을 받은 사람만 입장할 수 있었기 때문에, 미망인 안나는 빽빽이 늘어선 구경꾼들 사이를 헤집고 들어가다가 출입구에서 실랑이를 벌이는 바람에 장례예배가 시작된 뒤에야 가까스로 유족의 자리에 앉을 수가 있었다. 묘지에서 추도사가 낭독되자 그때마다 무덤 곁에는 꽃다발이 쌓이고 쌓여 나중에는 꽃으로 산더미를 이루었다. 장례식은 오후 4시가 되어서야 겨우 끝났으며, 안나와 유족들은 물 한 모금도 마시지 못하고 추위에 시달려 지쳐버렸다.

도스토옙스키가 죽었을 때 그의 아내 안나 그리고리예브나는 불과 35세였다. 안나는 1918년 6월 9일 급성 장질환으로 크림에서 72세로 일생을 마칠 때까지 굳게 정절을 지켜 위대한 남편의 명성을 더럽히지 않았다. 안나는 죽기 두 해 전에 출간된 그녀의 자서전에서 이렇게 썼다. "인간의 가슴에 맺힌 원을 그토록 깊이 이해하려고 했고, 그토록 천착하며 탐색하던 내 남편은 내가 자기의 영혼과 지적 생활에 아무 간섭을 하지 않는 것을 충분히 이해해 주었다. 이것은 얼마나 소중한 것인가. 그래서 그이는 때때로 나한테 이렇게 말해 주곤 했다. '여보, 당신은 나를 이해해주는 유일한 여인이오.'(이것은 그이가 제일 가치 있고 소중한 것으로 여기는 점이었다.) 그이는 마치 나를 자기가 기댈 수 있고, 그래서 설 수 있는 바위처럼 여기곤 했다."(앞의 책 안나의 자서전 384쪽) 도스토옙스키가 위대함에 이른 결과는 절반 이상은 훌륭한 아내 안나에게 돌려야 한다 해도 지나친 말이 아니리라. 딸 류보프는 해외에 거주하고 있었고, 아들 표도르도 전쟁과 혁명의 소용돌이 속에서 연락이 끊겨 둘 다 어머니의 임종을 지켜보지 못했다. 표도르는 1921년 심장병으로 죽었고, 류보프는 그보다 5년 후인 1926년 백혈병으로 죽었다.

'인생은 아름답고, 고뇌 속에서 의미가 있다. 아, 삶이여! 얼마나 아름다운 것인가?'

이 역설적인 말은 인간 도스토옙스키의 파란만장한 일생을 두고 하는 말이리라.

주요 참고문헌 및 더 읽을 만한 책

얀코 라브린 지음, 강흥주 옮김, 『도스토예프스키』, 행림출판사, 1981.

E. H. 카, 김병익·권영빈 옮김, 『도스토예프스키』, 홍성사, 1986.

마크 스로닐 지음, 전광용 역, 『도스토예프스키』, 신구문화사, 1976.

슈테판 츠바이크 지음, 장영은 외 옮김, 『천재와 광기』, 도서출판 예하, 1993.

J. M. 마리 지음, 이경식 옮김, 『도스토예프스키의 문학과 사상』, 서문당, 1980.

안나 도스토옙스키 지음, 김봉영 옮김, 『나는 도스토예프스키 아내』, 문음사, 1986.

도스토옙스키 지음, 김성호 옮김, 『죄와 벌』, 청목사, 1987.

도스토옙스키 지음, 이길주 편역, 『카라마조프가의 형제들』, 도서출판 아름다운 날, 2010.

윌리엄 후벤 지음, 윤지관 옮김, 『도스토예프스키·키에르케고르·니체·카프카』, 도서출판 까치, 1985.

김규진 편, 『러시아 문학과 사상』, 명지출판사, 1990.

프리드리히 니체

기존의 가치 체계를 거부한 시대의 이단아

Friedrich

Wilhelm

Nietzsche

모든 인간의 일생을 전체로 보면 하나의
비극이며, 부분적으로 보면 하나의 희극이다.

-쇼펜하우어

시대를 앞서 간 초인

서구 지성사에서 니체만큼 많이 회자되는 철학자가 누가 있을까? 얼마나 많은 철학도와 지식인들이 니체와 씨름하여 왔는가? 왜 우리는 니체를 읽고 당혹해하면서도, 니체에 대한 매력을 버리지 못하고 니체를 또 읽는가? 지성에 목마른 얼마나 많은 독서가들이 니체의 언어 마술에 최면당하였는가? 니체에 대한 어떠한 분석과 평가도, 어떠한 수식어도 만족할 만한 해답을 찾기가 어려울 것이다. 번득이는 예지와 통찰력, 탁월한 언어 감각과 간결한 표현 기교, 지적 오만과 철저한 자기 폭로, 그리고 가슴을 파고드는 절규와 독설로 "신은 죽었다!"는 폭탄 선언을 하며, 기존의 낡은 가치 체계에 온몸으로 맞선 이 사람은 시대를 앞서 간 '초인'이었으며, 내일의 지표를 제시한 현인이요, 광기의 천재였다.

니체는 지금까지 서구사회가 기독교 중심 사상과 플라톤적 정신세계 (이데아와 현상계, 이성과 감성, 가치와 존재, 영혼과 육체 중에서 전자를 중시한 이원론적 사상)에서 인간이 잘못 걸어온 길을 바로잡는 것을 자신의 사명으로 여기고, 서구 지성계와 비타협적인 고독한 투쟁을 벌였다. 니체의 이와 같은 반시대적, 반종교적(?) 사상은 그 당시만 해도 냉소와 조롱의 대상이었다. 그러나 그의 사상은 "내가 죽고 50년이 지난 뒤에는 나는 하나의 신화가 될 것이다."라고 자신이 예언한 것보다 훨씬 빠르게, 사후 몇 년도 안 되어 서구 정신세계를 뒤흔들어 놓았으며, 어느 누구의 사상보다도 폭넓게 연구, 수용되기에 이르렀다. 그의 대표적인 명저 『차라투스트라는 이렇게 말했다』를 비롯한 수많은 저술들은 비유와 반어, 촌철살인적인 경구로 가득 차 있어 자칫하면 오해와 혼란에 빠지기 쉬우나 자세히 읽어 보면 그 속에는 섬광이 번득이는 예지로 가득 차 있다.

독일 실존 철학자 야스퍼스(Karl Jaspers, 1883-1969)는 말했다.

우리들은 니체의 작품형태를 비유를 들어 말할 수 있다. 그것은 마치 암벽이 폭발하는 것과 같아서 이미 어느 정도 형태가 갖추어진 암석들은 전체의 사상을 보여 주고 있다. 그러나 아직 구축물―이 구축물을 위해서 암벽이 폭발하는 것처럼 보이는데―은 세워지지 않았다. 니체의 작품이 허물어진 조각들 더미처럼 쌓여 있다는 사실은 그것을 건축해 보려고 길을 떠나는 사람에게 그래도 언젠가 니체의 정신을 볼 수 있으리라는 희망을 안겨준다.(카를 야스퍼스 지음, 강영계 옮김, 『니체-생애』, 도서출판 까치, 1984. 15-16쪽)

그렇다. 이 말은 니체를 이해하기 위해서는 흩어진 파편들을 하나하나 주워 모으듯이 인내심을 갖고 조심스럽게 읽어갈 때 그의 심오한 정신세계에 접근할 수 있다는 뜻이다. 니체 자신도 이렇게 말했다. "모든 책 중에서 나는 '오직 피로 쓴' 책만을 사랑한다. 피로 써라. 그러면 그대는 알게 되리라, 피가 정신임을, 다른 사람의 피를 이해한다는 것은 쉬운 일이 아니다. 나는 책을 읽는 게으름뱅이를 미워한다."

여기에서 마지막 말은 생각 없이 안이하게 책을 읽기만 하는 '책벌레'들을 빗대어 질타하는 말이다. 그러므로 뜨거운 가슴과 냉철한 머리로 이 천재의 저작물을 한 구절 한 구절 꼼꼼히 읽어갈 때만이 난공불락인 그의 험준한 고봉에 올라갈 길이 조금씩 열릴 것이다. 그의 사상은 체계적이지 못하다는 비판도 받고 있지만 공허한 사유로 일관된 자기 현시적 사변철학이 아니라 예리한 직관에 의해서 솔직하고 거침없이 토해내고 있기 때문에 강한 흡인력을 발하고 있다. 슈테판 츠바이크는 말했다.

우리가 그(니체)의 책에 발을 들여놓으면 우리는 일체의 답답함, 안개와 무더위에서 벗어난 근원적 대기를, 산소를 느끼게 된다. 그리고 이와 같은 영웅적 풍광 속에서 하늘 꼭대기까지 올려다보고, 폐부에 스며드는 맑고 상큼한 대기를 들이마신다. 강한 심장과 자유로운 정신을 위한 대기를 호흡한다…… 니체의 충일된 삶을 표현하자면, 그는 도저히 생각할 수 없는 폭을 지녔다. 왜냐하면 우리들은 비극적 인물들에 대해서 깊은 감동을 느낄 수 있기 때문이다. 그리고 인류는 이같이 한계를 초월한 자들에게서만 이들의 극단적 한계를 인지할 수 있다.

여자들 속에서만 비정상적으로 자란 천재

프리드리히 빌헬름 니체Friedrich Wilhelm Nietzsche는 1844년 10월 15일 독일 작센 주 뢰켄에서 2남 1녀의 장남으로 태어났다. 그날은 마침 프로이센 국왕 프리드리히 빌헬름 4세의 생일이기도 하였다. 니체의 이름을 프리드리히로 명명한 것도 국왕의 이름을 딴 것이었다. 그의 아버지 카를

니체의 생가

루트비히 니체는 그 당시로는 다소 늦은 나이인 서른 살에 역시 이웃 지방 목사의 딸인 열일곱 살의 젊은 처녀 프란치스카와 결혼하여 그 다음 해에 니체를 낳았다. 니체의 아버지는 음악을 좋아하는 다정다감한 사람으로 니체가 태어나자 기쁨을 감추지 못하고 이렇게 소리쳤다.

"너는 지상에서 프리드리히 빌헬름이라고 불릴 것이다. 자비로우신 폐하의 탄신일에 네가 태어난 것을 기념하기 위하여!"

니체가 태어나고 2년 뒤 누이동생 엘리자베트가, 또 2년 뒤에는 남동생 요제프가 각각 태어났다. 그러나 평화로운 니체 집안에 갑자기 불행이 닥쳐왔다. 그의 아버지가 어디선가 발을 잘못 딛는 바람에 뇌진탕을 일으켜 1849년 사망하였으며, 이어서 동생 요제프마저 몇 달 뒤 죽고 말았다. 이렇게 해서 어린 니체는 여자들만이 사는 집(두 고모·할머니·어머니·여동생)에서 비정상적으로 자라났다. 니체는 만년에 아버지의 죽음을

비롯한 가족들의 죽음과 관련
하여 이렇게 회상했다.

니체와 그의 어머니

"나에게 결정적인 영향을
미친 가족 최초의 죽음은 아
버지의 죽음이었다. 두 번째는
동생 요제프의 죽음인데, 그
애가 두 살 때였으니 살았다
고까지는 말할 수도 없다. 세
번째와 네 번째가 아우구스타
고모와 할머니의 죽음이었다.
어머니는 오로지 늙도록 살아
남은 가엾은 로잘리 고모와 더불어 살면서 자신의 권리를 점차 주장하기
시작하였다. 그리고 그 무렵 나는 스스로가 어머니를 미워하고 있음을
알았다."

이상하게도 어린 니체는 어렸을 때부터 고지식하고, 걸핏하면 기도만
드리는 어머니의 두터운 신앙심에 염증을 느꼈던 것 같다. 더욱 놀라운
일은, 니체는 어머니의 수절이 자신과 누이동생을 불행하게 만든 원인이
었다고 주장하고 있다. 그는 이렇게 썼다.

"그녀는 결혼생활 6년도 채 못되어 남편이 죽자 세상 모든 남자에게
자신의 자궁문을 폐쇄하고, 그녀에게 접근하는 남자들에게 적의에 찬 시
선을 고정시켜 버렸다. 그리고 그녀가 인정하는 남자는 오직 나 한 사람
뿐이었으며, 이로 인해 우리 집은 어린 나에게 감옥 아닌 감옥이 되어 버
렸다. 그리고 이러한 감옥은 이와 같은 집에서 자란 사람만이 이해할 수
있을 것이다."

그의 이와 같은 주장이 사실이라 한다면, 폐쇄된 가정과 편모슬하에서

자란 니체의 특이한 성격을 이해할 수 있을 법도 하다. 원래 니체의 할아버지는 교구 감독까지 지낸 신앙심이 두터운 사람으로 본처가 7남매를 두고 죽었기 때문에 목사 집안 출신인 젊은 미망인과 재혼하여 3남매(니체의 두 고모와 아버지)를 더 남긴 채 사망하였다. 그러다 보니 니체의 집안은 아버지가 죽은 뒤에 니체 외에는 여자들만이 남게 된 셈이며, 나이 어린 니체의 어머니는 층층시하에서 발언권이 약할 수밖에 없었다. 그런데 니체 아버지의 이복형제 중 한 사람이 영국에서 재산을 꽤 많이 모아 상당한 유산을 남겼기 때문에 니체는 물질적인 궁핍에서 벗어나 학문에만 전념할 수 있게 되었다. 그리고 니체 할머니는 아들과 손자 요제프를 잃게 되자 뢰켄의 목사관을 떠나 나움부르크로 이사했다. 니체는 그의 최후 고백서인 『나의 누이동생과 나』라는 유고에서 충격적인 비밀을 다음과 같이 털어놓았다.

"엘리자베트와 나 사이에 그 일이 처음 일어났던 것은 우리의 어린 요제프가 죽던 날 밤이었다…… 그녀는 자기가 있는 방이 춥다고 호소하면서, 그리고 내가 평소에 얼마나 따뜻한지 알고 있다면서 나의 침대로 기어 들어왔다. 그때 불현듯 나는 내 손을 잡는 그녀의 부드럽고 따뜻한 작은 손길을 느꼈다. 그런 다음 그녀의 씩씩거리는 가냘픈 숨결이 나의 귓전에 울렸다…… 나는 그날 밤 뜻밖에도 엘리자베트가 나에게 가져다 준 황홀한 온기에서 사랑과 원망을 동시에 느꼈다. 그리고 그날 밤 이후 그녀가 내 침대에 기어들곤 할 때는 나는 숙면 중이었는데 그녀의 포동포동한 작은 손가락이 내 몸을 어루만지고 있노라면 이상한 전율이 엄습해와 몇 시간이고 뜬 눈으로 보내야만 했다……."

이처럼 유년기에 누이와의 이상한 관계는 니체에겐 죽는 날까지 족쇄로 남게 되었으며, 니체는 누이의 그늘에서 벗어나지 못하였다. 니체 주변의 여인에 대한 그녀의 감시와 질투는 평생을 두고 상상을 초월할 정도로 지속되었으니 말이다.

니체는 어머니가 수절하지 않고 재혼만 했어도 엘리자베트가 지금처럼 사납고 심술궂은 여자로 자라나지는 않았을 것이라고 생각했던 것이다. 그는 이어서 다음과 같이 회상했다.

"우리 어머니가 살아가면서 처신했던 일은 나의 삶과 깊은 관계가 있다. 왜냐하면 그것이 나 자신의 삶은 물론 누이의 삶에, 그리고 우리와 접촉하는 모든 사람들의 삶에 엄청난 피해를 끼쳤기 때문이다. 만일 우리 어머니가 집에서 사랑을 단절시키고 누이와 나로 하여금 사랑을 찾도록 강요하는 결과를 초래하지 않았더라면 극도로 불행한 우리 두 사람은 적어도 지상에서 어떤 행복을 찾아냈을지도 모른다."

이처럼 니체는 자신과 여동생의 불행을 일찍 과부가 된 고지식한 어머니의 탓으로 돌렸다.

신앙에 대한 회의와 천재 시인 횔덜린의 재발견

할머니의 뜻에 따라 한적한 나움부르크로 이사를 한 니체는 여덟 살 때 그곳 교회 부설 학교에 입학하였다. 그러나 어린 니체는 엄격한 학교 규칙과 틀에 박힌 종교행사에 염증을 느낀 나머지 주로 책을 읽거나 혼자만의 세계에 침잠하는 시간을 많이 가졌다. 그는 때때로 무언가 골똘히 생각하며 시를 짓거나 피아노에 앉아 건반을 두드리기도 하고, 심지어 작곡까지 해보이기도 했다. 4년 뒤 니체는 일기를 쓰기 시작하였으며, 그때의 심경을 이렇게 회상하였다.

"이 시기에 나는 시를 써보기 시작했다. 나는 자연풍경을 즐겨 묘사했는데 어린 마음에 아름다운 풍경에 곧잘 감동하고 그걸 시로 표현해 보고 싶었던 것이다. 나는 누구를 본받는다는 것은 생각지도 못하고 영혼이 고양되는 대로 시를 지었을 뿐이었다…… 그리고 나는 책이라도 한 권 써서 그것을 읽어보고 싶었던 것이 한결같은 소원이었다. 물론 이런 소박한 지적 허영심은 당시로서는 계획에 불과했으며, 행동으로 옮기지는 못했다……."

니체는 아버지로부터 예민한 감성과 음악적인 자질을 이어받은 것으로 보이며, 특히 어린 나이에 작곡을 할 정도로 그의 음악적인 소양은 상당히 뛰어났던 것 같다. 1858년 10월 니체는 나움부르크를 떠나 슐포르타 김나지움에 장학생으로 들어갔다. 이전에는 수도원이었던 이 학교는 전통이 있는 인문학교로서 학칙은 엄격하였으나 학생들의 소양과 자질을 많이 존중해 주는 아카데믹한 풍조가 배어 있었다. 슐포르타 생활은 그의 인생에 새로운 전환점이 되었다. 그는 당시 상황을 이렇게 회상했다.

"…… 아홉 살에서 열다섯 살에 이르는 동안 나는 줄곧 많은 것을 이루고자 하는 갈망뿐이었다…… 슐포르타에 갔을 때 나는 대부분의 학문이나 예술에 대해선 이미 그 맛을 보기 시작하여 너무도 지루한 수학만을 제외하고 모든 것에 흥미를 느꼈다. 그리고 나는 점차 학문의 모든 분야에 무계획적으로 덤비는 데 저항감을 가졌다. 그래서 나는 한 가지만을 근본적이고도 깊게 파고들기로 작정했다……."

그런 가운데 니체는 그곳에서 정신적 방황의 길동무가 되어 줄 파울 도이센이라는 친구를 만났다. 그때까지만 해도 니체는 동료들로부터 '꼬마목사'라 불릴 정도로 외형적으로는 신앙심이 두터운 모범생이었다. 그러나 슐포르타에서 교육을 통해 사고의 폭이 넓어지고 정신적으로 성숙해짐에 따라 그는 점차 신앙에 회의를 느끼기 시작하였다. 아마도 이러한 변화는 한 순간에 나타난 것이 아니라 아버지의 죽음을 비롯한 가족의 비운과 지적 성장을 통한 비판적 사고에 기인한 것으로 보인다. 신앙에 대한 회의가 깊어지면서 니체는 문학, 특히 낭만주의 문학에 흥미를 느꼈다. 그는 그때의 상황을 이렇게 회상했다.

"나의 소년 시절 가장 중대한 두 가지 사건은 신앙심의 상실과 내가 쓴 백여 편의 시가 영원성을 지니지 못하리라는 생각을 갖게 된 점이다. 이 두 가지 회의와 환멸 중 어느 것이 나의 생애에서 더욱 중대한 파국을 가져왔는지에 대해서는 정확히 말할 수는 없다……"

니체는 횔덜린(Friedrich Hölderlin, 1770-1843)·클라이스트(Heinrich von Kleist, 1777-1811)와 함께 독일 반고전파 3대 시인인 장 파울(Jean Paul, 1763-1825)의 작품들(『보이지 않는 건축 막사』, 『거인』 등)을 즐겨 읽었으며, 놀랍게도 그 당시만 해도 세인의 뇌리에서 거의 망각되어 버린, 불행한 천재 시인 횔덜린에 특히 심취하였다. 그는 친구에게 이렇게 썼다.

"횔덜린의 작품들은 우리의 문학예술에 순수하고 고귀한 진주와도 같다고 할 수 있네…… 그는 많은 시를 통해서 독일인에게 참담함과 진실을 말해 주고 있으며, 『히페리온Hyperion』(횔덜린이 1787-1799년 사이에 쓴 서정적 서간체 소설)에서 독일인의 야만성을 꼬집고 있네. 그러나 그의 현실에 대한 혐오감은 거대한 조국을 하나로 융합시키려는 애틋한 조국애에서 비롯된 것임을 알아야 하네. 그는 편협한 지식인, 속물들을 싫어할 뿐이네…… 내가 오직 바라는 것은(이것이 바로 이 편지의 주목적이지만) 국민 대다수가 알지도 못하는 횔덜린에 대한 지식을 갖게 되고 편견 없는 판단을 하게 되는 것뿐이네."

이처럼 횔덜린이라는 대시인은 천재 소년 니체에 의해서 50년 이상이나 앞당겨 재발견된 것이다. 이로 인해 횔덜린은 진흙땅에서 캐낸 진주처럼 빛나 세인에 다시 알려지게 되었으며, 그 후 철학자 하이데거를 비롯한 수많은 학자와 문인들이 앞 다투어 그를 연구하고, 그의 시 세계를 세상에 널리 전파하기 시작하였다. 천재만이 천재를 알아본다는 말은 니체와 같은 천재를 두고 하는 말일 것이다. 이렇게 해서 오늘날 횔덜린은 독일 문학사에서 괴테·실러와 함께 독일 최대의 시인 중 한 사람으로 추앙받게 되었다.

일찍 눈 뜬 관능의 세계와 값비싼 대가代價

슐포르타 김나지움 시절, 당시 열다섯 살이었던 니체는 바람기 많은 30대의 백작 부인을 알게 되었다. 관능의 화신인 그녀는 정신적으로 조숙한 니체에게서 야릇한 성적 매력을 감지하였다. 그녀는 노련한 침착성으로 간통의 고통을 견디면서 순진한 니체를 성적인 제물로 삼기 시작하였다. 백작 부인은 느릅나무의 어두운 그림자 속에 몸을 숨긴 채 니체의 기숙사 밖에서 그를 기다리곤 하였으며, 니체가 가는 곳마다 천부적인 후각으로 그를 쫓아다녔다. 니체는 당시의 상황을 이렇게 회상했다.

"그녀의 내면에는 내가 가는 곳마다 추적하는 경찰견 한 마리가 있었으니 나는 그녀에게 아무것도 숨길 수가 없었다. 나의 육체도, 정신도, 나의 영혼마저도 나를 붙들어 바위에다 내던지고 끈덕지게 나를 쫓아다니는 이 사이렌(그리스 신화에 나오는 바다의 요정)의 집착에서 벗어날 가망은 전혀 없었다…… 나는 백작 부인과의 간통 장면을 『마농레스코』(프랑스의 작가 프레보의 작품으로 주인공 마농은 애인이 있으면서도 돈 많은 남자의 품에 안기곤 했음) 식으로 상세히 기술하고 싶지는 않다. 이 악마와 같은 비너스 프러시아 백작 부인은 가장 환상적인 우행으로 쾌락을 맛보려 하였으며, 아직 어린 나의 지적 오만이나 교양에 대한 갈망을 지니지 않았던 내 성신을 송두리째 빼앗아 나로 하여금 그녀의 즉흥적이고도 실험적인 정열의 한 몫을 담당하게 하였다……."

백작 부인은 이처럼 어린 니체를 성적인 노리갯감으로 만들었으며, 심지어는 남장을 하고서 니체의 기숙사 방에까지 잠행해 들어와 음행을 벌이기도 하였다. 백작 부인의 바람기는 니체 한 사람에 국한하지 않았으며, 여타 젊은 학생들을 닥치는 대로 유혹하여 성적 유희 대상으로 삼았다. 마침내 남편인 백작은 부인의 천방지축 바람기를 잠재울 수 없어 권총으로 자살하고 말았다. 남편이 죽은 뒤에도 그녀는 뉘우치지 않고 숱한 애정행각을 벌였다. 그러던 어느 날 그녀는 연주회에서 돈 많은 유대계 로스차일드를 만남으로써 사랑의 궤도를 수정하였으며, 마치 조경사가 큰 나무 주변의 잡목과 잔가지를 치듯이 애송이 니체마저 차버렸다.

감성과 영감이 번득이는 천재일수록 성에 대한 집착이 남다른 면이 있다. 백작 부인을 통해 관능의 극치를 맛본 니체는 라이프치히에서도 성의 편력을 계속하였다. 그는 이곳에서 홍등가를 자주 찾았고 거기에서 인도계 창녀를 알게 되었다. 그는 만년에 정신병원에서 다음과 같이 충격적인 고백을 하였다.

"그녀는 욕정 그 자체가 하나의 영혼의 자태가 될 때까지 오로지 욕정의 충족 이외엔 어떠한 욕망도 알지 못한 채, 수세기에 걸쳐 정열의 전 영역에 깡그리 통달하도록 잘 훈련되어 온 윤기 있고 향기로 가득 찬 육체 속에 극동의 숨결을 지닌 유라시아계 여자였다. 백작 부인처럼 이 동방의 사악한 꽃도 자신의 육체를 세계의 환희가 집중하는 중심으로 만들었지만, 그녀의 환희는 죄의식으로 얼룩지지 않았으며, 마치 에돔의 딸들(구약시대 에돔 땅에서 살고 있던 이민족의 딸들)이 자연의 리듬에 일치하는 자포자기 의식에서 이스라엘 사람들에게 자기 자신들을 내주었던 것처럼 죄의식도 없이 자기 자신을 내주었다. 그러나 가나안의 딸들에게는 슬픈 일이다. 저들은 문명의 병에 감염되어 아브라함의 아들들에게 그 부패를 물려주어 결국은 저들 몸 한가운데서 파괴와 멸망을 초래케 하였다. 나는 뼈가 곪고 머리통이 썩어 문드러지게 된 죄과를 라이프치히 홍등가에서 만난 저 유라시아 소녀에게 돌리다니 그녀의 큰 허벅지는 하이네와 나를 죽인 독을 담고 있었기 때문이다……."

이와 같은 생생한 고백에서 알 수 있는 바와 같이 니체는 선천성 두통과 우울증에다 인도 소녀를 통해 감염된 매독(?)이 뇌에 파고들어 결국은 발광하지 않았나 하는 추측이 가능하다. 이러한 충격적인 사실은 니체 최후의 자기 고백서인 『나의 누이동생과 나』에 생생하게 기록되어 있다. 니체의 이 고백서는 여동생 엘리자베트 몰래 정신병원의 다른 환자에게 보관된 뒤 그의 사후 수십 년이 지나서야 세상에 드러났기 때문에 이러한 사실을 모르는 누이동생과 니체 옹호자들은 그의 매독 감염설을 일축하였다. 또 다른 사실은 니체는 본 대학을 거쳐 라이프치히 대학으로 전학한 뒤에도 백작 부인을 만났던 것 같다. 이어서 그는 다음과 같이 고백하였다.

"…… 매독은 부자에 대항하는 가난한 자의 무기이다. 그리고 나는 몹쓸 이 병을 백작 부인에 전염시킨 게 틀림없다고 생각했는데, 그녀의 두 번째 아이는 우매한 몽골인 같은 백치였으니 말이다. 의심할 것 없이 그건 우리들의 간통으로 인한 악의 결실이었으리라……."

그러나 이 부분에 대해서는 니체의 일방적인 추측일 뿐 입증할 만한 근거가 불충분하여 하나의 추측으로 넘길 수밖에 없다. 어떻든 니체는 이와 같은 비정상적인 성적 유희로 인해서 값비싼 대가를 치러야만 했다. 그리고 그는 만년에 정신병동의 쓸쓸한 병실에서 다음과 같이 덧붙여 고백하였다.

"나는 백작 부인과 유라시아 소녀를 내 피에서 몰아낼 수가 없었다. 그들은 빛과 그늘의 세계를 이루는 필수불가결한 존재였다. 그리하여 정신병원의 창밖 어둠속으로 하얀 새가 쏜살같이 날아가는 것을 보면서 나는 나의 우주를 흑과 백으로 분리시킨 백작 부인과 유라시아 소녀를 생각하는 것이다. 저들은 마침내 우리들의 무감각하고 흐리멍덩한 시대의 회색 빛 속으로 용해되어 버리리라⋯⋯."

아, 야수적인 인간 본능의 사악함이 이처럼 처참한 비극을 몰고 올 수 있는 것일까? 학문에의 갈망과 젊음의 발산, 추악한 인간세계에 대한 호기심과 분노, 고뇌와 좌절, 이 모든 것들이 젊은 니체에게도 예외는 아니었던 것 같다. 그리고 니체는 절규했다. "나는 인간을 찾았다. 나는 인간을 요구했다. 그러나 내가 찾아낸 것은 오직 나 자신뿐이었다. 하지만 나는 이미 나를 요구하지 않는다."고 탄식한 니체의 국외자적인 고독은 바로 그의 운명이었다. 결국 그는 "나 자신 다른 것으로 되고 싶은 마음은 없다. 인간에게 위대함을 표시하는 나의 지론은 운명을 사랑하는 것, 즉 Amor Fati이다. 필연적인 것은 단순히 견뎌낼 것이 아니라 오히려 숨기지 않고 그걸 사랑하는 것이니 몇 번이라도 좋다, 이 끔찍한 삶이여!"라고 고백하였다.(프리드리히 니체 지음, 이덕희 옮김, 『나의 누이와 나』, 문예출판사, 1989 참고 재정리)

젊은 니체의 영혼을 뒤흔든 쇼펜하우어

1864년 10월 니체는 친구 도이센과 함께 본 대학에 진학하였다. 어머니와 가족들은 목사였던 아버지처럼 신학을 전공하기를 바랐으나, 니체는 그리스어와 라틴어를 언어학적 입장에서 연구하는 고전문헌학을 전공하기로 마음먹고 냉철한 사고와 논리를 이 분야에서 찾고자 했다. 그리고 본 대학에서 고전문헌학을 전공하게 된 것은 무엇보다 이 학교에는 고전문헌학계의 대가인 빌헬름 리츨 교수가 있었기 때문이었다. 니체는 대학에서 좀 더 자유로운 학문의 세계에 접할 수 있게 되었으며, 전공 외에도 예술사, 철학, 신학 등에도 관심을 가졌다.

대학 초년생이면 으레 그렇듯이 니체도 캠퍼스의 해방감에 젖어 학내 서클인 '프랑코니아'에 가입하였으며 수많은 축제와 무도회, 그리고 이성교제에도 관심을 가졌다. 그러나 천성이 내성적인 니체는 점차 대외 활동에 염증을 느끼기 시작하였으며, 결국 서클 활동도 그만두고 혼자서 사색을 즐기거나 독서에 몰두하는 시간이 많아졌다. 독서와 사색의 폭이 넓어질수록 신앙에 대한 회의가 깊어졌으며 신의 존재에 대한 의문이 그를 줄곧 괴롭혔다.

한편 리츨 교수가 학내 서클과 관련하여 대학 당국과 불화를 빚고 라이프치히 대학으로 옮기게 되자 니체도 스승을 따라갔으며, 그곳에서 스승의 권유로 새로운 학내 서클인 '게르마니아'에 가입하였다. 이 서클은 고전문헌학을 연구하는 학술적 모임이었기 때문에 니체는 여기에서 핵심적 역할을 해나갔다. 리츨 교수는 자신이 대학의 연례적인 현상논문 모집 논제 선정자로 위촉되자 니체가 평소 관심을 두어 온 디오게네스 라에르티오스(Diogenes Laertios: 3세기경 그리스 철학사가)를 논제로 정하여 주고 이에 응모할 것을 권유하였다. 니체는 여기에 심혈을 기울여 마감시간에 임박해서야 논문을 제출하였다. 이 논문에는 그리스 시인 핀다로스의 시문에서 고른 '너는 항상 필요한 존재가 되어라'라는 말이 첨부되었는데, 이 말은 니체의 좌우명이 되다시피 했다. 이 논문은 예상대로 수석으로 당선되어 니체의 인기는 하늘을 찌를 듯하였다. 니체는 이처럼 리츨 교수의 사랑을 독차지하며 고전문헌학 연구에 몰두하였으나 리츨 교수 뒷바라지에 성가신 일도 한두 가지가 아니었다. 그런 가운데서 니체는 점차 고전문헌학에 흥미를 잃어가기 시작하였다.

그 무렵 라이프치히에는 콜레라가 창궐하여 니체는 공부가 제대로 되지 않아 나움부르크 근교에 있는 야전 기마 포병부대에 자원입대하였다. 포병으로서의 복무는 니체에게는 고통스러운 일이었으나 그는 열심히 군마軍馬를 돌보고 포신을 닦는 등 군복무에 충실하였다. 그러나 니체는 심한 근시 때문에 훈련 중 말의 뒷발에 걸어 차여 5개월간 정양을 해야 했으며, 얼마 후 소위보로 특진하였다. 그러나 군복무를 계속하기가 여의치 않아 니체는 결국 의병제대하여 집에서 얼마 동안 정양을 한 후 대학에 복학하였으며, 이제 고전문헌

쇼펜하우어

학은 더 이상 니체의 흥미를 자극하지 못하였다.

니체는 이래저래 고전문헌학에 흥미를 잃은 뒤부터 철학에 관심을 갖기 시작하였다. 이 무렵 그는 우연히 쇼펜하우어를 접하게 됨으로써 그의 일생에 새로운 전기를 맞게 되었다. 특히 쇼펜하우어의『의지와 표상으로서의 세계』는 학문적으로 방황하는 젊은 니체에게 새로운 이정표를 제시해 주었다. 그는 당시의 감동적인 상황을 다음과 같이 회상하였다.

"그 당시 나는 괴로운 체험과 실망을 안은 채 의지할 데 없이 쓸쓸하게 허공에 매달려 있었다. 아무런 신조도, 희망도, 즐거운 회상도 없이…… 그런 상황에서 쇼펜하우어 작품을 읽게 되었으니 어떠하였겠는가? 어느 날 나는 고서점에서 이 책을 발견하고서는 전혀 낯선 이 책을 손에 든 채 책장을 넘겨 갔다. 도대체 어떤 악마가 '이 책을 집으로 가져가라!'고 속삭였는지 모른다. 이번에는 책을 성급히 사지 않는 나의 습관을 따르지 않았다. 집에 돌아온 나는 손에 넣은 이 '보물'을 들고 소파 구석에 처박혀 그 정력적이며 우수에 찬 천재에게 내 몸을 맡겨 버렸다. 그 책에는 각 행마다 체념과 부정, 절망의 외침이 메아리치고 있었다. 그곳에서 나는

1867년 라이프치히에 머물던 때의 니체

세상과 인생과 나 자신의 감정을 엄청나고 거대하게 비춰 주는 거울을 보았다. 그 책에는 이해관계를 떠나 태양과도 같은 예술의 눈길이 나를 비추고 있었다. 또한 나는 그곳에서 질병과 치유, 추방과 피난처, 지옥과 천국을 보았다. 자신을 인식하고픈, 아니 자신을 샅샅이 되돌아보고픈 충동이 나를 강렬하게 휘몰아쳤다…… 2주일 동안 나는 그런 식으로 밤 2시가 넘어서야 잠자리에 들고 6시면 잠에서 깨어나는 것이었다. 신경질적인 흥분상태가 나를 사로잡아서 생에 대한 애착과 자부심, 그리고 규칙적인 공부에 대한 강박관념에 사로잡히지 않았다면 도대체 내가 얼마나 어리석은 짓을 하게 되었는지 모를 지경이었다……."

니체는 밑줄을 그어가며 한 자도 놓치지 않고 쇼펜하우어의 저작을 정독해 나갔다. 니체는 이어서 다음과 같이 회상하였다.

"쇼펜하우어의 저작에 내가 가장 매료되었던 것은 소박한 단순성과 열정이었다고 생각한다. 지리멸렬한 칸트와 거들먹거리는 피히테, 그리고 저 무미건조한 헤겔을 읽고서 무슨 구원이 있었겠는가? 반면 어떤 철인보다 앞서 간 쇼펜하우어는 가장 위대한 사상가로서, 무엇보다도 저술가로서 손색이 없었다.

그렇다면 젊은 니체의 영혼에 날개를 달아 준 쇼펜하우어(Arthur Schopenhauer, 1788-1860)는 누구이며, 그의 철학의 본질은 무엇이고 『의지와 표상으로서의 세계』에는 어떤 사상이 담겨 있는가? 쇼펜하우어는 1788년 2월 당시 한자동맹 회원 도시인 단치히에서 부유한 상인의 아들로 태어나 1793년 단치히가 프로이센에 합병되자 함부르크로 이주하여 1805년 그의 아버지가 사망할 때까지 그곳에서 살았다. 그의 어머니는 여류작가로서 바이마르에 문화 살롱을 열고 괴테 등 당대의 유명 문인들과 교류하였는데, 쇼펜하우어도 이때 이들 문인과 접하며 고급문화를 익혔다. 1813년 예나 대학에서 『충족 이유율의 네 가지 근거에 관하여』라는 제목으로 철학박사 학위를 받고, 본격적인 철학의 길로 들어섰다. 1819년 마침내 그 유명한 『의지와 표상으로서의 세계』를 출간하고 1820년 베를린 대학에 출강하게 되었으며, 당시에 인기가 높았던 헤겔과 같은 시간에 강좌를 개설하였으나, 헤겔의 인기에 미치지 못하자 실망한 나머지 교수직을 사임하고 이후부터 저술에 몰두하였다. 그는 1860년 9월 사망할 때까지 평생을 독신으로 살았다. 염세주의 철학자로 알려진 그의 철학 사상의 본질은 생을 '맹목적인 삶의 의지'로 보고 이성은 의지의 시녀로 간주하였다. 그는 "생명은 살기 위한 끊임없는 투쟁이며, 악의 술책으로서 고통의 세계일 뿐이다. 따라서 이를 극복하기 위해서는 생의 의지를 끊고 관조의 세계인 예술과 종교의 세계로 들어가야 한다."고 하였다. 그는 가장 좋은 예술로 음악을, 가장 뛰어난 종교는 불교라고 말하였다. 그는 칸트의 물자체(物自體, Ding an sich)를 '삶을 위한 맹목적 의지'로 해석하여 세계의 실체는 의지라고 하는 형이상학적 세계를 구축하였다. 그는 당시 지배적 철학 사조였던 피히테, 셸링, 헤겔의 관념철학에 반발하고 자신의 철학이야말로 인류에게 진정한 진리를 전달한다고 믿고, 그의 사상을 주저 『의지와 표상으로서의 세계』에 결집하였다.(독일어 'die Wille'는 의지라는 일반적인 뜻 외에 인간의 맹목적인 감성인 욕망, 갈구, 추구, 고집 등까지 포괄하며, die Vorstellung, 즉 표상表象은 마음 밖에 있는 어떤 물체나 대상에 대해 가지는 심상心象을 뜻함.) 쇼펜하우어는 이 책에서 자신의 철학 사상의 원천은 플라톤, 칸트, 『우파니샤드』(고대 인도의 종교와 철학

서로 산스크리트어로 기록되어 있으며, 중심사상은 우주의 궁극 원리로서 브라만을, 개인 존재 원리로 아트만을 상정하고 이 양자의 합일을 범아일여(梵我一如로 보고 있음)임을 밝히고, 자신의 독창적인 철학으로 체계화하였는데, 이 저작의 주요 사상은 첫째, '세계는 나의 표상이다.' 이것은 모든 사람에게 타당한 진리이다. 왜냐하면, 인간에게 인식된 세계의 속성과 존재 자체는 세계를 인식하는 정신에 의존하기 때문이다. 둘째, 현상의 세계를 형성하는 것은 인간의 오성이며, 고난에 찬 세계 속에서 조화를 성취하는 것은 인간의 이성이다. 셋째, 인간의 신체를 포함하는 현상계 전체는 객관화된 의지이다. 넷째, 의지는 그 경향성에 따라서 여러 가지 형상을 취하는 것이며, 갈망하고 투쟁하는 힘이다. 다섯째, 객관 속에 자아를 몰입시킴으로써, 즉 객관을 그 자체로서 인식함으로써 이데아, 즉 영구불변한 형상으로서의 의지가 파악될 수 있다는 것이다.(쇼펜하우어 지음, 곽복록 옮김, 『의지와 표상으로서의 세계』, 을유문화사, 1995 참고 정리)

니체는 쇼펜하우어의 이러한 사상에 매료되어 그를 자기 영혼의 반려자로 삼는 데 주저하지 않았다. 니체는 쇼펜하우어를 통해서 철학을 알게 되었고 철학을 삶의 예술로 승화시켜야 되겠다고 다짐하였다. 그리고 그는 쇼펜하우어를 통해서 체념과 자기부정의 미학을 배웠지만, 자기 긍정과 '힘에의 의지'로 절망을 뛰어넘어 삶을 긍정하고자 했다. 그는 평생을 두고 "슈만처럼 숨 쉬고 쇼펜하우어와 같이 사고하며, 플라톤처럼 쓰려고 애써 왔다."고 말하면서 쇼펜하우어를 정복하는 것보다 뛰어넘는 것이 용이하다고 토로하였다. 그러나 그는 매일 아침 쇼펜하우어를 뿌리치고 나왔다가는 황혼녘이면 다시 그를 찾아 들어가는 격이었으며, 그의 많은 결점에도 불구하고 쇼펜하우어가 자기보다 순수하고 이해심이 많았으며, 천재의 광기마저 있다고 생각했다. 이처럼 쇼펜하우어는 니체의 대학 시절 그의 영혼을 사로잡았을 뿐만 아니라 일생을 두고서도 그는 쇼펜하우어의 그늘에서 벗어나지 못하였다.

최연소 대학 교수로서 사회 첫발

1868년 크리스마스 휴가 기간이 거의 끝날 무렵 리츨 교수는 니체를 불렀다. 이유는 뜻밖에도 공석중인 스위스 바젤 대학의 고전문헌학 교수 자리를 니체에게 타진하기 위해서였다. 바젤 대학의 학사위원장인 피사르 교수는 라인 학술지에 게재된 니체의 뛰어난 논문을 접하고서 리츨 교수에게 니체의 교수 적합성 여부를 문의해 온 것이다. 그래서 라이프치히 대학 교수회의는 지금까지 니체의 학문적 업적을 고려하여 졸업 논문과 별도의 구두시험을 거치지 않고 니체에게 고전문헌학 박사학위를 수여하는 이례적인 결정을 내렸다. 이렇게 해서 니체는 약관 24세에 바젤 대학 교수로 부임하게 되었다. 그 당시 이러한 조치는 원칙을 중시하는 독일의 학문적 풍토에서는 상상하기 어려운 파격적인 사례였다.

마침내 니체는 1869년 2월 바젤 대학 문헌학 교수 겸 동 대학 부설 김나지움 그리스어 교수로 임용되었다. 뜻밖에도 일찍 교수가 된 니체는 무거운 책임감과 설렘 속에서, 아니 그보다는 문헌학과 철학에 관한 야심찬 계획을 머리에 그리면서 바젤 대학에 부임하였다. 그해 5월 니체는 '시작詩作과 고전문헌학'이라는 주제로 취임강연을 하였다. 강연장에는 호기심 반 기대 반으로 모여든 청중으로 입추의 여지가 없었으며, 강연 결과도 대성공이었다. 그의 간결하고 섬광이 번득이는 언어구사력과 나지막하면서도 힘찬 어조는 청중을 매료시키고도 남음이 있었다. 바젤 대학측은 대만족이었으며, 심지어 바젤 시의 학사위원들까지도 이처럼 훌륭한 젊은 석학을 초빙하게 된 것은 바젤의 영광이라고 평하였다. 특히 같은 대학 교수이며 당대의 대석학인 부르크하르트(1818-1898. 바젤 대학

예술·문화사 교수)까지도 '니체는 학자이며 대예술가'라고 극찬했다.

1870년 3월 니체는 연봉 3천 프랑의 정교수로 승진하여 그의 앞날은 확고해지는 듯했다. 그런 가운데서도 니체는 쇼펜하우어 철학과 바그너 음악에 깊이 빠져들었으며, 실제로 고전문헌학보다 철학 연구에 더욱 몰두하였다. 그는 강의를 마친 후나 강의가 없는 날이면 밤늦도록 독서와 연구에 몰두하였으며, 철학과 음악과 시의 접목에 대한 미련을 버리지 못하였다. 다만 우려가 되는 것은 그의 건강이었다.

그러나 무릇 천재들이 일반적으로 그러하듯이 천성이 내성적이고 사색적인 니체도 교우관계가 폭넓지는 못하였다. 그런 가운데서도 잊을 수 없는 벗은 에르빈 로데라는 학창시절 문헌학과 동급생이었다. 그는 함부르크 출신으로 니체와 함께 본 대학에 입학하였으며, 니체처럼 리츨 교수를 따라 라이프치히 대학으로 옮기면서 니체와 친해졌다. 니체가 회고한 바와 같이 두 사람은 함께 지내는 시간이 많아졌으며, 학문적 견해는 서로 다른 입장일 때도 많아 격론을 벌일 때도 있었으나 논쟁이 끝나면 불협화음도 눈 녹듯이 사라지고 두 사람간의 친밀도는 더욱 견고해졌다. 니체가 그의 처녀작 『비극의 탄생』을 저술하여 출판할 때도 로데는 적극 챙겨 주었으며, 이 저술에 대한 문헌학계의 통렬한 비판에도 불구하고 로데 한 사람만이 니체를 옹호하는 반박문을 쓰기도 하여 궁지에 몰린 니체를 도와주기도 하였다. 또한 바젤 대학 교회사 교수인 오버베크도 잊을 수 없는 벗으로 그들은 5년간이나 한 집에서 하숙을 하면서 우정을 다져 나갔다. 1859년 니체가 발광하자 오버베크는 그를 바젤 정신병원에 입원시키고 수시로 문병하는 등 니체가 죽는 날까지도 우정을 간직해 나갔다. 1870년 8월 '보불 전쟁'으로 조국 프러시아가 위기에 처하자 니체는 바젤 대학에 휴직계를 내고 위생병으로 전쟁터에 나갔다. 총알이 빗발치는 전선에서 장렬하게 산화하는 젊은 생명들의 처참한 모습을 보고 니체는 누이동생에게 이렇게 편지를 썼다.

"전투와 죽음에 직면하게 되면, 참으로 극한적인 생존 의지와 투쟁심을 발휘하여 상대방을 쳐부수고 지배자가 되는가, 아니면 파멸해 버린다는 각오로 민족의 운명을 짊어지고 전쟁의 대열에 질주해 나가는 것을 목격할 때, 엘리자베트여! 나는 이렇게 느낀단다. 즉 살려고 하는 강하고 높은 의지는 생존 때문에 나타나는 처절한 현상이 아니고 차라리 적극적으로 싸운다는 의지와 힘의 우위에 선다는 생각으로 나타난다고 본다."

이러한 내용의 글에서 볼 때, 니체의 '힘에의 의지' 설은 전쟁터에서의 생생한 체험을 통하여 이미 싹트기 시작하였다고 볼 수 있다. 그러나 전쟁터에서의 복무생활은 이번에도 오래 가지 못하였다. 병에 대한 저항력이 약한 니체는 이질에 걸려 중도에 전역하지 않을 수 없었다. 그해 10월 니체는 대학에 복직하였으나 황달과 불면증으로 다음해 4월까지 대학으로부터 특별휴가를 받아 요양생활에 들어갔다. 니체의 회고에 의하면 처녀작 『비극의 탄생』도 사실은 전쟁의 포연 속에서 쓰기 시작하였다.

음악가 바그너와의 만남

니체는 쇼펜하우어에 매료되어 철학 연구에 전념하기로 하는 한편, '학문은 예술가의 견지에서 보고, 예술은 삶의 관점에서'라는 신념을 갖고 철학과 예술, 특히 시와 음악의 접목을 구상하고 있었다. 그 당시 리하르트 바그너는 당대의 음악가들 중에서도 대단한 존재여서 젊은 니체는 그를 한 번 만나보고 싶었다. 마침내 1868년 11월 8일 라이프치히에서 그 꿈이 이루어졌는데, 그때 바그너는 니체가 이미 알고 지내고 있는 바그너의 여동생 집을 방문 중에 있었다. 그곳에서 두 사람은 자연스럽게 대면하게 되었다. 이야기를 진행하면서 쇼펜하우어에 관한 이야기가 나오게 되었는데, 바그너도 니체에 못지않게 쇼펜하우어에 많은 관심을 갖고 있었다. 니체와 바그너는 그날의 만남을 계기로 우정이 급속도로 진전되었다.

1869년 5월 니체는 바젤 대학에서 첫 휴가를 얻어 스위스 루체른 근처의 트립셴에서 잠시 기거하고 있는 바그너를 방문하였다. 그 당시 바그너는 부인과 사별하고 심란한 마음을 달래기 위해서 이곳에서 쉬고 있었다. 바그너 곁에는 코지마라는 젊은 여성이 있었는데, 그녀는 음악가 리스트의 딸이자 지휘자 뷜로의 부인으로, 바그너와 눈이 맞아 남편과 별거하고 그와 동거 중이었으나 아직 정식 결혼은 하지 않은 상태였다. 세 사람은 곧바로 공감대가 형성되었으며, 그들은 마치 이렇게 만나기 위해 이렇게 살아온 것처럼 느껴졌다. 니체는 당시의 심경을 친구 겔스도르프에게 이렇게 실토하였다.

"나는 이곳에서 참된 한 인간을 찾아내었네. 이 사람은 쇼펜하우어가 '천재'(쇼펜하우어는 그의 주저 『의지와 표상으로서의 세계』에서 "천재는 자신이 파악한 이념을 예술 작품을 통해 다른 사람에게 전달하는 능력을 가지고…… 존재하는 사물의 본질을 인식하는 능력을 가진 자라고 말함")라고 정의하는 천재의 인상 바로 그대로였으며, 놀랍게도 철학에 심취해 있는 분이네. 그에게는 깊은 인간성과 삶에 대한 숭고한 엄숙성이 내재하고 있어 가까이 있으면 신적인 존재와 함께 있는 것처럼 느껴지네."

니체는 매주 주말이면 바그너를 방문하였으며, 바그너도 이 젊은 천재의 예술적인 감각, 특히 그의 음악에 대한 깊은 이해에 감동하여 환대해 주었다. 니체는 바그너와의 만남을 계기로 그의 처녀작 『비극의 탄생』 집필에 박차를 가하였다. 한편 니체는 바그너를 만나면서부터 그의 정부 코지마에 대해서도 각별한 관심을 보이기 시작했다. 니체는 그녀의 예술에 대한 감각과 원숙미에 끌렸으며, 코지마도 젊은 니체의 지성과 빛나는 눈동자에 매력을 느꼈다. 니체의 다음 고백문(『나의 누이동생과 나』)에서 니체와 그녀 둘만의 모종의 관계가 있었음을 감지할 수 있다.

리하르트 바그너

"나는 그 시절 바그너를 얼마간 좋아했다. 그러나 그에 못지않게 코지마를 단념할 수 없었다…… 바그너가 나를 초대했을 때 처음에는 거절할 생각이었다. 만약 내가 코지마가 그곳(바그너 집)에 있다는 사실을 불현듯 생각하지 않았다면 나는 그곳에 결코 가지 않았을 것이다. 이 무렵부터 니체의 코지마에 대한 관심은 더욱 높아지기 시작하였으며, 두 사람 간에는 한때 깊은 관계로 발전한 것으로 추측된다. 니체의 다음 고백문은 이를 뒷받침하고 있다.

"내가 진리라고 불리는 세기의 위대한 거짓말을 하는데 자발적인 걸음을 내딛는 것을 최초로 익히게 된 것은 바로 코지마의 지도하에서였다…… 그녀는 순결하고 자기 부정적인 사랑의 순결한 가면 뒤에 야만적인 간통의 탈을 쓰고 있었다. 그리하여 그녀는 '트리스탄'으로 하여금 '이졸데'와의 사랑의 유희 속에서 속물 도덕의 위선과 어리석음에 대항하여 싸우는 것 이상의 용감한 기사로 느끼게 만들었던 것이다."

여기에서 니체는 바그너의 가극 『트리스탄과 이졸데』를 끌어내어 자기와 코지마와의 관계를 비유적으로 이야기하고 있다. 즉 이 가극에서 트리스탄은 마르케 왕의 결혼 중매인으로서 이졸데를 데리고 마르케 왕에게 가던 중 이졸데와 사랑에 빠지지만 결국 두 사람은 죽음으로 끝맺는다. 또한 니체는 만년에 정신병원에 입원할 때 체념어린 표정으로 의사에게 "나를 여기에 데려온 것은 다름 아닌 내 아내 코지마입니다."라고 말할 정도로 두 사람간의 관계는 정신적 교류 이상이었던 것 같다.

　어떻든 니체와 바그너와의 관계는 상당 기간 지속되었다. 이런 가운데 바그너는 새로운 가극을 상연할 극장 건립을 추진하고 정부지원과 일반 모금을 위해서 현실과 타협하게 되었다. 극장 기공식에는 1872년 5월 니체를 비롯한 바그너 신봉자들이 대거 참석한 가운데 성대히 거행되었으며, 착공 4년 만인 1876년 7월 바이로이트 극장이라는 이름으로 완공되었다. 축하공연으로 바그너가 창작한 『니벨룽겐 반지』가 상연되었으나 니체는 바그너의 지나친 쇼맨십과 과거와 달리 거들먹거리는 속물적 태도에 염증을 느낀 나머지 공연이 끝나기도 전에 극장을 빠져나가 버렸다. 그곳에서 니체가 본 바그너는 종교와 도덕 등 기존의 권위에 얽매이지 않고 창조적 삶에 충실하였던 이전의 바그너가 아니라 종교적 구원에 감명을 받아 예술을 하나의 수단으로 이용하려는 노음악가의 추한 모습뿐이었다. 그러나 그때까지만 해도 두 사람의 관계는 그런대로 지속되었으며, 바그너는 종교로 귀의하는 내용의 작품 〈파르시팔〉(프랑스 아서왕의 전설 원탁의 기사에 나오는 영웅)을 작곡하여 니체에 증정하였다. 그러나 니체는 종교로부터 이탈하는 의미의 작품 『인간적인, 너무나 인간적인』 제1부를 저술하여 바그너에 증정함으로써 두 사람의 관계는 금이 가기 시작했고, 코지마와의 비밀스러운 관계도 사실상 정리하였다. 그는 당시의 상황을 이렇게 적었다.

　"내가 코지마를 마지막으로 보았을 때 그녀는 흡사 〈파르시팔〉 전주곡의 마지막 음표音標와도 같은 슬픈 사랑의 시선을 나에게 보냈다. 그러나 나는 나의 인간적―그리고 초인적― 자만심의 제단에다 그녀를 제물로 마쳐야민 했다. 지식의 열렬한 애인으로서 니는 여지리는 위대한 수수께끼에 의해 처음으로 무장해제 당하였으며, 그리하여 그녀의 사랑의 노예가 되어 그녀 앞에서 굽실대며 심부름을 다니고 천한 일을 하며 내

속에 있는 남자의 자존심을 무너뜨리기까지 하면서도 그녀의 비위를 맞추고 있었던 것이다…… 요염하게 이글거리는 그녀의 격노한 얼굴 속에서 나는 파괴하기 위해 사랑하고 사랑하기 위해 파괴하는 우리 시대의 허무주의를 목도하였다…… 결국 나는 금수禽獸의 여신으로부터 도망쳐 나왔다."

이렇게 해서 니체는 바그너의 그늘을 벗어나 독자적인 길을 걷게 된 것이다.

첫 번째 저술『비극의 탄생』

니체의 최초 저작인『비극의 탄생』은 그가 1869년부터 구상해 온 것으로, 바그너와의 만남을 계기로 급속도로 진행되었다. 1872년 초판이 발행되었으며, 2년 뒤에는 수정증보판이 나왔고, 1886년에는 '자기비판 시도'라는 서문이 붙어 출간되었다. 이 책은 니체 자신이 밝힌 대로 여러 면에서 결함이 있었다 하더라도 사고력이 왕성한 젊은 니체의 패기와 참신한 지성이 넘치는 야심적인 저술로서 고전문헌학에 대한 인식의 전환과 새로운 세계관의 형성, 예술과 철학의 접목을 시도한 매우 인상적인 저작이었다.

니체는 이 책의 서문 격인 '자기비판 시도'에서 이렇게 썼다.

"이 책은 분석적이며 회고적인 능력을 동시에 갖춘 예술가(즉 사람들이 찾아다녀야 하지만, 전혀 찾아다니려 들지 않는 예외적인 종류의 예술가)를 위한 것이고, 심리학적으로 새로운 내용과 예술의 비밀에 대한 철학이 깔려 있다. 이 책에는 청년의 용기와 우수가 짙게 배어 있으며, 타인의 권위를 인정하고 그에 대한 각별한 존경을 표시하는 대목에서도 독자성을 잃지 않고 반항적이라 할 정도로 자립적인 청년기의 작품이다. 또한 이 책에는 노숙한 문제의식이 담겨 있기는 하지만, 한마디로 청년기의 어설픔, 특히 장황함과 격정을 지닌 처녀작이며, 한편으로는 이 책이 거둔 성과를 고려해 볼 때(특히 그와 이야기를 나누듯이 취급한 예술가 리하르트 바그너의 경우에는) 가치가 입증된 책이다. 아무튼 이 책이 당대의 저명인사들을 만족시켰으니 말이다."

이 책을 직접 접해 보는 독자들은 그의 뛰어난 언어 구사력, 그리스 문명에 대한 해박한 식견, 박진감 넘치는 필치에 매료되지 않을 수 없게 된다. 니체는 『비극의 탄생』 첫 장에 이렇게 썼다.

"예술의 발전은 '아폴론적인 것'과 '디오니소스적인 것'의 이중성과 관련되어 있다. 이는 마치 생식生殖이라는 것이 부단한 싸움 속에서도 주기적으로 화합하는 남녀 양성에 의존되어 있는 것과 같다. 우리가 단지 이 점을 논리적 통찰로서뿐만 아니라 직접적으로 확실한 직관에 의해서 알게 된다면, 이는 미학을 위하여 큰 소득이 될 것이다. 우리는 위의 명칭을 그리스인에게서 빌린 것이다. 그리스 세계에서는 아폴론적 인간인 조각가의 예술과 디오니소스적 예술인 비 조형造型 음악 예술이 그 기원과 목적에 크게 대립하고 있다. 우리의 인식은 그들의 두 예술의 신, 즉 아폴론과 디오니소스에 결부되어 있다. 두 개의 매우 상이한 충동은 대체로 공공연히 대립된 채 서로가 힘찬 재탄생을 유발시키며 공존해 간다……."

즉 니체는 비극의 탄생에서 극단적으로 이론화·형식화된 삶을 극복하기 위하여 그리스 비극을 해명함으로써 조화로운 삶을 제시하고자 했다. 다시 말해서 그리스 예술은 아폴론적인 것과 디오니소스적인 것의 대비를 통해서 창상 새롭고 힘차게 탄생한다. 니체는 의식적으로 분별하는 주관적인 능력을 아폴론적이라 보았으며, 그러한 주관이 도취의 상태로 고양되어 몰아의 경지에 이르는 것을 디오니소스적인 것이라고 보았다. 주의할 점은 니체는 디오니소스적인 것을 맹목적으로 찬양한 것이 아니라 일반적으로 그리스인, 특히 그들의 비극이 성취될 때까지 파괴적 잠재력이 얼마나 억제되어야 하는가를 깨닫기 전에는 그 비극을 이해할 수 없다는 것을 밝히고 있다는 점이다.

그런데 니체에 의하면 만개한 그리스 비극은 합리적인 계몽철학과 소크라테스적 몽매함으로 파괴되었다고 주장하고, 바그너와 같은 새로운 음악정신으로 그리스 비극의 순수성을 되찾아야 한다고 주장하였다. 특히 니체는 소크라테스 이후 그리스 철학이 등장하면서 감성적 비극이 붕괴되고, 이론적 지식만 무성하여 인간의 문명은 극단적으로 형식화되고 무미건조해졌다고 보았다. 그렇다면 니체가 소크라테스를 부정적으로 보는 이유는 무엇일까? 니체는 소크라테스가 삶의 근본적인 힘인 충동을 이론화·형식화시키기 때문에 소크라테스를 부정적으로 생각했던 것이다. 현대의 실존주의 철학이 편협한 관념론적 사고방식에 염증을 느끼고 인간 존재의 실존에서 참다운 삶을 찾으려고 한 것처럼, 니체는 디오니스적인 것에 소크라테스의 이성주의의 무미건조함을 대비시켜 문명의 타락을 경고하였던 것이다.

끝으로 니체는 『비극의 탄생』과 관련하여 그의 만년에 이렇게 보충 설명하고 있다.

"아폴론적 예술과 디오니소스적 삶—이 두 공허한 꿈—은 어떤 개인을 위해서가 아니라 공동체 생활을 위한 하나의 이상을 형성한다. 이 양자의 가치를 비교하는 데 너무 천착하려고 애쓴다면 그것은 잘못이다. 왜냐하면 이들의 가치는 서로 비교할 수 있는 것이 아니고 어느 종족이나 국가 발전에서도 각자가 동등한 중요성을 갖고 있기 때문이다."

이렇게 볼 때 이 대립적인 개념은 미적 체험에서 얻어지는 소산이다. 아폴론적 예술 속에 미의 진수가 구체화되어 있다면, 디오니소스적인 것은 스스로 어떤 미를 창조하기보다는 억누를 수 없는 내적 충동이기 때문에 창조적 과정의 원동력이 되는 것이다.

니체의 『비극의 탄생』은 그의 학문적 친구인 로데와 겔스도르프, 부르크하르트 및 오버베크, 그리고 어느 누구보다도 바그너로부터 극찬을 받았다. 그러나 이 저작은 고전문헌학계로부터 냉소와 강한 비난을 받아야만 했다. 특히 그의 스승 리츨 교수는 '재치 있는 술주정에 불과하다'고 일소에 부쳤으며, 문헌학자인 빌라모비츠도 이 저작을 혹평하였다. 이에 맞서 바그너와 로데는 빌라모비츠를 반박하고 니체를 옹호하였으나 대세는 니체에게 불리하게 돌아갔다. 『비극의 탄생』 파문은 그것으로 끝나지 않고, 니체는 고전문헌학계로부터 이단자로 지목되고 말았다. 이로 인해 니체는 그의 전공인 고전문헌학과 결별하고 철학의 길로 들어서게 되었으며, 어쩌면 그것은 그에게 부과된 운명이었다.

바그너와의 결별

『비극의 탄생』 출간 이후 니체의 건강은 악화되어 갔다. 스승 리츨과 문헌학계로부터의 냉대, 그리고 강의의 실패에서 오는 중압감, 빈발하는 두통증세, 위장병과 눈병의 악화 등 이 모든 것들이 니체를 괴롭혔다. 그런 가운데서도 니체는 내면세계로 더욱 침잠하여 독서와 연구를 게을리하지 않았다. 틈틈이 음악회에 참석하고 여행도 하면서 건강을 어느 정도 회복한 니체는 1872년 초 '우리나라 교육 시설의 장래에 대하여'라는 주제로 강연을 하였다. 이 강연에서 니체는 보불 전쟁에서의 승리가 문화적 승리까지도 의미하는 것이 아니라고 전제하고, 모든 국가 시책을 부국강병으로만 끌고 가려는 비스마르크의 군국주의 정책을 비판하였다. 즉 독일이 군사적 승리를 자만하다가 문화적 퇴폐를 촉발할 수 있다고 경고하면서 교육과 학문, 예술이 국가 발전을 위한 정치적 도구로 전락해서는 안 된다고 역설하였다. 그는 이렇게 말했다.

"큰 승리란 결국 위험한 것이라고 말하지 않을 수 없다. 인간의 본성은 파멸보다 승리를 견뎌내기가 더욱 어렵다. 큰 승리를 얻어내는 일이 승리 뒤에 오는 파멸을 견뎌내는 것보다 쉽다. 프랑스와의 최근 전쟁이 초래한 모든 끔찍한 결과 중에서도 가장 끔찍한 것은 넓게, 곳곳에 퍼져 있는 오류이다. 그 오류는 다름이 아니라, 독일이 보불 전쟁에서 승리하였으니 이제는 독일 문화도 승리에 어울리는 화환으로 장식해야 한다는 것이다……"

그의 이러한 주장은 오늘날에도 신선한 충격으로 받아들여지고 있다.

니체는 이러한 사고의 맥락에서 1873년부터 1876년까지 4회에 걸쳐 네 편의 논문을 발표하고, 『반시대적 고찰』이라는 제목으로 출간하였다. 제1『반시대적 고찰』(고백자이며 작가인 다비드 슈트라우스)은 헤겔주의자인 다비드 슈트라우스를 비판한 글로, 니체는 이 글에서 보불 전쟁의 승리로 들뜬 독일적 문화를 비판한 글이다. 제2『반시대적 고찰』(삶을 위한 역사의 이해)은 네 편의 논문 중 가장 중요한 것으로서 하이데거를 비롯한 독일의 많은 철학자들로부터 주목을 받게 되었는데, 여기에서 언급된 그의 사상은 후일 그의 주저 『차라투스트라는 이렇게 말했다』의 부분적인 모티프가 되었다. 제3『반시대적 고찰』(교육자로서의 쇼펜하우어)과 제4『반시대적 고찰』(바이로이트의 바그너)은 문화의 좀 더 높은 개념의 지표로서 니체 내면의 역사 기록서라고도 말할 수 있다. 특히 제3『반시대적 고찰』에서 니체는 '교육자로서의 쇼펜하우어'를 통해 '가장 엄격한 자기 추구'와 '자기도야'를 배웠으며, 쇼펜하우어에게서 낙천적인 헤겔과 정반대의 비극적인 영웅주의를 보았다고 기술하였다. 제4『반시대적 고찰』은 음악가 바그너를 비판하는 내용을 담고 있는데, 이 글에서 니체는 바그너와의 결별을 은연중에 암시하고 있음을 알 수 있다. 니체는 이 글에서 바그너가 독일 민족에게 어떠한 존재인가라는 물음에 대하여 "그는 우리들에게 가능한 어떤 인물, 미래의 예언자가 아니라(겉으로는 그렇게 보일지 모르나) 과거의 해석자 또는 해명자에 불과하다."고 말하면서 바그너에 대한 비판적인 견해를 표시하였다. 그 뒤 니체는 바그너의 초청을 완곡하게 거절하였으며, 바그너가 싫어하는 브람스 음악을 듣곤 하였다.

바그너와 코지마는 그들로부터 멀어져가는 니체의 마음을 돌려 보려고, 그가 쓴 제3 『반시대적 고찰』을 칭찬하기도 하고 건강에 유의하라는 관심도 보이며 갖가지 방법으로 회유하였으나 헛수고였다. 니체는 그 뒤 1888년에 쓴 『니체 대 바그너』에서 바그너와의 결별 시기와 이유를 다음과 같이 밝히고 있다.

"…… 그때는 바그너와 결별하기 아주 좋은 때였다. 그 후 나는 좋은 증거를 얻어냈다. 리하르트 바그너, 겉으로 보기에는 가장 성공한 자, 실제로는 썩어버린 타락한 자이고, 타인을 절망으로 유인하는 퇴폐주의자인 그는 갑자기 어찌할 바를 모르는 채 예수의 십자가 앞에서 침몰해버렸던 것이다……."

니체와 바그너의 결별은 1876년 가을 소렌토에서 이루어졌다. 그 당시 니체는 소렌토에서 요양 중이었는데, 바그너도 그곳에 내려와 휴가를 보내고 있었다. 그때 바그너는 자신이 직접 대본까지 쓴 음악극 〈파르시팔〉에 관해서 이야기하던 중이었다. 니체는 갑자기 차가운 침묵에 잠겨 있다가 미안하다는 말을 남긴 채 어둠 속으로 사라져버렸다. 그 후로 두 사람은 다시 만나시 않았나.

니체는 덧붙여 이렇게 말했다.

"그때부터 고독하게, 그리고 스스로에 대해서 가혹하게 불신하며, 나는 약간의 통분을 품은 채 나 자신에 적대적이면서도, 나를 괴롭히며 냉혹하게 대하는 모든 것에 우호적인 입장을 취했다. 이렇게 해서 나는 다시금 저 용기 있는 염세주의의 길을 발견하게 된 것이다. 이 염세주의는 모든 관념론적 허위에 대한 대립적 사고방식이다. 그리고 스스로에게 보여 주고자 했던 대로 '나에게 가는 길', '나의 과제로 가는 길'을 걸어갔다."

이 점에서 볼 때 니체의 바그너와의 결별은 그로서는 독자적인 자기 길을 모색하는 출발이며, 새로운 성숙을 위한 계기가 된 것이다. 그런 가운데서 이 무렵 고독의 세계에 침잠해 있던 니체는 음악가 페터 가스트, 그리고 심리학자 파울 레와 교류를 시작하여 새로운 돌파구를 찾았다. 특히 음악가 가스트는 니체 철학에 심취하여 니체를 진심으로 존경하게 되었으며, 성격이 차분하여 글씨를 깨끗하게 썼기 때문에 시력이 약해져 더욱 악필이 되어 버린 니체의 글을 청서해 주는 조력자가 되어 주었다. 그리고 그는 니체가 죽는 날까지 그의 충직한 비서요 변함이 없는 친구로 남아 있었다.

질병의 악화와 초인적인 저술 작업

1870년 8월 보불 전쟁에 종군하여 병을 얻은 니체는 전역 후 한동안 회복세를 보이는 듯했으나 무리한 연구와 사색, 갖가지 정신적 충격으로 병세가 더욱 악화되어 1876년 봄학기에는 대학 강의를 중단해야만 했다. 그 해 10월부터 니체는 대학에 휴직원을 내고 1년 동안 요양하였으며, 1877년 겨울 학기부터 강의를 재개하였으나 누이동생 엘리자베트의 간호에도 불구하고 병세가 더욱 깊어져 1879년 6월 결국 바젤 대학 교수직을 사임하였다. 바젤 대학측은 니체의 그간 업적에 보답하는 뜻으로 연금 3천 프랑을 지급하기로 결정하였으며, 그의 조속한 쾌유와 학문적 정진을 바라 마지않았다. 1879년 겨울은 니체 자신이 술회한 바와 같이 '내 생애 가장 암담한 겨울'이 되고 말았으며, 그의 병세는 더욱 중증으로 악화되어 갔다.

"나는 상승과 하강의 징후에 대하여 어느 누구보다도 예민한 후각을 가지고 있었다. 나는 상승과 하강을 다 알고 있으며 나 자신도 두 가지 속에 있다. 나의 아버지는 서른다섯에 돌아가셨다. 아버지의 생명이 하강하기 시작한 같은 나이에 나의 생명도 하강하기 시작하였다. 나도 서른 다섯에 생명이 최저점에 서 있다. 나는 목숨이 붙어 있으나 세 발자국 앞을 볼 수 없게 되었다. 나는 바젤 대학 교수직을 사임하고 그해 여름 동안을 마치 그림자와 같은 측은한 모습으로 휴양지 생모리츠에서 지내고 겨울을, 다시 말해서 내 생애에서 가장 암담한 겨울을 완전히 그림자가 되어 나움부르크에서 보냈다……."

이와 같은 악조건 속에서도 니체는 틈틈이 저술 작업에 매진하여 『인간적인, 너무나 인간적인』 1·2부, 『방랑자와 그림자』, 『여명』 및 『즐거운 지식』을 잇따라 집필하였다. 그의 이러한 집필 작업은 거의 초인적이었다. 잦은 병마 속에서도 간헐적으로 나타나는 맑은 정신이 그의 저술 의욕을 되살리곤 하였다. 어쩌면 병세의 악화와 대학 교수직 사임이 자기학대로 치닫는 이 천재에게 자유로운 사고에 의한 내면의 성찰을 더욱 심화시키고 극한 상황에서 천재의 영감을 더욱 확장하는 계기가 되었는지도 모른다. 『인간적인, 너무나 인간적인』은 '자유로운 정신을 위한 책'이라는 부제가 말해 주듯이 다시 한 번 내면의 세계로 침잠하여 일체의 속박에서 벗어나 비상하려는 니체의 몸부림이 역력히 나타나 있다. 병마와의 싸움 때문에 지속적으로 집필을 할 수 없게 된 니체는 틈틈이 메모와 잠언 형식의 경구 등 많은 단상들을 하나하나 모아 이 작품을 완성해 나갔다.

니체 자신은 이 책에 대해서 이렇게 말하고 있다.

"『인간적인, 너무나 인간적인』은 하나의 위기의 기념비이다. 그것은 자유로운 정신의 책이라 부를 수 있다. 이 책의 모든 문장이 모두 다 승리의 표현이다…… 나는 이 책에 의해서 내 성격 속에 있는 적합하지 않은 것으로부터 자신을 해방시켰다. 이상주의는 나에게 알맞지 않다. 이 책 표제의 뜻은 그들이 이상주의로 보는 곳에서 나는―'인간적인, 너무나 인간적인' 것을 볼 뿐이라는 것이다―내가 잘 알고 있는 '자유로운 정신'이라는 말은 여기서는 자기 자신을 다시 찾아가는 '해방된 정신'이라는 의미로 해석해야 할 것이다……."

니체는 이 책이 자기에게 침투된 '고도의 기만', '이상주의', '미적 감정' 및 그 밖에 '여성적인 것'과의 단호한 결별을 뜻하는 것이라고 해명하고, 이 엄격한 자기도야自己陶冶의 기념비는 주로 소렌토에서 쓰기 시작하여 바젤에서의 극한적인 상황에서 페터 가스트의 도움으로 완성되었다고 밝히고 있다. 즉 니체는 이 책을 집필할 때 거의 탈진상태에 있었기 때문에 가스트의 도움을 받아 구술로 기록해 나갔다. 그래서 니체는 가스트가 필자라면 자신은 저자에 불과하였다고 가스트를 치켜세웠다.

또한 니체는 이 책과 관련하여 다음과 같이 덧붙여 말하고 있다.

"『인간적인, 너무나 인간적인』, 이 표제에 의해서 하나의 커다란 '해방'의 의지가 시사되고 있다. 그것은 인간에게 '유익하기 위하여'라고 말하는 모든 편견으로부터 몸을 해방시켜, 적어도 한 순간 인간을 '눈 아래로' 내려다볼 수 있는 높은 데로 통하는 모든 길을 가려고 하는 단독자의 시도인 것이다. 하지만 그것은 인간에 이어서 경멸해야 할 것을 경멸하기 위해서가 아니라 최후의 밑바닥까지 문제를 구명하기 위함이다. '최고의 것, 최선의 것 중에서도, 그리고 이제까지의 인간이 자랑으로 삼고 있던 일체의 것에도, 또 이 자랑 자체나 자기가 내리는 가치평가에 대한 인간의 순진하고 피상적인 확신에도 역시 어떤 경멸되어야 할 것이 존재하고 있지 않을까' 하는 의문을 끝까지 파고들기 위함인 것이다. 이 쉽지 않은 의문은 하나의 크고 광대한 사명이 나를 여지없이 사로잡은 모든 수단 중의 하나였다. 누군가 나와 함께 이 길을 가려고 하는 자가 없을까? 그러나 나는 누구에게도 권유하지 않는다. 하지만 그대들은 그것을 원한단 말인가? 그렇다면 함께 가도록 하자!"

여기에서 볼 때 니체는 이 무렵부터 '가치의 전도' 문제를 심각히 생각하고 있었던 것 같다. 니체는 기존의 낡은 가치로부터의 전환, 일체의 속박으로부터의 해방, 새로운 가치 정립을 위한 투쟁을 통해서 인간의 삶이, 역사가 발전된다고 생각하였다. 이러한 가치의 전도 문제는 1880년부터 1881년까지 쓴 『여명』과 『즐거운 지식』, 그 뒤의 『차라투스트라는 이렇게 말했다』를 비롯하여 특히 만년의 저술 『안티 크리스트』에 이르기까지 일관되게 다루어지고 있다. 니체는 "여명, 즉 아름다운 붉은 아침은 모든 '가치의 전도'와 기존의 도덕 가치의 해탈 속에서 이제까지 금지되고 하찮게 생각되어 온 것에 대한 긍정과 믿음 속에서 밝아 온다."고 말하였다.

영원한 '짝사랑' 루 살로메

천재 니체도 하나의 인간이기에 연구와 사색만 하며 살아간 것은 아니었다. 어쩌면 보통사람과 다른 천재였기에 더욱 고독했고, 고독했기에 여인에게서 안식과 위안을 찾으려는 욕구가 더욱 강렬하였다고 볼 수 있다. 지금까지 니체가 겪은 여인들과의 관계는 대부분 비정상적인 상황에서 이루어진 것이었다. 그리고 이러한 일들은 니체 자신의 자발적인 의사에 의해서라기보다는 상대 여인들의 유혹에 의해서 일어난 일들이었다. 니체는 호색녀 백작 부인 외에 자신과 관련된 여인들에 대해서 훗날 이렇게 고백했다.

"나의 생애에는 네 명의 여인이 있었다. 나에게 행복의 근사치를 가져다준 두 여인은 매춘부였다. 그러나 그녀들이 나에게 가져다준 행복은 순간의 행복이었다. 엘리자베트는 아름다웠지만 그녀는 내 누이동생이었다. 루 살로메는 충분히 이지적이었지만 그녀는 나와의 결혼을 거절하였다……."

이처럼 니체의 주변에는 자의든 타의든 몇 가지 유형의 여인들이 있었지만 언제나 만족스럽지 못했다. 그러나 루 살로메(Lou Andreas Salomé, 1861-1937)와의 만남은 니체의 황폐해진 영혼에 새로운 활력과 뜨거운 불을 지펴 주었다. 니체가 세기의 마녀 루 살로메를 처음 만난 것은 1882년 4월 어느 날이었다. 건강이 좋지 않아 제네바에서 요양 중이던 니체는 메시나로 떠났으나 그곳에 지중해성 열풍(시르코)이 불어와 중도에 요양을 포기하고, 심리학자이며 철학도인 파울 레와 여성운동가였던 말비다 폰 마이젠부르크 여사의 초청으로 어머니와 함께 로마로 여행하였다. 독일 여성운동의 선구자인 말비다 여사는 그 당시 60대 중반의 독신으로, 1848년 3월 혁명(프랑스 2월 혁명의 영향으로 독일에서 일어난 시민혁명)의 지도자들과 깊은 관련을 맺고 있었기 때문에 혁명 실패 후 망명생활을 하다가 로마 근교에 살롱을 열고 당대의 많은 저명인사들과 교류하고 있었다. 니체가 루 살로메를 알게 된 것은 루가 이 살롱을 출입하면서부터이며, 니체는 베드로 성당에서 그녀를 처음 대면하였다. 그 당시 루는 파울 레와 종교 학술 연구관계로 베드로 성당에 자주 출입하고 있었다.

니체는 루를 만나자마자 첫 눈에 반해 버렸다. 훤칠한 키에 은빛이 감도는 금발과 영롱한 푸른 눈, 그다지 뾰족하지 않고 적당히 높은 코, 윤곽

루 살로메

이 선명한, 그러면서도 약간은 고집스럽게 보이는 야무진 입 등은 인간 니체를 홀리고도 남음이 있었다. 거기에다 특히 그녀는 지성미까지 갖추고 있어서 니체뿐만 아니라 그녀를 만나는 모든 남성들의 마음을 사로잡았다. 그녀는 당대의 유럽 지성들과 정신적·육체적 관계를 맺음으로써 그들로부터 정신적 자양분을 섭취하는 한편, 그들에게 영혼의 불을 지펴주었다. 그녀는 남녀 간의 사랑이란 영과 육이 일치할 때 빛을 발한다고 생각하고 그것을 행동으로 옮겼다. 그러나 사랑의 격정이 만조滿潮가 되면 썰물처럼 빠져버림으로써 뭇 남성들의 애간장을 태웠다. 니체를 만날 때 루는 스물한 살로 활짝 피기 직전의 싱그러운 꽃으로 삶에 지쳐 있는 니체를 광란적인 열병으로 몰아붙였다. 그렇다면 루 살로메는 어떤 여성인가?

러시아 고급장교인 구스타프 살로메의 여섯 자녀 중 외동딸로 태어난 루 살로메는 당시의 유럽 명문인 취리히 대학에 입학하였으나 폐질환으로 이탈리아 요양지를 전전하다가 그의 어머니와 함께 로마에 체류하던 중 젊은 철학자 파울 레를 만나게 되었으며, 니체가 학술 연구 관계로 베드로 성당을 출입하는 레와 루를 만난 뒤부터 세 사람은 자연스럽게 가까워졌다. 이들과의 관계가 점차 심상치 않은 상황에 이르자 루의 어머니는 딸을 러시아로 데려가려 했으나, 레는 당대의 석학인 니체와 루, 셋이서 공동으로 문화·사회 문제에 관한 연구 활동을 하자고 제안하였다. 이 제안에 구미가 당긴 루는 어머니를 설득하여 결국 로마에 잔류하게 되었고, 그때부터 세 사람 간에는 묘한 삼각관계가 시작되었다. 레가 세련된 매너로 루의 관심을 끌었다면 니체는 깊은 지성을 무기로 그녀의 관심을 끌었다. 루는 후에 파울 레와 동거하다가 결별하고 언어학자인 카를 안드레아스와 결혼하였으나 자유분방한 성격 때문에 이마저 순탄치 않아 결국 헤어졌으며, 그 후 시인 릴케와도 깊은 교류를 하였다. 1912년에는 바이마르에서 열린 제3차 정신분석학회의에서 당시 또 다른 연인이었던 정신분석학자 폴 비에르를 통해 정신분석학의 거두 프로이트를 소개받아 그를 통해 인간의 내면에 대한 깊은 통찰을 얻고 그와 정신적 교류를 하였으며, 두 사람의 우정은 그녀가 죽을 때까지 지속되었다. 결국 그녀는 당뇨 합병증에다 유방암이 겹쳐 75세를 일기로 사망하였다. 생존시 그녀는 유럽의 뭇 지성과 교류하며 고급문화를 익히고 저작활동도 활발히 하였는데, 주요 저서로는 『하느님을 차지하려는 싸움』(1885), 『작품에 나타난 니체』(1894), 『하얀 길 위의 릴케』(1928), 『프로이트에 대한 나의 감사』(1931) 등 많은 저작을 남겼다.

이런 루에 대해서 니체는 거의 무이성적으로 빠져들었다. 이러한 사실을 알게 된 니체의 여동생 엘리자베트는 두 사람의 관계를 떼어놓으려고 애를 썼으나 뜻대로 되지 않았다. 마침내 엘리자베트는 어머니까지 동원하여 니체와 당시 세간에 평판이 좋지 않은 것으로 소문이 나돌기 시작한 루와의 관계를 단절시키려고 노력하였지만 모자간의 사이만 나빠질 뿐이었다.

니체는 그 무렵 『차라투스트라는 이렇게 말했다』 집필을 구상하고 있었으며, '영원회귀 사상'을 비롯한 자신의 철학 세계를 루에 지주 논하였다. 그러나 영특한 루는 니체의 사상에 깊은 관심을 가지고 있으면서도 그것을 맹목적으로 수용하지는 않았다. 그런 중에서도 엘리자베트의 두 사람과의 관계에 대한 질투심은 극에 달하였다. 마침내 루가 니체 곁을 떠나 레와 가까워지고 동거설까지 퍼지자 니체의 절망감은 이루 말할 수 없었다. 니체는 루에 관한 단상을 훗날 정신병원에서 거의 절규하듯이 기록해 놓았다.

－루 살로메가 성적인 매력을 가득 품은 채 나를 덮쳤을 때 나는 무한한 구제의식에 젖어 그녀에게 굴복하였다. 그런데 그 구제의식은 환희 바로 그 자체였다.

－내가 지닌 하나의 위안, 이것만은 아무도 나에게서 빼앗아갈 수 없다. 만일 내가 슬라브인인 이 공주와 결혼했더라면 나는 행복할 수 있을지 모르지만, 그렇게 되는 경우 세계는 『차라투스트라는 이렇게 말했다』를 수천 년이나 더 기다렸어야 되었을 것이다. 반대로 내가 그녀를 만나기 전에 『차라투스트라는 이렇게 말했다』를 썼더라면 그녀가 나에게 어떻게 저항하였겠는가?

－루가 나와 대항해서 싸웠던 것은 바로 사탄 같은 자존심이었다. 그리고 그녀는 인간적인, 너무나 인간적인 사랑과 열정의 수법으로 나를 넘어뜨리는 데 성공하였다.

－칸트는 루소라는 인간 독거미에 물렸지만, 나를 물어서 기독교인들이 양심이라고 부르는 치명상을 입힌 사람은 우리 어머니였다. 루 역시 나를 물었으나 그것은 온갖 상처를 치유하는 사랑으로 문 것이다.

－내가 루와 함께 있는 동안은 내 지각의 중심부를 머리로부터 가슴으로 이동시켰다.

－나는 여자란 무사들의 기분전환을 위해서 만들어진 것이라고 생각해 왔다. 그러나 루는 무사를 여성의 노리개로 삼음으로써 내 말을 뒤집었다.

－나의 러시아인 칼립소(호메로스의 『오디세이』에 나오는 요정으로 그녀는 오디세우스를 7년 동안이나 감금해두고 사랑하였음)는 물론 나의 상

상에서 나온 허상이다. 하지만 바로 그렇기 때문에 호머나 발자크의 아름다운 여인처럼 나의 영혼 속에 영원히 거주하는 것이다.

　-나는 그때도 그녀를 사랑했고, 지금도 그녀를 사랑한다. 나는 사랑하는 여인을 잃고 슬퍼하나니, 그녀는 덕의 피안에 있었기에 후덕해 보였고, 자비의 피안에 있었기에 자애로워 보였다.(『나의 누이동생과 나』에서 발췌 인용)

니체는 이처럼 죽는 날까지 루 살로메를 사무치게 사랑했지만 뜻대로 되지 않았다. 니체는 루와의 사랑이 결실을 맺지 못한 것을 누이동생의 탓으로 돌리고 있지만, 사실은 그보다도 루의 강한 자기애와 니체의 기행奇行이 더 큰 요인으로 작용하였던 것 같다. 결국 니체는 루와 정신적 교류로 만족해야 했으며, 그로 인해서 그의 정신세계는 『차라투스트라는 이렇게 말했다』와 같은 저술로 위안을 찾아야만 했다.

한편 루는 니체를 통해서 더욱 세인의 이목을 집중시키고 일약 여류작가로, 일급 지성인으로 부상하였다. 그리고 그녀의 니체에 관한 저술 『작품에 나타난 니체』는 훗날 니체 연구자들에게 귀중한 자료가 되었다. 루는 그 후에도 수많은 유럽 지성들과 정신적 육체적 교류를 하면서 자기애가 강한 그녀는 결국 자기세계로 돌아왔다.

불멸의 대작 『차라투스트라는 이렇게 말했다』의 탄생

루 살로메와의 이별의 아픔을 딛고 니체는 1883년 11월 제네바로 도피, 그곳에서 그가 말한 대로 '최악의 겨울'을 보냈다. 그러나 아픈 만큼 성숙해진다고나 할까, 그는 좌절하지 않고 생애 최고의 대작 『차라투스트라는 이렇게 말했다』의 집필에 몰두하여, 1885년 2월 제4부까지 완성하였다. 이 책은 니체의 사상을 집대성한 저작으로서 오늘날 니체의 모든 저술 중에서 가장 위대한 저술로 평가받고 있다. '만인을 위한, 그리고 어느 누구도 위하지 않는 책'이라는 부제가 말해 주고 있듯이 이 책은 만인을 위한 책이다. 그러나 실존철학자 하이데거는 "이 책이 말하고자 하는 것은, 이 책이 각자를, 또한 만인을 위한 책이다. 그러나 어느 누구도, 있는 그대로의 자기로서, 그리고 본연의 자아(의식 이전의 자아)로 돌아가지 않고서는 결코 이 책을 읽을 권리를 갖지 못한다."고 하였다. 그렇기 때문에 이 책은 만인을 위한 책인 동시에 자칫하면 어느 누구도 위하지 않는 책이 되기 쉽다. 따라서 니체는 이 책을 한낱 심심풀이로 읽을 것이 아니라 주체적인 입장에서 피와 땀으로 숙독하기를 권하고 있다.

이 책은 아포리즘Aphorism, 즉 잠언적 경구로 가득 차 있는데, 그 속에는 비유와 상징, 반어와 독설, 섬광이 번득이는 예지가 짙게 배어 있다. 20세기 최고의 명상철학자 오쇼 라즈니쉬도 그의 저서 『내가 사랑한 책들』 150권 중 이 책을 첫 번째로 꼽을 정도로 최고의 양서로 평가하였으며, 『춤추는 신들의 광기』(오쇼 라즈니쉬 지음, 손민규 옮김, 도서출판 시간과공간, 1993)라는 제목으로 이 책에 관한 해설판을 내기도 했다. 라즈니쉬는 이렇게 썼다. "프리드리히 니체는 세상에 알려진 가장 위대한 철학자일 것이다. 니체는 타고난 신비주의자이며 또한 많은 철학자들이 전혀 알지 못했던 다른 차원에서도 위대함을 발휘했다. 그의 철학은 단순히 정신적인 것뿐만이 아니라 가슴속 깊이 뿌리내린 심오한 철학이다. 그 뿌리의 일부는 존재의 심층부까지 이른다…… 니체가 차라투스트라를 선택한 이유는 내가 그를 선택한 이유와 동일하다. 모든 종교의 기초자 가운데 차라투스트라는 삶을 긍정한 유일한 사람이다. 그의 종교는 존재에 대한 축복과 감사의 종교이다. 그는 삶의 기쁨에 반대하지 않았으며 세상을 포기하는 것에 찬성하지 않았다. 반대로 그는 세속에서의 기쁨을 절대적으로 지지했다. 왜냐하면 바로 지금의 이 삶과 이 세상을 제외한 모든 것은 가상의 이념에 불과하기 때문이다. 신, 천국과 지옥, 그런 모든 것들은 진정한 체험의 세계가 아니라 마음의 투영이다. 그 것들은 실체가 아니다."(위의 책, 『춤추는 신들의 광기』, 12-15쪽 발췌 인용) 이처럼 라즈니쉬는 니체가 『차라투스트라는 이렇게 말했다』를 쓴 것만 해도 인류에게 무한한 공헌을 했으며, 이 책이 미래의 '성서'가 될 것이라고 극찬하였다. 니체 자신도 이 책에 그의 모든 정신을 집중하여 피와 땀으로 썼음을 실토하고 있다. 니체는 그의 모든 저술의 해설서 격인 『이 사람을 보라』를 통해 이 책에 대해서 다음과 같이 밝히고 있다.

"…… 이 책의 근본 개념인 영원회귀 사상은, 즉 이제까지 아무도 도달하지 못한 최고의 긍정 형식은 1881년 8월에 착상한 것이다. 이 사상은 '인간과 시대를 초월하여 6천 피트의 저편'이라는 부속서로 한 장의 종이에 약술되었다. 그 날 나는 실바푸르나 호숫가 숲 사이를 걷고 있었다. 수쿠라이에서 그다지 멀지 않은 피라미드같이 솟아 있는 거대한 바위 곁에서 나는 발을 멈추었다. 이 사상이 나에게 떠오르는 것은 바로 그때였다. 이날로부터 두서너 달 전 갑작스런 예감으로 나의 취향이 가장 깊은 곳에 결정적으로 변화한 것을 느꼈다. 그것은 음악에서 현저하였다. 아마도 '차라투스트라' 전체를 음악 속에 포함시켜 생각하여도 무방하리라…… 1883년 2월 극한적인 상황에서 시작하여 집필하기까지를 생각해 본다면 이 책의 저술 기간은 18개월 걸린 셈이다…… 그 해 겨울은 몹시도 추웠고 게다가 비까지 많았다. 나의 거처는 바다의 물결이 거세게 출렁이는 밤에는 잠을 이루지 못할 정도로 바다에 접근해 있어서 언짢았지만, 모든 결정적인 것은 '그럼에도 불구하고' 나타난다는 나의 신조를 증명이라도 한 것같이 나의 '차라투스트라'는 바로 이 겨울, 그러한 악조건 속에서 탄생하였다……."(니체 지음, 박준택 옮김, 『이 사람을 보라』, 박

영사, 1982, 249-250쪽에서 발췌)

　차라투스트라는 원래 고대 페르시아의 전설적인 예언자 조로아스터 교 교조이다. 그는 기원전 7세기에 태어나 77세에 사망한 것으로 전해지고 있으며, 본명은 페르시아말로 스피티마 차라투스트라이다. 니체는 차라투스트라라는 이름을 사용하게 된 경위를 다음과 같이 밝히고 있다.

　"다른 사람이 아닌 내 입에서, 최초의 비도덕가인 내 입에서 '차라투스트라'란 이름을 듣고 사람들은 이 이름이 무엇을 의미하는가를 물었는데 당연히 물을 만하다. 역사에서 저 페르시아인의 거대한 독자성은 정녕 비도덕가와는 반대되기 때문이다. 차라투스트라는 선과 악의 싸움 속에서, 여러 사물의 운행에서 본래의 톱니바퀴를 본 최초의 인물이었다. 도덕을 힘, 원인과 목적 자체로서 형이상학적으로 옮기는 것이 그의 과제였다⋯⋯ 차라투스트라는 가장 숙명적인 오류, 곧 도덕을 창조하였다. 따라서 그는 이 오류를 인식하는 점에서도 최초의 인물임에 틀림없다. 그가 이러한 점에서 다른 사상가들보다 오랜 기간의 풍부한 경험을 가지고 있을 뿐만 아니라 모든 역사는 사실상 '도덕적 세계질서'라는 명제에 대한 실험적 반박이다. 가장 중요한 점은 다른 사상가들보다 진실하다는 것이다. 그의 가르침은, 그리고 그의 가르침만이 최초의 덕으로서 성실을, 곧 현실로부터 도피하는 '이상주의자'의 비겁함에 정반대되는 것을 갖고 있다. 진리를 말하고 '화살을 쏜다는 것', 이것이 페르시아의 덕이다. 내가 말하는 것을 이해하는가?⋯⋯ 성실로 말미암은 도덕의 자기초극, 도덕가를 그 반대쪽으로—나에게로—자기를 초극시키는 것, 이것이 바로 내 입으로 말하는 차라투스트라라는 이름이 의미하는 것이다.(위의 책, 『이 사람을 보라』)

　니체는 차라투스트라가 30세에 고향을 떠나 산으로 들어가 10년 동안 고독한 생활을 하다가 40세라는 성숙한 나이에 하산하여 설교를 시작한 것으로 책머리에 쓰고 있다. 이 점이 예수가 40일 동안 광야에서 고행한 것과 대비시켜 차라투스트라의 위대성을 강조하고 있는 것이다. 『차라투스트라는 이렇게 말했다』는 니체의 어느 다른 저술보다도 비유와 상징, 반어와 독설로 가득 차 있으며 간결한 필치와 현란한, 그러면서도 촌철살인적인 언어 구사 등 니체적인 문장의 전형으로서 비체계적이다. 따라서 이 책은 니체가 말한 대로 독자들은 세심한 주의와 통찰력을 가지고 읽어가야만 이 책의 진수를 맛볼 수 있다. 니체 자신도 이 점에 대해서 경고하지 않았던가? 니체가 이 책을 『신약성서』의 서두를 장식하는 '제4 복음서'에 대신하는 의미에서 '제5 복음서'라고 자찬하고 있듯이 이 책은 철두철미 반종교적이며, 특히 반기독교적이다. 『차라투스트라는 이렇게 말했다』를 통해서 본 니체 철학의 핵심은 '허무주의의 극복'과 '가치의 전도', '초인사상'과 '힘에의 의지', 그리고 '영원회귀' 사상 등이다. 그 핵심을 간추려 정리해 본다.

허무주의 극복과 가치의 전도

허무주의虛無主義는 가치의 상실에서 오는 허탈감이다. 즉 인간과 우주에 관하여 가져왔던 모든 가치가 무의미해지는 것을 말하며, 대부분의 인간은 이 허무주의 속에서 몰락하든가, 아니면 극소수의 인간만이 그것을 극복하게 된다. 니체는 그의 유고 메모에서 "허무주의란 무엇을 의미하는가? 그것은 최고의 가치가 무가치하게 되는 것, 목표를 상실하는 것, 즉 '왜'라는 물음에 답변이 결여되어 있는 것을 뜻하는 것이다."라고 정의하였다. 이러한 허무주의의 도래는 근대 이후 19세기 유럽의 정신사적 상황을 배경으로 하고 있다. 그것은 신에 의해 속박된 인간의 해방에 의해서 구체화되었다. 이러한 경향은 자연과학을 비롯해서 인문·사회 각

분야에 파급되었다. 즉 낡은 가치는 무너져야 하며, 허무주의는 새로운 가치정립을 위한 하나의 계기가 되어 그 자체를 극복할 수 있다고 보고 있다. 니체는 허무주의에 그냥 안주해 버리는 것을 쇼펜하우어식의 자기 몰락이라고 규정하고 기존의 낡은 가치를 부정하면서 새로운 가치를 적극적으로 추구, 수용하는 것이 허무주의를 극복하는 길이라고 보고 있다. 그리고 니체는 지금까지의 모든 가치를 버리고 그것이 새로운 것으로 쇄신되는 전 과정을 가치의 전도顚倒라고 규정하고, 이 가치의 전도를 『차라투스트라는 이렇게 말했다』에서 나오는 인간 정신의 3단계 변화에서 비유를 들어 설명하고 있다.

"정신의 세 가지 변화에 대하여 그대들에게 말하고자 한다. 어떻게 정신이 낙타가 되며, 낙타가 사자가 되고, 그 사자가 결국 어린아이로 변하는가를, 경외감을 갖고 있는, 강하고 인내심이 있는 정신에게는 많은 무거운 짐이 있다. 그의 힘은 무거운 것, 가장 무거운 것을 요구하고 있다. 무엇이 무겁단 말인가? 그 인내심 많은 정신은 이렇게 묻고 낙타처럼 무릎을 꿇어 짐을 넉넉히 싣고자 한다. 그대 영웅들이여! 내가 그것을 짊어지고 나의 강함을 확인하여 즐거워할 때 느끼는 가장 무거운 것이란 무엇인가? 그 인내심 많은 정신은 묻는다. 그것은 자신의 오만함에 상처를 주기 위하여 자신을 비하하는 것인가? 자신의 지혜를 비웃기 위하여 자신의 어리석음을 드러내는 것이 아닌가? 아니면 우리들이 승리를 즐거워할 때 그것들로부터 결별하는 것이 그것일까? 아니면 인식의 풀과 도토리로 연명하며 진리를 위하여 영혼의 굶주림에 고통을 받는 것이 가장 무거운 짐일까?…… 인내심이 있는 정신은 이와 같은 모든 짐을 지고 사막을 질주하는 낙타처럼 그의 사막을 달린다.

그러나 가장 외로운 사막에서 두 번째 변화가 일어났다. 여기에서 정신이 사자로 변하는 것이다. 정신은 자유를 쟁취하고자 하며, 자신의 사막에서 주인이 되고자 한다. 여기에서 정신은 그의 마지막 주인을 찾는다. 그 정신은 그에게 그리고 그의 마지막 신에게 적대하려 하고 승리를 얻기 위하여 거대한 용과 싸우고자 한다. 그 정신이 더 이상 주인, 그리고 신이라고 부르지 않으려는 그 거대한 용은 무엇인가? '너는 마땅히 해야 한다.' 이것이 그 거대한 용의 이름이다. 그러나 사자의 정신은 '나는 하고자 한다.'고 말한다. 나의 형제들이여, 무엇 때문에 정신에게 사자가 필요한가, 왜 체념하고 외경하는 무거운 짐을 질 수 있는 짐승으로 만족하지 못하는 것일까? 새로운 가치를 창조하는 것—이것은 사자도 아직 해내지 못하는 일이다. 그러나 새로운 창조를 위하여 자유를—사자의 힘은 이것을 해낼 수 있다. 자유를 획득하고 의무 앞에서도 거룩한 부정을 하는 것. 나의 형제들이여, 이를 위하여 사자가 필요하다.

새로운 가치를 위하여 권리를 획득하는 것, 이것은 인내심과 외경심이 있는 정신에게는 가장 놀라운 획득이다. 그것은 참으로 정신에 있어서 약탈이며 약탈하는 짐승의 소행이다. 일찍이 정신은 자신의 가장 거룩한 것으로 '너는 해야 한다'를 사랑하였다. 이제 정신은 그의 사랑으로부터 자유를 약탈하기 위하여 가장 거룩한 것에서도 미망迷妄과 자유를 찾아내야 한다. 이와 같은 것을 위하여 사자가 필요하다. 그러니 나의 형제들이여, 사자가 할 수 없는 일을 어린아이가 할 수 있는지를 말하라. 왜 약탈을 일삼는 사자가 어린아이가 되어야 하는가? 어린아이는 무죄함이며, 망각이며, 새로운 사자이자 놀이이며, 스스로의 힘에 의하여 도는 수레바퀴이고 첫 번째 운동이며, 거룩한 긍정이다. 그렇다. 나의 형제들이여, 창조의 놀이를 위하여 거룩한 긍정이 필요하다. 이제 정신은 자유의 의지를 원하며, 세계를 잃는 자는 자신의 세계를 획득한다. 정신의 세 가지 변화에 대해서 나는 그대들에게 말했다. 정신이 낙타가 되고, 낙타가 사자로 되고, 그리고 마지막으로 사자가 어린아이로 되는 것을. 차라투스트라는 이렇게 말했다. 그 당시 그는 얼룩소라 불리는 도시에 머물고 있었다."

　이처럼 니체는 정신이 거치는 모든 과정을 낙타와 사자, 그리고 어린아이로 비유하여 표현하였다. 이 가운데 낙타는 무거운 짐을 짊어지고 고독한 사막을 걸어가는 허무주의 정신이며 사자는 용맹과 자유를 상징한다. 용기와 용맹이 있어야 자유를 쟁취할 수 있지 않겠는가? 자유로운 정신은 지금까지 모든 허구와 거짓을 몰락시킴으로써 모든 것을 소유하고 자신의 힘을 과시한다. 그러나 자유로운 사자의 정신만으로는 군주로서 군림할 뿐 진정한 정신에 도달하지 못한다. 그러므로 진정한 정신에 도달하기 위해서는 기존의 낡은 가치를 부정하고, 무에서 새로운 가치를 창조하기 위해서는 순수한 어린아이의 경지에 이르러야만 한다. 그것이 바로 가치의 전도이다. 그렇게 함으로써 허무주의를 극복하고 새로운 가치를 창조하며 미래의 참다운 세계를 형성하는 것이다.

초인 사상과 힘에의 의지

　니체의 또 하나의 핵심 사상은 '초인(超人, Übermensch)' 사상으로서 이 사상은 '힘에의 의지(Wille zur Macht)' 사상과 연관시켜 볼 수 있다. 니체는 『차라투스트라는 이렇게 말했다』를 통해서 "인간은 짐승과 초인 사이에 걸려 있는 밧줄이다." "나는 그대들에게 초인을 가르친다. 인간은 초극되어야 할 그 무엇이다." 등의 표현으로 초인 사상을 역설하고 있다. 니체는 '인간은 무엇인가?'라는 물음보다 '인간은 현재 어떠한 존재로 와 있는가?' 그리고 '참된 존재가 되기 위해서는 어떻게 되어야 하는가?'라는 물음에 대한 답으로서 자기 초극을 역설하고 있다. 초인은 단순히 초자연적·초현실적 존재가 아니다. 그는 대지에서 태어나 생장하고 있는 인간이 자력에 의해서 도달할 수 있는 하나의 이상적인 인간의 모습이다. 그러면 초인에 이르는 길은 무엇인가? 그 하나의 방법은 가장 구체적인 것으로 생물학적 진화의 방법이며, 다른 하나는 정신적인 자기 극복의 길이다. 니체는 이 두 가지의 합일에 의해서 초인이 될 수 있다고 보고 있다. 카이자르의 용기나 예수의 고결한 품성에 만족하지 않고 이 양자의 조화에 의해서 초인이 될 수 있다는 것이다. 즉 정신적 자각과 자기 극복이 없는 단순한 생물학적 진화는 인간으로서의 존재가치가 무의미하다는 것이다. 그래서 니체는 건강한 육체를 가진 인간으로서 탁월한 정신을 갖추고 자기극복을 할 수 있을 때 진정한 인간, 더 나아가 초인이 될 수 있다는 것이다. 그러기 위해서는 인간은 부단한 노력과 끊임없는 자기혁신이 필요한 것이다. 따라서 자기가 살고 있는 대지에 충실하며 피안의 세계를 동경하는 미망에서 벗어나 창조력을 갖는 자유인이 될 때 진정한 초인이 될 수 있다.

　니체의 이러한 초인 사상은 '힘에의 의지'와 결부되어 있다. 니체는 그가 저술가로서 활동할 수 있었던 생의 마지막 4년간을 '힘에의 의지'를 완성하는 데 혼신의 힘을 기울였다. 그렇다면 '힘에의 의지'란 무엇인가? '힘에의 의지'는 모든 존재자의 존재 의지로서 모든 자연현상을 가능케 하는 기본원리이다. 즉 '힘에의 의지'는 지배하려는 의지, 강해지려는 의지로서 니체에 의하면 모든 존재자의 가장 내적인 본능이다. 이러한 의미에서 '힘에의 의지'는 그가 말한 바와 같이 '가장 나약하면서도 가장 영특한 존재'인 인간이 이 지상에서 주인이 될 수 있는 수단이며, 방법이다. 그러나 니체는 '힘에의 의지'가 삶 그 자체는 아니며, 삶이 없는 경우에는 의지도 있을 수 없다고 주장한다. 이 점에서 니체의 '힘에의 의지'는 '삶에의 의지'가 모든 존재의 근본 원리라고 보는 쇼펜하우어의 주장과 다르다. 그런 의미에서 '힘에의 의지'는 서로 다른 별개의 행위에 대한 내적인 충동으로서 사회·문화·예술·과학, 그리고 심지어 정치행위에 이르기까지 모든 현실 세계에서의 행위의 동기로 파악될 수 있다. 니체는 이 점을 통틀어 "이 세계는 '힘에의 의지'이며 그 외에 아무것도 아니다."라고 결론지었다.

그런데 니체의 이러한 '힘에의 의지'를 철학자들은 형이상학적 견지에서 '진리에의 의지'로, 자연과학자들은 생물학적 입장에서 '적자생존에의 의지'로, 정치가들은 정치·군사적 입장에서 지배의 논리, 즉 '권력에의 의지'로 각기 자기들 입장에서 다양하게 해석, 이용하는 입장을 취하고 있다. 제2차 세계대전을 전후한 히틀러 등 독재자들이 니체의 이러한 '힘에의 의지'를 '권력에의 의지'로 악용한 것이 가장 전형적인 예이다. 따라서 니체의 '힘에의 의지'를 '권력에의 의지'로 좁게 이해하려는 것은 잘못된 해석이라고 보아야 할 것이다.

영원회귀 사상

니체의 '영원회귀永遠回歸' 사상은 "세계는 동일한 것의 영원한 순환이며 회귀"이다. 이 사상은 『차라투스트라는 이렇게 말했다』에서 갑자기 언급된 것이 아니며, 그의 초기작 『비극의 탄생』 등에서 이미 부분적으로 생각해 온 것이다. 니체는 『차라투스트라는 이렇게 말했다』 제3부에서 차라투스트라를 '영원회귀 교사'라고 부르며 그에게 이렇게 말했다.

"보라, 우리는 그대가 무엇을 가르치는지 알고 있다. 만물이, 그리고 만물과 함께 우리들 자신도 영원히 회귀하며 우리는, 그리고 우리와 함께 만물도 이미 무한한 횟수에 걸쳐 존재하고 있었다는 것을, 생성의 커다란 해(年), 커다란 해라는 괴물이 존재한다고 그대는 가르치고 있다. 이 해가 새로이 흘러가고 흘러오기 위해서는 모래시계처럼 언제나 다시 역전되지 않으면 안 된다." 또한 이에 앞서 「환영幻影과 수수께끼에 대하여」라는 단상에서도 영원회귀에 대하여 언급하였다.

"달빛 속에 기어 다니는 느린 거미, 그리고 달빛 그 자체, 출입구에서 귓속말을 나누며 영원한 사물에 대하여 속삭이는 나와 그대,—우리는 모두 이미 있었음에 틀림없지 않은가. 그리고 회귀하고 밖으로 나가는 우리들 앞에 있는 저 다른 길을, 이 기나긴 소름끼치는 오솔길을 달리고—우리는 영원히 회귀함에 틀림없지 않은가?"

또한 니체는 만년에 그의 철학 해설서인 『이 사람을 보라』에서 『비극의 탄생』을 설명하는 가운데 영원회귀설에 관해서 이렇게 말하고 있다.

"헤라클레이토스에 관해서 나에게는 의문이 있었다. 오직 이 사람 곁에 있으면 유쾌한 기분이 든다. 디오니소스적 철학의 특징인 사물의 유전과 파괴의 긍정, 모순과 투쟁의 긍정, '존재'라는 개념까지도 모름지기 거부하는 생성—이 점을 나는 이제까지 생각한 것 중에서 가장 나에게 가까운 것으로 본다. '영원회귀'설, 즉 무조건 영원히 되풀이되는 만물 순환설—이라는 '차라투스트라설'은 사실 헤라클레이토스에 의해서도 가르쳐졌는지도 모른다……."

이상에서 알 수 있는 바와 같이 니체의 영원회귀설은 헤라클레이토스의 만물 유전설, 불교의 윤회설과 일맥상통한다. 니체는 세계와 삶을 동적인 것으로 파악하며, 그 속에서 동일한 것들이 영원히 반복된다고 보고 있다. 그러므로 '영원회귀'는 '힘에의 의지'의 영원회귀이며 동시에 '존재'의 영원회귀이다. 그리고 영원회귀의 긍정은 운명애(amor fati)에 의해서 가능한데, 운명애는 삶에 대한 긍정이다. 한 순간일지라도 삶을 충실하게 살아가는 것, 이 삶이 영원회귀하기를 바랄 수 있을 정도로 하루하루를 충실하게 살아가는 것만이 허무주의를 극복하고 운명애를 기대할 수 있을 것이다.

"이것이 삶이었던가? 그렇다면 다시 한 번!"

이러한 삶에의 긍정적인 태도가 니힐리즘의 극복이며 영원회귀의 귀결이다.

니체의 기독교관과 신에 관한 해석

니체를 아는 사람이건 모르는 사람이건 니체에 대한 선입관은 그의 폭탄 선언, 즉 '신은 죽었다'고 하는 데서 출발한다. 그의 이 오만한(?) 선언은 『즐거운 지식』과 『차라투스트라는 이렇게 말했다』 등 많은 저서와 단상에서 산발적으로 제기되었으며, 이에 대해서 갖가지 해석이 난무하고 있다. 전통적인 기독교 가정, 그것도 대대로 이어온 목사의 아들로 태어난 그가 어떻게 신을 거역한 자(?)로 변모할 수 있었겠는가?

니체는 『즐거운 지식』에서 신이 인간에 의해서 살해되었음을 어느 미친 사람을 통해서 대변("신은 죽었다! 신은 죽은 채로 있다! 우리가 그를 죽인 것이다!")하고 있으며, 『차라투스트라는 이렇게 말했다』에서는 "모든 신들은 죽었다! 이제 우리는 초인이 살기를 바라고 있다……."고 말하고, 그 후의 많은 단상에서도 신의 죽음을 지적하고 있을 뿐만 아니라 더 나아가 기독교와 그 사제들까지도 통렬하게 비판함으로써 그를 무신론자로 인식하게 하였다. 즉 니체는 1888년에 쓴 『안티 크리스트』에서 기독교의 문제점과 그 실상에 대해서 극렬하게 비판하고 있다.

"그리스도교의 문제점에 대해서 정리해 보자

첫째, '신' '영혼' '자아' '정신' '자유의지' 등과 같은 존재하지도 않는 것을 정말 존재하는 것처럼 말했다.

둘째, '죄' '구원' '신의 은총' '벌' '죄의 용서' 등과 같은 공상적인 이야기를 만들어냈다.

셋째, '신' '정령' '영혼' 등과 같은 존재하지도 않는 것을 꾸며댔다.

넷째, 자연과학을 왜곡했다.(그들의 세계관은 항상 인간이 중심이라 말하고 자연에 대해서는 조금도 이해하지 않았다.)

다섯째, '후회' '양심의 가책' '악마의 유혹' '최후의 심판' 같은 연극 세계의 이야기를 현실세계로 가져와 심리학을 왜곡했다……."

이어서 니체는 위의 책 제2장 '그리스도교가 세계를 망친다'편에서 이렇게 썼다.

"지금까지 그리스도교의 문제점을 짚어가며 그리스도교가 최악의 종교임을 설명했다. 다른 종교에 대한 내 생각도 매우 중요하므로 이번에는 이에 대해서 설명하겠다……(이에 반해) 불교는 객관적이고 냉정하게 문제 제기를 하는 전통을 가지고 있다. 이는 몇 백 년이나 철학 운동이 지속된 뒤에 등장했기 때문인데, 인도에서 불교가 등장했을 때 '신'의 개념은 이미 제거되어 있었다. 따라서 역사적으로 볼 때 불교는 매우 논리적으로 생각하는 단 하나의 종교라 해도 좋을 것이다. 불교는 현실적으로 세상을 본다. 그리스도교는 '죄에 대한 싸움'을 말하지만 불교는 그렇지 않다. 현실을 정확히 보고 '고통에 대해 싸울 것'을 강조한다. 불교에서는 '도덕'을 자기 자신에 대한 기만으로 여긴다. 이것이 불교와 그리스도교가 크게 다른 점이다." 이어서 니체는 그리스도교를 "다양한 문화를 인정하지 않는 그리스도교", "예수는 단순한 아나키스트", 그리고 "그리스도교는 예수의 가르침이 아니다."라고 말하고, 사도 바울과 그의 제자들이 예수의 참된 모습을 손상시키고, 예수의 죽음을 왜곡했다고 비판했다.

"…… '예수의 죽음이 혼란스러웠던 예수의 제자들은 신은 인간의 죄를 용서해 주기 위해 예수를 희생물로 주었다'는 답을 내놓았다. 예수가 들었으면 펄쩍 뛸 소리다. 예수는 죄를 용서 받기 위해 희생물이 되겠다는 생각을 하지 않았다. 신과 인간 사이에 거리가 멀어지는 것을 인정하지 않았기 때문이다. 예수는 신과 인간과의 일체화를 가르침으로 여기고 살아간 사람이다. 하지만 제자들의 소행으로 예수의 가르침 속에 '최후의 심판' '희생적 죽음' '부활'이라는 이상한 교리가 뒤섞여 버렸다. 그리고 예수의 가르침은 어디론가 자취를 감추고 말았다. 바울은 랍비(유태교 종교 지도자) 같은 뻔뻔스러움으로 이 문제를 다음과 같이 이론화시켰다. '만약 그리스도가 죽은 자들 가운데서 다시 살아나지 않았다면 우리의 신앙은 헛된 것이다.' 정말 야비한 자가 아닌가. '사람은 죽지 않는다'는 말도 안 되는 교리를 어떻게 만들어낼 수 있다는 말인가. 게다가 바울은 그것을 보상이라 가르치기까지 했다…… 바울에게는 '즐거운 사자使者'의 정반대의 전형이 구체화되어 있다. 증오와 증오의 환상에는 증오의 가장 준엄한 논리의 천재가 구체화되어 있다. 이 나쁜 소식의 사도는 증오를 희생으로 하지 않은 것이 있었을까! 특히 그는 예수를 희생으로 삼았던 것이다. 그는 예수를 그의 십자가에 걸었던 것이다. 예수의 삶도, 실증도, 교훈도, 죽음도, 복음의 전체 의의 및 권리도, 이 '화폐 위조범'의 증오의 마음이 자기가 필요한 것만을 이해했을 때 벌써 아무것도 남지 않았다. 현실도, 역사도, 진리도!……."

"기독교에서 신의 개념—병자의 신, 거미로서의 신, 정신으로서의 신—은 지상에 도달한 가장 부패한 개념의 신이다…… 신은 삶의 신성화와 영원한 긍정 대신에 삶의 반대물까지로 퇴화해 버렸다! 신에게는 삶에 대한, 자연에 대한, 그리고 삶에의 의지에 대한 적의가 선언되어 있다! 신은 차안에 대한 모든 비방의, 피안에 대한 모든 기만의 방식으로 되어 버렸던 것이다!…… 기독교는 정신적으로 우량한 모든 소질을 가진 것과 대립하고 있다. 그것은 병적인 이성만을 기독교적인 이성으로서 사용할 수 있고, 모든 어리석은 것에 편들고 있으며 '정신'에 대해서, 건전한 정신의 자립에 대해서 저주를 퍼붓는다…… 기독교는 우리에게 고대 문화로부터 얻은 소득을 빼앗아갔다. 그것은 다시 이슬람 문화에서 얻은 것도 빼앗아갔다. 기독교는 우리에게 로마 및 그리스보다도 훨씬 근본적으로 친근하고 감각과 취미에 호소하고 있는 저 스페인의 경탄할 만한 무아적 문화세계도 짓밟았다…… 나는 기독교에 유죄를 평결한다…… 나는 일찍이 탄핵자가 입에 붙인 모든 탄핵 중에서도 가장 준열한 탄핵을 기독교에 가한다. 내가 본 바로는 기독교회는 생각할 수 있는 모든 부패 중에서도 가장 극도로 부패되어 있다."(이 부분 니체 본인의 저서, 『즐거운 지식』·『차라투스트라는 이렇게 말했다』·『안티 크리스트』·『이 사람을 보라』등을 참고 종합 정리)

이상에서 볼 때 니체를 단순히 무신론자로 규정한다는 것은 피상적인 판단이라고 보아야할 것이다. 즉 그에 의하면 인간에 의해서 살해된 신은 '도덕적 신'이며, 진정한 신은 선과 악의 저편에 살아 있는 것으로 보고 있다. 이런 측면에서 니체가 규탄하고 있는 것은 사도 바울과 예수의 제자들, 그리고 사제들에 의해서 회칠해진 신과 예수의 본모습에 대한 그릇된 해석, 그리고 그 당시 19세기 말의 부패한 기독교의 독선과 아집, 모든 광신적 도그마이며, 예수의 고결한 품성에 대해서는 매우 우호적이었다는 점이다. 그리고 니체는 기독교에서 믿는 유일신(God)보다는 신의 다양성과 다채로움을 믿은 것으로 본다. 그리고 그가 부정한 신은 기독교에서 아전인수식으로 주장하는 자기들만의 신, 즉 '낡은 신'이며, 그가 진정으로 추구하는 신은 초자연적, 만인을 위한 공평무사한 신, 즉 '새로운 신'의 실상을 찾아 몸부림쳤다고 보아야 할 것이다.

왕성한 저술활동과 정신착란

1885년 2월 니체는『차라투스트라는 이렇게 말했다』를 제4부까지 완성하고, 4월에 출판까지 하였으나, 누이동생과의 불화, 루 살로메에 대한 구혼 실패로 인한 깊은 마음의 상처 등 이런 일 저런 일로 심신이 탈진상태에 빠졌다. 특히 누이동생 엘리자베트마저 그해 5월 바그너 숭배자이며 반유태주의자인 푀르스터 박사와 결혼하여 그 다음해 파라과이로 이주해버림으로써 그의 마음은 더욱 울적해졌다. 믿든 곱든 여동생은 그의 내조자였으니 말이다. 그런 가운데에서도 그의 숙명인 집필활동은 계속되었다. 1886년 8월이 되어 니체는『선악의 저편』을 출간하였다. 이 저술은 미래 철학의 서곡으로서 과학, 예술, 정치에 대한 비판을 도덕적 시각에서 다루고 있다. 즉 이 저술에서 니체는 도덕을 광범위하게 과학과 법학, 또는 정치학 등 여러 영역에서 서로 연관시켜 해석하고, 도덕의 밑바탕에 깔려 있는 근본은 삶이며, 이 삶이란 자기보존이 아니라 생장욕을 본질로 하고 있다고 밝히고 있다. 이어서 1887년 7월에는『선악의 저편』에 대한 논문 형식의 보충서로서『도덕의 계보학』을 출판하였는데, 니체는 여기에서 기독교는 성령에 의해서가 아니라 인간의 원한 감정에서 나온 것이며, 인간의 양심은 흔히 말하는 '신의 소리'가 아니라 그것을 외부로 배출할 수 없을 때 내면으로 융해되는 것이라고 말하였다. 이어서 니체는 1888년 9월에 발표하여 다음해 1월 초 출판한『우상의 황혼』이라는 책에서 '어떻게 망치로 철학을 할 것인가?'라는 부제가 말해 주듯이 이제까지 진리라고 여겨 온 모든 우상들을 깨부수는, 즉 기존의 낡은 가치를 파괴할 때 참다운 진리에 접근할 수 있다고 역설하였다. 또한 니체는 그 무렵(1888년 9월)『안티 크리스트』를 완성(1895년『니체 대 바그너』와 함께 출간)하였다. 이 저서는 앞서 기술한 바와 같이 낡은 기독교 윤리에 대한 선전포고이며, 모든 '가치의 전도'를 압축한 것으로서 니체 최후의 기독교 비판서이다.

그리고 이어서 니체가 그 자신이 정신적 붕괴 직전인 1888년 9월부터 10월 사이에 투혼을 불살라 써 내려간 『이 사람을 보라』는 니체 자신의 사상과 저술에 관한 해설서로서 니체 철학을 이해하는 지침서라 할 수 있는데, 이는 그의 사후 1908년에야 출판되었다. 마지막으로 니체 저서 중 특기할 만한 사실은 니체가 1889년 1월 3일 토리노의 알베르토 광장에서 졸도하여 정신병원에 입원한 후 틈틈이 단상으로 써내려간 『나의 누이동생과 나』라는 유고이다. 이 유고는 자신의 모든 과거사를 철저하게 폭로한 니체 최후의 자기 진술서이다. 이 기이한 유고는 니체가 먼저 퇴원하는 동료에게 누이동생 몰래 전달하여 니체 사후 20년이 지난 1921년에야 영역본으로 세상에 알려졌다. 『이 사람을 보라』가 니체 철학의 자기 해설서라면 『나의 누이동생과 나』는 충격적인 자기 고백서이다. 그런 면에서 이 책은 편집자의 자의에 의해서 재구성되기는 하였지만 인간 니체를 이해하는 데는 매우 귀중한 자료라 할 수 있다.

니체는 토리노에서 쓰러지기 전 1884년 4월 코펜하겐 대학의 브란데스 박사가 니체에 대한 강의를 개설하여 많은 학생들이 청강하고 있다는 소식을 접하고 매우 기뻐했다. 그로서는 그것이 그가 생전에 맛본 가장 큰 보람이요 기쁨이었을 것이다. 그 밖에 『바그너의 경우』와 『니체 대 바그너』, 그리고 『디오니소스 송가』를 완성한 1888년 12월 이후 니체에게 정신착란 징후가 확연히 드러나기 시작하였다. 그 사이 니체는 견딜 수 없는 불면증과 갖가지 병의 합병증으로 고통을 겪으면서 이름도 알 수 없는 약으로 하루하루를 버텨 나갔다.

1889년 새해 1월 3일, 드디어 토리노의 카를 알베르토 광장에서 '일'이 벌어지고 말았다. 수척한 몸을 이끌고 집을 나선 니체는 어느 마부가 말을 거칠게 모는 장면을 목격하고 갑자기 눈물을 흘리면서 그 말의 목을 끌어안고 쓰러져 버렸다. 그는 집주인에 의해 하숙방으로 업혀 와 이틀 동안 혼수상태에 빠졌다. 니체는 다시 깨어나자 실성한 채 '디오니소스', '십자가에 못 박힌 자에 맞선 디오니소스' 등의 서명을 한 편지를 그의 친구들에게 보냈다. 심상치 않은 편지를 받은 친구 오버베크는 서둘러 니체를 찾아갔다. 니체는 그를 보자 얼싸안고 눈물을 흘리면서 앞뒤가 맞지 않는 이상한 말을 늘어놓았다.

1월 10일 오버베크는 니체를 바젤 정신병원에서 진찰을 받게 했다. 그 결과 진행성 뇌마비(뇌매독?)라는 진단이 나왔다. 불길한 소식을 듣고 달려온 그의 어머니가 1월 17일 오버베크와 함께 니체를 예나 대학 부속병원에 입원시켜 정밀진단을 받게 했으나 결과는 마찬가지였다. 이러한 진단에 대해서 그 후 선천성 두통과 약물중독에 의한 것이라고 역정을 냈으나 더 이상 따질 일이 아니었다. 몇 개월 뒤인 5월 13일 니체는 그의 어머니와 함께 유년기 제2의 고향이었던 나움부르크로 옮겨 요양을 시작하였다. 그러나 병세는 호전되지 않았으며, 이로써 천재 철학자 니체의 저술작업은 물론 그의 삶은 사실상 끝난 거나 다름이 없게 되었다.

어린아이로 돌아간 천재의 마지막 나날들, 그리고 죽음

나움부르크로 돌아온 니체는 마치 어린아이처럼 늙은 어머니를 따라다니면서 친지를 방문하거나 산책으로 소일하였다. 그처럼 당당하고 패기만만하던 천재 니체, 세상을 향해 거침없이 포효하던 천재 철학자의 통렬한 외침을 이제는 어느 누구도 들을 수 없게 되었다. 다만 정신이상이었음에도 그의 언행은 부드러웠고, 그를 찾아온 사람들과 대화를 나눌 때에도 그의 행동은 흐트러짐이 없었다. 나날이 수척해지는 그의 얼굴, 섬광이 번득이듯 날카로운 눈동자는 어느새 총기를 잃고 눈가에는 간간이 이슬이 맺혀 보는 이로 하여금 안타까움을 자아내게 하였다. 니체는 이따금 변함없는 동료 가스트의 피아노 연주를 들으면서 어린애처럼 기뻐했다. 어머니를 따라 방문한 친지의 집에 다행히 피아노가 있으면, 직접 즉흥곡을 치기도 했다. 그럴 때면 그의 어머니는 마음을 잠시 놓고 친지들과 담소를 할 수 있었다.

1894년 여름 니체는 다시 병세가 악화되어 언어장애를 일으켰으며, 마음고생이 많아진 어머니마저 노환이 심해져 외부출입이 어렵게 되었다. 이에 앞서 1893년 누이동생은 남편이 사업에 실패하여 파라과이에서 자살해 버리자 그해 9월 귀국, 오빠의 원고정리와 저서 출판에 관여하기 시작하였다. 그런 과정에 그녀는 오빠를 위해서 넓은 집으로 이사를 하자고 졸라대고, 사사건건 어머니와 충돌을 일으키더니만, 결국 바이마르로 혼자 떠나버렸다. 그녀는 그곳에서 '니체문고'라는 출판사를 설립하여 오빠의 저서를 출판하는 데 바빴다. 1897년 4월 니체의 어머니는 병자인 아들을 남겨둔 채, 차마 눈을 감지도 못하고 외로운 삶을 마감하였다.

니체는 결국 바이마르의 누이동생 집으로 옮겨 하루하루를 조용히 보냈다. 그는 초췌한 모습으로 이따금 2층 베란다에서 먼 산의 붉은 노을을 멍하니 바라보며 무언가 생각에 잠기기도 하고 소파에 앉아 오수를 즐기며 소일하였다. 그러나 오래 전부터 나빠지기 시작한 그의 눈은 점차 초점을 잃고 그늘져 가고 있었다. 그런 오빠를 근심스럽게 바라보는 누이동생에게 니체는 오히려 위로의 말을 건네곤 하였다. 1899년 연초부터 니체는 다시 발작을 일으키며 거동하기가 어렵게 되었다.

1900년, 새로운 세기의 막이 오르면서 니체는 하루하루 운명의 시간

니체의 묘소

으로 다가가고 있었다. 마침내 그해 8월 20일 니체는 갑자기 호흡장애와 고열을 일으키다가 의식을 잃고 쓰러지고 말았다. 그 순간 밖에서는 때 아닌 천둥과 번개가 몰아쳤다. 그러자 니체는 깊은 잠에서 깨어난 듯 눈을 떠 보이며 "엘리자베트!" 하고 힘겹게 부르더니 다시 눈을 감았다. 8월 25일 정오가 되어 니체는 잠시 눈을 뜨고 무언가 말하려다가 이내 눈을 감고 누이동생이 지켜보는 가운데 평화롭게 숨을 거두었다. 그의 장례식은 가족장으로 치러지고 유해는 고향 뢰켄의 가족 묘지에 안장되었다. 장례식에는 충직한 동료 가스트와 몇 사람의 지인만 참석했을 뿐 매우 조촐한 분위기였다. 그의 나이 56세, 아쉽고 덧없는 삶이었다.

기이한 천재의 삶은 이렇게 쓸쓸히 막을 내렸지만, 그의 명성은 "내가 죽고 50년이 지난 뒤 나는 하나의 신화가 될 것이며, 서유럽이 암흑 속에 가려질 때 내 별은 창공에 반짝이리라."고 그 자신이 예언했던 것보다 훨

썬 빨리 다가와 외로운 천재의 영혼을 달래 주었다. 니체는 "신은 죽었다!"고 외쳤지만, 따지고 보면 니체만큼 신의 참모습을 갈구한 사람은 흔치 않다. 그가 찾은 신은 광신자들이 찾는 피안의 신이 아니라 우리 곁에 있는 진정한 신을 갈구한 '인간적인, 너무나 인간적인' 순수한 구도자였다.

주요 참고문헌 및 더 읽을 만한 책

Ivo Frenzel, *Nietzsche*, Rowohlt, Hamburg, 1997.

Friedrich Nietzsche, *Also sprach Zarathustra*, Wilhelm Goldmann Verlag, 1961.

프리드리히 니체 지음, 황문수 옮김, 『차라투스트라는 이렇게 말했다』, 문예출판사, 1988.

프리드리히 니체 지음, 곽복록 옮김, 『비극의 탄생·즐거운 지식』, 동서문화사, 2009.

니체 지음, 권미영 옮김, 『인간적인 너무나 인간적인』, 도서출판 일신서적, 1991.

프리드리히 니체 지음, 이덕희 옮김, 『나의 누이와 나』, 문예출판사, 1989.

니체 지음, 박준택 옮김, 『이 사람을 보라』, 박영사, 1982.

카를 야스퍼스 지음, 강영계 옮김, 『니체-생애』, 까치글방, 1984.

박준택 지음, 『니체의 사상과 그 주변』, 도서출판 대왕사, 1990.

오쇼 라즈니쉬 지음, 손민규 옮김, 『춤추는 신들의 광기』, 시간과공간사, 1993.

강영계 지음, 『니체, 해체의 모험』, 도서출판 고려원, 1995.

정동호 지음, 『니체 연구』, 도서출판 탐구당, 1983.

카를 마르크스

스스로 고난의 길을 택한
소외계층의 메시아

Karl

Heinrich

Marx

제 갈 길을 가라. 남이야 뭐라든!

-단테

'빛과 어둠의 인간'

카를 마르크스, 그는 누구인가?

마르크스라는 이름을 모르는 사람은 거의 없다. 그러나 마르크스를 제대로 아는 것은 말할 것도 없고 그의 사상의 편린조차도 아는 사람이 그리 많지 않다. 특히 우리나라의 경우, 많은 경제학도들까지도 그의 학설에 관심은 고사하고 거들떠보지도 않은 채 '현실성이 없어 용도 폐기된' 경제학설로 매도해 온 것이 오늘의 편향된 경제·사회 현실이다. 그러나 『성서』를 제외하고 한 인간의 사상이 이처럼 전 인류에게 많은 영향을 끼친 전례가 또 어디 있었던가? 마르크스가 누구인지 몰라도 오늘날 전 세계는 좋든 싫든, 직·간접적으로 그의 영향을 받아 왔다는 것이 엄연한 사실이다. 따라서 거북스럽고 불편하지만, 자본주의 모순을 안고 오늘을 살아가는 우리는 그의 학설의 핵심이 무엇인지 개괄적으로라도 알아야 할 것이다.

"오늘날 철학자들은 세계를 다양하게 해석하기만 했다. 중요한 것은 세계를 변혁시키는 것이다."(『포이어바흐에 관한 테제』, 1848)라고 그 자신이 젊은 시절에 말한 바와 같이, 훗날 그는『자본론』외에 많은 저서들을 통해서 자본주의 모순과 그 비밀을 낱낱이 해부하였다. 그의 논리는 무척이나 정연하였으며, 그의 필치는 무서울 정도로 힘차고 도도하였기 때문에 그는 찬사와 비난, 경외와 경원을 한 몸에 받아 왔다. 마르크스 사상 신봉자들과 자본주의 체제의 소외계층들은 마르크스가 인간의 경제적 불평등을 해소해 줄 수 있는 '메시아'적 존재로 생각해 온 반면, 자본주의 체제의 경제학도들은 말할 것도 없고, 이 체제의 기득권층과 지배계층은 그의 사상을 불온시하고 그를 마치 '악마의 학설'을 전파하는 냉혹한 독선자로 낙인찍어 버렸다. 특히 우리나라와 같은 분단국가에서는 근래까지도 그의 사상에 관심은 고사하고 그의 이름을 운위하는 것조차도 금지 내지 금기시해 왔다. 한 인간에 대한 상반된 평가, 빛과 어둠이 엇갈린 인간이 있다면 마르크스말고 또 누가 있었던가?

남부럽지 않은 변호사의 아들로 태어나 법학에서 철학의 길로, 경제학에서 공산주의 혁명사상가로 줄달음질쳐 온 그의 여정은 고난에 찬 가시밭길이었다. 그런 과정에서 그도 한 인간이었기에 개인적인 과오도 많았으며, 타협할 줄 모르는 그의 외고집 성격과 이론은 적대자들에게 많은 질시와 비판을 불러일으켰다. 그러나 그는 한 발도 물러서지 않고 특유의 정연한 반박논리와 독설로 그의 신념을 굳건히 지켜 나갔으며, 불굴의 의지로 학문적 위대한 업적을 달성하였다.

경제학자 슘페터(J. A. Schumpeter, 1883-1950. 오스트리아-헝가리계 출신으로, 1932년 미국에 귀화하여 하버드 대학 경제학 교수로 재직하였으며, 한세 효용학파의 완성자로 경제학에 '창조적 파괴'이론을 도입하였음)는 마르크스의 위대성에 대해서 이렇게 썼다.

위대하다는 것은 생명력이 있음과 연관 지을 수 있다. 위대한 성취라는 것이 반드시 광명의 원천이 되어야 한다거나 그 기본 구조와 세부사항에 이르기까지 아무런 결점이 없어야 된다는 것은 아니다. 마르크스의 학설 체계에 정밀한 반론을 제기한다 해도 그것은 치명적인 타격을 주지 못한다…… 그의 학문적 성취는 부분적으로 방대한 분량에 달하는 열정적인 명언과 경구들, 냉혹한 규탄과 노기등등한 몸짓에 힘입은 바 컸다. 그러나 마르크스는 단순히 그 명언과 경구들의 문장가에 그치지는 않았다. 만약 그러했다면 그는 진작 사멸해 버렸을 것이다. 인류는 그 따위 감상적인 사람의 수고를 고맙게 생각하지 않는다…… 또한 그는 사회주의적 이상을 결코 아름답게 그리거나 이를 위해 감상적인 눈물을 흘리지 않았으며, 부르주아들이 그들의 이익배당에 가슴을 졸이면서 노동의 영웅으로 치켜세우는 것과는 달리 노동자들을 결코 영웅으로 미화하지도 않았다. 그리고 그는 어떠한 이상을 설파할 때도 결코 자기 것인 양 내세우지도 않았으며, 모든 예언가들이 스스로가 신의 말을 전달하는 대변자로 자처하지만, 마르크스는 역사의 변증법적 발전과정의 논리를 논하는 것 이상의 행세를 하지 않았다…… 또한 경제학자로서 마르크스는 박학다식하였다. 일반적으로 천재나 예언가들은 특정 분야 외에는 전문적인 지식이 그다지 뛰어나지 못하지만 마르크스 경제학에는 학식의 빈곤이나 이론적 분석기술의 취약점을 찾아볼 수 없다. 그는 지칠 줄 모르는 열정으로 모든 사실과 논제, 갖가지 학식과 주장들을 철저히 파고들어 소화해냈을 뿐만 아니라 경제이론이라는 차가운 금속같이 무미건조한 것도 마르크스의 저서에서는 열기를 발하고 있다…… 그의 『자본론』은 일부가 미완성이고 반대자들의 공격에 의해서 부분적으로 타격을 받기도 하였지만 여전히 우리 눈앞에 우뚝 솟아 그 웅장한 모습을 드러내고도 남음이 있다……."(J. A. 슘페터 지음, 정도영 옮김, 『10대 경제학자』, 한길사, 1998, 43-77쪽 참고 재정리)

그렇다. 그의 이러한 학문적 위대한 업적에는 아직까지 어느 누구도 도전할 수 없다. 그의 박식과 방대한 저서 앞에서 추종자들은 외경의 마음을 가졌으며, 반대자들은 두려움 속에서 험담만 늘어놓을 뿐이다. 비록 그의 적들이 무모한 공격을 퍼부을 때에도 그는 엥겔스가 말한 것처럼 '마치 거미줄을 걷어내듯이' 헤쳐 나갔으며, 때로는 명쾌한 논리로 상대방을 굴복시킴으로써 자기 영역을 굳건히 지켜 나갔다. 중간키에 딱 벌어진 단단한 어깨, 검은 피부와 섬광이 번득이는 날카로운 두 눈동자, 굳게 담은 두툼한 입술, 숱이 많은 머리카락과 턱수염, 그리고 검은 털로 뒤덮인 가슴과 양팔, 이 모든 것들은 그의 고집스럽고 확신에 찬 강인한 모습을 대변해 주고 있다. 그는 평소에는 말수가 비교적 적은 편이었으나 일단 말을 시작하면 자신만만하고 정연한 논리로 상대방을 설복했다. 그는 그의 『자본론』 서문에서 밝힌 것처럼 단테가 말한 '제 갈 길을 가라. 남이야 뭐라든!'이라는 문구를 평생의 좌우명으로 삼고 자신의 길을 묵묵히 걸어갔다. 그 길은 자기 스스로 선택한 길로, 고난에 찬 가시밭길이었지만, 사랑하는 반려자 예니와 영원한 동지 엥겔스가 있었기에 결코 외롭지 않았다.

고난의 길을 예고한 김나지움 졸업 논문

카를 하인리히 마르크스Karl Heinrich Marx는 1818년 5월 5일 프러시아의 소도시 트리어에서 태어났다. 라인 강의 한 지류인 모젤 강 유역에 자리 잡고 있는 트리어는 독일의 전통적인 도시 가운데 하나로 당시 인구는 1

만 5천 명이 채 안 되는 한적한 도시였다. 그러나 이 작은 도시라고 해서 당시 독일 전체를 풍미하고 있는 사회운동으로부터 무풍지대는 아니었다. 그의 아버지 히르쉘 마르크스Hirschel Marx는 유대교에서 루터교로 개종하고, 그의 이름도 하인리히 마르크스Heinrih Marx로 개명하였으며, 변호사로 출세하여 트리어 시의 변호사협회 회장이 되었다. 이처럼 비교적 유복한 가정에서 태어난 카를 마르크스는 형인 모리츠가 동생 카를이 태어난 이듬해 죽었기 때문에 카를 마르크스(이하 마르크스로 약칭)는 9남매(4남 5녀, 나머지 형제들도 일찍 죽고 맏누이 소피와 여동생 에밀리, 그리고 루이제만 오래 생존)의 맏아들이 되었으며, 유년기에는 다른 어린애들처럼 천방지축 활발하게 뛰놀며 성장해 갔다. 그러나 마르크스 아버지는 아들의 천재성을 일찍부터 감지했다. 장남이 된 마르크스도 그처럼 법학을 공부하여 가업을 잇기를 희망하였으며, 또 그렇게 될 것으로 믿었다. 그러나 어린 마르크스는 성장하면서 자신이 유대인이라는 것을 알게 되었고, 비좁은 시장통로를 따라 통학을 하며 가난한 시장 상인들과 날품팔이 일꾼들의 찌든 삶을 목격하면서 알게 모르게 그의 운명의 길은 아버지의 기대와는 다른 방향으로 기울어가고 있었다.

마르크스는 1830년 트리어 시 김나지움(인문학교)에 입학했다. 마르크스의 아버지는 혁명가는 아니었으나 진보적인 세계관을 갖고 있었다. 또한 학식이 풍부하고 주변으로부터 존경을 받고 있는 비텐바흐 교장선생 역시 전향적인 사고를 가지고 있어서, 그런 저런 영향으로 마르크스는 가끔 뜻있는 동료들과 함께 진보적인 서적을 접할 기회를 갖게 되었다. 그는 재학 시절 수석은 하지 못했지만, 창의력이 요구되는 분야에서 만큼은 발군의 능력을 발휘하였다. 그의 학적증명서에는 그의 논문이 풍부한 상상력으로 넘쳐 있으며, 주제에 대한 깊은 이해력을 가지고 있고, 라틴어와 그리스어, 그리고 수학에 탁월한 것으로 나타나 있다.

1835년 8월 12일 그가 졸업 논문으로 쓴 「직업선택을 앞둔 한 젊은이의 성찰」은 조숙한 그의 정신적 기조를 나타내는 좋은 증거가 된다. 졸업 논문 작성 시간, 교실 내에는 이따금 학생들의 답안지 넘기는 소리만 적막을 깨뜨릴 뿐, 다소의 긴장감이 감돌고 있었다. 당시 17세였던 마르크스는 그가 쓴 이 논문에서 다음과 같은 의미심장한 명문장을 남겼다.

우리가 만인을 위해서 가장 헌신적으로 기여할 수 있는 직업을 선택한다면, 어떠한 무거운 짐도 우리를 굴복시킬 수 없을 것이다. 왜냐하면 그 짐이란 만인을 위한 희생에 불과하기 때문이다. 그렇게 되면 우리는 사소하고 한정적이며, 이기적인 기쁨을 향유하는 것이 아니라 만인에 속하는 행복을 누리게 될 것이다. 우리의 행동은 조용히 그러나 영원히 영향을 미치며 살아 숨 쉬게 되고, 우리를 태운 재는 고귀한 인간들의 반짝이는 눈물로 적셔질 것이다.

이 글은 17세의 학생으로서는 믿기 어려울 정도로 성숙하고 비범성을 드러낸 명문장으로서, 스스로 고난의 길을 걸어가려는 한 젊은이의 선언문이었으며, 죽는 날까지 그대로 실행에 옮기겠다는 각서요, 의지의 표현이었다. 이어서 그는 "우리는 항상 자신이 적합하다고 생각하는 직업을 마음대로 선택할 수 있는 것은 아니다. 사회에서 맺어지는 우리들의 관계는 우리가 그것을 결정하기도 전에 이미 어느 정도 진척되어 있다."고 보았다. 이러한 생각은 마르크스가 이미 어릴 적부터 사회적 한계를 의식하기 시작했다는 것을 입증하고 있다. 유대인의 혈통을 이어받은 그로서는 유대인에게 가해시는 보이시 않는 각종 사회적 불이익이나 차별을 은연중에 터득했다는 말일 것이다.

그런데 그 당시 마르크스 집 인근에는 루트비히 폰 베스트팔렌(Ludwig

von Westphalen: 독일 사람의 경우 이름에 'von'이 붙어 있으면 귀족 가문으로 인정됨) 남작이 살고 있었는데, 그는 마르크스 아버지의 친구이자 마르크스의 동급생 에드가의 아버지로서 마르크스가 그의 집을 방문할 때마다 총명한 마르크스에 관심을 보였다. 그때 루트비히는 마르크스보다 네 살 많은 예니Jenny라는 성숙한 딸을 두고 있었는데, 그녀는 미모와 지성을 겸비한 재원이었

카를 마르크스와 그의 아내 예니

다. 마르크스와 예니는 자신들이 감명 깊게 읽었던 책과 평소에 생각했던 일들에 대해서 스스럼없이 이야기를 나누곤 했다. 이렇게 해서 마르크스는 예니보다 네 살이나 어렸지만, 그럼에도 불구하고 두 사람은 점차 가까운 연인 사이로 발전하였다.

마르크스는 김나지움을 졸업하고 아버지의 뜻에 따라 본 대학 법학과에 진학하였다. 그러나 그곳 대학생활은 마르크스에게는 그다지 만족스럽지 못했던 것 같다. 대학 신입생 시절 일반적으로 그렇듯이 마르크스도 각종 동아리에 가입, 적극적으로 활동하였으며 대학생활의 해방감에 젖어 친구들과 술도 마시며 만취 끝에 귀족 출신의 한 학생과 결투를 벌이기도 하였다.

그런 자유분방한 생활 속에서도 마르크스는 사랑하는 예니를 한시도 잊어본 적이 없었다. 서로 떨어져 있는 사랑하는 사람들이 다 그렇듯이

그들도 그리움의 고통을 겪어야만 했다. 이러한 사실은 두 사람 간에 교환된 수많은 편지에서도 알 수 있다. 1836년 마르크스는 여름방학이 시작되자 고향에 돌아와서 예니와 비밀리에 약혼을 하였다. 뭇 남성에게 선망의 대상이었던 예니로서는 장래를 보장하는 구혼처가 많았지만 그녀의 마음은 이미 마르크스에게 기울었기 때문에 현실의 어떠한 벽도 그들을 갈라놓을 수가 없었다. 그들의 이러한 관계를 양가 부모에게 간곡히 설득한 끝에 가까스로 동의를 얻어낸 두 사람은 심적인 부담은 덜었으나 마르크스가 다시 본으로 떠난 뒤 공간적인 이별과 기다림의 지루한 시간은 두 젊은 남녀에게 크나큰 시련이었다.

다정다감했던 젊은 날의 마르크스

철학자·경제학자·공산주의 혁명가로만 알려져 온 마르크스는 생각보다 다정다감한 사람이었다. 젊은 시절 마르크스는 문학에도 남다른 열정을 보였으며, 그의 이러한 문학적 소양은 훗날 그의 저술활동에 많은 자양분이 되었다. 마르크스는 언젠가 예니에게 이렇게 연정이 넘치는 시를 써 보내기도 했다.

> 보이지 않는 한 올의 실이
> 우리 두 사람을 영원히 묶어 두었네.
> 운명을 책망하는 내 영혼은 그대에 의해 떨며 서 있네.
> 내 가슴의 열정이 끝없이 원하고, 찾아도 없는 것.
> 그 깃은 그대의 아름다운 얼굴이 빛나는 미소와 함께
> 내게 전해 주는 것뿐이라.

또 다른 시 한 편을 읽어보자.

> 예니여! 나는 서둘러 글을 쓰오
> 우리들은 서로 사랑하며, 글을 주고받았고,
> 우리들의 가슴은 뜨겁게 타올라 하나로 녹아 버렸네.
> 가슴속에 파도는 넘쳐흐르고 있네.
> 이제 우리는 드넓은 세계에서 모멸의 장갑을 벗어 던지자.
> 보라! 보잘것없는 거인은 신음소리를 내며 넘어지리니
> 그러나 우리들 가슴속 불꽃은 그들의 남은 뼛속에서도 꺼지지 않네
> 승리의 발걸음으로 폐허의 왕국을 딛고,
> 신의 깨달음으로 배회할 것이다.
> 나의 언어는 타오르는 불길처럼 행동으로 옮겨지리라.

이 시에서 우리는 그의 가슴속에 저항정신이 싹트고 있음을 엿볼 수 있으며, 또 한 편의 시에서는 그러한 정신이 더욱 확연하게 드러나 있다.

> 내 몸이 불길에 휩싸여 있다면
> 나는 평온하게 살아가는 길을 걸어 갈 수 없네
> 투쟁도 하지 않고 폭풍우도 거치지 않은 채,
> 꿈을 꾸듯이 살아갈 수는 없네.
> 내가 원하는 예술세계의 인식을,
> 신의 도움으로 이룩한 예술을
> 이성과 감성으로 전 세계에 보여 줄 의무가 있네
> 그리하여 가자! 어렵고 험난한 길을
> 평범한 삶을 이어가

보잘것없는 삶이 되는 것을 피하기 위해.

(출처: 뷔노그라토스카야 지음, 탁인숙 옮김,『마르크스의 부인』, 도서출판 토지, 1989)

마르크스는 이처럼 시라는 압축된 언어를 통해 그의 저항정신을 토해 냈다. 슬기로운 예니는 그의 이러한 의식세계에서 순탄치 못할 미래를 충분히 예견하였겠지만, 둘 사이의 사랑이라면 어떠한 시련도 극복해나 갈 수 있으리라고 확신하였다. 마르크스와 예니를 이처럼 견고하게 맺어 준 것은 이성간의 감정의 교류 외에도 사회적 인식의 공감대가 형성되었 기 때문이었다. 예니는 비록 몰락해가는 귀족 가문이지만 아름다운 용모 와 지성으로 행복한 삶을 누릴 수 있었다. 그러나 그녀는 이러한 현실의 행복에 구애되지 않고 마르크스와 함께 힘든 길을 동행할 각오가 되어 있었다. 그러나 마르크스의 아버지는 아들과 예니의 장래에 대해서 걱정 이 많았다.

"네가 이 가녀린 처녀를 얼마나 행복하게 해줄지 걱정이 되는구나. 평 탄한 사랑의 길에서 생활하는 것이 그 애를 고생시키지 않는 것이라고 생각한다. 더욱이 그 애는 특이한 성인들과 교분을 가지고 있어서 지금 까지 참고 지내야 할 일이 많았단다. 앞으로도 더 그렇겠지만 말이다."

마르크스와 예니의 관계에서 가장 큰 걸림돌은 예니의 이복오빠 페르 디난트였다. 그는 트리어 시의 고급관리로서 두 사람의 결합을 끝까지 반대하였다. 그러나 주변의 어떠한 장애물도 두 사람간의 운명의 끈을 끊지 못했으며, 주변의 방해공작이 크면 클수록 그들의 사랑은 더욱 견 고해졌으며 예니가 마르크스보다 네 살이나 위라는 인습의 굴레도 전혀 장애가 되지 못하였다. 그리고 어느 누구보다도 마르크스의 아버지는 이 들에게 언제나 힘이 되어 주었다. 반면에 고루했던 마르크스의 어머니는 이들 사이의 사랑을 탐탁지 않게 생각하였다.

헤겔 철학에 대한 관심과 그 뛰어넘기 시도

마르크스는 본 대학의 캠퍼스 분위기에 염증을 느껴 1년 뒤인 1836년 10월 베를린 대학 법학과로 옮겼다. 베를린 대학은 본 대학보다 학생수가 훨씬 많았으며, 학교 분위기도 활기가 넘쳤고 아카데믹한 풍조가 더 짙게 배어 있었다. 청년 마르크스는 점차 법학보다 철학에 더 흥미를 느끼기 시작하였다. 그에게 철학은 '모든 학문의 영혼'이었다. 그러나 철학이 목적 자체는 될 수 없었다. 그는 삶과 철학, 정치와 철학을 접목시키는 것이 필요하다는 것을 인식하게 되었다. 마르크스는 간스 교수를 통해서 헤겔 철학에 접근하였으며, 가혹할 정도의 자기성찰로 사고의 과정과 결과를 점검해 나갔다. 그는 세계가 객관적인 인식의 대상이 아니라 단지 의식의 창조물로서 존재한다는 주관적 관념론의 비과학성을 명확히 인식하기 시작하였다.

그리고 마르크스는 이 무렵부터 헤겔(Georg Wilhelm Friedrich Hegel, 1770-1831) 철학에 관심을 갖게 되었다. 그의 철학은 칸트, 피히테, 그리고 셸링을 집대성한 절대적 관념론으로 독일 고전철학은 헤겔에 의해서 거의 완성되었다고 볼 수 있다. 헤겔은 우주에 존재하는 모든 것의 총체를 '절대정신'으로 간주하고, 이 절대정신이 모든 발전의 여러 단계를 관철하고 있으며, 그 각 단계가 각각 논리적 현상이니 자연적 및 사회적 현상을 표현한다고 보았다. 그리고 헤겔 철학에서 현실적으로 중요한 것, 혁명적인 것은 그의 변증법적 논리라고 말 할 수 있다. 헤겔의 변증법은 역사적 상황이란 낮은 단계를 부정하고 더 높은 단계로 발전하는 인간 사회발전의 존재과정이다. 즉 세계는 자연·역사·정신의 모든 것의 부단

헤겔

한 운동과 변화·발전의 과정으로 규정하고, 그러한 것들의 내적 연관을 파악하려는 시도가 바로 헤겔 철학의 혁명적 발상이며, 그 발전과정이 바로 변증법이다. 즉 헤겔에 의하면 어제의 존재권리를 가졌던 것은 오늘 사멸하고 그 대신 더 높고 새로운 인간 사회의 역사 속으로 들어온다는 것이다. 그리고 헤겔은 모든 사건의 기초를 이념의 발전에서 찾았다. 그는 이념의 발전이 자신의 철학에서 종결되고, 그것이 개혁된 프로이센 국가 즉 입헌군주제에서 절정에 이를 것이라고 주장하였다. 이것은 보수적인 관점으로서 모순이 많았으나 젊은 마르크스는 그때까지만 해도 이 점을 정확히 인식하지 못했던 것 같다. 그럼에도 불구하고 헤겔 철학은 인간의 사고와 인식의 전환에 커다란 변화를 가져 온 것만은 분명하였기 때문에 청년 마르크스를 매료시켰다. 그러나 마르크스는 사고와 인식의 폭을 넓혀가면서 헤겔의 맹목적인 추종자가 되지는 않았다. 즉 헤겔 철학은 그에게 철학적 발전의 종결도 절대적 도그마도 아니었으며, 철학의 계속적인 발전을 위한 출발점에 불과하였다.

그리고 마르크스가 헤겔의 소외개념에 관심을 갖고 더욱 발전적으로 해석을 시도한 것도 이 무렵부터였다. 즉 헤겔에 의하면, 인간은 노동으로 인해 자연과 매개되어 상품을 만들고 거기에서 투시된 자신의 모습을 보면서 자기의식을 형성한다고 보았으며, 이렇게 해서 자기가 되는 과정을 통해 소외의 의미를 찾았다. 그러나 마르크스는 이러한 헤겔 식의 소외는 단지 의식의 소외에 지나지 않는다고 보고, 소외의 본질은 단지 자연과 인간 사이의 관계에서뿐만 아니라 인간과 인간이 비인간적인 관계를 맺는 데서 소외가 비롯된다고 보았다. 즉 사유재산에 기반을 둔 사회, 산업화된 자본주의 사회에서 노동자는 외부적으로 나타나는 재화의 생산수단에 지나지 않는다. 그가 생산하는 상품은 자신과 무관하게 되며, 자신과 전혀 낯선 사람들에 의해서 소비되는 객체의 한 부분이 되고 만다. 그가 상품을 더 많이 생산할수록 노동자의 인격적 가치는 더욱 하락하게 되고 상대적으로 더욱 가난해질 뿐만 아니라 더 큰 상실감을 느끼게 된다. 이렇게 해서 소외의식은 노동자와 상품과의 관계에서뿐만 아니라 노동자가 자본가로부터 더욱 소원해지고, 나아가서는 노동자끼리도 더욱 소원해지게 된다. 이 과정에서 인간 상호간에 갈등이 발생하고 서로가 이해타산에 집착하게 되며, 결국은 스스로 인간성을 상실하는 '자기소외'에 빠진다는 것이다.

그런데 이 무렵 마르크스를 철학 교수로 이끌어 주려던 부르노 바우어 교수가 반종교적이고 친 헌정적인 활동을 함으로써 교수직에서 해직되었기 때문에 마르크스는 박사학위를 예나 대학에 제출하여 1841년 그곳에서 학위를 취득하였다. 논문 주제는 고대 그리스 철학으로서 「자연에 관한 데모크리토스와 에피쿠로스 철학의 차이」였다. 그는 이 논문에서 인류의 정신적 발전에서 데모크리토스와 에피쿠로스 견해가 갖는 중요성을 강조하였고, 에피쿠로스 철학체계에 존재하는 변증법적 요소들, 특히 원자의 자발적인 쇠퇴에 관한 그의 가르침을 구명하였다. 또한 그는 이 논문에서 철학의 대표자들을 시민적 민주주의자들로 명시하고, 프로메테우스를 자유의 순교자이며 인간의 친구로 신봉한다고 자랑스럽게 밝혔다. 박사학위 취득에도 불구하고 진보적 성향 때문에 마르크스는 희망하는 교수직을 구하지 못하였다. 그 사이에 그토록 아들을 이해해 주었던 아버지가 1838년 56세라는 비교적 젊은 나이에 세상을 등지는 바람에 마르크스와 예니의 결혼 문제도 잠시 미뤄지게 되었다.

현실 참여의 길

마르크스는 대학 교수가 된다 하다라도 사회적 활동의 제약이 많게 된다는 것을 알게 되자 진로를 저널리즘 쪽으로 바꾸었다. 어쩌면 이것은 그의 숙명인지도 모른다. 그 무렵 1842년 초 쾰른에서는 시민적 반정부주의자들의 대변지로「라인 신문」이 창간되었다. 발행인들은 1842년 10월 당시 24세의 젊은 마르크스를 편집장으로 위촉하였다. 이때부터 마르크스는 고난에 찬 현실참여의 길로 들어섰다. 그는 이 신문을 통해서 라인 지방의 정치·사회 난맥상을 하나하나 파헤치고 이를 신랄하게 공격하였다. 또한 그는 인간의 행동이 헤겔 철학에서는 고려되지 않았던 특정 계급의 이익에 의해서 규정된다는 것을 인식하게 되었다. 그는 프로이센 정부가 가난에 찌든 모젤 강 주변의 농민들과 날품팔이 일꾼들에 대해서 아무런 대책을 세우지 않고 수수방관하고 있다는 사실을 폭로하는 등 정부의 농업정책을 맹비난하였는데, 이는 프로이센 정부의 가장 민감한 사안이었다. 이 신문에서 마르크스의 맹활약으로 그의 대중적 인기는 하늘로 치솟았다. 그러나 그것도 잠시,「라인 신문」에 대한 당국의 간섭과 검열강도가 높아져 마침내 이 신문은 폐간당하고 말았으며, 그로 인해 그는 편집장 직을 사임할 수밖에 없었다. 마르크스로서는 그가 공적인 사회활동에서 첫 번째 당하는 시련이었으며, 이것은 그가 앞으로 걸어가야 할 수많은 시련의 시작에 불과하였다. 그 무렵 마르크스는 앞으로 더 큰 일을 수행하기 위해서는 가정이 절실함을 깨닫고, 1843년 6월 19일 예니와 결혼식을 올렸다. 그날 이후 예니는 마르크스의 모든 것이 되어 주었다. 즉 평생의 동반자이자 가장 신뢰하는 비서이며, 현명한 조언자이자 떼어놓을 수 없는 동지가 된 것이다. 특히 글재주가 뛰어나고 글씨가 깨끗한 예니는 마르크스의 악필을 누구보다도 잘 알아보고 정리하여 마르크스의 수고를 크게 덜어 주었다. 한편 당국에서는 협박과 회유, 이른바 당근과 채찍으로 마르크스를 무마, 이용하려 했지만 결과는 번번이 실패였다.

1843년 10월 마르크스는 활동무대를 비교적 자유로운 파리로 옮겼으며, 그곳에서 그는 새로운 세계, 즉 한창 꽃 피기 시작한 자본주의 세계를 접하게 되었다. 프랑스의 부르주아지들은 영국에서 먼저 그러 했듯이 빠른 속도로 그들의 경제적 힘을 신장시켜 나갔다. 파리는 혁명가들의 본거지가 되었고, 그곳에서 발행되는 「독·불 연보」는 독일에서 망명해 온 혁명동지들의 대변지 역할을 하였다. 마르크스는 이곳에서 철학적 관념론자로부터 유물론자로 변신하게 되었다. 그는 노동계급이 착취가 없는 새로운 미래사회의 창조자가 될 것이라는 확신을 갖고 이에 대한 이론적 토양을 다져 나갔다. 그런 가운데 「독·불 연보」에 대한 독·불 양국으로부터의 직·간접적 탄압이 날로 강화되어 이 잡지 역시 폐간의 운명을 맞게 되었다.

이와 함께 마르크스의 생계는 더욱 어려워졌으며, 그런 가운데에서도 유일한 기쁨은 1844년 5월 1일 첫딸 예니의 탄생이었다. 파리 생활 중 마르크스는 이미 몇 년 전부터 이곳에서 망명생활을 하고 있는 열혈 시인 하이네(1797-1856)를 만나 우정을 돈독히 하였다. 마르크스는 그곳 파리에서 가난의 결과로 야기되는 노동자들의 무지를 보았고, 그 속에서 각성해가는 프롤레타리아의 저항정신을 피부로 느끼게 되었다. 그는 당시의 상황을 다음과 같은 감동적인 표현으로 기술하였다.

"인간의 형제애는 결코 공허한 언어가 아니라 그들에게는 진실이다.

그리고 인류의 고상함은 노동으로 단련된 그들의 모습을 통해서 우리에게 처연하게 빛난다."

엥겔스와의 역사적인 만남

그 무렵(1844년 8월) 마르크스에게는 역사적인 사건이 일어났다. 그것은 바로 그 동안 영국에서 노동운동을 해온 엥겔스(Friedrich Engels, 1820-1895)와의 만남이었다. 엥겔스는 독일 라인 주 부퍼탈에서 방적공장 경영자의 아들로 태어났다. 그 역시 가난과는 거리가 먼 부유한 집 자제로 김나지움에 들어갔으나 아버지의 뜻에 따라 가업을 이어가기 위하여 김나지움을 중퇴하고 브레멘 상사에서 일했다. 그러나 그는 아버지의 뜻과는 달리 점차 노동운동에 관심을 갖게 되었으며, 1841년 그는 베를린에서 포병부대에 지원하여 군복무를 마친 후 영국 맨체스터로 건너가 그의 아버지가 공동소유주로 있는 '에어멘 앤드 엥겔스'라는 방적공장에서 경영수업을 받게 되었다. 맨체스터는 영국 면화산업의 중심지로 이 산업은 당시 영국에서 가장 현대화된 산업의 하나였다. 그는 그곳에서 노동자계급의 비참한 현실을 목도하고, 아버지의 뜻에 반해서 노동운동에 적극 가담하게 되었다. 그는 노동자들의 비참한 현실을 타개하기 위하여 전 재산을 날린 사업가 로버트 오언(세칭 공상적 사회주의자)처럼 그 자신도 노동자 편에 서서 노동운동을 이론적으로 연구하기 시작하였다. 후에 그는 이렇게 썼다. "나는 자본가 계급의 사치와 향연, 붉은 포도주와 샴페인을 포기했고, 나의 자유 시간을 오로지 노동자들과의 교류에 바쳤다." 엥겔스가 반려사 메리 번스(아일랜드 출신으로 소위 '의식화'된 방적공장 근로자)를 만난 것도 이 무렵이었으며, 그녀 역시 엥겔스를 따라 1863년 죽을 때까지 그의 반려자요 노동운동의 동지로 활약하였다. 그리고

마르크스와 엥겔스

메리가 죽은 지 얼마 후 엥겔스는 그 동안 정치적 동지 관계인 그녀의 동생 리디아(애칭 리치)와 사실혼 관계를 유지했다. 리치는 엥겔스와 15년을 함께 살았다. 임종 전 그녀는 세인의 눈앞에서 자신을 부인으로 인정해달라고 부탁했다. 형식적인 절차가 무슨 소용이 있겠느냐고 엥겔스는 생각했지만, 그녀의 마지막 소원을 들어주기 위해 1879년 9월 11일 결혼식을 간소하게 올렸다. 다음날 리치는 그의 품에서 평화롭게 숨을 거두었다.

엥겔스는 영국의 경제학자와 철학자, 자연과학자들의 저작들을 섭렵하며 자본주의 사회의 운동법칙과 그 속에서 발생하는 많은 문제점을 터득하게 되었다. 1843년 말 그는 지금까지의 경험과 연구를 바탕으로 「독·불 연보」에 두 편의 논문 「국민경제학 비판 개요」와 「영국의 현실」을 발표하여 마르크스에게 큰 관심을 끌게 되었다. 이 두 편의 논문은 그의 본격적인 노동운동의 서막이었으며, 마르크스와 평생 동지가 되는 직접적인 계기가 되었다. 두 사람은 1842년 10월 초 처음으로 잠시 만난 적은 있으며, 그때까지만 해도 서로가 깊은 인상을 받지는 못했던 듯했으나 위 논문을 통하여 수차례의 서신 교환 끝에 만남이 빈번해지게 되었다. 마침내 1844년 8월 24일 오후 파리의 라 레장스 카페에서 두 사람의 역사적인 만남이 이루어지게 된 것이다. 사실상의 첫 대면이었지만, 두 사람은 마치 오랜만에 만난 친구처럼 두 손을 덥석 잡고 곧바로 마르크스의 집으로 자리를 옮겨 밤이 새도록 깊은 대화를 나누었다. 때마침 마르크스 부인은 태어난 지 3개월이 조금 지난 딸 예니를 데리고 고향 트리어의 친정집을 방문 중이었다. 두 사람은 몇 날 며칠 동안 평소 자신이 생각해 왔던 현실의 모든 문제를 기탄없이 털어놓고, 공감대를 형성하며 새로운 인식에 도달하는 기쁨을 맛보았다. 즉 프롤레타리아의 필연적인 자기해방을 위해서는 노동자 계급은 이론적으로 무장해야 하며, 그러기 위해서는 두 사람이 힘을 모아 그들과 함께 고난을 극복해 나가야 한다는 데 인식을 같이 했다. 당시의 감동적인 상황을 마르크스·엥겔스 공동 평전을 쓴 역사학자 하인리히 겜코프(마르크스·레닌주의연구소 부소장)는 이렇게 썼다.

　　서로 무관하게 다른 길을 걸었으면서도, 그러나 시기상으로는 동일하게 그들은 똑같이 획기적인 과학적 인식에 도달했다. 착취가 없는 새로운 사회 창조적인 노동자 계급의 역사적 사명에 대한 인식, '시민사회의 해부는 정치경제학을 통해서 가능해진다.'는 통찰, '최악으로 실추된 품위, 경쟁 상태로부터 인류의 해방'은 단지 '사유재산과 경쟁, 대립적 이해관계의 폐지'에 의해서만 이룩될 수 있다는 확신에 도달했던 것이다. 결국 그들은 주장과 상호 비판 속에서 자신들의 견해를 교환하고 재검토하면서 아직 발표되지 않은 다른 사람의 생각을 알게 되는 기회를 가지게 된다. 대화는 마르크스 집에서 계속되었다. 시간은 몇

날 며칠 밤으로 이어졌다. 자기가 생각해낸 것을 다른 사람에게서 발견하고 비판과 답변을 통해, 정립(These)과 반정립(Anti-these)을 통해 종합(Synthese), 즉 새로운 인식에 도달하는 것은 얼마나 큰 기쁨인가! 서로 아는 사람, 동료와 적, 진실로 뛰어난 사람과 교만한 사람, 진지함이 더해가는 사람과 우스운 사람들이 얼마나 많이 있는가! 어쨌든 둘이서 얼마나 당당하게 웃고, 영원히 과거에 머물러 있는 사람들과 배반자들에 대해 얼마나 조롱했던가!…… 이제 서로는 서로를 알고 있다. 그들은 자신의 혁명적 이념 속에 홀로 서 있지 않게 되었다. 그들은 서로 이론적 분야와 정치적 분야에서 전우를 가진 셈이다. 왜냐하면 낡은 것의 보호자이며, 공공연한 또는 숨어 있는 적들의 우세한 힘에 맞선 투쟁이 분명히 임박했기 때문이다."(H. 겜코프 지음, 김대웅·주양석 공역, 『두 사람』, 도서출판 죽산, 1990, 74쪽. 인용문 중 언급된 내용은 마르크스의 『정치경제학 비판』에 나오는 문구임)

엥겔스가 파리에 체류하고 있는 동안 두 사람은 최초로 공동 저작에 착수하였는데 그것은 『신성가족, 혹은 비판적 비판에 대한 비판-부르노 바우어와 그 일파에 대항하여』라는 긴 제목의 책이었다. 그들은 이 책에서 비인간적인 착취에 반대하고 인간적인, 즉 착취가 없는 사회질서를 위한 투쟁이 지식인이 아닌 노동자 계급에 의해서 추진되어야 한다는 점을 역설하였다. 또한 두 사람은 초자연적 힘이나 흔히 말하는 영웅이나 엘리트 파워가 역사를 이끌어 간다는 관념론적 견해에 강한 거부감을 느꼈다. 또한 그들은 노동과 정치투쟁을 통해 사회발전을 촉진하는 민중이 역사의 진정한 주인이라는 인식을 갖고, 인간의 의식이 역사의 견인차라고 주장했던 관념론자들에 맞서 다음과 같이 주장하였다. "이념은 종래의 세계상황을 넘어설 수 없고 단지 종래의 세계상황 그 자체만을 극복할 수 있을 뿐이다…… 그리고 인간이 상황에 의해서 형성된다면 사람들은 상황을 인간적으로 형성해야 한다." 이것은 마르크스와 엥겔스가 공동으로 연구해서 얻어낸 첫 번째 결론이었고, 사적 유물론史的唯物論의 핵심이 되는 문장이었다.

그들은 행복의 본질을 부와 사회적 지위, 그리고 안일한 삶에 두지 않았다. 또한 그들은 행복이란 유족한 생활, 다른 사람보다 뛰어난 지식을 갖고 거들먹거리는 것이 아니라 핍박받는 노동자들을 위해 모든 힘을 결집시켜 나갈 때 얻어지는 것이라고 이해하였다. 두 사람은 이처럼 개인적으로 향유할 수 있는 현실의 모든 행복을 포기한 채, 가난한 자의 편에 서서 스스로 고난의 길을 택했다. 한 사람은 변호사의 아들로, 다른 한 사람은 공장 소유주의 아들로서 그들은 현실의 삶에서 무엇이 부족했겠는가? 그들은 삶의 가치기준과 행복의 보편적 가치를 만인의 행복을 위해서 자신을 불태우는 데 두었다.

『독일 이데올로기』와 유물사관의 성립

마르크스는 엥겔스를 만난 후 파리에서 다시 연구와 저술활동에 몰두하였으며, 연구 논문은 독일어판 「전진(Vorwärts)」에 게재되었다. 마르크스는 이 잡지에 프로이센 왕 프리드리히 4세를 비판하는 글을 기고하였다. 이 글이 화근이 되어 마르크스는 정들었던 파리에서조차 떠나지 않으면 안 되었다. 1845년 2월 마르크스는 일단 브뤼셀로 거처를 옮겼으며, 엥겔스도 마르크스를 따라 같은 도시 인근에 자리를 잡았다. 그해 9월 마르크스의 아내 예니는 둘째딸 라우라를 낳았다. 그 이듬해 5월 마르크스와 엥겔스는 두 번째 공동저작『독일 이데올로기』의 주요 부분을 마무리하였다. 그러나 이 저작을 탈고는 하였으나 출판사를 찾지 못하고

86년이 지난 1932년에야 소련에서 출판되어 뜻있는 사람들의 관심을 끌게 되었다. 마르크스와 엥겔스는 이 책에서 포이어바흐와 부르노 바우어 등 헤겔 이후의 독일 철학자들에 대해서 비판하였다. 즉 마르크스와 엥겔스는 이 책에서 뒤떨어진 독일의 이데올로기(독일의 철학적 의식)가 추상적이고 비현실적이며 구체성이 결여된 관념론에 치우쳐 있다고 보았으며, 아무리 혁신적인 서구 사상이라도 독일에 들어오면 그 사상은 사회적 기반으로부터 유리되어 단지 관념적인 문제로 변질될 뿐이라고 지적하였다. 그리고 마르크스는『포이어바흐에 관한 테제』(이 저서도『독일 이데올로기』초고의 일부임)에서의 비판을 통해 현실의 문제를 실천하는 사회적·역사적 인간을 진정한 인간상으로 제시하였다.

그러면 이러한 인간의 역사는 전체로서 어떠한 구조를 갖고 있는가, 다시 말해서 우리는 역사를 어떻게 이해하면 좋을까? 이 점에 대해서 마르크스는 물질의 생산과 관련되어 있는 인간관계, 이것이 역사의 기초이며, 이 기초에 근거하여 종교, 철학, 도덕 등 의식의 형태가 만들어진다고 보았다. 즉 의식으로부터 존재가 결정되는 것이 아니라, 반대로 사회적 존재로부터 의식이 다양한 형태로 생성되며, 이러한 관계에 의해서 생산과정, 인간관계, 의식형태가 발전하고 전개된다는 것이다. 그러한 점에서『독일 이데올로기』는 마르크스와 엥겔스로 하여금 새로운 세계관을 탄생시키는 계기가 되었다. 즉 마르크스는 이를 기초로 해서 오늘날 흔히 말하는 '유물론', '변증법적 유물론', 또는 '사적 유물론'을 정립하기에 이르렀다. 물론 이러한 명칭은 마르크스가 직접 명명한 것은 아니며, 후세의 사람들이 다음과 같은 이유에서 그렇게 명명한 것이다. 즉 인간의 사고방식, 가치관, 종교, 법률 및 정치제도 등 정신적 상부구조는 모든 물질적 하부구조, 다시 말해서 경제적 생산관계에 의해서 결정된다는 것이다. 이러한 논리를 '유물론'이라고 하는데, 단적으로 말해서 인간의 정신적인 모든 것도 결국은 물질로부터 나오며, 물질적인 것에 의해 결정된다는 것이다. 또한 마르크스가 말하는 생산관계란 인간의 욕구를 만족시킬 수 있는 물질적 생산 기본 요소들의 상호관계를 뜻하는데, 그 요소들이란 다름 아닌 인간의 노동, 사회조직, 생산도구, 그리고 대상, 즉 자연이다. 그런데 이 네 가지 기본 요소들의 상호관계는 항상 일정하게 고정되어 있는 것이 아니라 생산양식에 따라 역사적으로 변천해 왔다고 마르크스는 분석하였다. 즉 원시사회에서는 생산수단이 공동소유였고, 고대사회의 노예제도나, 봉건사회에서는 소수의 자유인이나 군주들의, 자본주의 사회에서는 자본가들의, 그리고 다가올 공산주의 사회에서는 모든 생산수단이 만인의 공동소유가 된다는 것이다.

마르크스는 이러한 생산양식의 변화는 서서히 진행되는 것이 아니라 인간 사회의 자체 모순과 내부 갈등에 의해서 혁명적 방법으로 급격하게 진행된다고 보았다. 마르크스의 이러한 주장은 항상 기존의 낡은 가치체계를 부정함으로써 이루어진다는 헤겔의 변증법에 근거하고 있기 때문에 마르크스의 유물론을 '변증법적 유물론' 또는 '사적 유물론'이라 부르게 된 것이다. 이러한 변증법적 유물론을 통해서 마르크스와 엥겔스는 노동자 계급의 세계사적 사명에 대한 이론적 기반을 구축하였으며, 그것은 세계를 변혁시키는 철학이자 역사관이라는 점을 인식하게 되었다. 즉 『포이어바흐에 관한 테제』에서 밝힌 바와 같이 마르크스는 "지금까지 철학자들은 세계를 다양하게 해석하기만 했다. 중요한 것은 세계를 변혁시키는 것이다."라는 명제를 도출하였다. 마르크스의 사상적 핵심은 바로 이 명제로 귀결되며, 그는 이 명제가 뜻하는 바와 같이 탁상공론만 일삼는 관념적 철학자들을 경멸하고 이 명제를 실천하는 데 죽는 날까지 자신의 몸을 불살랐다.

『공산당 선언』-'만국의 노동자여, 단결하라!'

1846년 5월『독일 이데올로기』의 주요 부분이 마무리되는 동안 마르크스와 엥겔스는 브뤼셀에서 '공산주의자통신위원회'를 설립하였으며, 이것은 훗날 '공산주의자동맹'의 모태가 되었다. 그리고 마르크스는 저술활동만으로는 자신의 이상을 현실화시키는 데 한계가 있음을 인식하고 엥겔스와 함께 조직적인 기구를 설립하여 그들의 활동을 체계화하기로 하였다. 이러는 사이에 마르크스는 1847년 1월 첫 아들 에드가를 갖게 되었다. 마르크스와 엥겔스, 그리고 그들의 혁명 동지들은 1847년 6월 초 런던회의에서 '공산주의자동맹'을 정식 발족시키고, 엥겔스의 제안에 따라 종래의 낡은 표어, 즉 '모든 인간은 형제다!'라는 도식적인 표어 대신에 '만국의 노동자여, 단결하라!(Working Men of All Countries, Unite!)'는 선동적인 구호로 끝을 맺는『공산당 선언』의 이론적 골격을 마련하였다. 또한 이들은 엥겔스의 주도하에 '공산주의자 신앙고백 초안'을 작성하여 동맹의 전 구성원들에게 우편으로 보냈다.

이어서 그들은 1847년 초 동맹의 지방조직과 단위 지부를 설치하였으며, 8월 말에는 노동자동맹 조직을 강화하기 위하여 '독일노동자협회'를 창설하였다. 이 협회는 그 후 '공산주의노동자학교'로 발전하였는데, 마르크스는 여기에서 참석자들에게 자본가의 이익과 노동자의

『공산당 선언』

이익이 어떻게 상치되는지를 알기 쉽게 설명하였다. 그가 노동자협회에서 강연할 때에는 제1차 동맹 종료 무렵에 완성했던 『철학의 빈곤』이라는 책을 많이 활용하였는데, 그 책은 프랑스의 시민적 사회주의자인 푸르동(1809-1865, 프랑스의 아나키즘적인 사회주의자)의 『빈곤의 철학』을 반어적으로 사용한 제목이었다. 인쇄공인 프루동은 자본주의 토대를 근본적으로 건드리지 않고 자본주의의 비인간적인 면을 제거할 수 있다고 주장하면서 노동자들의 노동조합 결성을 반대하였다. 그러나 마르크스는 노동자들에게서 경제 투쟁과 정치 투쟁을 분리할 수 없으며, 노동계급의 궁극적인 해방은 자본가의 착취에 맞서 파업과 투쟁, 양동작전을 통해 가능하다고 주장하였다. 1847년 11월 29일 제2차 '공산주의자동맹회의'가 개최되었다. 12월 8일 회의를 끝내면서 마르크스는 "동맹의 목적은 부르주아지의 타도와 프롤레타리아의 지배, 계급적 대립에 기초하는 낡은 시민사회의 지양, 계급과 개인 소유가 폐지된 새로운 사회의 건설"에 있다고 결론을 내렸다.

이로써 '공산주의자동맹' 설립이 완결되었으며, 1848년 2월 마침내 역사적인 『공산당 선언(Manifest der Kommunistischen Partei)』이 탄생되기에 이르렀다. 마르크스는 이 선언문에서 변증법적 유물론, 정치 경제학, 계급투쟁, 사회주의와 공산주의 사회건설에 관한 이론 등을 간결하고 체계적으로 서술하였다. 특히 이 선언문에는 역사의 한 단계로서 자본주의가 갖는 발전 법칙을, 그 내부에서 발생하는 모순을, 그리고 종국적으로는 사회주의로 갈 수밖에 없는 내용이 간결하게 정리되어 있어 큰 반향을 불러일으켰다.

"하나의 유령이 지금 유럽을 배회하고 있다. 공산주의라는 유령이……"라는 말로 시작되는 이 선언문은 이제까지 존재했던 모든 사회의 역사는 계급투쟁의 역사라고 규정하였다.

"원시 공산체제의 사회를 제외한다면 그 이후의 사회는 억압하는 계급과 억압받는 계급간의 대립이었고, 그것은 어느 때는 어둠 속에서 어느 때는 공공연하게 일어났다. 그리고 각각의 싸움은 그때마다 대대적인 사회의 혁명적 재편 또는 경쟁하는 계급들의 공동 파멸로 끝났다…… 봉건사회의 폐허로부터 싹튼 현대 부르주아 사회는 계급적 대립을 없애지는 못하였다. 단지 낡은 것들 대신에 새로운 계급, 새로운 억압의 조건, 새로운 투쟁의 형태를 만들어냈을 뿐이다."

또한 사유재산 폐지와 관련해서는 이렇게 주장하였다.

"사유재산이 폐지되면 모든 노동이 중단되고 곳곳에서 나태가 우리를 덮칠 것이라는 반대가 있어 왔다. 그러나 그에 따른다면 이미 오래 전에 부르주아 사회는 순전히 게으름에 의해 파멸해 버렸어야 했을 것이다. 왜냐하면 일하는 사회 구성원들은 아무것도 가지지 못하며, 조금이라도 갖고 있는 사람은 일하려 하지 않기 때문이다. 따라서 그러한 반대는 모두 자본이 없다면 임금노동도 있을 수 없다는 동어반복同語反覆의 또 다른 표현에 지나지 않는다."

또한 이 선언문에서 다음과 같은 혁신적인 조치들이 제안되었다.

1. 토지 소유를 폐지하고 모든 지대를 공공의 목적에 사용한다.
2. 소득에 대해 높은 누진세를 적용한다.
3. 모든 상속권을 폐지한다.
4. 모든 망명자와 반역자의 재산을 몰수한다.
5. 국가 자본과 배타적 독점을 가진 국립은행을 통하여 신용공급을 국가의 수중으로 집중한다.
6. 통신·운송수단을 국가의 수중으로 집중한다.
7. 국가 소유의 공장과 생산수단을 증대시킨다. 황무지를 개간하고

공동의 계획에 따라 토질을 개선한다.

8. 모두가 똑같이 노동의 의무를 진다. 특히 농업을 위한 산업예비군을 편성한다.

9. 농업과 제조업을 결합한다. 인구를 전국적으로 균등하게 분산시킴으로써 도시와 농촌의 불균형을 점차 해소한다.

10. 공립학교에서 모든 어린이를 위한 무상교육을 실시한다. 현존하는 어린이의 공장노동을 폐지한다. 교육과 산업적 생산을 결합한다.

이상의 많은 항목들이 오늘날 자본주의 사회에서 많이 채택되고 있음은 물론이다. 그리고 이 선언문은 다음과 같이 끝을 맺고 있다.

마지막으로 공산주의자는 어디서나 모든 나라의 민주적 정당들의 통일과 합의를 위해 노력한다…… 공산주의자는 자신의 목적이 오직 기존의 모든 사회적 조건을 힘으로 타도함으로써만 달성될 수 있다는 것을 공공연히 선포한다. 모든 지배계급을 공산주의 혁명 앞에 전율케 하라. 프롤레타리아는 잃을 것이라고는 쇠사슬밖에 없으며, 얻을 것은 온 세상이다. '만국의 노동자여, 단결하라!'

이 '선언문'은 비록 분량은 적지만 『자본론』에서 밝히지 않은 공산주의 사상의 지향점을 간결하고도 명쾌하게 제시하고 있어 공산주의 사상에서 하나의 고전이 되었다. 따라서 마르크스와 엥겔스의 모든 저서 중, 그리고 마르크스·레닌 관련 모든 책 중 이 책자만큼 전 세계에서 많이 출판된 사례는 없다. 레닌은 이렇게 썼다. "이 작은 책이 전체의 책에 필적한다." 이 책이 이토록 세계적으로 영향을 끼칠 수 있었던 점은 무엇일까? 이 '선언문'에서 마르크스와 엥겔스는 인간이 이미 수백 년 전부터 제기해 왔던 질문, 즉 이 세계에서 착취와 억압, 기아와 전쟁이 사라지고 인류를 위한 평화와 사회보장, 자유와 정의가 실현되고 보장될 수 있는 방법에 관한 질문에 대답하였기 때문이다. 마르크스와 엥겔스는 자신들의 이론적 인식과 좀 더 나은 세계를 위한 투쟁에서 쌓은 인류의 보편적 경험을 근거로 해서 이 질문에 답할 수 있었다. 그들은 노동자들이 인간에 의한 인간의 착취에 종지부를 찍지 않고, 또 다른 모든 계급과 계층을 함께 해방시키지 않고, 그리고 남성에 의한 여성의 억압과 어린이와 청소년의 착취, 민족적 억압을 제거하지 않고는 노동자 자신들조차도 해방시킬 수 없다는 것을 입증했다. 이 점이 바로『공산당 선언』이 의미하는 알파요 오메가이다.(이 부분 마르크스·엥겔스 지음, 남상일 옮김,『공산당 선언』, 도서출판 백산서당, 1989 및 H. 겜코프, 앞의 책 참고 재정리)

참담한 망명생활과 잇따른 불운

1848년에서 1849년 사이에 유럽에서는 혁명의 불길이 치솟았다. 파리의 노동자들은 왕정을 무너뜨리고 공화정을 선포하였다. 노동자들은 일제히 봉기하였다.

"빵이냐, 죽음이냐! 일하며 살 것인가, 투쟁하다 죽을 것인가?"

이것이 그들의 구호였다. 투쟁은 나흘 동안 격렬하게 지속되었으나 혁명은 거의 절망적이었다. 1848년 혁명군은 참패를 거듭하였으며, 마르크스도 더 이상 파리에 머물 수가 없었다. 마침내 한 경찰관이 마르크스 집에 불쑥 나타나 24시간 이내에 파리를 떠나라는 통보문을 전달하였다. 8월 26일 마르크스는 참담한 모습으로 런던에 도착하였다. 그가 혁명에 걸었던 모든 꿈은 산산이 부서지는 것 같았다. 그러나 절망적인 상황에서도 마르크스는 영원한 동지 엥겔스를 만나 흐트러진 전열을 다시 정비하기 시작하였다. 그들은 1850년 초까지 공산주의자 당 지도부를 재결성하고 각 지역 동맹에 공문을 통해서 프롤레타리아는 어떠한 상황에서도 '부르주아 민주주의 식객'이 되어서는 안 된다면서, 합법적 또는 비합법적으로 당 조직을 창건하는 한편, 각 지역 조직을 노동자 단체의 구심점이자 핵심으로 키워 나가야 한다고 역설하였다. 또한 그들은 이 공문에서 다음과 같이 천명하였다.

"문제는 사유재산의 개편이 아니라 그것의 폐지이고, 계급대립의 은폐가 아니라 계급 그 자체의 사멸이며, 기존 사회의 개선이 아니라 새로운 사회의 건설이다."

1849년 9월 중순 만삭이 된 마르크스 부인 예니도 가족(두 딸과 아들)과 함께 런던에 도착하였다. 가정부 데무트는 마르크스의 만류로 뒤에 남았으나 그녀의 강력한 희망으로 얼마 후 마르크스 가족과 합류하였다. 이렇게 해서 런던은 마르크스의 의사와 상관없이 그의 제2의 고향이 되고 말았다. 망명생활에 접어든 지도 어느새 6개월, 그 사이 둘째아들 귀도가 태어났다. 1850년 봄, 봄이라 하지만 망명자에게는 봄이 봄 같지 않았다. 마르크스는 밀린 방세 5파운드를 지불하지 못하여 쫓겨나는 신세가 되고 말았다. 다행히 한 지인의 도움으로 빈민가 뒷골목 후미진 곳에 방 두 칸을 세내었으나 일곱 명의 가족이 기거하기에는 너무도 열악한 환경이었다. 그나마 방 하나는 마르크스가 집필 장소로 쓰고 나머지 방하나에서 그의 가족이 새우잠을 자야만 했으며, 가정부 데무트는 주방에서 웅크린 채 눈을 붙였다. 망명자의 비참한 삶은 이렇게 시작되었다. 보다 못해 예니의 친정어머니가 약간의 생활비를 보내 주었으나 일곱 명의 대가족이 연명하기에는 턱없이 부족했다. 그들이 겪고 있는 이와 같은 물질적인 궁핍은 당시 수많은 노동자들의 처지와 다를 바 없었다. 단지 이들이 겪고 있는 비참한 생활이 다른 노동자들과 다른 점이 있다면, 그것은 자발적인, 불가피한 선택이었다는 점이다. 마르크스 부부는 고등교육을 받았고, 남부럽지 않은 비교적 유족한 가정에서 태어났으면서도 자신들의 혁명적 신념과 보편적 삶의 목표에 충실하고자 안락한 삶을 포기하고 가혹한 시련을 운명으로 받아들였다. 그들은 마르크스가 김나지움 졸업 논문에서도 밝힌 대로 이를 실천에 옮길 따름이었다.

즉 "만일 인류를 위해 가장 값지게 기여할 수 있는 직업을 선택하게 된다면, 어떠한 무거운 짐도 우리를 굴복시키지 못할 것이다. 왜냐하면 그 무거운 짐이란 만인을 위한 희생에 불과하기 때문이다." 참으로 가슴에 사무치는 말이다.

밀리는 집세와 조악한 식생활, 불결한 위생상태로 인한 가족들의 건강악화, 그리고 짓누르는 런던의 안개는 마르크스 가족을 더욱 압박하였다. 이 처참한 상황을 보다 못해 엥겔스는 마침내 어려운 결단을 내리지 않을 수 없었다. 번민하던 끝에 그토록 싫어했던 맨체스터에 있는 부친의 방적공장 사업에 다시 발을 들여놓게 되었다. 이렇게 해서 마르크스 가족은 엥겔스의 도움으로 기아로부터 어느 정도 벗어나게 되었고, 마르크스도 지지부진했던 연구활동을 재개할 수 있었다. 이처럼 엥겔스는 갈수록 불어나는 마르크스 가족의 생활비를 지원하기 위하여 아버지가 대주주로 있는 '에어멘 앤드 엥겔스' 방적공장에서 매일 열 시간 이상 경리 장부와 씨름하였다. 처음 얼마 동안은 부정기적인 보수를 받았으나 아버지로부터 점차 신뢰를 회복하여 늘어나는 회사 이익금에서 상당액을 분배받았다. 1861년 그의 아버지가 사망하자 엥겔스는 회사 경영의 전권을 이어받았다. 이에 따라 엥겔스는 자신이 술회한 것처럼 '하찮고 성가신 일'에 대부분의 시간을 보내야 했다.

런던에서 시작된 마르크스의 망명생활 중 첫 번째 닥친 불행은 태어난 지 막 1년이 지난 둘째아들 귀도의 죽음(1850년 11월)이었으며, 두 번째 불행은 귀도가 죽은 그 다음해 3월에 태어난 셋째딸 프란치스카의 죽음(1852년 4월)이었다. 이 모든 것이 궁핍한 식생활과 불결한 위생상태가 주원인이었다. 엥겔스의 간헐적인 도움에도 불구하고 불어나는 생활비를 감당할 수 없어 그들은 세간은 말할 것도 없고 옷가지며 구두, 심지어 내의까지도 모두 전당포에 맡겨야 했으며, 숱한 채권자들의 빚 독촉에 마르크스는 수시로 연구 활동을 중단해야 했다. 당시의 처참한 상황을 마르크스는 엥겔스에게 이렇게 써 보냈다.

"예니는 지금 몸져누워 있네. 딸 예니도 병이 들었고 렌헨(가정부 헬레나 데무트 애칭)도 신경성 열질환을 앓고 있다네. 그러나 치료비가 한 푼도 없어 의사도 부르지 못하고 그저 보고만 있을 수밖에 없다네. 열흘 전부터 가족들은 조악한 빵과 감자로만 근근이 연명하고 있지만 그것마저도 동이 나고 어디서 구해야 할지 막막하다네."

마르크스의 사생활에 숨겨진 '불편한 진실'

이처럼 고통스러운 망명생활, 생의 가장 암울한 시기에 마르크스 집에는 이상한, 참으로 '이상한 일'이 일어났다. 그러니까 마르크스가 파리에서 런던으로 망명한 지 약 2년이 지난 1851년 6월 가정부 데무트가 뜻밖에 사내아이를 출산한 것이다. 출산 후 아이의 아버지가 누구인지는 밝혀지지는 않았다. 그야말로 데무트는 외견상으로 미혼모가 된 셈이다. 타인의 험담을 늘어놓기 좋아하는 '참새떼'들의 입방아와 숱한 잡음을 차단하기 위하여 마르크스와 엥겔스는 두 사람만의 비밀로 접어둔 채 그 아이의 아버지를 일단 엥겔스로 해두었다. 그들이 그렇게밖에 할 수 없었던 것은 마르크스의 신상에 미치는 악영향을 고려한 불가피한 처사였다. 이처럼 엥겔스는 마르크스가 위기에 처할 때마다 물심양면으로 구원자가 되어 주었다.

데무트는 원래 모젤 지방 농촌 출신으로 예니 친가의 먼 친척뻘이었다. 예나 지금이나 동서양을 막론하고 소작농은 살기가 어려웠기 때문에 데무트가 아홉 살 때인 1845년 봄 예니의 친정어머니가 고생하는 딸도 생각할 겸, 먹고살기 힘든 데무트를 딸에게 보내 밥이나 먹이며 집안의 잡일을 거들게 했다. 이렇게 해서 데무트는 마르크스 집의 가족이 된 것이다. 그녀는 전형적인 독일 농촌 여성으로 건강하고 근면하였다. 데무트는 성장하면서 예니가 감당하기 어려운 집안 허드렛일을 아무런 불평도 없이 꾸려 나갔으며, 늘어나는 마르크스의 자녀들에게는 친모 이상의 역할을 수행해 나갔다. 불쌍한 그녀의 착실한 행실은 마르크스 가족은 물론 엥겔스, 마르크스 집을 드나드는 많은 사람들의 증언에 의해서도 분명히 확인되었다. 그녀는 자기희생과 절약정신으로 쪼들리는 마르크스 집안의 살림을 도맡아 꾸려 나갔으며, 남편 뒷바라지에 여념이 없는 예니에게는 더없이 소중한 조력자였다. 예니는 죽는 날까지 그녀에 대한 고마움을 잊지 않았다. 특히 데무트는 마르크스의 인간적인 약점을 슬기롭게 감싸 주었으며, 어떤 의미에서는 마르크스를 예니보다 더 잘 다루었다. 마르크스의 혁명동지 리프크네히트는 『카를 마르크스 회상록』에서 데무트는 마르크스 집안의 중심이었으며, 예니가 병석에 누워 있을 때나 집안이 위기에 처할 때도 내조를 훌륭히 해냈다고 술회하였다. 예니와 그녀 사이를 구분 짓는다면, 예니는 안주인, 데무트는 자애로운 시어머니 같았다. 세간에 그처럼 위대하게 평가 되고 있던 마르크스도 데무트 앞에서는 어린애에 불과하였다. 그녀는 마르크스의 감춰진 약점을 어느 면에서는 예니보다 더 잘 알고 있었으므로 때때로 성난 사자처럼 날뛰는 마르크스도 그녀 앞에서는 유순한 양이 되어 버리는 것이었다. 마르크스의 막내딸 엘레아너는 언젠가 리프크네히트에게 마르크스에 관한 글을 쓴다면 데무트에 관한 이야기를 빼놓지 말아달라고 부탁할 정도였다.

어떤 의미에서는 가엾은 데무트는 마르크스의 희생물이었다. 데무트는 한 푼의 보수도 받지 못한 채 거의 모든 일생을 마르크스의 가정에 바쳤다. 마르크스는 자본가의 노동자 착취문제를 일생을 두고 신랄하게 공격하였지만, 정작 그 자신도 노동자 착취의 일원(?)이 된 셈이었다. 다만 그녀의 무보수 노동제공은 평등한 가족의 일원으로서 대가를 기대하지 않은 자발적인 의사에 의한 것이었다면 문제는 다르기도 하지만. 어떻든 마르크스는 그녀의 몸까지 유린하였으나 데무트는 그의 씻을 수 없는 과오까지도 가슴에 묻고 모든 것을 용서했다.

데무트의 아들 프레디(프리드리히의 애칭)는 커가면서 마르크스를 빼닮아갔다. 피부색, 얼굴 모양, 숱이 많은 검은 머리카락은 마르크스의 그것과 똑같았다. 프레디는 나중에 어떤 사람의 양아들로 보내져 건강하게 성장하였으며, 제련소 기사가 되어 경제적으로 남부럽지 않은 사회인이 되었다.

마르크스의 막내딸 엘레아너는 사회인이 된 프레디와의 관계를 돈독히 하려고 애썼으며, 그에게 여러 차례 도움도 요청했으나 그의 반응은 냉담했다. 이러한 사실은 그녀가 프레디에게 보낸 아홉 통의 편지에서도 분명히 입증되고 있다. 프레디는 슬하에 아들 찰스를 두고 1929년 죽을 때까지 상당한 재산을 모아 당시로는 꽤 많은 유산(약 2천 파운드)을 남겼으나, 유산배분은 마르크스 유족과는 무관하였다. 마르크스는 생전에도 데무트와의 '관계'에 대해서 매우 괴로워하면서도, 자신의 약점이 드러나는 것을 두려워한 나머지 프레디에게 애정표시는 물론 그를 위해 혈육으로서 아무것도 해주지 못했다. 마르크스는 언젠가 엥겔스에게 보낸 편지에서 "자식들만 아니었다면, 나는 자살하고 말았을 것이네."라고 실토하였다. 이 모든 사실을 알게 된 예니 역시 눈물샘이 마르도록 한없이 울고, 마르크스에 대해 배신감을 억제할 수 없었으나 사려 깊은 예니는 이미 끝난 일로 모든 것을 덮어두었다. 예니는 임종시에 데무트가 죽으면 그녀도 마르크스가의 묘역에 묻어 주도록 유언하였다. 엥겔스는 예니와 마르크스가 죽은 뒤 데무트를 그의 집에 데려가 그녀가 죽을 때까지 7년 동안이나 보살펴 주었으며, 1890년 그녀가 죽자 예니의 유언대로 그녀를 마르크스가의 묘역에 고이 묻어 주었다. 이처럼 엥겔스는 죽는 날까지 마르크스를 위해 모든 것을 희생했다.

한편 데무트가 죽은 뒤 엥겔스의 가정부 겸 비서였던 카우츠키 부인 (독일 노동운동가 카우츠키의 첫 번째 부인)의 증언에 따르면, 프레디가 마르크스의 아들이라는 사실을 엥겔스로부터 분명히 들었다고 밝히고, 이러한 전후 내막을 마르크스의 딸 엘레아너가 캐물어 왔기 때문에 엥겔스에게 물어본 것이라고 술회하였다. 그리고 엥겔스는 죽기 전 법률가인 동료 사무엘 무어에게 마르크스와 데무트의 관계를 모두 털어놓았다. 한편 아버지 마르크스를 우상화하고 싶었던 엘레아너는 무어로부터 모든 사실을 전해 듣고 처음에는 그럴 리가 없다고 반박하였으나 마침내 무어의 품에 안겨 목 놓아 울고 말았다. 이 점은 인간 마르크스의 사생활에서 씻을 수 없는 오점이었으며, 숨길 수 없는 '불편한 진실'이다. 마르크스도 역시 하나의 인간이었다.

자본주의의 비밀을 밝혀낸 불후의 대작『자본론』저술

이런 와중에서도 1855년 1월 넷째딸 엘레아너가 태어났으나 기쁨도 잠시, 4월에는 장남 애드가가 죽고 말았다. 산모의 영양실조로 태어날 때부터 병치레가 잦았던 애드가는 3년 동안이나 시름시름 앓다가 끝내 숨진 것이다. 당시의 처참한 심경을 마르크스는 친구에게 이렇게 털어놨다. "그처럼 소중했던 그 애가 죽고 난 후 우리 집안은 말 할 수 없이 황폐해지고 말았네. 내 일찍이 수많은 고초를 겪어 왔네만 이제야 진정한 불행이 어떤 건지 알 것 같네." 죽은 아들을 저 세상으로 보낸 후 마르크스 부부는 슬픔을 달랠 겸 엥겔스가 있는 맨체스터로 떠났다 그리고 2년 뒤인 1857년 7월 마르크스 부부는 일곱 번째 아이마저 태어나자마자 죽는 비운을 또다시 겪어야 했다.

이처럼 마르크스의 런던 망명생활은 문자 그대로 가시밭길의 연속이었다. 끝날 줄 모르는 물질적인 궁핍, 가족의 잦은 병치레와 자녀들의 잇따른 죽음은 그를 절망의 늪으로 밀어넣었다. 그때마다 마르크스는 타고난 강인한 의지와 신념, 영원한 동료 엥겔스와 다른 동료들의 위로와 격려, 그리고 무엇보다 사랑하는 반려자 예니의 눈물겨운 내조와 이해로 모든 슬픔을 이겨 나갔다.

마르크스는 런던에 망명한 지 약 1년이 지난 1850년 9월부터『이론 경제학』을 마무리하는 작업을 시작하였다. 본인의 간질환과 가족들의 질병 등 험난한 현실과의 악전고투 끝에 1859년 1월『정치경제학 비판』(제1부)의 탈고를 알리는 마르크스의 편지가 맨체스터의 엥겔스에 전달되었고, 그해 6월 이 논문은 베를린에서 발표되었다. 마르크스는 이 논문에서 미래의『자본론』의 완성을 위한 깊은 성찰과 예리한 분석을 결집하였다. 자본주의 사회의 상품 분석에서부터 시작하여 화폐 분석에 이르는 이 논문은 본격적인 경제학 연구의 제1단계에 해당되는 것이었다. 그것은『자본론』으로 이어지게 되었고, 어떤 면에서는『자본론』보다 더 폭넓은 체계의 일부로서 평가되고 있다. 진정한 과학적 사회주의 이론, 노동자 및 인간 해방의 과학적 이론의 완성은 이 논문으로부터 시작되었다고 볼 수 있다. 그는 과학적 비판이라는 메스로 부르주아 사회를 해부해

나가기 시작하였다. 이 사명을 완수하기 위하여 마르크스는 1850년 가을 하루도 빠짐없이 대영박물관 도서실을 찾았다. 그곳까지는 마르크스 집에서 도보로 약 10분 정도 걸렸다. 높고 둥근 천정으로 뒤덮인 원형 열람실에 똑같은 시간, 똑같은 자리에서 아침부터 밤늦게까지 그는 연구에 연구를 거듭하였다. 마르크스는 그의 메모장과 초록에서 알 수 있듯이 그 사이 약 1,500여 권의 서적을 탐독하였으며, 그 중 8백여 권은 『자본론』 집필에 직접 활용하였다. 그는 머리를 식힐 때에도 메모장을 가지고 다니면서 갑자기 착상이 떠오르면 그때그때 기록을 해두었으며, 잠자리에 들어서도 뇌리를 스치는 단상들을 메모해 두었다가 원문을 수정해 나갔다. 이러한 피나는 각고를 거듭한 끝에 1867년 3월 말 『자본론』 제1권 청서가 완료되었으며, 그 해 9월 마침내 '정치경제학 비판'이라는 부제가 붙은 독일어판 『자본론(Das Kapital: Kritik der politischen Oekonomie)』 제1권이 함부르크에서 출간되기에 이르렀다. 최초 발행부수는 천 부에 불과하였으나 그 당시 학술서적으로서는 꽤 많은 부수였다. 책의 표지를 넘기면 다음과 같이 씌어 있다. "이 책을 용감하고 충직하며, 고결한 프롤레타리아 선구자, 잊을 수 없는 나의 친구 빌헬름 볼프에게 바친다. 그는 1809년 타르나우에서 태어나 1864년 5월 21일 맨체스터에서 망명 중에 죽었다." 이러한 헌정사로써 마르크스는, 소농의 아들로 태어나 훗날 그의 긴밀한 투쟁동지가 되었던 빌헬름 볼프에게 영원히 남을 기념물을 선사하였다. 볼프는 죽으면서 마르크스가 쾌적한 환경에서 연구에 전념할 수 있도록 그에게 8백 파운드의 유산을 남겨주었다. 이 책의 가격은 3.3탈러Taler로 그 당시 일반노동자들의 일주일치 급료와 맞먹는 비싼 값이었지만 그래도 뜻있는 노동단체와 공공도서관에서는 이 책을 선뜻 구입해 주었다. 그러나 일부 식자들 간에는 이 책이 역사를 날조했다는 비판도 만만치 않았다. 그러나 그러면 그럴수록 『자본론』에 대한 반응은

날로 고조되었다. 1867년 7월 25일 마르크스는 이 책 제1판 서문에서 이렇게 썼다

"이 책은 1859년에 발표된 나의 '정치경제학 비판'의 연장이다. 그 논문과 이 책 사이에 간격이 생긴 것은 몇 해 동안 질병으로 나의 연구 작업이 중단되었기 때문이다…… 첫 부분이 항상 어렵다는 것은 어느 학문의 경우나 마찬가지다…… 있을 수 있는 오해를 피하기 위해 한 마디 덧붙이겠다. 자본가와 지주를 나는 결코 장밋빛으로 미화하지는 않았다…… 나는 과학적 비판에 근거한 의견이라면 무엇이든 받아들인다. 그러나 내가 한 번도 양보한 일이 없는 다수의견이라는 편견에 대해서는 저 위대한 플로렌스인(단테)의 다음과 같은 말이 항상 나의 변함없는 좌우명이다. '제 갈 길을 가라. 남이야 뭐라든!'" 그리고 마르크스는 1872년 3월 『자본론』 프랑스어판 서문에서 다음과 같은 명언을 남겼다. "학문의 길에는 지름길이 없다. 오직 피곤함을 두려워하지 않고 학문의 가파르고 비좁은 오솔길을 기어 올라가는 사람만이 빛나는 정상에 도달할 수 있다."

『자본론』은 전3권으로 되어 있는데 이 중 독일어판 제1권 『자본론(자본의 생산과정)』은 1867년 마르크스 자신의 교열에 의해서 출간되었고, 제2권 『자본론(자본의 유통과정)』과 제3권 『자본론(자본주의적 생산의 총 과정)』은 그의 생전에는 출판되지 못하고 마르크스 사후에 엥겔스가 1885년과 1894년에 각각 출간하였다. 엥겔스는 『자본론』 제2권 발간에 즈음하여 이렇게 썼다.

40년에 걸친 나의 가장 훌륭한 벗, 말로써 다 표현할 수 없을 만큼 내가 은혜를 입은 벗 마르크스를 잃어버린 나에게 이제 제1권 3판과 또 마르크스가 원고의 형태로 남긴 제2권의 발간을 준비할 의무가 부과되

어 있다.

1883년 11월 7일 런던에서 엥겔스 씀

　그러면 『자본론』에는 어떠한 내용이 담겨 있는지를 간략히 정리해 본다.

　마르크스는 『자본론』 제1권 서문에서 말한 바와 같이 '『자본론』의 목적은 자본주의 사회의 경제적 운동 법칙을 밝히는 것'이라고 정의하였다. 이를 부연 설명하면, 자본주의 사회가 경제적 측면에서 볼 때 어떤 요소들로 구성되어 있고, 이런 구성요소들이 어떤 관계를 맺고 있으며, 그 관계가 어떻게 변화·발전하고 있는가를 밝히려고 하였다. 여기에서 구성요소란 자본주의 사회를 구성하는 경제적 계급(자본가계급·지주계급·임금노동자계급)을 뜻한다. 그리고 마르크스는 자본주의 경제에 관한 설명에서, 자본주의 경제는 인간의 필요와 욕구를 직접적으로 충족시키는 것이 주목적이 아니라 자본가 계급의 이윤추구에 있으며, 그 이윤은 임금착취에 의한 잉여노동에 의해서 발생한다고 보았다. 바로 이 잉여노동 이론이 마르크스 경제학의 토대인데, 현대 경제학계를 지배하고 있는 주류경제학(부르주아 경제학)에서는 이윤이라는 개념을 밝히지 않고 '자본가가 투자하기 위해 돈을 모으느라고 소비를 억제하고 위험을 무릅쓰고 투자를 했기 때문에 이윤은 이런 자본가의 희생의 대가'로 보고 있다. 이에 대해서 마르크스는 이를 인정할 수는 있지만 그 희생과 위험이 어떻게 이윤을 창출하는지에 대해서는 주류경제학이 답하지 않고 있다고 지적하였다.

　먼저 『자본론』 제1권은 "자본주의적 생산양식이 지배하는 사회의 부富는 '상품의 방대한 집적'으로서 나타나며, 개개의 상품은 이러한 부의 기본 형태로 나타난다. 그러므로 우리의 연구는 상품의 분석으로부터 시작이 된다."고 쓰고 있다. 여기에서는 자본이 어떻게 이윤을 생산하는가, 그리고 자본의 축적과정이 어떻게 자본관계(자본가가 노동자를 착취하는 관계)를 유지하고 재생산하는가를 기술하고 있다. 마르크스는 경제를 구성하는 생산·교환·분배·소비의 영역들 중 생산 영역에 많은 부분을 할애하고 있다. 그는 이윤의 원천인 잉여노동을 증가시키는 방법으로 노동시간의 연장, 노동량의 강화, 노동생산성의 향상 등을 역사적으로 논리적으로 설명하고 있다. 여기에서 이윤은 자본가가 생산영역에서 착취한 노동자의 잉여노동이 쌓인 결과물이고, 자본가는 더욱 큰 이윤을 얻기 위하여 새로운 과학기술을 끊임없이 도입해 실업자를 대규모 양산함으로써 노동자 계급의 세력을 약화시켜 자본과 노동 사이의 착취관계를 유지하고 재생산한다는 것이다.

『자본론』 제2권에서는 자본가가 투하한 화폐가 어떤 과정을 통해 더욱 늘어나는가를 밝히고 있다. 자본이 투하되어 생산요소들(생산 수단과 노동력)로 전환되고, 이 생산요소들이 상품을 생산하고, 팔려 다시 화폐로 되돌아오는 과정을 설명하고 있다. 여기에서 자본이 투하되어 이윤과 함께 회수되는 데 걸리는 시간(자본의 회전기간)이 자본의 연간 이윤율에 큰 영향을 미친다는 점이 강조되고 있다. 그리고 제2권의 마지막 편인 제3편에서 마르크스는 1년 동안 생산된 상품들이 어떤 경로를 거쳐 판매되는가를 재생산계획표(reproduction schemes: 자본의 순환)에 의거 해명하고 있다.

『자본론』 제3권에서는 자본가 계급 전체가 노동자 계급 전체로부터 착취한 잉여가치(이윤)가 개별 자본가들 사이에 평균이윤으로 분배되는 것, 그리고 잉여가치가 산업자본가·금융자본가·지주 사이에 기업이윤·상업이윤·이자·지대의 형태로 분배되는 것을 분석하고 있다. 특히

『자본론』 제3권의 내용을 계급투쟁과 관련시켜 파악한다면, 자본주의 경제에서는 잉여가치의 생산을 둘러싸고 산업자본가 계급과 노동자 계급이 투쟁하게 된다는 것, 그리고 잉여가치의 분배를 둘러싸고 지배계급들 사이에 이익 쟁탈이 있지만, 이 대립은 노동자 계급이 창출한 잉여가치 분할을 둘러싸고 벌어지는 것이므로, 지배계급들은 노동자 계급들을 착취하는 데는 공동보조를 취할 수밖에 없다는 점을 밝히고 있다.

결국 『자본론』에는 '자본주의가 어떻게 유지되고 발전되는가?'에 관한 연구가 대부분인데 반해, '자본주의가 무슨 이유로 새로운 사회로 넘어가는가?, 새로운 사회의 특징은 무엇인가?'에 대해서는 그다지 많은 분량을 할애하지 않고 있다. 따라서 이 책의 대부분은 자본주의 체제의 문제점을 논리적으로 제시, 분석하였으며, 더 나은 체제(공산주의 체제)로 어떻게 나아가야 할 것인가에 대해서는 적은 분량을 할애하고 있다. 그러나 그 분량이 적기는 하지만 마르크스가 밝히는 새로운 사회란 '자유인들의 연합체'라는 말을 썼으며, 새로운 사회에서는 자유롭고 평등한 모든 주민이 자연이 준 토지와 노동이 생산한 생산수단과 사회의 모든 개인적인 노동력을 공동의 결정에 의해 계획적으로 사용하게 된다고 보았다. 그러나 이 경우 노동생산성이 제대로 제고될 것인가에 대해서는 명확하게 밝히지 않고 있다. 주류경제학에서 바로 이 점을 비판하고 있다.(K. 마르크스 지음, 김수행 옮김, 『자본론』 1, 비봉출판사, 1998; 카를 마르크스 원저, 김수행 지음, 『젊은 지성을 위한 자본론』, 두리미디어, 2012; 김수행 지음, 『자본론 연구』 1, 한길사, 1995; 宮川 實 지음, 두레출판사 편집부 공역, 『자본론 해설』 1·2, 도서출판 두레, 1986 등 참고, 종합 정리)

마르크스의 『자본론』은 자본주의의 약점이 개선되고 있는 현시점에서 볼 때, 문제점도 내포하고 있지만, 그 당시는 물론 오늘날에도 개선의 여지가 많은 자본주의의 모순과 치부를 낱낱이 해부하고 있어 자본주의 발전에 크게 기여하였다고 보아야 할 것이다. 이 점에서 『자본론』은 자본주의 경제학에서도 필요한 저서로 인정받고 연구되어야 하며, 더 나아가 마르크스 사상은 앞으로도 유효한, 어쩌면 더 절실하게 현실에 적용되어야 할 학문 분야이다.

제1차 인터내셔널의 창립

1864년 9월 28일 런던 성 마틴 공회당에서는 '국제노동자협회(International Workingman Association, 약칭 제1차 인터내셔널)' 창립총회가 개최되었다. 서로 다른 민족들의 깃발로 장식된 집회장은 문자 그대로 인산인해를 이루었다. 그날 의장에 선출된 영국인 급진주의자 에드워드 스펜서 버슬리 교수가 개회를 선언하고 프랑스 노동자들에게 연대를 촉구하는 영국인 노동자 대표의 연설과 이에 답하는 프랑스 노동자 대표의 답사가 있은 후 혁명의 노동가요가 장내외에 울려 퍼졌다. 필요한 문서, 특히 강령과 규약 작성을 위해 집회 참석자들은 32인으로 구성된 임시위원회를 구성하고, 마르크스도 이 협회 위원으로 피선되어 협회 창립 선언문과 규약을 작성하였다. 이 선언문에서 마르크스는 이전의 『공산당 선언』보다는 온건하고 세련된 문장으로 다음과 같이 썼다.

현재의 잘못된 기반 위에서는 아무리 훌륭한 생산력의 발전도, 또 아무리 훌륭한 발명, 발견, 개선도, 그리고 어떤 식민지도, 이민도, 시장 개발도, 자유무역도 노동자의 궁핍을 제거할 수 없고 계급투쟁의 첨예화를 증폭시킬 수밖에 없다. 그러나 절망할 필요는 없다. 거기에는 노동자계급의 장악과 저항이 높아지고 있기 때문이다. 노동자는 정치권력의 획득을 제1 의무로 하며, 노동자 계급을 해방시키고 계급지배를 타파

한다는 궁극의 목표를 스스로 쟁취해야 한다. 이를 위해서는 만국의 노동자여, 단결하라!

이 창립총회로 마르크스와 엥겔스가 그토록 추구했던 소망이 성취된 것이다. 그러나 이 위원회의 활동은 생각보다 순탄하게 진전되지 못하였다. 그 이유는 무엇보다도 대내적으로는 재정적인 뒷받침이 여의치 않았고, 대외적으로는 프랑스에서 극좌 블랑키(1805-1881. 프랑스 사회주의 혁명가) 파와 프루동 파가 대립하고 있었고, 독일에서는 정치 결사의 자유가 없었으며, 또한 영국에서는 이 운동이 부르주아의 테두리에서 소극적으로 이루어졌기 때문이다. 다른 한편으로는 그 무렵 마르크스의 건강이 극도로 악화된 점도 한 요인이 되었다. 그리고 특히 프루동 파와 바쿠닌(1814-1876. 러시아 혁명가·철학자이며 아나키즘의 비조로 알려짐) 파는 정치투쟁이나 파업을 반대하는 한편, 마르크스와 엥겔스 지지파는 정치 투쟁과 파업의 병행을 중시하였다. 1864년에서 1872년에 이르는 기간 동안 마르크스 집은 사실상 '인터내셔널'의 제2 본부가 되었다. 총평의회 또는 지도위원회의 주례 모임이 끝나면, 그들은 가끔 마르크스 집(메이트랜드 파크 모데나 빌라스가 1번지)으로 장소를 옮겨 대화를 이어갔다. 토론이 밤새도록 이어지자 마르크스는 농담으로 이렇게 말했다. "8시간 노동제를 추구하고 있으면서 오히려 우리들 스스로는 하루 24시간 동안에 그보다 두 배 이상이나 많은 일을 하고 있네그려." 이러다보니 예니로서도 보통 성가신 일이 아니었다. 그러나 그녀는 각지에서 수만 명의 노동자들이 남편의 뜻과 공유해가는 과정을 곁에서 즐거운 마음으로 바라보곤 했다.

그러는 동안 1870년 7월 '보불 전쟁'이 일어났고, 그 다음해 1월 프랑스가 패배하자 3월 18일 '파리 코뮌'이라고 부르는 노동자 시민 혁명정부가 수립되었다. 그러나 이 최초의 노동자 시민 혁명정부도 70여 일 버티다가 5월 29일 붕괴되었다. 마르크스는 성명을 통해 '파리 코뮌'이 어떻게 해서 생성되고 붕괴되었는지 분석하고, 노동자 정부수립이 아직 시기상조임을 지적하였다. '파리 코뮌'을 위해서 '인터내셔널'은 내부의 의견 대립을 일시 중단하고 협력을 모색하였으나 분열은 한층 더 노골화되었으며, 전열을 가다듬기 위해서 총무위원회를 뉴욕으로 옮겼으나 별반 성과를 거두지 못하고 1876년 필라델피아 회의에서 '인터내셔널'의 해산을 공식 발표하였다. 그러나 '인터내셔널'은 그대로 소멸되지 않고 '독일 사회주의 노동자당'과 '프랑스 노동당'의 협력으로 우여곡절 끝에 1889년 7월 14일 제2차 '인터내셔널'이 재창립되었다. 이 총회에는 22개국 407명의 대표가 참석하여 대성황을 이루었다. 이 총회가 다시 이루어지게 한 가장 큰 공로자는 누가 뭐래도 엥겔스였다. 제2차 '인터내셔널'은 모든 본질적인 기반이 마르크스와 엥겔스의 교리에 의한 것이었으며, 이를 계기로 프롤레타리아의 민중정당과 민중조직이 각 개별 국가에서 발전할 수 있는 기틀이 마련된 것이다.

혁명가의 마지막 나날들

'인터내셔널'과 '파리 코뮌'의 실패, 망명생활 속에서의 궁핍과 무리한 연구활동, 그리고 본인과 부인의 잦은 병치레, 이 모든 것들이 마르크스의 몸과 마음을 쇠잔케 했다. 유난히 숱이 많은 그의 머리카락과 턱수염도 어느 새 백발로 변해가고 있었다. 그러나 마르크스는 이에 굴하지 않고 51세의 나이에도 불구하고 거의 독학으로 러시아어 공부를 시작하여 불과 6개월 만에 러시아 서적을 원전으로 거의 불편 없이 읽어갔다. 그런가 하면 수학과 화학, 지질학에 이르기까지 관심을 갖고 연구에 몰두하였다.

건강이 날로 악화되어 연구활동을 중단할 수밖에 없었던 마르크스는 딸 엘레아너와 함께 요양지 칼스발트를 찾아 한동안 요양생활을 하였으며, 기력이 어느 정도 회복되자 독일 사회민주주의 지도자 리프크네히트(1871-1919. 여성 혁명가 로자 룩셈부르크와 함께 스파르타쿠스단을 설립하였으나, 1919년 1월 체포되어 의용군에 의해 살해됨)를 만나 향후 노동운동에 관해서 밤늦도록 토의했다. 엥겔스도 사업을 정리하고 마르크스의 노동운동에 본격적으로 합류하였다. 그들은 효과적인 노동운동을 위해서 '독일사회민주노동당'과 '전 독일노동자협회'의 통합의 필요성에 인식을 같이 하였다. 1875년 고타Gota 회의에서 두 기구의 통합이 부분적으로 이루어져 새로운 정당강령 초안까지 채택되기에 이르렀다. 그러나 마르크스와 엥겔스는 이 강령에 대해 매우 불만이었다. 즉 이미 '인터내셔널' 정관에서 "노동자 계급의 해방은 노동자 자신에 의해서 쟁취해야 한다."고 밝힌 반면, 강령 초안은 국가의 원조를 받는 생산협동조합에 대한 라살레(1862-1864. 독일 노동운동가, 전 독일노동자동맹 초대 총재)의 요구를 수용하고 있었다. 마르크스는 강령 초안 비판서인 『독일 노동자 강령 주해서』를 작성하였는데, 이것은 후에 '고타 강령 비판'이라는 이름으로 통용되었으며, 훗날 『공산당 선언』, 『자본론』과 함께 과학적 사회주의의 주요한 이론 연구서가 되었다. 그는 여기에서 이렇게 밝혔다.

공산주의 사회의 더 높은 단계에서 분업화로 인한 각 개인의 노예적인 예속, 그리고 육체노동과 정신노동의 대립이 사라진 후, 노동은 단지 생계수단이 아니고 그 자체가 우선적 삶의 욕구가 된 후, 개개인의 전반적인 발전과 함께 생산력이 증대되고 모든 협동조합적인 풍요의 샘물이 가득 차 넘쳐흐른 후 비로소 사회는 그들의 깃발에 다음과 같이 쓸

수 있을 것이다. '각자는 능력에 따라 일하고 필요에 따라 분배받는다.'

1880년 5월 초 마르크스와 엥겔스는 프랑스 노동자당의 강령을 기초하였으며, 이에 앞서 마르크스는 '노동자를 위한 질문서'를 완성하였다. 이 질문서는 "남아, 또는 여아 구분 없이 고용되는 아이들의 최저 연령은 몇 살인가? 16세 이하 어린아이들과 청소년들은 하루 몇 시간이나 일하는가? 시간외 노동을 하는 경우 특별 수당은 지급되는가?" 등 총 99개 항목이었다. 이 질문서는 노동자의 노동조건과 착취관계를 세분화하여 노동자의 권익을 신장하기 위한 역사상 최초의 분석 자료로 평가되고 있다. 또한 마르크스와 엥겔스는 '러시아 혁명'에 깊은 관심을 갖고 1882년 1월 러시아어로 된 『공산당 선언』 서문을 썼으며, 여기에서 러시아 혁명이 미래 서구 프롤레타리아 혁명의 신호탄이 될 것이라고 전망하였다.

그런데 이에 앞서 12월 2일 마르크스 부인 예니는 불치병인 간암을 이기지 못하고 67세의 나이로 고통스러운 삶을 마감하였다. 예니가 죽자 그녀의 희망대로 장례식도 치르지 않고 12월 5일 가족과 몇몇 친지들만이 그녀의 최후 안식처인 런던 하이게이트 묘지로 가는 운구차를 따라갔다. 그날 엥겔스는 다음과 같은 말로 조사를 끝맺었다.

그녀처럼 명석하고 판단력이 뛰어난 지성과 정치적 분별력을 갖춘 여성, 열정적인 에너지로 자신을 불태운 여성이 혁명 속에 용해되어 있었다는 사실을 세상은 인정하지 않았고, 언론에서조차 보도하기를 거부했습니다. 이 여성의 위대한 삶은 고락을 함께한 우리들 밖에 모를 것입니다…… 타인의 행복을 위해 자신을 희생하는 것이 신성한 행복이라고 즐거워한 여성이 있었다면, 바로 이 여자 예니 마르크스일 것입니다.

예니가 죽은 후 수 많은 애도의 편지가 마르크스에게 전달되었다. 마르크스는 12월 13일 한 친구에게 이렇게 편지를 썼다. "나는 한동안 이토록 서럽고 슬픈 세상을 버리려고 했네. 예니가 없는 세상은 나락과도 같은 세상이었으나 많은 위로의 편지가 절망의 늪에 빠진 나를 구해 주었네."

'죽음은 죽는 사람에게는 불행이 아니다. 그러나 뒤에 남는 자에게는 큰 불행이다.'라는 에피쿠로스의 말처럼, 예니의 죽음은 마르크스에게 치유할 수 없는 고통과 불행을 안겨 주었다. 그의 병세는 더욱 깊어져 의사의 권유에 따라 요양지를 전전하였으나 예니를 잃은 슬픔은 어디에나 그를 따라 다녔다. 설상가상으로 예니를 잃은 슬픔이 채 가시기도 전에 1883년 장녀 예니마저 죽고 말았다. 그녀는 혁명가의 가족으로서 가난과 질병, 온갖 고통을 견디다가 다섯 자녀를 남겨두고 세상을 등졌다. 그때 그녀의 나이 불과 39세였다.

영원한 동지 엥겔스를 뒤에 두고 먼 길 가다

마르크스의 몸과 마음은 이제 만신창이가 되었다. 심장병과 불면증, 기관지염과 폐농양 등 모든 질환이 그를 괴롭혔고, 급기야는 간장암까지 겹쳐 회생불능이 되고 말았다. 1883년 3월 14일, 봄이라 하지만 안개에 뒤덮인 런던의 봄은 봄 같지 않았다. 그날 오후 2시 30분경 마르크스는 가쁜 숨을 몰아쉬면서도 거의 본능적으로 책상머리에 앉았다. 그러나 마르크스는 그 순간 몸을 가눌 수가 없었으며, 그의 눈동자는 꺼져가는 불꽃처럼 초점이 흐려지면서 책상머리에 무거운 머리를 힘없이 떨어뜨리고 말았다. 그리고 그는 다시 일어나지 못하고 숨을 거두었다. 노혁명가

마르크스와 엥겔스의 동상

의 파란만장한 삶은 이렇게 끝나고 말았다. 그는 향년 65세로 그 당시로는 적은 나이는 아니었지만 노혁명가에게는 너무도 아쉬움이 많은 삶이었다.

마르크스의 죽음으로 유족들은 말할 것도 없고, 어느 누구보다도 홀로 남은 엥겔스의 비통함은 이루 말할 수 없었다. 엥겔스는 눈물도 나지 않았다. 그는 넋 나간 사람처럼 천장을 응시하다가 긴 한숨만 내쉬었다. 그의 마음은 모든 것이 끝난 것처럼 허탈하기만 했다. 위대한 사상가이며 혁명가인 마르크스의 죽음을 알리는 비보가 즉시 전 세계로 알려졌고, 프롤레타리아들뿐만 아니라 전 유럽의 언론매체들도 일제히 그의 사망소식을 보도했다. 그러나 정작 그의 사망지인 런던에서는 그의 죽음에 대해서 냉담했으며, 사망 소식을 알게 된 부르주아 언론들은 그의 사상과 업적에 대해서 아무런 객관적 평가를 내리지 않았다. 반면 각국의 진보적이고 양심적인 지식인들은 심심한 애도의 전문을 보내왔다.

3월 17일 마르크스의 시신은 런던 하이게이트 공동묘지 그의 아내 곁에 안장되었다. 그곳은 시 당국과 교회로부터 거부당한 사람들을 위해 마련된 특별구역이었다. 조촐한 장례식에는 유족과 엥겔스 외에 동물학자 랭커스터, 화학자 쇼를래머 등 몇몇 저명인사들이 눈에 띄었으며 애도의 전문들을 사위 롱게가 낭독하였다. 엥겔스는 그의 잊을 수 없는 혁명동지 마르크스의 빛나는 업적을 기리는 조사를 다음과 같이 끝맺었다.

"……절대주의 정부와 공화제 정부도 그를 추방했고, 보수적인 또는 초민주적인 부르주아지들도 앞 다투어 그를 중상 모략했다. 하지만 그는 이 모든 장애물을 거미줄을 걷어내듯이 가볍게 털어버리고 거들떠보지도 않았다…… 마지막으로 감히 나는 말 할 수 있다. 그는 많은 적을 두고 있었지만, 개인적인 적은 한 사람도 없었다. 그의 이름은 많은 저작들과 함께 영원히 살아 빛날 것이다."

조사를 읽어가는 엥겔스의 목소리는 이따금 자제력을 잃고 떨렸으며, 슬픔이 북받치는 듯 조사 낭독이 몇 차례나 중단되기도 하였다.

홀로 남은 엥겔스는 마냥 슬퍼하고만 있을 수 없었다. 그는 1885년 마르크스의 유고를 모아 『자본론』 제2권을, 그리고 1894년 『자본론』 제3권을 편집, 출간하였다. 이렇게 해서 엥겔스는 마르크스와의 깊은 우정을 변치 않고 죽는 날까지 지켜 나갔다. 엥겔스가 없었다면 마르크스의 존재가치는 반감되었을 것이다. 그런 면에서 인간 마르크스는 결코 불행한 사람이 아니었다.

마르크스는 평생토록 고정 수입이 없었으며, 엥겔스를 비롯한 빌헬름 볼프, 주변 친구들의 도움, 그리고 예니의 친모와 친척들의 적은 유산으로 근근이 연명하며 비참한 생활을 면치 못하였다. 엥겔스는 규모를 헤아릴 수 없을 정도로 마르크스의 생계를 도왔으며, 친구 볼프는 당시로서는 거금인 8백 파운드를 남겨 주었고, 예니의 친모와 그 밖의 친척들이 약 5천 마르크의 유산을 물려주었으나, 있으면 있는 대로 쓰고 없으면 안 쓰는 불규칙한 생활습관 때문에 안정된 삶도 일순간이었다. 이 점에서는 마르크스 부인 예니도 일단의 책임이 있었다고 보아야 할 것이다. 그녀는 귀족 가문으로 용모와 학식은 뛰어났으나 생활력이 약했기 때문에 가사를 제대로 꾸려가지 못해 가정부 데무트가 그녀의 약점을 보완해 나갔다.

마르크스 유족들의 삶도 순탄치 못하고 비극적이었다. 마르크스의 많은 자녀(직계 2남 4녀, 데무트와의 혼외 아들 프레디는 앞서 언급) 중 세 딸만 성장하여 아버지의 일을 도왔다. 장녀 예니는 섬세한 성격으로 나이에 비해 조숙하고 이지적이었으며, 둘째딸 라우라는 세 딸 중 가장 아름다웠고 여성적인 반면, 막내딸 엘레아너는 개성이 있는 얼굴에 윤곽이 선명하였고 매사에 적극적이었다. 예니는 성장하여 제1차 '인터내셔널' 결성 당시 아버지를 적극 도왔으며, 아버지의 집필자료 수집에도 열성이었다. 후에 그녀는 아일랜드 민족해방을 지지하는 정치평론을 써 필명을 날리기도 하였다. 그녀는 1872년 10월 프랑스 저널리스트이며 '파리 코뮌'에 참가한 샤를 롱게와 결혼했다. 둘째 라우라는 제1차 '인터내셔널'과 '파리 코뮌'에 가담했던 쿠바 태생 의학도 라파르그와, 언니 예니보다 4년 앞서 1868년 결혼했다. 라우라는 마르크스와 엥겔스의 많은 저작들을 프랑스어로 번역하였으며, 마르크스와 엥겔스의 서한집도 그녀의 교열에 의해 발표되었다. 그 당시 파리 근교 드라바유에 있는 라우라의 집은 국제 혁명노동운동의 거점이 되었다. 이 무렵 레닌도 그녀의 집에 자주 드나들며, 교분을 쌓았다. 막내 엘레아너는 독립심이 강하여 18세 때부터 자립생활을 하며 노동운동에 적극 참여하였다. 그녀는 옥스퍼드 대학 의학부를 나온 에이블링과 결혼하여 마르크스의 『자본론』을 영역하는 데 참여하였으며, 「뉴욕 트리뷴」 지에 게재되었던 엥겔스의 논문을 모아『독일에서의 혁명과 반혁명』이라는 제목으로 출판하기도 하였다. 마르크스의 세 딸의 일생은 슬프게도 평탄치 못하였다. 첫째 예니는 슬하에 4남 1녀를 두고 자녀들에 대한 마르크스 부부의 사랑을 독차지하는 모습을 보며 한때나마 행복한 가정을 꾸려 나갔으나, 1882년 갑자기 얻게 된 원인 불명의 병에 시달리다가 1883년 1월 아버지 마르크스보다 두 달 먼저 스스로 삶을 마감하였다. 유족으로 남은 그녀의 다섯 아이는 이모와 독지가들의 도움을 받아 프랑스에서 어렵게 성장하여 훗날 문필가, 법률가, 화가, 행정관리, 러시아어 교사가 되었다. 둘째 라우라 역시 사람이 나이가 들면 자신과 남에게 짐이 된다는 유서를 남기고 1911년 1월 남편과 함께 자살해 버렸다. 막내인 엘레아너는 1863년부터 마르크스와 친교를 맺었던 법률가 사무엘 무어와 함께 마르크스 유고 정리에 열성을 보였으나 그녀 역시 평소 바람기가 많고 금전관계가 복잡한 남편 에이블링과 사이가 좋지 않아 1899년 3월 언니 라우라보다 먼저 목숨을 끊었다. 당시 그녀의 나이 불과 42세였다. 너무나 슬픈 가족사라 하지 않을 수 없다.

마르크스가 죽은 뒤에도 엥겔스의 투쟁과 연구, 저술활동은 중단되지 않았다. 어느덧 70세에 이른 엥겔스는 노구를 이끌고 1890년 5월 4일 런던 하이드 파크에서 최초로 개최된 전국 노동자 시위에 참석하였다. 시위 날짜는 당초 1899년 파리 제2차 '인터내셔널'에서 매년 5월 1일 열기로 합의했으나 여러 가지 사정으로 5월 4일로 늦추어 개최케 된 것이다. '국제노동자의 날(May Day)'이 매년 5월 1일로 정해진 것은 바로 파리 제2차 '인터내셔널'의 합의에서 그 유래를 찾을 수 있다. 엥겔스는 마르크스 사후 오갈 곳이 없는 불쌍한 데무트를 자기 집에 데려다가 1890년 11월 그녀가 죽을 때까지 여생을 편히 살도록 배려해 주었다. 참으로 인간적인 처사였다. 엥겔스는 1894년『원시 기독교 역사』와『프랑스 및 독일의 농민문제』를 출판하는 등 노익장을 과시하기도 하였으나, 그의 생명의 불꽃도 점차 시들어 1895년 8월 5일 밤 10시 30분 향년 75세로 큰 고통 없이 숨을 거두었다. 매사에 용의주도했던 엥겔스는 사후처리까지도 완벽하게 준비해두었다. 그는 유언장에서 유산은 마르크스 유족과 엥겔스 친족들에게 공정하게 분배토록 해두었다. 그리고 자신의 저작물 판권과 사후관리는 독일 사회민주당에 일임하였다. 그는 자신의 장례식 형식까지도 지정하여 유해는 화장한 후 재를 유골단지에 넣어 바다에 가라앉혀 달라고 당부하였다. 그가 죽은 후 유족들은 뜻대로 실행하였다. 8월 10일 엥겔스의 장례식에는 세계 각국의 노동운동가들이 참석하였고, 애도의 전문이 쇄도하였다. 엥겔스는 죽는 날까지 그의 고결한 품성으로 가난한 자의 편에 서서 마르크스를 도왔고, 자신의 몸은 한 줌의 재로 흩날려 버렸다. 그러나 그의 죽음은 마르크스 못지않게 결코 헛되지 않았다.

마르크스 사상의 오늘과 내일

마르크스가 살아있을 때에도 그러했지만, 그가 죽은 지 백년이 지난 지금까지도 주류 경제학(자본주의 경제학)계에서는 그의 사상(특히 경제 사상)을 백안시하고 거의 거들떠보지도 않았던 것이 현실이다. 특히 분단국가인 우리나라의 경우는 더욱 그러하다. 지난 1960년대 후반과 1974년의 공황(소위 스테그플레이션stagflation, 즉 경기침체 하에서의 인플레이션)을 겪으면서 세계 경제는 위기에 빠졌으며, 개인과 개인 간의 소득 격차는 물론 자본가와 노동자와의 갈등, 선진국과 후진국과의 갈등이 확내·심화하였으며, 특히 공업화를 추구하는 개발도상국에서의 노사 간의 갈등은 첨예하게 사회 문제화되어 오늘에 이르고 있다. 이러한 심각한 현실에서도 주류경제학은 소비재와 생산 요소들의 가격이 어떻게 결정되는가에 대해서만 관심을 가졌지, 자본이 이윤을 추구하는 과정에서 발생하는 자본과 노동의 갈등과 대립은 도외시해 왔다. 그럼에도 불구하고 미국과 영국을 중심으로 한 선진국에서는 실업의 감축보다는 인플레이션의 억제에 중점을 두면서 경제에 대한 자유 시장경제 체제를 추구하는 소위 '신자유주의' 경제 시스템을 1980년대 이후 더 집요하게 추구하게 되었고, 이로 인해 빈자와 부자, 빈국과 부국 간의 갈등이 더욱 고조됨으로써 마르크스 경제학의 중심과제인 분배문제에 대한 관심이 높아지게 되었다. 그러나 한편으로 마르크스 경제사상은 1917년 '러시아 혁명'으로 출범한 소련 공산주의 체제가 1991년 74년 만에 붕괴되면서 위기를 맞게 되었다. 즉 주류경제학파에서는 이때를 놓치지 않고 마르크스 경제사상은 소련에서의 실패로 그 이론과 현실성이 상실되었음이 입증되었다고 주장해 왔다. 하지만 엄밀히 말해서 그것은 소련의 현실과 정치적 배경을 이해하지 못한 데서 비롯된 억지 주장임을 알아야 할 것이다. 당시 소련은 차르(황제) 독재체제의 미개한 농노제 농업사회로서 자본주의 체제를 미처 경험하지도 않고 공산주의 체제로 이행하였다. 즉 레닌과 트로츠키는 마르크스가 주장한 바와 같이 인류 역사는 원시 공동사회에서 봉건사회로, 봉건사회에서 왕권사회로, 그리고 왕권사회가 자유무역시장에 의한 자본주의 사회로 이행하여 그 체제가 절정에 달한 후 자체모순에 빠져 끝내는 진정한 공산주의 사회로 이행한다는 사실을 간과한 채, 서구에서도 아직 실험하지 않은 공산주의 체제를 소련에 성급하게 도입하였다. 그러나 레닌이 죽고 트로츠키가 권력에서 밀려난 후 스탈린 체제 이후 소련 권력층은 인간의 기본권인 자유를 박탈하고 그들만의 체제유지와 독재권력 강화에 급급하였으며, 국가 독점적 강제 생산 양식이 인간의 자유로운 소유동기 유발과 창의성을 저해함으로써 생산성이 재대로 향상되지 못한다는 점에 대한 대응책이 없었을 뿐만 아니라, 그 후

고르바초프를 비롯한 신진 개혁세력들은 소련 사회가 안고 있는 문제점들을 일거에 해결하기 위해 내부의 충분한 개혁(페레스트로이카)이 없이 개방(글라스노스트)을 서둘러 서구 자본주의의 도도한 물결을 감당하지 못하고, 자체 모순에 빠져 소련의 공산주의 체제는 결국 무너지고 만 것이다. 이 점에서 볼 때 소련의 특수 사정을 모르고 마르크스 경제 사상이 소련에서의 실험결과로 실패, 심지어 용도 폐기된 사상으로 귀결 짓는 것은 잘못된 판단이라고 보아야 할 것이다.

마르크스 사상의 실험과정에서 인류가 많은 피를 흘렸지만, 마르크스 사상은 자본주의 경제의 많은 문제점들을 비판, 분석함으로써 자본주의 경제체제의 안일한 독주를 견제하였으며, 이로 인해 자본주의 경제 시스템이 보완, 발전되고 있는 것이 아닌가 생각된다. 그런 면에서 북유럽 제국의 사회민주주의 복지 경제시스템은 그 좋은 예이다. 마르크스가 주장한 자본주의 문제점 중 핵심은 자본가들에 의한 노동착취와 인간 소외문제였다. 마르크스의 자본주의에 대한 비판적 이론은 그가 살았던 19세기의 열악한 노동 환경—21세기인 지금도 많은 국가에서 더 나아진 것도 없지만—에서 제기된 것으로서, 이는 애덤 스미스의 자유방임주의적 자본주의 사상에 대한 비판이었다. 그것은 오늘날 많은 자본주의 국가에서 시행되고 있는 누진 과세제도나 시간외 수당 등이 제대로 시행되지 않은 여건에서 제기된 것으로서, 이는 오늘날 노동자들의 권익향상을 위한 디딤돌이 되었다. 그러나 아직도 세계는 선진국 특히 초강대국인 미국을 중심으로 한 강대국들의 신자유주의 경제체제가 세계 경제를 좌지우지하고 있는 상황에서, 2008년 9월에 폭발한 세계 대공황과 2012년 미국 심장부 월가에서 발생한 대규모 '점령시위'에서 나타난 바와 같이 빈익빈 부익부, 승자독식이 횡행하는 자본주의 경제의 문제점이 명료하게 드러나고 있음을 확인할 수 있다.

즉 미국 월가를 중심으로 금융 자본가와 금융 회사들은 선물·옵션 등 이상한, 어쩌면 사기성 금융투기 파생상품을 만들어 투기를 조장, 이면에서 천문학적인 이익을 챙겨 왔고, 경영합리화란 명분으로 인력 감축 및 점포축소로 고객 서비스를 뒷전으로 미룬 채 이윤을 극대화한 후 스톡옵션이라는 제도로 엄청난 소득을 챙겼다. 이들 금융회사 경영진은 물론, 막대한 이익을 냈다는 명분으로 경영진에 엄청난 포상금을 지급하는 일류기업 급여 시스템도 자본주의 경제체제가 안고 있는 문제점의 하나이다. 물론 선량한 자본가와 기업주들이 사회기부와 사회환원 등으로 자본주의의 미래를 밝게 하는 선행을 하고 있기는 하지만, 대부분은 면피용 생색내기로서 보편화된 사회현실은 아니다. 그런 점에서 마르크스 사상은 그 자체가 완벽한 사상은 아니지만, 자본주의의 문제점과 치부를 해부하고 있다는 점에서 자본주의 경제의 결함을 보완, 개선하는 사상으로 엄존하고 있어 여전히 유효하며, 어쩌면 오늘은 물론 내일의 자본주의 경제체제에서 더 절실한 경제사상일지도 모른다.

역사적 사실을 가장 객관적으로 보도해 온 영국의 BBC 방송도 격동의 20세기를 마감하면서 1999년 9월에 실시한 여론조사에서, "그 동안 수많은 독재자들과 학자들이 철학자·사회학자·경제학자·역사학자로서의 마르크스의 업적을 제멋대로 왜곡, 해석했지만 그가 지난 천 년간 (밀레니엄) 가장 위대한 역사적 업적을 달성한 인물임에는 재론의 여지가 없다."고 결론을 내렸으며, 자본주의적 생산방식을 대변하는 영국 잡지「이코노미스트」는 2002년 12월 성탄 특집 '공산주의 이후의 마르크스'를 집중 조명하면서 이렇게 결론을 내렸다. "국가 형태로서의 공산주의는 사망선고를 받았다. 하지만 사상체계로서의 공산주의 미래는 밝다." 또한 지난 2012년 하반기 BBC가 재차 실시한 여론조사에서도 마르크스가 세계사에서 가장 영향력 있는 역사적 인물 중 부동의 1위를 차지한 인물임을 재확인하였다. 마르크스 전문 연구가인 로베르트 미직은 그의 저서 『마르크스』에서 이렇게 썼다. "자본주의의 빛나는 분석가이자 날카로운 비평가인 마르크스, 이제 먼지 쌓인 그의 저서들을 다시 꺼내들 때가 왔다. 오늘날 자신을 마르크스주의자라고 말하는 사람은 거의 없다. 그러나 마르크스의 이론, 아니 더 정확히 말하자면 마르크스로부터 영향을 받은 이론과 사상들은 그 어느 때보다 활발한 움직임을 보이고 있다. 이제야 비로소 우리는 마르크스주의에 씌웠던 여러 굴레를 벗겨내고 편견 없이 마르크스 사상을 들여다볼 수 있게 되었다."

주요 참고문헌 및 더 읽을 만한 책

마르크스·레닌주의 연구소 지음, 김대웅·임경민 옮김, 『마르크스』, 도서출판 두레, 1989.

H. 겜코프 지음, 김대웅·주양석 공역, 『두 사람』, 도서출판 죽산, 1990.

피에르 뒤랑 지음, 라혜원 옮김, 『인간 마르크스』, 도서출판 두레, 1984.

이사야 벌린 지음, 신복룡 옮김, 『칼 마르크스』, 평민사, 1982.

뷔노그라토스카야 지음, 탁인숙 옮김, 『마르크스의 부인』, 도서출판 토지, 1989.

로베르트 미직 지음, 이희승 옮김, 『마르크스』, 도서출판 생각의나무, 2010.

김수행 지음, 『자본론 연구』 1, 한길사, 1995.

K. 마르크스 지음, 김수행 옮김, 『자본론』 1(상), 비봉출판사, 1998.

카를 마르크스 원저, 김수행 지음, 『젊은 지성을 위한 자본론』, 두리미디어, 2012.

宮川實 지음, 두레 편집부 옮김, 『자본론 해설』 1·2, 도서출판 두레, 1986.

토니 클리프 지음, 정연욱 옮김, 『새천년의 마르크스주의』, 도서출판 북막스, 2002.

크리스 하먼 지음, 심인숙 옮김, 『신자유주의 경제학 비판』, 도서출판 책갈피, 2001.

루트비히 판 베토벤

〈운명〉을 통해 운명을 극복한 진정한 승리자

Ludwig
van
Beethoven

시란 무엇인가? 꿈을 더 크게 키워가는 것이다.
음악이란 무엇인가? 더 깊은 소리를 들을 수 있는 힘을 기르는 것이다.

-칼릴 지브란

진정한 영웅

베토벤을 모르는 사람이 누가 있겠는가? 지금 이 순간에도 세계 어느 곳이든 베토벤 음악의 선율이 흐르지 않는 곳이 또 어디 있겠는가? 청각 장애를 딛고 인류에게 환희에 찬 선율을 남겨 준 음악의 황제 베토벤은 평생을 홀로 살면서 만인의 행복을 위해 자신의 영과 육을 불사르도록 운명 지어진 고독한 천재이다.

"운명은 이렇게 문을 두드린다!"로 시작되는 베토벤 불멸의 〈교향곡 제5번(운명)〉을 들을 때 어느 누구인들 감동하지 않을 수 있겠는가? 이 한곡만으로도 우리는 베토벤의 불굴의 의지와 인간 승리를 직감할 수 있으며, 필생의 대작 〈교향곡 제9번(합창)〉으로 고난을 통해서 환희에 도달하였음을 확인할 수 있을 것이다.

"베토벤 음악은 때로는 이미 잃어버린 것으로 생각하고 있었던 '음악 속의 순수'를 다시 일깨워주며 깊은 감동을 자아낸다. 그것은 음악에 대한 음악이다."라고 정의한 니체의 말은 과장이 아니다. 57년이라는 그다지 길지 않은 그의 삶은 질병과 궁핍, 고독과 절망으로 점철된 고난에 찬 삶이었다. 그러기에 그의 음악은 달콤하고 잔잔한 선율이 아니라 영혼을 뒤흔드는 격정과 환희가 용솟음친다. 베토벤의 음악은 모차르트처럼 번득이는 천재성도, 헨델의 중후함도, 로시니의 감각적인 기교도 아닌 영혼의 밑바닥에서 토해내는 인간의 혼이 짙게 배어 있다. 그는 모차르트와 같은 천재 작곡가처럼 하나의 곡을 단시일 내에 완성하지 않고, 때로는 몇 년, 몇 십 년을 두고 갈고 닦아 완성해내는 완벽주의자였다. 그러기에 그의 고통은 얼마나 컸을 것이며, 그의 생각은 얼마나 심원하였겠는가? 이 점이 바로 베토벤의 위대성이며, 영웅적인 면모이다. 프랑스 작가 로맹 롤랑(1866-1944)은 『베토벤의 생애』에서 이렇게 말했다.

나는 사상이나 힘으로 승리한 사람을 영웅이라 부르지 않는다. 내가 영웅이라 부르는 것은 마음가짐이 위대했던 사람들뿐이다. 그들 가운데서도 가장 위대했던 사람들 중의 하나, 바로 여기에서 생애를 이야기하고자 하는 그 사람이 말한 것처럼 '나는 선善 이외에는 아무것도 탁월함의 지표로 여기지 않는다.' 인격이 위대하지 못하고서 위대한 사람은 없다. 그곳에는 다만 저속한 대중이 받드는 공허한 우상이 있을 따름이다…… 우리가 여기에서 이야기하고자 하는 사람들의 생애는 거의 모두가 고난의 여정이었다…… 그들은 시련의 빵을 먹으며 온갖 고난을 딛고 일어섰기 때문에 더욱 위대하였다. 그러므로 불행한 사람들이여! 너무 괴로워하거나 슬퍼하지 말라. 이들이 그대들과 함께 있지 않은가! 그들의 용기를 본받아서 우리들 자신의 힘을 북돋우자. 그리고 우리들이 너무 지쳐 있을 때 그들의 무릎 위에 잠시 머리를 얹고 쉬자. 그들은 우리를 위로해 줄 것이다. 그들의 성스러운 영혼으로부터 자비로운 힘과 청량한 샘물이 용솟음친다. 그들의 작품을 묻지 않고서도, 그들의 목소리를 듣지 않고서도, 우리들이 그들의 눈길 속에서, 그들의 생애의 역사 속에서 읽을 수 있는 것은 인생이란 고뇌를 통해서 가장 위대해지고, 가장 풍요로워지며, 가장 행복해질 수 있다는 것이다. 이 영웅적인 대열의 선두에 맨 먼저 장하고 고결한 베토벤을 세우자.(로맹 롤랑 지음, 이휘영·이성삼 역편,『고뇌를 넘어 환희로-베토벤의 위대한 생애』, 도서출판 거암, 1985, 4-6쪽 발췌 정리)

그렇다. 베토벤은 영혼이 자유로운 예술가들에게서 자칫 결여되기 쉬운 절제된 행동과 고결한 품성을 지녔기에 더욱 만인의 귀감이 되고 진정한 영웅의 반열에 설 수 있는 것이다. 작달막하고 단단한 몸집에서 갈고 닦아 만들어낸 그의 음악은 분출하는 용광로와 같다. 실제로 그의 키는 5피트 4인치에 불과하였다. 그러나 딱 벌어진 늠름한 체구, 보통사람 머리보다 큰 머리에 툭 튀어나온 넓은 이마, 길게 늘어뜨린 회색빛 곱슬머리, 광채가 번득이는 두 눈에 커다란 코, 그리고 굳게 다물어진 두툼한 입술 등, 이 모든 외관은 세련된 용모는 아니지만, 인간 베토벤이 범상한 인물이 아님을 나타내고 있다. 특히 평소에 작은 두 눈은 곡을 착상하거나 연주할 때에는 불을 뿜어내듯 광채를 발하였다. 당시 음악 평론가 프리드리히 로호리츠는 베토벤에 대한 인상을 다음과 같이 기술하였다.

붉고 건강한 혈색, 불안스럽고 번쩍이는 두 눈, 그 눈동자는 어딘가 꿰뚫어보는 듯 고정된 채 빤히 응시하고 있었다. 그의 얼굴 표정, 특히 눈의 표정은 지혜와 생동감으로 가득 차 있으며 가슴 깊이 간직한 따뜻함과 우수가 혼합되어 있다. 그러면서도 그의 온몸에는 듣기 위해서 안간힘을 쓰는 불안과 긴장감으로 가득 차 있다. 즐겁고 거침없이 이야기하다가도 갑자기 우울한 침묵 속에 잠기는, 이 사람이 바로 만인에게 행복을, 오로지 정신적 행복을 베풀어 주는 바로 그 사람 베토벤이다.

이러한 그의 외관에서 볼 수 있듯이 베토벤은 자기 자신을 위한 삶이 아니라 만인을 위한 삶을 살도록 운명 지어졌다. 그는 타인의 고통을 자신의 고통으로 받아들이고 모진 운명과 맞서 자신의 운명을 '고난을 통해 환희로(Durch Leiden zur Freude)' 승화시킨 진정한 승리자였다. 설리반(1886-1937. 수학자이며 음악평론가)이 말한 바와 같이 바흐는 종교의 힘으로 고통을 벗어날 수 있었고, 바그너는 고통에 따르는 연민에서 진정제를 찾을 수 있었다면, 베토벤은 모차르트와 같은 천진한 고통이 아니라 강인한 의지와 불굴의 투지로 삶의 고통과 절망을 정면으로 극복하고 그것을 작품 속에 용해시켜 나갔다.

늦깎이 천재

베토벤은 모차르트처럼 일찍부터 천재성이 나타나지 않았으나 나이를 먹으면서 그의 숨은 천재성이 점차 빛을 발하기 시작하였다. 그런 의미에서 그에게는 늦깎이 천재란 말이 적합할 것이다.

루트비히 판 베토벤Ludwig van Beethoven은 1770년 12월 16일 독일 본에서 태어났다.(그의 출생일에 대해서는 12월 16일, 17일 또는 15일설 등이 분분하나 당시의 관습으로 생후 24시간 이내에 세례를 받도록 되어 있어 16일설이 유력함) 그의 출생에 앞서 형 루트비히 마리아가 태어난 지 6일 만에 죽었기 때문에 베토벤은 사실상 장남이 되었으며, 베토벤이 출생하고 4년 후인 1774년 4월에 동생 카를이, 이어서 1776년 10월에 둘째 동생 요한이 태어났다. 그 밖에 여동생 둘과 남동생이 태어났으나 그들도 일찍 죽고

말았다. 그래서 베토벤은 3형제의
장남으로 이들 두 형제와 함께 성장
하였으나 이들은 베토벤을 평생토
록 이용하고 속을 썩였을 뿐 아무런
도움이 되지 못하였다. 첫째 동생
카를은 피아노를 제법 잘 치기는 했
으나 그다지 뛰어나지 못하여 세무
서 직원이 되었으며, 후에 베토벤의
명성이 높아지자 그의 초기 습작 원
고를 몰래 팔아먹는 등 말썽을 부렸

젊은 시절의 베토벤

으며, 카를의 아들은 후에 베토벤의 양자가 되었으나 자살소동까지 벌이
는 등 만년의 베토벤에게 말할 수 없는 고통을 안겨주었다. 둘째 동생 요
한은 약제사가 되어 돈을 많이 모았으나 베토벤을 도와주기는커녕 돈에
인색하였으며, 형의 작품을 훔쳐다가 팔아먹기도 하는 등 그 역시 베토
벤에게는 골치 아픈 존재였다.

베토벤은 할아버지의 이름을 그대로 이어받았다. 그의 가문은 할아버
지와 아버지 말고는 선대에는 음악과는 별 관계가 없었던 것으로 전해지
고 있다. 베토벤의 가계 혈통은 원래 플랑드르(Flandre: 한때 북해에 연해
있는 벨기에 및 네덜란드 남부와 프랑스 북부를 포함한 소국가였음) 출신으로,
이 지역 사람들은 성격이 격정적인 면이 있어 베토벤도 알게 모르게 이
지역 사람들의 뜨거운 피를 이어받은 것으로 보인다. 베토벤의 할아버지
루트비히는 어렸을 때에 고향의 교회 합창단원으로 활동하다가 성년이
되어 교회 베이스 가수로 활동하였으며, 1773년에 본의 궁정 교회 악단
원으로 발탁되어 49세 때에는 궁정 악사들이 선망하는 궁정 악장 지위에
까지 올랐다.

어린 베토벤은 이와 같은 할아버지를 둔 것을 언제나 자랑스럽게 생각하였으며, 그가 죽는 날까지 할아버지의 초상화를 간직하고 있었다. 베토벤의 아버지 요한은 출생년도가 정확하지 않으나 1740년경에 태어난 것으로 추정되며, 그의 누이와 형이 일찍 사망하여 외아들로 성장하였다. 그도 궁정 합창단의 악사와 가수로 활동하였으나 그다지 두각을 나타내지 못하였기 때문에 술에 탐닉하여 주정꾼이었다는 기록이 전해지고 있다. 그러나 그런 기록은 그가 술을 마시고 늦게 돌아오면 잠을 자고 있는 아들을 자주 깨워 피아노 연습을 시키는 극성스러운 면을 자주 보였기 때문이 아닌가 생각된다.

베토벤의 어머니는 이전에 다른 남자와 결혼하여 사별한 후 베토벤의 아버지와 재혼한 평범한 여자로서 어려운 살림을 꾸려가며 인고의 세월을 보내다가 1787년 폐결핵으로 사망하였다. 베토벤은 네 살 때부터 아버지로부터 피아노 교육을 받다가 궁정 오르가니스트인 에덴으로부터 오르간과 피아노 연주법을 배웠으며, 그 뒤 테너가수 겸 피아노, 오보에에 능한 파이퍼에게서 피아노 연주법을, 궁정 악사인 로반티니로부터는 바이올린과 비올라 연주법을 익혔다. 베토벤이 여덟 살이 되어 피아노 연주에 남다른 두각을 나타내자 그의 아버지는 성급하게 베토벤 독주회를 마련하였는데, 재미있는 사실은 초청장에다 베토벤의 나이를 두 살이나 낮추어 소개하였다는 점이다. 연주회는 비교적 성공을 거두었으나 베토벤은 모차르트처럼 신동이라는 찬사를 듣지는 못하였다.

베토벤의 아버지는 아들의 장래를 생각하던 끝에 베토벤이 열한 살 때부터는 라이프치히 대학 법학부를 나온 지성파로 음악에 대한 이론과 실기가 탁월한 궁정 오르가니스트 네페로부터 본격적으로 피아노 레슨을 받도록 했다. 교재는 바흐의『평균율 클라비어곡집』제1권을 사용하였는데, 베토벤은 어린 나이에도 불구하고 어려운 곡을 놀라울 정도로 잘 소화해 나갔으며, 나중에는 연주 기량이 급성장하여 스승을 능가할 정도가 되었다.

베토벤은 여섯 살 때 학교에 들어갔으나 잘 적응하지 못했으며, 특히 어머니의 건강이 나빠 그의 뒷바라지를 제대로 해주지 못했던 것 같다. 그러다 보니 어린 베토벤은 학교 성적이 좋지 않아 마냥 하위 그룹에서 맴돌았다. 학식이 풍부한 네페는 이런 베토벤에게 음악 외에도 많은 정신적 자양분을 제공해 주었을 뿐만 아니라 쾰른 궁정 오르가니스트 차석 연주자로 추천하는 등 많은 관심과 애정을 기울였다. 그 무렵(12세 때) 베토벤은 본 대학 의학도이며 음악 애호가인 18세의 베겔러와도 알게 되었다. 그는 베토벤을 자기가 가정교사로 있는 명문 집안 브로이닝가家의 피아노 레슨 교사로 추천하였다. 브로이닝가에는 미망인이 된 부인과 네 명의 아이가 있었다. 미망인은 베토벤을 친자식처럼 대해 주었고 아이들도 베토벤을 친형처럼 잘 따랐다. 특히 그녀의 차남 스테판은 베토벤보다 두 살 아래로서 베토벤을 더욱 좋아했으며, 두 사람의 우정은 베토벤이 죽는 날까지 지속되었다.

모차르트와의 짧은 만남

베토벤은 술에 탐닉한 아버지와 폐결핵을 앓고 있는 어머니를 뒤로 한 채 미래의 더 큰 꿈을 실현하기 위하여 음악의 도시 빈으로 향하였다. 그때 베토벤의 나이 17세였다. 어려운 집안 형편 때문에 장남인 베토벤은 발걸음이 무거웠지만 어쩔 수 없는 일이었다. 빈에 도착한 며칠 후에야 베토벤은 꿈속에 그리던 모차르트를 만날 수 있게 되었다. 모차르트의 요구에 따라 베토벤은 즉흥곡을 연주하였으나 모차르트는 베토벤이 곡을 미리 암기해 온 것으로 생각하고 냉담한 반응을 보였다. 그러자 베

모차르트

토벤은 모차르트에게 주제를 선정해달라고 간청하였다. 마침내 베토벤은 매우 고양된 상태에서 모차르트가 지정해 준 테마에 맞게 즉흥곡을 뛰어난 기법으로 연주하였다. 이 광경을 주의 깊게 지켜보던 모차르트는 흥분을 감추지 못하고 옆방에 있는 친구에게 "저 사람을 잘 봐두시오. 앞으로 세상을 깜짝 놀라게 할 거요."라고 말하며 베토벤의 연주 실력을 격찬하였다.

그러나 베토벤은 빈에서 오래 머무를 수가 없었다. 폐결핵으로 고생하고 있는 어머니가 위독하다는 소식이 전해져 왔기 때문이었다. 빈털터리인 베토벤은 아우크스부르크에 사는 친지로부터 약간의 돈을 빌려 어머니 곁으로 돌아왔다. 고향에 돌아온 베토벤은 돈을 빌려준 친지에게 감사의 마음과 어려운 상황을 다음과 같이 적어 보냈다.

제가 고향에 도착하였을 때 어머니는 아직 살아 계셨지만 말할 수 없을 정도로 수척하신 모습이었습니다. 어머니는 갖은 고통을 겪으시다가 일주일 전에 돌아가시고 말았습니다. 어머니는 항상 저를 애틋하게 사랑해 주셨고 저의 가장 좋은 친구이기도 하였습니다. 어머니를 부를 수 있고 그 소리를 들어 주는 어머니가 계셨을 때 세상에 저보다 행복한 사람이 또 어니 있었겠습니까? 그러나 지금은 누구를 향해서 어머니라 부를 수 있겠습니까? 상상 속에 떠오르는 말 없는 그림자를 향해서 어머니라고 불러 볼 수 있을 따름입니다. 이곳 고향에 온 후 즐거운 시간이라고는 전혀 가져 보지 못하고 천식과 우울증이 겹쳐 고통스럽 기만 합니다. 이러한 저의 처지를 아신다면 이해해 주시리라 생각합니다. 지난번에 호의와 우정으로 3카로린을 빌려 주셨는데 조금만 더 참아 주시지 않겠습니까? 여기에서는 돈을 도무지 한 푼도 벌 수가 없군요. 본에서의 행운은 영영 멀어져 버렸나 봅니다. 자질구레한 이야기를 너무 늘어놓아 죄송합니다. 제 잘못을 변명하다 보니 그렇게 되고 말았습니다.

귀하와 저와의 고귀한 우정에 금이 가지 않기를 바라며, 그 우정에 보답할 날이 빨리 오기를 간절히 바랍니다.

쾰른 궁정 오르간 주자 베토벤 드림

17세 소년치고는 너무도 의젓하고 사려 깊은 글이었다. 위의 편지에서 알 수 있는 바와 같이 본에 돌아온 베토벤의 생활은 말이 아니었다. 아버지의 음주벽은 더욱 심해져가고 있었으며, 어린 두 동생들은 형 베토벤만 쳐다보고 있을 뿐이었다. 그런 가운데도 브로이닝 집에서는 다시금 베토벤을 따뜻하게 맞이해 주었다. 베토벤은 베스터홀트 백작의 딸에게도 피아노 레슨을 해주며 가까이 지냈으나 그보다도 브로이닝 집안 부인의 고명딸 엘레아너와 우정 이상의 깊은 감정을 가지고 가까이 지냈다. 그 예로써 베토벤의 생일에 보내 준 그녀의 자작시는 생일 축하 치고는 매우 진지하고 애틋하였다. 또한 베토벤이 그녀에게 보낸 편지에서 두 그녀가 네타이른 손수 만든어 보내 주어 고마웠다는 내용과 그 건에 두 사람 사이에 있었던 일(무슨 일이었는지는 명확하지 않음)에 대해서 미안하게 생각하지만 그걸로 인해서 두 사람 간에 우정이 변치 않기를 바란다고 하면서 두 편의 작품을 보낸다는 것이었다. 그 후 그녀는 베토벤을 자기 집에 초대했다. 그러나 그녀는 베토벤과는 우정을 나누는 교분을 갖는 정도였으며, 결국 본 대학 의학도 출신으로 그녀의 가정교사였던 베겔러와 결혼하였다. 그리고 그녀는 헤르더(1744-1803. 독일 '질풍노도운동'의 선도자)의 다음과 같은 시 구절을 담은 앨범을 베토벤에게 주었다. "참된 우정은 저녁노을의 그림자처럼 자라서 인생이 끝날 때까지 지속된다." 그런 가운데에서도 베토벤은 브로이닝 부인의 자상한 배려로 그녀의 집을 수시로 방문하여 교양을 쌓아갔으며, 궁정 비올라와 다른 오케스트라단의 비올라 주자로 활동하면서 생계를 꾸려갔다. 베토벤은 이들 오케스트라단과 라인 강 상류를 따라 연주여행을 하면서 피아노 연주자 슈테르겔과 만나 그의 뛰어난 연주 실력에 큰 자극을 받기도 하였다.

1789년 5월 베토벤은 본 대학 청강생으로 등록하여 철학과 문학 공부를 하였다. 그는 본 대학 슈나이더 교수로부터 프랑스 혁명 사상에 대한 강의를 들을 기회를 갖게 되었다. 베토벤은 그의 강의를 통해서 볼테르, 루소 등 프랑스 계몽사상을 접할 수 있게 되었으며, 그들의 인본주의 사상에 큰 감명을 받기도 하였다. 베토벤은 혁명가는 아니었으나 이때 익힌 프랑스 혁명사상은 그의 인생관, 특히 작품 활동에 커다란 영향을 미쳤다. 베토벤이 독일 극작가 실러의 작품을 접한 것도 이 무렵이었다. 그는 틈틈이 실러의 『군도』와 『돈카를로스』 등을 즐겨 읽었으며, 특히 그의 시 『환희의 송가』에 무한한 감동을 느끼고 언젠가는 이 작품을 곡으로 만들어 보리라고 생각하였다. 그의 이러한 꿈은 30년이 지난 뒤인 1823년에 완성된 〈교향곡 9번(합창)〉으로 실현되었다.

1790년 오스트리아의 계몽군주 요셉 2세가 사망하자 베토벤의 스승이었던 네페는 요셉 2세에 대한 애도곡을 의뢰받게 되었는데, 네페는 이것을 다시 베토벤에 의뢰하였고, 베토벤은 마침내 〈요셉 2세 장송 칸타타〉를 작곡하였다. 이 작품은 연주상의 기술적인 문제로 때맞추어 연주되지는 못했으나 후일 이 곡을 접한 하이든이 경탄을 금치 못하고 베토벤을 제자로 삼을 정도였으니, 그런 점에서 이곡은 베토벤의 생애에서 의미 있는 곡이 되었다.

빈에서의 비상

1792년 6월, 베토벤은 런던과 옥스퍼드에서 교향곡 연주를 성공적으로 마치고 돌아오는 길에 본에 들른 하이든을 만나게 되었다. 베토벤의 재능을 알아차린 하이든은 칭찬을 아끼지 않고 베토벤에게 빈에 와서 공부할 것을 적극 권유하였다. 이에 따라 그 동안 베토벤의 후견인 역할을 해온 발트슈타인 백작은 백방으로 주선하여 베토벤이 빈으로 다시 가는데 결정적인 도움을 주었다. 본 궁정은 베토벤에게 2년간 유학한 후 다시 본으로 돌아와 궁정 악단에서 일하는 조건으로 유학 자금을 대주었다. 모차르트가 1791년 12월 35세로 요절한 이듬해 10월 베토벤이 빈으로 떠날 때 그의 기념 앨범에 이렇게 썼다.

친애하는 베토벤, 당신은 그토록 바라 마지않던 소원을 이루기 위해서 지금 빈으로 떠나오. 모차르트의 수호신은 아직도 그를 잃은 슬픔에 잠겨 있소. 그는 샘물처럼 끊임없이 솟아오르는 하이든에게서 의탁할 곳을 찾았지만 영원한 안식처를 찾은 건 아니오. 하이든을 통해서 그는 누군가와 다시 한 번 결합하기를 원했소. 이제 당신은 부단한 노력으로 하이든을 통해서 모차르트의 혼을 이어받으시오.

본에서 1792년 10월 28일
당신의 참된 친구 발트슈타인

그 동안 여러 가지 제약으로 재능을 제대로 발휘하지 못한 베토벤은 마침내 날개를 달 기회를 잡았다. 이제 그는 갖가지 애환이 서린 고향 본을 등지고 음악의 도시 빈으로 향하였다. 그러나 그 당시 빈의 정치적 상황은 프랑스 혁명의 여파로 그다지 평온치 못하였다. 신성로마제국의 빈 껍데기 이름만 남아 있는 오스트리아는 홉스(1588-1679. 잉글랜드 왕국의 정치철학자)의 말대로 '신성하지도 않고 로마적인 것도 없는데다가 제국도 아닌' 낙후된 전제국가에 지나지 않았다. 당시 빈의 사교계에서 음악가는 귀족들의 노리갯감에 지나지 않았다. 이러한 사회 환경에서 모차르트도 수많은 수모를 당하면서 그의 짧은 생애를 살아갔다.

그러나 빈에 발을 디딘 베토벤은 모차르트처럼 살고 싶지 않았다. 그는 자신의 정체성을 떳떳하게 내세웠다. 그는 발트슈타인 백작의 적극적인 후원으로 빈의 상류사회에 쉽게 동화할 수 있었으며, 그의 실력이 제대로 인정을 받게 되자 당당하게 처신하였다. 그의 행동에서는 불안감이라든지 비굴함이 전혀 엿보이지 않았으며, 다른 음악가와의 공개 연주회에서도 자신감을 갖고 연주에 임하였다. 그런 가운데서도 그는 친구 베겔러에게 변함없는 우정을 확인하는 편지를 보내기도 했다.

베토벤이 빈에 도착하고 나서 한 달쯤 지난 1792년 12월 18일 그의 아버지 요한이 사망하였으나 그는 아버지 장례식에는 참석하지 못했다. 요한은 비록 술에 탐닉한 아버지처럼 보였지만, 자신이 못다 이룬 꿈을 아들이 이루어 주기를 바라는 마음은 어느 누구보다 간절했으리라. 베토벤의 빈 생활은 그런대로 순조롭게 진행되었다. 무엇보다도 리히노프스키 후작과 그의 부인의 배려로 그의 집에서 숙식을 제공받으며 불편 없이 활동하게 되었다. 리히노프스키 공의 집에서는 매주 금요일 아침이면 작은 음악회가 열리곤 하였는데 베토벤은 당연히 그 음악회의 중심인물이었다. 그런 가운데 베토벤의 인기는 날로 치솟기 시작하였으며, 빈의 모든 귀족들이 앞 다투어 그의 후원자가 되고 싶어 했다. 그러다 보니 베토벤은 때때로 기고만장해져 주변으로부터 험담을 듣기도 했다. 1814년 어느 날 쓴 일기에서 그는 "사람들에게 그들이 받아 마땅한 경멸감을 보이지 말자. 나중에 어떤 도움을 받을지 모를 일이 아닌가?"라고 반성하기도 하였다. 그러나 베토벤의 직선적인 성격에 대해서 괴테는 그의 친구에게 이렇게 써 보냈다.

그의 재능은 정말 놀라울 정도요. 그러나 불행히도 그는 너무 거친 성격을 지녔소. 세상에 대해서 혐오감을 느끼는 것은 큰 잘못이 아니겠지만 자신이나 다른 사람을 위해서 도무지 즐겁게 해주지 못하는 것 같소.

베토벤의 피아노 연주 방식은 그 당시의 다른 연주자와는 확연히 달랐다. 다른 연주자들이 섬세함과 기교를 가졌다면 베토벤은 파도처럼 밀려드는 격정과 그 뒤에 오는 평온함, 거친 듯하면서도 독창적인 연주로 시종 청중을 압도하여 기존의 절제된 고전 음악 체계를 뒤흔들어 놓았다. 그러나 그 거칢 속에서도 질서와 참신함이 돋보였으며 청중을 몰아의 경지로 이끌어감으로써 어떤 청중은 눈물을 흘리기도 하였다.

한편 베토벤은 하이든으로부터 대위법(작곡 기법의 하나로 각각 독립성이 강한 둘 이상의 선율을 동시에 결합시켜 하나의 조화된 곡을 만드는 기법)을 배우기도 하였으나 그의 미지근한 연주 기법에는 불만이었다. 그러나 이미 달관의 경지에 이른 하이든은 여유 있고 점잖은 매너로 거친 베토벤을 잘 이끌어 주었기 때문에 두 사람 간에는 별다른 충돌은 없었다. 이러한 성격 차이는 각자의 음악에서도 잘 나타나 있다. 하이든의 음악에 절제와 부드러움이 배어 있다면, 베토벤의 음악에는 형식과 규칙이 배제된 격정과 자유분방함, 그리고 영혼의 절규와 후련함이 용솟음친다.

베토벤은 하이든과 형식적인 사제관계를 유지하면서 당시 빈에서 명망이 있는 피아노 연주가 겔리네크의 소개로 작곡가 쉥크를 알게 되었다. 쉥크는 무보수로 베토벤에게 대위법을 가르쳐 주었으며 이 사실을 하이든에게는 비밀로 하였다. 그러나 쉥크로부터 별로 배울 것이 없게 되자 궁정 오르가니스트인 알브레히츠베르거로부터는 가곡과 오페라 작곡법을 배우기도 하였다. 그러나 이들로부터도 곧 더 이상 배울 것이 없게 되었으며, 피아노 연주가로서뿐만 아니라 작곡가로서 독창적인 자기 세계를 구축해 나갔다.

빨리 다가온 가혹한 시련-청각 장애

운명의 신은 베토벤에게 축복만 주지는 않았다. 1798년 어느 날부터 베토벤은 음악가에게 생명과도 같은 청각에 이상 징후를 느끼기 시작하였다. 이러한 징후는 그 다음해인 1799년부터 심각한 지경에 이르렀다. 그는 이따금 귀가 윙윙거리고 편두통 때문에 거의 잠을 이룰 수가 없게 되었다. 그는 당시의 참담한 상황을 친구 아멜다에게 다음과 같이 털어놓았다.

> 당신의 베토벤은 가장 불행한 가운데 자연과 창조주에 맞서고 있소. 나는 창조주가 가끔 자신의 피조물을 무심하게 방치하고, 아름다운 꽃봉오리들이 피기도 전에 꺾어버리고 파괴해버리는 것을 저주해 왔소. 내게 가장 소중한 청각이 악화되고 있단 말이오…… 나의 불행은, 연주와 창작에는 별다른 문제가 없으나 사람들과 교류하는 데 큰 불편을 겪고 있다는 점이오. 그러니 당신이 나의 친구가 되어 주기 바라오. 운명

의 신이 나를 저버리지 않을 것이라고 믿고 있소…… 당신에게 부탁하고 싶은 말은 나의 난청 사실을 다른 사람에게는 비밀로 해주기 바라오.

이어서 그는 친구 베겔레에게도 청각 장애 고통을 더욱 구체적으로 털어놓았다.

나의 난청은 지난 3년 전부터 악화되고 있는데 그 원인은 장에서 탈이 생긴 탓이라고 하오…… 의사 프랑크는 강장제를 써서 체력을 강화하고 복숭아씨 기름으로 난청을 다스려 보라고 권해서 써 보았지만 아무런 효과가 없소…… 나는 지금 불쌍한 삶을 영위하고 있다고 밖에 말할 수 없소. 지난 2년 동안 나는 사람들에게 '나는 귀머거리요.'라고 말할 수 없어 거의 모든 사교모임에 나가길 꺼려하고 있소. 내가 다른 직업을 가졌더라면 훨씬 견디기 쉬웠겠으나 음악가라는 직업에는 치명적인 것으로 나의 많은 적들이 무어라 하겠소? 이 청각 장애의 정도를 설명할 것 같으면, 극장에서 배우의 대사를 알아듣기 위해서는 오케스트라 바로 앞까지 바싹 다가가 앉아야 하며 조금만 떨어져 앉아 있어도 악기와 가수의 고음이 제대로 들리지 않고 먼 거리에서는 전혀 들리지 않소. 의사는 완전한 치유는 어렵겠지만 호전될 거라고 나를 안심시키고 있소. 이따금 나는 삶을 저주해 왔는데 프루타크는 나에게 체념을 가르쳐 주었소. 가능한 한 나는 운명에 도전해 보려고 마음먹지만, 매순간 신의 피조물 중 가장 불행한 자라고 여겨지오. 체념이 무슨 지겨운 도피수단이 될까마는 그러나 그것이 나에게 열려 있는 유일한 피난처인가 보오.

베토벤의 이와 같은 청각 장애를 두고 그의 사후에 갖가지 설이 분분했다. 첫째는 장티푸스 후유증설이며, 둘째는 매독 관련설, 그리고 혈류 부전설 등이다. 그러나 어느 경우나 확증은 없다. 다만 그의 사후 각종 비망록이나 친구들과의 서신왕래 등에서 간접적으로 전해지고 있는 바에 의하면 성병 감염이 청각 장애의 원인이 될 수도 있다는 추론이 전문가들에 의해 조심스럽게 분석되어 왔다. 그 증거로서 베토벤은 1819년의 비망록에서 성병을 치료하기 위해 관련 전문 서적을 구입해야 되겠다는 기록이 남아 있는 점으로 보아 베토벤은 매독 외에 임질에도 감염되었다는 설이 약간의 설득력은 있다.

베토벤은 이처럼 청각 장애라는 절망적인 상황에서 때로는 체념과 비탄에 잠기다가도 다시 분연히 일어서서 창작 의욕을 불태웠다. 특히 그는 이런 악조건 속에서도 한 여인에 대한 사랑의 가슴앓이를 한 친구에게 이렇게 털어놓고 있다.

"귀엽고 매력적인 소녀가 있소. 지난 2년간 우리는 서로 사랑하게 된 축복받는 순간들이 있었는데 요즈음에 와서야 결혼이 행복을 가져다 줄 것 같은 생각이 든다오. 그러나 그녀는 나와 같은 신분이 아니어서 결혼이 불가능한 것 같소. 하지만 계속 노력해 보겠소."

이 글에서 매력적인 소녀는 줄리에타 주치아르디라는 귀족 가문의 딸이라는 설이 있으나 이 역시 확실치는 않다. 그녀는 당시 17세의 소녀로서 1803년 갈렌베르크 백작과 결혼하여 나폴리에서 살았다.

신은 한 인간을 위대한 사람으로 성숙시키기 위하여 가혹한 시련을 안겨 주고 담금질하는 것일까? 그는 가혹한 운명을 스스로 저주하면서도 '운명의 목덜미를 조이고 말겠다'는 결의를 다지고 불멸의 음악으로 승화시켜 나갔다.

요양지 하일리겐슈타트에서의 유서

베토벤은 병세가 더욱 악화되자 주치의인 슈미트 박사의 권유에 따라 1802년 여름 빈의 한적한 교외인 하일리겐슈타트로 옮겨 요양생활에 들어갔다. 그러면서도 그는 창작에 대한 의욕을 불태우며 하루하루를 힘겹게 보냈으며, 조용한 환경은 그를 내면세계로 침잠시키더니 급기야는 유서를 쓰고 죽음까지도 생각하게 만들었다.

나의 형제들 카를, 그리고 …에게

너희들은 나를 적의에 차 있고 사람을 싫어하는 외고집쟁이로 여기고 있겠지만 그것은 얼마나 당치않은 말인지 모른다. 내가 외견상 그렇게 보이게 된 원인을 잘 모를 것이다. 어린 시절부터 내 마음과 생각은 따뜻한 마음으로 충만해 있었고 위대한 일을 성취하려고 갈망해 왔다. 하지만 생각해 보려무나. 나는 6년 동안 절망적인 불치의 병에 시달리고, 분별이 없는 의사들 때문에 병세는 오히려 악화되어 언젠가는 나아지리라는 생각은 해마다 좌절되고 있다. 이제는 낫는다고 해도 긴 시간이 걸리거나 나으리라는 기대조차 할 수 없는 고질병이 되고 말았구나…… 나와 함께 있는 사람들은 멀리서 들려오는 플루트 소리를 들을 수 있으나 나는 아무소리도 들을 수 없는가 하면, 다른 사람들에게는 들리는 목동의 노래를 나는 전혀 들을 수 없구나. 그럴 때는 나는 절망의 심연으로 떨어져 죽어 버리고 말겠다는 생각밖에 없다. 그런 생각 속에서도 나를 구해 주는 것은 예술, 오직 예술뿐이다.

나에게 부과된 모든 것을 창조하기까지는 어찌 이 세상을 떠날 수 있으랴 하는 생각에 사로잡히기도 한다. 바로 이 점 때문에 이 비참한…… 정말로 비참한 삶을, 그리고 아주 사소한 변화조차 나를 최상의 상태에서 최악의 상태로 전락시키는 예민한 육체를 지탱해 왔다.

인내!…… 라고 흔히들 말하지만 이제 나도 이 말을 삶의 지표로 삼아야겠다. 그렇다…… 운명의 여신이 생명의 밧줄을 끊을 때까지는 저항에 대한 결심을 간직해 나가자. 나의 상태가 호전되건 말건 이미 각오는 서 있다. 스물여덟 살에 철인이 되어야 한다니 쉬운 일은 아니다. 예술가에는 더욱 그런 것 같다. 신이여! 당신은 내 마음이 인류에 대한 사랑과 선을 행하려는 마음으로 가득 차 있음을 잘 알고 있을 것입니다.

오, 사람들이여! 그대들이 언젠가 이 글을 읽는다면 나를 얼마나 부당하게 대했는가를 생각해 보세요. 그리고 불행한 사람들은 자기들과 똑같은 처지의 한 인간이, 자연의 온갖 장애를 딛고 자신의 모든 힘을 다하여 마침내 예술가 또는 빛나는 인간의 대열에 올라섰음을 상기하여 스스로를 위로하세요.

동생 카를 … 그리고 … 내가 죽은 뒤에도 슈미트 교수가 살아 있다면 그에게 내 병상일지를 자세히 기록해 주도록 내 이름으로 부탁해다오. 그래서 그것을 여기에 첨부하여 내가 죽은 다음, 사람들이 나를 이해할 수 있도록 해다오. 그 밖에 얼마 안 되는 재산—재산이라 할 것도 없지만—은 너희들 두 형제에게 남기니 공평하게 나누어 갖고 서로 사이좋게 지내기 바란다. 너희들이 나를 힘들게 했던 것은 다 지난 일이며, 용서한 지 오래다.

동생 카를아, 최근에 나에게 따뜻하게 대해 주어 고맙게 생각한다. 너희들 자녀에게는 선행을 기르도록 힘써라. 인간을 행복하게 하는 것은 오직 선행일 뿐, 결코 돈이 아니다…… 나는 그것을 오직 경험을 통해서 이야기해 주는 것이다. 그 선행이야말로 역경에서도 나를 구해 주었고, 내가 지금까지 목숨을 끊지 않았던 것도 예술과 함께 그 선행에서 비롯된 것이다.

잘 있거라! 그리고 사랑하거라…… 모든 친구들, 특히 리히노프스키 후작과 슈미트 교수에게 감사한다. 리히노프스키 후작한테서 받은 악기는 너희들 중 누가 보관해다오. 그것 때문에 서로 다투어서는 안 된다. 하지만 유익하게 쓸 수만 있다면 팔아 써도 좋다. 죽어서라도 너희들에게 도움이 된다면 얼마나 기쁜 일이냐. 죽음이 언제 다가오든 나는 기꺼이 맞으리라. 내가 갖고 있는 예술적 재능을 발휘할 수 있는 동안은 설사 내 운명이 아무리 가혹할지라도 죽고 싶지는 않다. 나의 재능을 꽃피울 때까지 삶을 열망하고 싶다. 그러나 죽음이 빨리 다가오더라도 기꺼이 이를 맞을 수밖에 없다. 죽음이야말로 끝없는 고통으로부터 해방시켜 줄 테니까 말이다. 죽음이여, 언제든지 오려무나. 나는 결연히 그대를 맞으리라. 잘 있거라, 내 형제들이여, 내가 죽은 다음에라도 잊지 말아다오. 나는 너희들에게 할 만큼 다해 주었다.

너희들의 행복을 바라면서…… 자, 그러면 부디 행복하거라.

하일리겐슈타트에서, 1802년 10월 6일
루트비히 판 베토벤

베토벤으로서는 그 당시 상황이 얼마나 절망적이었던가를 이 유서를 통에서 능히 짐작할 수 있다. 그리고 수신인에 '동생 카를과 그리고 …에게'라고 쓴 점에서 볼 때 둘째 동생 요한에 대한 반감이 죽는 날까지 얼마나 컸는지 짐작할 수 있다. 이어서 그는 10월 10일에도 다음과 같은 유서를 남겼다.

이것으로 너희들과 마지막 인사다. 말할 수 없이 슬픈 일이구나…… 지금까지 기대했던 실낱같은 희망, 다소 회복되리라는 희망도 물거품이 되고 말았다. 가을에 나뭇잎이 시들어 떨어져 버리듯이 모든 희망도 퇴색해 버렸다. 이 세상에 태어났을 때와 마찬가지로 이제 나는 떠난다. 상쾌한 여름날…… 나에게 샘솟던 용기도 지금은 사라져 버렸다. 아, 신이여! 단 하루라도 나에게 기쁨을 맛보게 해주십시오…… 진정한 기쁨이 내 가슴에 울리던 때가 얼마나 오래된 일인가. 아, 언제 다시 자연과 인간의 전당에서 그 순수한 기운을 맛볼 수 있을까? 그럴 수 없다고? 아, 그것은 너무나 가혹하다.

피를 토해내는 비참한 심경으로 유서를 써 놓고 보니 베토벤의 가슴은 차라리 후련해지는 것 같았다. 그리고 이상하게도 잠시 병이 호전되는 듯해서 베토벤은 생명에 대한 애착이 다시 되살아나고 작품에 대한 영감이 다시 떠오르기 시작하였다. 우연일지 몰라도 베토벤은 청각 장애가 심해지기 시작한 1800년을 전후하여 창작에 더욱 왕성한 의욕을 보이기 시작하였다. 그해 베토벤은 〈교향곡 제1번〉을 완성하여 연주회에서 처음으로 '7중주'로 발표한 데 이어 여섯 곡의 '4중주'와 〈피아노 협주곡 제3번〉을, 그리고 다음해에 〈월광 소나타〉를, 하일리겐슈타트에서 유서를 쓰기에 앞서 〈교향곡 제2번〉을 완성하였다. 영혼의 나락에서 다시 생명의 세계로 돌아온 베토벤은 불굴의 의지로 가혹한 운명과 처절한 투쟁을 벌이면서 창작에 혼신의 힘을 기울였다. 신은 그에게 참혹한 시련을 안겨 주고 단련해서 그의 정신세계를 더 고양시켜 준 것이다.

〈교향곡 제3번〉으로 새로운 도약

베토벤은 모든 고난을 이겨내고 창작에 전념함으로써 환희의 세계로 다가서게 되었다. 그가 25세 때 착수하여 30세에 완성을 본 〈교향곡 제1번〉은 모차르트와 하이든의 영향을 받아 그다지 독창적이지는 못했으나 은연중에 강렬한 긴장감이 깃들어 있다. 그러나 1803년에 첫 공연한 〈교향곡 제2번〉부터는 베토벤의 개성과 진가가 드러나기 시작하였다. 이 교향곡은 죽음의 유혹을 이겨낸 인간 승리의 전주곡이자 '30년 동안 엉켜 있는 실타래가 풀리기 시작한' 의미심장한 곡이며, 천재적 정신의 진정한 개화를 알리는 본격적인 교향곡이라 할 수 있다.

1803년 여름 베토벤은 〈교향곡 제3번(영웅)〉의 작곡에 착수하여 1804년 봄에 완성하였다. 이 곡은 당초에는 프랑스 국민에게 자유를 가져다 준 혁명가 나폴레옹을 찬미하려는 의도에서 작곡되었으나 나폴레옹이 황제가 되었다는 소식을 듣자마자 베토벤이 분개하여 그 곡 사본 표지를 찢어버렸다는 일화가 있다. 즉 베토벤은 나폴레옹이라는 인간도 결국 자신의 야심을 만족시키기 위하여 민중을 기만하고 황제의 지위에 오른 속물에 불과하다고 개탄하였다. 베토벤은 그 곡의 첫 장을 다시 쓰고 '신포니아 에로이카'로 명명하였다. 당초에 그는 음악을 통해서 위대한 혁명가를 영웅으로 미화해서 자신을 나폴레옹과 동일시하려는 생각이었다는 후문도 있으나 확실치 않다. 이 곡도 초연 때에는 너무 길고 산만하다는 평을 받기도 했으나 시간이 지남에 따라 재평가를 받기 시작하였으며, 특히 베를리오즈(1803-1869. 프랑스의 후기 낭만주의 작곡가)는 "이 곡은 착상과 처리에서 아주 힘차고 숭고하며, 시적 영감이 충만한 작품"이라고 평가하였으며, 베토벤의 정신적 발전과정을 중심으로 베토벤 전기를 쓴 설리번은 〈교향곡 제3번〉에 대해서 이렇게 썼다.

이 곡이 표면적으로는 나폴레옹의 생애와 관련이 있는 것으로 알려지고 있으나 이 음악에서 예시된 한 인간의 영웅적인 삶의 성취에 관한 베토벤의 이해는 나폴레옹의 생애와는 무관하다. 즉 이 작품이 한 개인의 체험을 표출하고 있는 것은 명백하다. 그러나 베토벤이 나폴레옹을 영웅으로 생각하고 있는지 몰라도 그의 영웅에 대한 개념은 그 자신이었다. 특히 이 작품에서 베토벤은 지금까지의 자신의 인생 체험을 토해내고 있다. 그는 강한 자의식을 지닌 인간으로 죽음의 심연까지 다다른 후 억제할 수 없는 창조적 욕구로 이 작품에 열정을 쏟았는데, 그런 의미에서 이 작품은 베토벤 음악의 획기적인 전환점이 되고 있다.

〈교향곡 제2번〉이 전통의 테두리에서 조심스럽게 교향곡의 새 시대를 열었다면, 〈교향곡 제3번〉은 과거와의 단절을 통해서 '베토벤만의 교향곡'을 만들어내는 새로운 전기가 되었다고 말할 수 있을 것이다. 따라서 〈교향곡 제3번〉은 나폴레옹이라는 한 인간의 영웅적 승리가 아니라 베토벤이라는 진정한 영웅의 인간 승리이며 핍박받는 민중의 승리를 웅변적으로 말해 주고 있다고 보아야 할 것이다.

어떻든 나폴레옹이 제위에 오르면서 베토벤의 반감은 깊어졌다. 그 무렵 리히노프스키는 자기 별장에 프랑스 고위급 장교들을 초청하여 베토벤으로 하여금 연주를 하도록 계획하였으나 베토벤이 이를 단호히 거부함으로써 두 사람간의 우정은 금이 가고 말았다. 베토벤은 그에게 "귀족은 얼마든지 있지만 베토벤은 하나뿐이다."라는 편지를 보내 자신의 존재를 과시하였다. 리히노프스키의 후원을 잃게 되자 베토벤은 재정적으로 쪼들리게 되었으며, 빈 궁정 극장 총책임자 직책을 꿈꾸던 계획도 수포로 돌아가고 말았다. 이렇게 되자 베토벤은 빈이 싫어지게 되었다. 설상가상으로 당시 빈의 사교계에서는 베토벤보다 로시니(1792-1868. 이탈리아 오페라 작곡가. 대표곡 〈세비야의 이발사〉로 유명)의 인기가 날로 높아져 베토벤에게 더 큰 충격을 주었다.

이러한 어려운 시기에 베토벤에게 구세주와 같은 후원자가 나타났다. 그 사람은 마리아 폰 에르되디라는 백작 부인이었다. 그녀는 베토벤 후원회를 조직하여 그를 빈에서 떠나지 않도록 하고 자기 집에 숙소까지 제공하였다. 그녀는 당시 29세의 젊은 나이였으나 허리를 제대로 쓰지 못하는 몸이어서 음악을 유일한 낙으로 삼고 있었는데, 특히 베토벤의 음악은 그

나폴레옹

녀에게 삶의 용기를 북돋아 주는 가장 큰 활력소였다. 두 사람은 서로 위로하며 우정을 나누었는데, 베토벤은 그 후 그녀에게 피아노 3중주곡을 헌정하기도 했다. 이렇게 해서 베토벤은 빈에 잔류하여 창작활동을 계속할 수 있게 되었다.

〈교향곡 제5번〉 탄생 - '운명은 이렇게 문을 두드린다'

1806년 베토벤은 서른여섯이 되었다. 그리고 그해는 베토벤으로서는 비교적 평온한 시기였다. 그해 여름 베토벤은 부룬스빅 백작의 헝가리 별장에서 백작, 그리고 그의 누이 테레제(앞서 언급한 주치아르디와 사촌간임)와 조용하고 즐거운 나날을 보내면서 전원의 아름다움을 만끽하였다. 그곳에서 베토벤은 테레제와 각별한 우정을 나누었으며, 시간이 지나면서 두 사람의 관계는 우정이 사랑으로 발전하는 듯했으나 결실은 거두지 못하였다. 이런 환경에서 베토벤은 〈교향곡 제4번〉을 완성하였다. 이 교향곡은 〈교향곡 제5번〉에 가려 크게 빛을 보지는 못하였으나 베토벤의 9개 교향곡 중 가장 우아하고 생동감이 있는 작품으로 평가되고 있으며

언제나 부담 없이 상쾌한 기분으로 들을 수 있는 곡이다.

베토벤은 〈교향곡 제4번〉의 조용한 휴식 기간을 거쳐, 1808년 이미 오래 전부터 구상하고 있었던 〈교향곡 제5번〉을 완성하게 되었다. 이 곡은 그의 마지막 〈교향곡 제9번(합창)〉과 함께 베토벤 음악의 진수를 느끼게 하는 불후의 명곡으로 대중의 사랑을 가장 많이 받고 있다. 〈교향곡 제9번〉이 불굴의 투지로 삶을 총결산하는 곡이라고 한다면 〈교향곡 제5번〉은 가혹한 운명을 극복한 인간 승리를 상징하는 기념비적 곡이라 할 것이다. 이 곡은 교향곡의 대명사처럼 되어 너무 대중화되었기 때문에 그 가치가 퇴색한 느낌마저 들 정도이지만 음악을 아는 사람이나 모르는 사람, 신분의 높낮이를 떠나 만인의 가슴에 감동을 주는 불후의 명곡이다. 이 곡은 1808년 그해가 저물어가는 12월 22일 빈의 안 데어 빈An der Wien 극장에서 역사적인 초연이 이루어졌다. 이른바 운명의 모티프라 할 수 있는 제1악장 제1테마 '운명은 이렇게 문을 두드린다'로 시작되는 이 곡에는 고난에 찬 베토벤의 삶을 중간 결산하는 의미가 함축되어 있다. 절망과 체념, 비탄과 절규를 거쳐 승리에 이르는 전4악장까지 35분 연주시간 동안 긴장을 늦출 수 없는 이 곡은 고난에 찬 베토벤의 삶 바로 그 자체이다. 제1악장은 처음에 현악기와 클라리넷으로 힘차게 연주되는데 모든 것이 여기서부터 시작되는 것처럼 강렬한 느낌을 준다. 이어서 제2악장은 자유로운 변주곡 형식으로 전개되며, 조용하고도 명상에 잠기는 듯한 선율이 그 중심을 이룬다. 제3악장은 처음에 빠른 템포로 시작되나 점차 비통함을 자아내며, 그 다음에는 신비롭고 경쾌한 분위기로 이어진다. 그리고 마지막 제4악장에서는 힘차고 웅장한 분위기 속에서 기쁨의 경지에 이른다.

이처럼 베토벤의 삶은 운명과의 투쟁, 그리고 고난의 연속이었다. 베토벤의 생애에서만큼 운명이라는 말이 수없이 사용되는 경우도 흔치 않을 것이다. 베토벤은 그의 가혹한 운명을 작품에 용해시켰으며, 그런 운명과의 투쟁을 통해서 고통스러운 삶을 긍정하고자 했다. 특히 이 곡은 음악가의 생명인 청각이 이상 징후를 보이기 시작한 1800년과 그 다음 해에 3악장까지 초고를 썼으며, 그로부터 8년이 지난 1808년에야 완성을 본 것이다. 로맹 롤랑은 이 곡을 "한 인간의 영광과 승리를 노래한 서사시"라 했으며, 비스마르크는 이 곡을 듣고 "이 음악은 인간의 투쟁이요, 서러움이 북받쳐 오르는 울음소리이다. 나는 이 곡을 들노라면 언제나 용감해질 수 있을 것 같다."고 술회하였다. 이처럼 〈교향곡 제5번〉은 동서고금을 통해서 가장 많이 연주되고 사랑받는 교향곡으로 자리 잡게 되었으며, 이 곡이 전하는 메시지는 베토벤 자신만의 운명의 극복이 아니라 우리들 모두의 험난한 긍정으로 이어 주는 장엄한 서사시라 할 수 있을 것이다. 이처럼 베토벤은 병마에 시달리면서도 창작에 대한 열의를 꺾지 않았다. 앞서 언급한 명곡들은 물론 1806년에 발표한 〈라주모프스키 현악 4중주곡〉, 1807년에 발표한 일련의 피아노 협주곡과 〈열정 소나타〉 등도 빼놓을 수 없는 명곡들이다.

베토벤은 〈교향곡 제5번〉에 이어 〈교향곡 제6번(전원)〉을 작곡하여 1808년 12월 22일 안 데어 빈 극장에서 두 곡을 동시에 연주하였다. 〈교향곡 제5번〉이 고난을 극복하는 인간의 투쟁과 의지가 응축된 작품이라고 한다면 〈교향곡 제6번〉은 전원의 아름다움을 노래하는 상쾌한 곡으로서 베토벤의 또 다른 일면을 엿볼 수 있는 대작이다. 이 곡은 〈교향곡 제5번〉과 같이 베토벤의 후원자인 라주모프스키 백작에 헌정된 것으로 자연에 대한 무한한 애착을 서정적으로 묘사한 것이다. 이 곡은 약 45분간의 연주 시간이 소요되는데, 제1악장에서 3악장까지는 자연의 아름다움을 청량한 리듬으로 묘사하고 있으며, 제4악장에서는 폭풍이 몰아치다가 5악장에서는 폭풍이 잠잠해지고 목동의 피리소리가 들려오는 듯하여 자연과 인간의 조화를 느끼게 하는 장엄한 대곡이다.

베토벤은 그 무렵 루돌프 대공과 로브코비치, 그리고 킨스키 공이 주축이 된 베토벤 종신 후원회의 도움으로 비교적 안정된 작품활동을 할 수 있었다. 그러나 프랑스군의 침공으로 주변 귀족들의 후원이 끊긴 상태에서 생활이 어려워진 베토벤에게 루돌프 대공은 지원을 약속하였다. 루돌프 대공은 황제 레오폴트 2세의 친동생으로 베토벤은 음악 애호가인 그에게 작곡과 피아노를 가르치고 있었다. 베토벤은 이런 루돌프 대공을 위하여 많은 작품을 헌정하였는데, 그 가운데 〈함머클라비어 소나타〉, 〈레오노레 서곡〉, 〈피델리오 서곡〉, 〈피아노 협주곡 4, 5번〉 등이 대표적인 곡들이다.

명성 뒤에 숨겨진 그늘

베토벤은 42세가 된 1812년 귓병과 위장병이 깊어진 극한 상황에서도 〈교향곡 제7번〉을 작곡하였다. 바그너는 이 곡을 "지금까지 세계의 예술이 창조하지 못했던 탁월한 작품"이라고 극찬하였는데, 특히 이 곡은 교향곡으로서의 구성, 기법과 내용, 그리고 악기의 편성 등에서 가장 짜임새 있는 곡으로 알려지고 있다. 이 곡은 1813년 봄 루돌프 대공의 집에서 비공식적인 발표회를 가진 뒤 그해 2월 8일 빈 대학 강당에서 베토벤 자신의 지휘로 초연되어 대단한 갈채를 받았다. 베토벤의 몸은 만신창이가 되어가고 있었지만, 명성은 날로 높아져 갔다. 베토벤은 이어서 〈교향곡 제8번〉도 완성하였는데, 앞의 곡이 베토벤다운 호방함과 정교함이 융합된 곡이라고 한다면 이 곡은 교향곡으로서는 약간 소품이기는 하지만 원숙한 기교와 경쾌함을 느끼게 하는 작품이다. 이처럼 베토벤의 9개 교향곡 중 홀수 교향곡(3, 5, 7, 9번)이 다이내믹하고 베토벤다운 격정과 고뇌가 깊게 담겨 있다면, 짝수 교향곡(2, 4, 6, 8)은 경쾌하고 산뜻하며 평화로운 느낌을 주고 있다. 다만 〈교향곡 제7번〉은 다른 홀수 곡에서 느낄 수 있는 절망과 극복, 그리고 고뇌가 깊지 않고 승리와 환희로 가득 차 있다.

베토벤의 명성은 1814년에 이르러 절정에 달하였다. 상류사회와 사교계에서 베토벤은 화제의 인물이 되었으며, 귀족과 왕후들까지 그에게 경의를 표하고 긴밀한 유대관계를 맺으려 했다. 그러나 명성 뒤에는 그늘이 있기 마련이며 호사다마라 할까, 1812년 나폴레옹이 러시아에서 패전하여 엘바 섬으로 귀양을 가는 몸이 되자 유럽의 군주들은 1814년 9월 빈에서 유럽 정세에 관한 회의를 가졌다. 그러나 '회의는 춤춘다'는 말이 여기에서 비롯되었듯이 연일 회의가 지속되었으나 뚜렷한 결론도 없이 흐지부지 끝나고 말았다. 이런 분위기 속에서 사람들의 음악에 대한 취향도 무겁고 딱딱한 것보다 로시니 음악과 같은 가볍고 흥겨운 이탈리아풍의 음악으로 기울어지기 시작하였다. 그러다 보니 베토벤의 음악은 대중에서 점차 멀어지는 듯했으며, 설상가상으로 그의 후원자들마저 그를 외면하거나 타계하여 그의 음악 활동도 위축될 수밖에 없었다.

그 무렵(1815년) 베토벤의 동생 카를이 죽으면서 그의 처 요한나와 형 베토벤이 아홉 살 난 아들의 공동 후견인이 되도록 유언하였기 때문에 일이 묘하게 꼬여 갔다. 독신인 베토벤은 조카 카를에 대한 애정이 남달라 어린 조카를 행실이 바르지 못한 요한나에 맡길 수 없다는 뜻을 굽히지 않았다. 이 일과 관련하여 베토벤은 무려 4년 반 동안 요한나와 법정 투쟁을 벌였다. 결국 베토벤이 승소는 하였지만 그가 입은 정신적·물질적 손실은 막대하였다.

베토벤은 조카 카를을 양자로 삼은 뒤 평범한 카를을 훌륭하게 키워보려고 무진 애를 썼으나 당사자인 카를은 이를 귀찮게 생각하였다. 반발심만 강해진 카를은 불량배들과 어울려 다니며 학교 공부를 소홀히 하였으며, 급기야는 자살소동까지 벌였다. 카를은 마침내 빈에서 추방당하여 군에 입대하였다. 그러나 베토벤은 조카에 대한 관심을 늦추지 않고 카를이 소속되어 있는 군부대의 사령관에게 〈현악 4중주곡(작품 131)〉을 헌정하는 등 조카를 잘 봐달라고 부탁하기도 하였다. 이런 저런 일들로 베토벤의 몸과 마음은 나날이 황폐해지기 시작하였다. 결국 베토벤의 청각은 1815년부터 완전히 기능을 상실하여 사람들과의 정상적인 대화가 불가능하게 되었으며, 필요한 경우에는 필담으로 의사를 전달해야만 될 형편이 되고 말았다. 이 얼마나 처참한 일인가! 음악가에게는 생명인 청각이 상실되고 말았으니 말이다. 이 때문에 연주회 연습은 제대로 되지 않았으며, 그러면 그럴수록 그의 신경은 더욱 더 날카로워졌다. 그는 연주 연습을 하다가 갑자기 괴성을 지르기도 하고, 심지어는 말도 없이 혼자 어디론가 도망쳐 버리는 일도 있었다. 이처럼 베토벤은 절망적인 상태에서 하루하루를 보내야만 했다.

'고난을 통해 환희로'-〈교향곡 제9번〉 완성

베토벤은 청각 상실이라는 극한적인 상황에서도 틈틈이 소품을 작곡하면서 〈교향곡 제9번〉을 마무리해야겠다는 생각에 사로잡혔다. 사실 이 곡은 이미 오래 전인 1798년 고향 본 시절부터 착상, 스케치해 온 것으로 1822년 10월 런던 필하모니 소사이어티로부터 교향곡 청탁을 받고 완성을 서두르게 되었다. 마침내 베토벤은 꺼져가는 불꽃을 다시 지피듯이 사력을 다하여 〈교향곡 제9번〉의 완성에 전념하였다. 그 작업은 가혹한 운명과의 악전고투였다. 청각 상실, 복부수종과 그칠 줄 모르는 두통 등 갖가지 합병증이 나타나는 가운데 각종 처방과 진통제를 써가며 피와 눈물로 이 작품을 쓰고 지우고 다듬어 갔다. 이 곡은 독일 극작가이자 시인인 실러(1759-1805)의 『환희에 부쳐(An die Freude)』(통칭 '환희의 송가')라는 시에서 모티프를 얻은 것으로 1824년에야 완성을 보게 되었으니, 착상에서 완성까지 무려 30년 가까운 긴 세월이 걸린 셈이다. 베토벤은 마치 이 곡을 위해서 운명과의 투쟁과 타협을, 절망과 체념을, 삶에의 부정과 긍정을, 그리고 투혼과 열정을 쏟아부었다 해도 과언이 아니다. 연주 시간 1시간 11분에 걸친 전 4악장은 인간의 희로애락과 작곡가의 파란만장한 삶을 응축시킨 한 편의 드라마이며, '고난을 통해 환희에 이른(Durch Leiden zur Freude)' 인간 승리의 대 서사시이다.

마침내 1824년 5월 7일 빈의 케른트너토르 극장에서 베토벤 자신의 지휘로 〈교향곡 제9번〉의 역사적인 첫 연주회가 열렸다. 제1악장은 빠른 템포의 신비로운 서주序奏로 무언가를 희구하는 분위기로 시작되며, 제2악장도 종래의 다른 교향곡의 형식과 달리 빠르고 자유분방하며 생명이 약동하는 분위기로 전개된다. 제3악장은 고뇌와 체념이 교차하는 가운데 격조 높은 시적인 분위기가 감돈다. 기술적으로는 현악기에 나타난 아름다운 선율을 목관악기로 응답한다. 마지막 제4악장은 이 곡의 백미이자 베토벤의 모든 혼이 응집된 내용으로 기악과 성악이 함께 어우러지는 교향곡의 압권이며 결정판이다. 제4악장 서주부에서 인간은 고난을 극복하지 않으면 안 된다는 절규에 가까운 굉음과 베이스의 부정(Nein!)의 외침에 뒤이어 바리톤은 다음과 같이 노래한다.

"오 친구여, 이런 음률은 아니오. 이보다 더 화음에 차고 환희가 넘치는 음률로 우리 힘께 노래합시다." 이어서 실러의 '환희의 송가'가 합창으로 웅장하게 울려 퍼지면서 청중을 압도한다. 합창으로 엮어진 4악장 '환희의 송가'에는 인간의 모든 죄악과 갈등, 복수와 원한의 감정을 버리고 하나로 화해하고 용서하는 인류애가 깃들어 있다. 어쩌면 이것은 베토벤 자신의 소망을 그대로 표출하는 것이리라. 그는 악기의 음률만으로는 자신의 한을 다 털어놓을 수 없기 때문에 언어가 담긴 인간의 외침이 필요했던 것이다.

그날 빈 극장에서 연주회가 끝나자 청중은 우레와 같은 박수로 베토벤에게 아낌없는 찬사를 보냈으며, 적어도 그 순간만은 모두가 하나의 형제가 되어 회한과 화해의 눈물을 쏟아내지 않을 수 없었다. 그러나 정작 지휘를 맡은 베토벤은 이 곡의 장엄한 울림도, 청중의 뜨거운 갈채도 듣지 못하고, 지휘가 끝나자 고개를 떨군 채 묵묵히 서 있을 뿐이었다. 이 광경을 보다 못한 알토 가수 카롤리네 웅거가 베토벤을 돌려세워 무대 정면으로 안내하고 청중의 폭발적인 환호에 응답하도록 도와주었다. 베토벤은 열광하는 관객에게 정중히 인사한 다음 말없이 무대를 뚜벅뚜벅 걸어 나갔다. 연주회가 끝나고 막이 내리면서 베토벤은 말할 수 없는 고독감에 빠져들었다.

인류 역사가 존재하는 한 〈교향곡 제9번〉은 우리들 가슴에 영원히 살아 숨 쉬며 메아리칠 것이다. 베토벤은 이 곡을 통해서 모든 고난을 극복하고 환희의 세계에 도달하였으며, 이 곡을 통해서 위대한 음악가로서의 최고의 성좌에 오르게 되었다. 그러나 그가 이루어낸 환희의 세계는 자신의 몫이 아니라 전 인류가 누리는 환희일 따름이었다. 그것이 바로 천재의 고독이요, 숙명임을 어찌하랴.

베토벤은 〈교향곡 제9번〉을 완성한 뒤에도 임종이 가까워 오는 그날까지 크고 작은 작품 특히 현악 4중주곡을 많이 작곡하였다. 이 가운데 현악 4중주곡 〈제16번 작품 135〉는 4악장에서 '어렵게 얻어낸 결심'이라는 표제가 붙어 있고 서주에서 '그래야만 되는가? 그래야만 한다! 그래야만 한다!'로 시작하여 갖가지 추측을 지어내고 있다. 그러나 이에 대한 명쾌한 해석은 어느 누구도 이끌어내지 못하고 있다. 그 밖에도 베토벤은 〈코리올란〉 서곡, 〈피델리오〉 및 〈에그몬트〉, 피아노 협주곡 〈황제〉,

바이올린 협주곡 〈작품 61〉, 현악 4중주곡 〈라주모프스키〉, 피아노 3중
주곡 〈대공大公〉 및 〈유령〉, 바이올린 소나타 〈봄〉, 첼로 소나타 〈3, 4번〉,
36편의 피아노 소나타 중 〈제8번 비창〉과 〈제14번 월광〉, 〈제15번 전원〉,
〈제17번 템페스트〉, 〈제21번 발트슈타인〉, 〈제23번 열정〉, 〈제29번 함머
클라비어〉, 유일한 오페라곡 〈피델리오〉, 종교적 고백곡인 〈장엄미사곡〉
등 수많은 대작들을 작곡하여 불멸의 유산으로 남겨 놓았다. 그 밖에 소
품이기는 하지만 브륀스빅 백작의 두 딸과 아픈 사연이 얽힌 가운데 작
곡한 것으로 전해지고 있는 피아노곡 〈엘리제를 위하여〉도 널리 사랑받
고 있는 곡이라고 할 것이다.

'불멸의 연인'들

우리는 천재들의 특이한 삶속에서 수많은 여인들이 등장하고 있음을
보아 왔다. 그러나 그들은 천재들만이 가지고 있는 기이한 행동으로 뭇
여인과의 애정관계를 제대로 이끌지 못하여 비련으로 끝나버리고 마는
경우가 허다하다. 이들 천재들은 여인들과의 교감을 통해서 창작의 활력
소를 찾으려 했고, 고독했기 때문에 때로는 여인의 몸에서 영혼의 안식
을 찾으려 했으나 거의 대부분이 비극적 결말로 끝났고, 그 아픔을 창작
으로 승화시켜 나갔다. 특히 베토벤의 경우는 주변에 많은 여인이 있었
으나 연인으로 단정할 만한 여인이 과연 누구인지 확실한 기록이 없다.
이 점에 대해서 수많은 베토벤 연구가들이 그의 연인이 누구인지 나름대
로 추적해 왔지만 어느 누구도 설득력 있는 해답을 주지 못하고 있다.
베토벤은 57세라는 길지 않은 삶을 독신으로 보냈다. 살아생전에 많
은 여인과 교류했지만 좋아하는 여인은 일방적인 짝사랑이었거나 이루
어질 수 없는 사랑으로 끝나고 말았다. 베토벤 생존 당시 그의 측근이나

줄리에타 주치아르디　　테레제 브륀스빅　　안토니 브렌타노와
그녀의 딸과 아들

베토벤 연구가들은 줄리에타 주치아르디, 테레제 브륀스빅, 안토니 브렌타노, 베티네 브렌타노, 요제피네 브륀스빅, 그리고 마리아 에르되디 등 많은 여인 들 중에서 저마다 한 여인을 내세워 베토벤이 말한 '불멸의 연인(Unsterbliche Geliebte)'으로 그럴싸하게 추정하거나 주장하고 있지만, 어느 누구도 이 여자가 베토벤의 '불멸의 연인'이었다고 단정할 만한 증거를 제시하지 못하고 있다. 특히 베토벤이 남긴 세 통의 연애 편지마저도 수신인이 명시되어 있지 않아 궁금증을 더해 주고 있다. 베토벤의 생존 당시 비서 역할을 했던 쉰들러는 줄리에타 주치아르디를 불멸의 연인으로 내세우고 있으나, 원래 믿을 만한 인물이 못되고 그가 주장하는 바도 횡설수설하여 설득력이 없는 것으로 판명되고 말았다. 그 다음에 베토벤 전기를 쓴 로맹 롤랑은 테레제 브륀스빅을 불멸의 연인이라고 주장하고 있는데, 여기에는 상당한 근거가 있기도 하다. 즉 베토벤은 1805년부터 작곡 중이던 〈교향곡 제5번〉을 중단하고 1806년에 활기찬 〈교향곡 제4번〉을 단숨에 완성하였다. 로맹 롤랑은 앞서 언급한 바와 같이 베토벤은 브륀스빅 백작의 별장에 머물면서 백작의 딸 테레제와 가까이 지내면서 활력이 넘치는 생활을 보냈기 때문에 그 같은 곡이 만들어질 수밖에 없었다고 분석하였다. 테레제는 1861년 그녀가 죽을 때까지 베토

벤을 잊지 못하였다고 하면서, 베토벤 자신도 "그녀를 생각할 때마다 나의 가슴은 내가 그녀를 처음 만날 때처럼 벅차게 뛴다."고 밝힌 바 있다. '멀리 있는 연인'에게 바친 여섯 곡의 가곡도 이 무렵에 쓴 것으로 알려져 그녀가 '불멸의 연인'이 아니겠느냐 하는 추측을 가능케 하고 있다. 그런가 하면 테레제가 자기의 초상화를 베토벤에게 주면서 T. B(Therese Brunsvik)라는 이니셜을 기입해 준 사실도 나름대로 의미가 있다. 그러나 이러한 정황만 가지고 그녀가 베토벤의 '불멸의 연인'이라고 단정할 수 없다는 것이 지배적인 여론이 되고 말았다.

베토벤의 연인에 관한 지루한 논쟁이 사후에도 끈질기게 호사가들에 의해 다양한 논거로 기술되어 오다가 1979년 솔로몬이라는 베토벤의 전기 작가가 마치 엉킨 실타래라도 풀듯이 안토니 브렌타노가 '불멸의 연인'이라고 자신 있게 주장하였다. 안토니 브렌타노의 본명은 안토니 폰 비르켄슈톡으로 1798년 사업가인 프란츠 브렌타노의 부인이 되었다. 그녀는 오스트리아의 저명한 학자이자 정치가요 미술 애호가인 비르켄슈톡의 외동딸로 태어났으며, 그녀의 어머니는 그녀가 여덟 살 때 죽었다. 안토니는 아버지의 일방적인 요구에 의해서 마지못해 브렌타노와 결혼했으나 결혼 후에 참다운 부부생활을 못했던 것으로 알려졌으며 설상가상으로 1799년 첫 아이마저 죽고 말아 한때 부부관계가 위기를 맞기도 한 것으로 알려졌다. 베토벤이 안토니 브렌타노를 처음 만난 것은 1810년으로 추정되고 있다. 그해 5월 베티네 브렌타노(안토니 브렌타노와 시누이 관계)는 비르켄슈톡 집을 방문하였다. 평소 베토벤 음악에 심취해 있던 그녀와 안토니 브렌타노는 베토벤의 하숙집을 방문하였다. 그러나 베티네는 베토벤의 가슴만 설레게 해놓고 수주일 후 빈을 떠나버렸으며, 그 뒤 베토벤은 안토니 브렌타노, 그리고 그녀의 남편과 친교를 맺게 되었다. 안토니는 남편의 사랑을 받았으나 그녀는 사업에만 몰두해 있는 남편을 그다지 사랑하지 않았다. 그녀는 아버지의 성격을 닮아 음악과 미술 등 예술에 관심이 많았는데, 베토벤을 만나면서 그가 외모는 보잘 것없으나 음악에 대한 열정과 순수한 인간성을 갖고 있어서 은연중에 그에게 끌리게 되었다는 것이다. 그녀는 그 무렵 몸이 불편하여 베토벤이 자주 다니던 요양지 칼스발트에 가끔 들르곤 하였다. 1811년 그녀는 칸타타 작곡을 원하는 클라멘스라는 사람에게 이렇게 써 보냈다.

저는 '칸타타' 원본을 존경하는 베토벤의 성스러운 손에 전달하겠습니다. 그분은 인간들 가운데서 신처럼 행동합니다. 저속한 세계를 내려다보는 그분의 고결한 품성과 병들어 있는 위장도 일시적으로만 그분을 괴롭힐 뿐입니다. 왜냐하면 뮤즈의 여신이 그녀의 뜨거운 가슴에 그분을 끌어안고 있기 때문이지요.

만년에 안토니가 쓸쓸히 칩거하고 있을 때 오직 베토벤만이 그녀를 방문하는 것이 허용되었다. 그는 옆방에 비치되어 있는 피아노에 앉아 그녀를 위한 즉흥곡을 연주하기도 하고 위로의 말을 나누기도 하다가 조용히 방문을 나서곤 하였다. 그녀 또한 베토벤을 "위대하고 탁월한 사람", "예술가로서보다 인간으로서 더 위대한 사람", "그의 부드러운 마음씨, 그의 빛나는 영혼", "자연스럽고 단순하며 슬기롭고 순수한 사람"이라는 표현 등으로 최상의 찬사를 아끼지 않았다. 그러나 베토벤은 그녀를 사랑하고 있었지만 이루어질 수 없는 사랑으로 결론짓고, 안토니만이 아닌 안토니 부부를 사랑할 수밖에 없었다. 안토니는 1869년 만년의 메모철에 "루트비히 판 베토벤, 1827년 3월 26일 죽다"라고 그의 시망 일지를 정확히 기입해 두었다.

솔로몬은 이와 같은 여러 근거를 제시하면서 안토니를 '불멸의 연인'

으로 단정하고 있으나 이 역시 베토벤의 편지에 수신인이 밝혀지지 않은 점, 두 사람의 솔직한 고백을 확인할 만한 뚜렷한 근거가 희박한 점 등으로 보아 확실한 결론을 내리기가 어렵다. 그 밖의 여인들은 일방적, 또는 일시적으로 마음을 주었던 여인들이거나, 베토벤의 명성을 이용하려는 여인들이 많았다. 예컨대 줄리에타 주치아르디는 베토벤을 등지고 갈렌베르크와 결혼했으며, 베티네 브렌타노는 아르님과 사랑에 빠져 있으면서도 베토벤을 우롱하였다. 이처럼 베토벤은 고귀하고 순수한 여인들과는 이루어질 수 없는 사랑으로 괴로워했고, 교활한 여인들로부터는 이용만 당하는 등 여복과는 거리가 먼 남자였다. 그는 만년의 일기에서 이렇게 썼다.

"나는 더 이상 남자가 아니다. 나는 앞으로 나 자신을 위해서가 아니라 만인을 위해서만 살아야 한다."

베토벤은 '불멸의 연인'에 대한 세 통의 편지를 남겨 놓았는데 1812년(?) 7월 6일 아침과 저녁, 그리고 7월 7일 아침에 쓴 편지들이다. 이들 편지는 한결같이 비통한 어조로 씌어 있다. 다음의 편지는 마지막 세 번째 편지다.

7월 7일 아침
안녕!
아직 침대에 누워 있으면서 나의 생각은 당신을 향하고 있소. 나의 불멸의 연인이여—때로는 즐거워하고, 그러면서도 슬픔에 잠겨, 운명이 우리에게 귀 기울여 줄 것인지 기대하면서, 당신과 함께 살든지, 그렇지 않으면—그렇소. 나는 당신의 두 팔 곁으로 날아가 당신과 함께 한집에 있게 되었다고 말할 수 있을 때까지는 아주 오랫동안 당신에게서 떠나 먼 곳을 방랑하기로 결심하였소. 나는 이제 당신에게 둘러싸인

내 영혼을 정령의 왕국으로 보낼 수 있다오. 물론 그렇게 되면 틀림없이 불행하게 될 것이오. 당신은 당신에 대한 나의 진실함을 알고 있기 때문에 더욱 자제하게 될 것이오. 어떤 누구도 내 마음을 차지할 수 없소─결코─결단코─오오, 신이여, 어찌하여 사랑하는 두 사람이 헤어져 있어야 하나이까? 지금 빈에서의 나의 삶은 비참합니다─당신의 사랑은 모든 남자들 중에서 나를 가장 비참하게 만들었소. 이 나이에 나는 조용한 생활이 필요하오─그런데 우리 사이에서 그것이 가능할까요? 나의 천사여, 나는 지금 막 우편마차가 매일 있다는 말을 들었소─그러니 이제 당신이 나의 글을 즉시 받아 볼 수 있도록 편지를 끝내야 되겠소. 진정하오. 우리의 생활을 냉정히 숙고함으로써만이 우리가 함께 살려는 목적을 달성할 수 있소. 진정하오─나를 사랑해 주오. 오늘도, 어제도 이렇게 눈물에 젖어 당신을 그리워한다오. 그대─그대─나의 생명─나의 전부여─당신의 연인의 애틋한 마음을 절대로 잘못 판단하지 말아 주오.

영원히 당신의 것,

영원히 나의 것,

영원히 우리의 것.

베토벤으로부터

이상의 편지 내용으로 보아 베토벤은 한 여인을 사무치게 사랑하고 있었으나 그것을 실행에 옮기지는 못하고 애태웠던 같다. 신분상의 제약이나 도덕적인 문제 또는 신체적인 결함으로 인한 자격지심에서 베토벤은 홀로 괴로워하고 채념한 채 이루어질 수 없는 사랑의 아픔을 내면에서 연소시킨 것이 아닌가 생각된다.

'희극은 끝났다'

베토벤은 자신의 몸을 너무 혹사했다. 그는 갖가지 병마에 시달리면서도 밤부터 새벽 서너 시까지, 그리고 낮에도 특별한 경우가 아니면 간단한 아침식사를 한 뒤 다시 책상머리에 앉아 오후 두세 시까지 작곡에 몰두하였다. 그런데다가 입맛이 없고 속이 타다 보니, 그는 의사의 충고도 무시한 채 독한 알코올과 찬 음료를 너무 많이 마셔서 위장병을 더욱 악화시키고 말았다. 결국 그의 병은 치유할 수 없는 중증으로 치달았다. 그러나 독신인 그에게는 누구 하나 곁에서 간호해 줄 사람도 없었다. 육신이 괴로울 때면 그는 혼자서 황량한 들판을 몇 시간이고 걸었고, 집에 돌아와서도 통증을 견디지 못할 때는 다시 독한 술을 마셔 썩어가는 위장을 마비시킨 뒤 깊은 생각에 잠기다가 잠이 들곤 하였다.

베토벤은 스스로가 생명의 샘물이 고갈되어가는 것을 감지할 수 있었다. 그는 교활한 동생의 초청을 받아들여 조카 카를과 함께 그나이센도르프를 방문, 두어 달간 보내면서 〈현악 4중주 작품 135〉의 마지막 손질에 몰두하였다. 동생의 집에 머물렀지만 동생의 보살핌은커녕 관심이 너무 소홀하여 병세는 더욱 악화되었으며, 남루한 옷차림은 보는 이로 하여금 측은함을 자아내게 하였다. 베토벤이 요양지 슈바르츠스파니어하우스에 다시 돌아왔을 때 그의 몰골은 말이 아니었다. 그의 뱃속에는 계속 물이 차올라 온 몸이 퉁퉁 부어갔다. 그러나 이와 같은 극한적인 상황에서도 베토벤은 삶에 대한 의지, 아니 창작에 대한 의욕을 포기하지 않았다. 그러나 가혹한 운명의 신은 그의 모진 운명을 재촉하였다. 담당의사 바브르흐 박사의 권고에 따라 유명한 외과의사인 자이베르트 교수의 집도로 배에 구멍을 뚫고 복부에 차 있는 물을 빼내기 시작하였다. 놀랍게도 물은 수십 리터가 쏟아졌지만 그칠 줄 몰랐다. 그러다 보니 과도한

탈수증세가 나타나 기력은 쇠잔하고 말았다. 견디다 못한 베토벤은 얼음에 채운 펀치주를 다시 찾기 시작하였다. 의사의 입장에서도 별다른 도리가 없었다. 이것을 마시고 베토벤은 겨우 잠이 들곤 하였다. 잠자는 그의 모습은 측은하다 못해 평온해 보였다. 그러나 펀치주는 일시적인 마취 주에 불과할 뿐 사태는 절망적인 상황으로 치닫고 있었다. 그의 신경은 극도로 날카로워졌으며, 통증을 견디다 못해 때로는 괴성을 지르기도 하였다. 이러한 극한적인 고통의 시간은 그가 임종하기 전 해인 1826년 가을부터 시작하여 해가 바뀐 1827년 3월까지 끈질기게 지속되어 더이상 가망이 없는 지경에 이르렀다. 그 사이에 그는 수술을 네 차례나 받았으나 고통만 가중시킬 뿐 별다른 효험을 거두지 못하고 운명의 시간만 앞당길 뿐이었다.

따뜻한 봄기운이 점차 완연해지면서 의사와 주변 친지들은 봄날에 만물이 소생하듯 베토벤도 회생할 거라고 위로의 말을 해주었으나 환자는 믿으려 하지 않았다. 그 사이에도 한때 그의 경쟁자였던 훔멜이 그의 제자와 함께 찾아 주었고, 빈에 체류한 이래 우정을 나누어 온 츠메스칼이 반신불수의 불편한 몸으로 고맙게 방문하여 위로해 주었다. 그리고 이전의 수많은 후원자들, 그 가운데서도 리히노프스키가 다시 찾아 주었으며, 특히 그 동안 베토벤을 만나기 두려워했던 슈베르트까지 찾아와 그의 꺼져가는 영혼에 위로의 손길을 보냈다. 베토벤은 특히 슈베르트가 찾아왔다는 말을 듣고 반갑게 그를 접견하기도 하였다. 과거에 먼발치에서만 바라보았던 베토벤의 지금의 모습은 슈베르트에게는 너무도 측은해 보였다. 슈베르트를 보는 순간 환자의 눈에는 눈물이 고였다.

문병객들이 떠난 후 베토벤은 이렇게 중얼거렸다.

"친구들이여, 박수를 쳐다오. 이제 희극은 끝났네!(이 말은 로마의 초대 황제 아우구스투스가 한 말로 전해지고 있음)"

이 말은 그의 임종을 지켜본 정직한 브로이닝의 생생한 증언이다. 그날은 1827년 3월 23일이었다. 이 역설적인 말이 그의 최후의 말로 알려졌으나, 일설에 의하면 주문해 두었던 포도주가 도착하자 "원통하구나. 너무 늦었다."고 한 말이 진짜 최후의 말이라는 일화가 전해지고도 있다. 그러나 마지막 말들의 진위를 따진들 무슨 의미가 있겠는가? 베토벤은 3일 후인 1827년 3월 26일

베토벤의 묘소

오후 5시 45분, 두 손을 허공을 향해 움켜쥔 채 마지막 숨을 거두었다. 그날은 화창한 봄날이었는데도 그가 운명殞命하는 그 순간에 갑자기 뇌우가 일고 짙은 먹구름이 하늘을 뒤덮었다. 그러고 나서 잠시 후 한 줄기 햇살이 베토벤의 방을 환하게 비추었다. 참으로 범상치 않은 일이었다.

브로이닝과 베토벤이 늘 귀여워했던 브로이닝의 열세 살짜리 아들 게르하르트, 제자 쉰들러, 슈베르트의 친구이며 〈교향곡 제9번〉에서 노래를 부른 안젤름 휘텐브렌너 등이 베토벤의 임종을 지켜보았다. 특히 당시 어린 소년이었던 게르하르트는 먼 훗날 베토벤의 임종 장면을 다음과 같이 생생하게 회상했다.

그처럼 불굴의 의지를 가졌던 거장도 마침내 죽음의 마신魔神 앞에 정신을 잃어버렸다. 그러나 그의 숨결은 너무나 거칠어서 목구멍 속에서 흘러나오는 마지막 숨결은 단말마적 고통 바로 그 자체였다. 그의

강인한 체력과 아직도 힘찬 폐의 기능은 벽을 뚫고 들어오는 죽음과 거인처럼 맞서 싸우고 있었다. 죽음의 파괴력에 저항하여 싸울 만한 정신력마저 약화되었으나 이 위대한 영웅은 그래도 굴복하지 않았다. 그것은 너무나 두려운 순간이요 무서운 장면이었다.

그의 반쯤 감긴 두 눈은 휘텐브렌너가 감겨 주었다. 생전에 이루지 못한 한이 많아서였던가? 3월 28일 조각가 단하우저가 데드마스크를 뜨고, 그의 두개골은 절단된 뒤 의사들이 해부를 했다. 3월 29일 그의 장례식에는 수많은 저명인사들과 음악인들, 그리고 일반사람들까지 대거 참석하여 장엄한 운구행렬을 뒤따랐다. 그의 영원한 안식처 베링 묘지까지는 그다지 멀지 않은 길이었지만 몰려든 애도객들에 막혀 운구마차는 애를 먹었다. 그날 프란츠 그릴파르처(1791-1872. 오스트리아 극작가 겸 시인)가 쓴 조사를 배우 안쉬츠가 울먹이며 감동적으로 읽어갔다.

그는 예술가인 동시에 참다운 인간이었습니다. 모든 의미에서, 그리고 가장 고귀한 의미에서 인간이었습니다. 그가 세상으로부터 거리를 두었기에 사람들은 그를 인간혐오자라 불렀고, 경박한 감상을 경계했기에 무감각한 사람이라고 비난했습니다. 아, 자신의 마음이 냉정한 것을 아는 자는 결코 위축되지 않는 법! 가장 세심하고 예민한 것들이야말로 쉽게 무디어지며, 약해지고, 꺾이는 것, 극도로 섬세한 감수성은 그것을 피하지 않는가! 그가 세상으로부터 도망친 것은, 사랑으로 가득 찬 그의 마음속 어디에서도 세상에 대적할 무기를 찾지 못했기 때문이었습니다. 그가 인간들로부터 자신을 멀리한 것은 그가 모든 것을 주고도 아무것도 받지 못했기 때문이었습니다. 그가 홀로 산 것은 그의 짝을 찾지 못했기 때문이지만 마지막 순간까지도 그의 심장은 모든 인간들을 위해, 그리고 아버지와 같은 애정 속에서 그의 동족들을 위해, 그리고 뜨거운 피로서 세상을 위해 뜨겁게 뛰었습니다. 그렇게 그가 살았고, 그렇게 그가 죽었으므로, 그렇게 그는 세상이 끝날 때까지 살 것입니다…… 우리들 모두가 휘몰아치는 폭풍과도 같은 그의 위대한 창조력 앞에 압도당하고, 이 위대한 예술가로부터 물려받은 찬연한 환희가 다음 세대로 전해질 때 우리는 오늘 이 자리를 다시 회상해낼 수 있을 것입니다. 그리고 우리의 후손들에게 다음과 같이 자랑스럽게 이야기할 수 있을 것입니다. '우리는 그의 장례식에서 많은 사람들과 함께하였습니다. 그리고 우리는 눈물에 젖은 채 그가 남기고 간 위대한 영혼을 이어받았습니다.'

위대한 음악가 베토벤은 57세에 이르기까지 오직 인류에게 위안이 될 음악을 위해서 뜨겁게 살다가 한 줌의 흙으로 돌아 갔다. 그의 험난하고 고난에 찬 삶은 가혹한 운명과의 고투였지만, 그는 불멸의 대작 〈교향곡 제5번〉을 통해서 운명을 극복하였으며, 마지막 〈교향곡 제9번〉으로 고난을 딛고 환희에 이른 진정한 승리자가 되었다.

주요 참고문헌 및 더 읽을 만한 책

Martin Geck, *Ludwig van Beethoven*, Rowohlts, 1997.
이순열 지음, 『베토벤 평전과 작품』, 현암사, 1988.
J. W. N. 설리번 지음, 서인정 옮김, 『베토벤-그의 정신적 발달』, 홍성사, 1982.
로맹 롤랑 지음, 이휘영 옮김, 『고뇌를 넘어 환희로-베토벤의 위대한 생애』, 도서출판 거암, 1985.
이덕희 편역, 『베토벤 이야기』, 도서출판 예하, 1990.
이덕희 지음, 『음악가의 만년과 죽음』, 도서출판 예하, 1989.

조수철 지음, 『베토벤의 삶과 음악세계』, 서울대학교 출판문화원, 2009.
류연형 편저, 『베토벤』, 음악춘추사, 1993.

빈센트 반 고흐

비극적인, 너무나 비극적인
삶을 살다 간 가엾은 성자

Vincent
Willem
van Gogh

천재와 광기는 흡사하다
양자의 사이는 종이 한 장 차이이다.

–포프

저주받은 운명

서른일곱 해의 고난에 찬 짧은 삶, 그것도 마지막 10년간 그림 그리기에만 온몸을 불살랐던 천재 화가 빈센트 반 고흐, 그는 불치의 정신병으로 저주받은 운명과 사투를 벌이면서 생의 마지막 순간까지 화필을 놓지 않았다. 그는 자연과 인간, 심지어 버려진 '들꽃' 늙은 창녀까지 사랑하며 아픔이란 아픔, 고통이란 고통을 다 겪었다. 나이에 비해 너무 늙어버린 그의 많은 자화상 속에서 우리는 한 인간의 수난과 고뇌를 읽을 수 있으며, 그의 빛나는 눈동자에서만이 보통사람과 다른 천재의 불꽃 같은 열정과 광기를 능히 엿볼 수 있다.

살아생전에 몇 점의 스케치와 한 점의 유화(단돈 4백 프랑의 헐값으로 판매)밖에 팔지 못했던 이 불운한 천재 화가는 비극적인 너무나 비극적인 삶을 살다 갔다. 운명의 신은 이 가엾은 '성자'에게 너무나 가혹한 시련과 어려운 과제를 안겨 주었다. 죄 많은 인간을 구원하기 위한 성직자의 꿈을 접고, 미를 탐구하는 화가의 길로 들어선 그는 주변의 냉대와 몰이해, 그리고 끝없는 자기학대와 모멸감 속에서도 동생 테오의 눈물겨운 도움을 받으며 힘겹게 화폭을 채색해 나갔다. 그러나 앞날이 불투명한 이 고독한 작업은 너무도 험난하고 공허했다. 그 자신이 말한 것처럼 "절망에 굴복하기보다 차라리 적극적인 우수憂愁를 선택하겠다."는 비장한 각오로 색채의 아름다운 세계를 찾아 외로운 길을 걸어간 이 고결한 '성자'는 감당하기 어려운 절망 끝에 서른일곱 해의 짧은 삶을 스스로 마감하고, 인류에게 빛나는 유산을 남겨 놓은 채 영원한 안식처로 돌아갔다. 살아생전에 세인들이 거들떠보지도 않았던 그의 그림들이 사후 거의 천문학적 가격으로 거래되고 있는 오늘의 현실을 생각하면 너무도 가슴 아픈 일이다. 미술사학자 장 레이마리는 고흐의 비극적인 삶과 작품에 대해서 이렇게 말했다.

그의 작품 하나하나는 그의 모든 존재의 타오름이자 그의 모든 불안과 기쁨의 절규이다. 또한 그의 생애는 어떤 회화 이념의 구현이라기보다는 차라리 한 영혼의 소진이며, 어떤 미학적 모험이라기보다는 오히려 하나의 정신적 사회적 비극이었다. 그것은 자신이 타고난 소질에 찢기면서도 자신의 열정에 포로가 된 한 인간의 비극이다. '진정한 삶'이 거부된 그는 회화 속에서 자신을 찾고 끝내는 자신을 불살라 버렸다.

또한 고흐가 타계한 지 몇 달 후 그의 그림을 제대로 평가해 온 예술비평가 옥타브 미르보는 이 불운한 천재 화가에 대해서 이렇게 회상했다.

경이롭고도 강렬한 비전을 제시해 주는 이 화가의 뛰어난 본능, 사물의 딱딱한 모습 속에서 살아 움직이는 형태를 감지하는 예민한 감수성,

웅변과도 같은 탁월한 표현력, 그리고 넘쳐흐르는 상상력은 우리를 놀라게 하고도 남음이 있다.

습작기의 어두운 색조에서 탈피한 그는 '밝고 불타오르는 그늘이 없는 빛, 태양처럼 타오르는 눈부신 황색, 그리고 에메랄드 빛깔의 녹색'을 점선과 곡선으로 때로는 거칠고도 대담하게, 그러면서도 질감 있게 하얀 공간을 채색해 나갔다. 그것은 미술사에서 하나의 혁명이었다. 종교화에 치우친 종래의 진부한 미술 양식에서 벗어나 대상에 대한 순간의 느낌을 포착, 자기만의 방식으로 묘사했던 인상주의 화풍에서, 그는 한 걸음 더 나아가 내면의 고통과 갈등까지도 강렬하고 거친 터치로 표출하여 표현주의 미술의 태동을 예고하였다. 자연을 있는 그대로만 묘사한다면, 미술로서, 아니 예술로서 무슨 큰 감동이 있겠는가? 자연과 사물에 대한 순간의 느낌과 내면의 고통스러운 세계를 아울러 그려냄으로써 미술사의 물줄기를 바꿔 놓을 정도로 시대를 앞선 이 천재 화가의 험난한 삶과 그림 세계를 추적해 본다.

형제의 굳은 언약

빈센트 반 고흐Vincent Van Gogh는 1853년 3월 30일 네덜란드 브라반트에서 아버지 테오도루스 반 고흐와 어머니 안나 코르넬리아의 6남매 중 장남(빈센트보다 1년 먼저 태어난 아기가 태어나자마자 죽게 되어 사실상 장남)으로 태어났다. 반 고흐의 할아버지와 아버지는 장로교 목사였으며, 아버지의 다른 10남매 중 3형제가 미술품 판매상이었다. 훗날 고흐가 화가가 된 것은 그의 천부적인 자질도 자질이려니와 삼촌들의 화랑에서 많은 그림들을 접한 것이 큰 자극제 역할을 했다고 볼 수 있으며, 무엇보다도 동생 테오의 눈물겨운 도움과 격려가 있었기에 가능하였다.

고흐는 아홉 살 때부터 미술에 재능을 보였으나 시골 목사인 그의 아버지는 아들의 미술적 재능에 별 관심을 두지 못했고, 그 때문에 어린 고흐를 미술가로 키우겠다는 생각은 아예 없었던 것으로 보인다. 고흐는 화목한 목사의 가정에서 태어났지만, 그는 어릴 때부터 학교수업보다는 혼자서 무언가 골똘히 생각하거나 황량한 들판을 발길 닿는 대로 돌아다니며 스케치하는 습관이 있었다. 더 이상 학업을 계속할 수 없었던 고흐는 16세 때 숙부가 운영하는 헤이그 구필 화랑의 인턴 사원으로 들어갔다. 고흐는 20살 때 구필 화랑 런던 지사로 전근되었으며, 그보다 네 살 아래인 동생 테오는 나중에 같은 화랑 브뤼셀 지사에서 근무하게 되었다. 형제는 성장하면서 어느 누구보다 가까이 지내며 끈끈한 형제애를 나누었다. 같은 길을 걷게 된 형제는 각자의 근무지로 떠나기에 앞서 어느 날 리즈워크 물방앗간 정자나무 그늘에 앉아 앞으로 인생을 어떻게 살아가야 할 것인가에 대해서 진지한 대화를 나누었다. 그날 이후 형제는 17년간 총 652통의 편지를 주고받으며 물방앗간 정자나무 밑에서 다짐한 '형제의 굳은 언약'을 되새겼다. 형인 빈센트가 사색적이고 비사교적이며 예민한 감수성을 지녔다면, 동생 테오는 사려 깊고 현실에 순응하는 성격이었지만, 예술을 사랑하는 마음은 두 사람 모두 다를 바 없었다.

고흐는 화랑에서 미술품을 판매하는 일보다도 고객들에게 미술품을 해설하고 이해시켜 주는 일에 더 열성적이었기 때문에 이를 탐탁지 않게 생각하는 고객들과 가끔 마찰을 빚기도 했다. 특히 그의 날카로운 두 눈과 어눌하면서도 투박한 말투는 고객들로부터 반감을 살 만도 했다. 이러한 결과는 그가 이미도 미술품 판매상으로 주저앉기에는 너무나 현실의 불만이 많은 데 기인하였으리라는 분석도 가능하다. 그 무렵 그는 틈틈이 런던의 유명한 미술관을 찾아다녔으며, 특히 터너(1775-1851. 영국의 풍경화가로 인상파 화가들에게 많은 영향을 주었음)의 그림들은 종교화가 아닌 자연을 대상으로 한 풍경화였다는 점에서 깊은 감명을 주었다.

구필 화랑 시절의 고흐

고흐는 1873년 10월부터 런던 변두리 로이어 부인 집에서 하숙을 하고 있었다. 그녀에게는 열아홉 살 난 딸 우르줄라가 있었는데, 그는 틈나는 대로 그 아가씨에게 미술 이야기를 해주며 많은 관심을 보였다. 감정이 격한 고흐는 차분하고 부드러운 우르줄라의 외모에 반해서 그녀의 입장도 파악하지 않고 어느 날 일방적으로 청혼하는 해프닝을 벌였다. 그러나 사랑의 여신은 그에게 쉽게 축복을 안겨 주지 않았다. 아마도 약혼자가 있는 그녀가 냉담한 반응을 보이자 낙담한 고흐는 충격을 이기지 못하고 근무처인 화랑에 알리지도 않고 네덜란드의 부모 곁으로 가버렸다. 얼마 후 고흐는 런던에서 일자리를 구하려는 누이동생 안나와 함께 런던으로 다시 돌아왔으나 화랑에서의 일이 손에 잡히지 않았다. 낮에는 이곳저곳 미술관에 찾아다니고, 밤에는 독서를 하며 생각에 잠기기도 하였다. 고흐는 그 무렵 동생 테오에게 에르네스트 르낭(1823-1892. 프랑스 종교철학자·언어학자)의 책에서 발췌한 글귀를 적어 보냈다.

"인간이 뜻있게 살아가기 위해서는 자기 자신의 이기심을 희생해야 한다. 이 세상을 살아간다는 것은 단순히 행복하기 위한 것도, 그저 성실한 존재가 되기 위한 것도 아니다. 인간의 위대한 면을 깨닫고, 고귀함을 추구해야 하며 보통 인간들의 저속함을 초월해야 한다." 다분히 사변적인 이 말이 젊은 고흐에게 삶의 지표가 될 줄은 그 자신도 몰랐다. 1875

년 구필 화랑 본사로 발령을 받은 고흐는 낮에는 틈나는 대로 루브르 박물관을 비롯한 많은 미술관을 찾아다니며 미술품을 감상하였으며, 밤이면 『성서』를 비롯한 많은 종교 서적과 철학, 문학 서적을 탐독하였다. 특히 『성서』는 그의 불안정한 정서를 안정시켜 주는 가장 큰 위안이었으며, 소설가 에밀 졸라와 철학자 르낭, 역사학자 미슐레에 탐닉한 것도 그 무렵이었다. 그리고 밤늦게 잠자리에 들 때에는 낮에 감상한 렘브란트와 홀바인(1497-1543. 독일의 화가. 영국 헨리 8세 궁정화가로 초상화에 능하였음), 밀레의 그림들이 눈앞에 영상처럼 떠올라 쉽게 잠을 청하지 못하였다. 그의 수백 통의 편지에서 알 수 있는 바와 같이 그의 뛰어난 글솜씨는 천부적인 자질도 자질이려니와 그의 폭넓은 독서에서 비롯된 것이었다. 특히 그는 수준 이하의 천박한 그림을 파는 장사치로 전락해가는 자기 자신이 너무도 초라하게 느껴졌다.

젊은 날의 방황과 고뇌

1875년 말 고흐는 동생 테오에게 보낸 편지에 "너와 관계가 없는 하찮은 일에 정신을 소모시키지 말라."고 썼는데, 그 말은 결국 자신을 채근하는 말이었다. 그리고 며칠 후 그는 화랑에 행선지도 밝히지 않은 채 에텐에 있는 부모 곁으로 가서 크리스마스를 보냈다. 그 일로 인해서 그가 구필 화랑으로부터 해고를 당한 것은 당연한 일이었다. 그러나 그의 마음은 차라리 홀가분하였다. 그리고 몇 년이 지난 1880년 7월 고흐는 동생 테오에게 자신의 심경을 더 자세히 써 보냈다.

오랫동안 나는 여러 가지 이유로 침묵을 지켜 왔는데, 이제 어쩔 수 없이 펜을 들었다. 그 동안 너는 나에게 이방인이 되어 버렸고, 나도 어쩌면 네가 생각하는 이상으로 너에게 이방인이 되어 버린 것 같다……
향수병에 굴복하면서 나에게 말했다. 네 나라 네 모국은 도처에 있다고.
그래서 나는 절망에 굴복하기보다는 차라리 적극적인 우수憂愁를 선택
하기로 했다. 슬픔 때문에 방황하는 절망적인 우수가 아니라 희망을 갖
고 노력하는 우수를 말이다. 그리고 나는 그 후 내 마음에 드는 책을 읽
는 데 몰두하였다.『성서』와 미슐레의『프랑스 혁명』, 지난 겨울에는 셰
익스피어와 빅토르 위고의 책, 디킨스와 스토 부인의 책들을…… 그런
데 이처럼 무언가 몰두하고 있는 사람은 부주의해지기 쉬워서 이따금
엉뚱하게 충격적이며, 관습과 예절에 어긋나는 행동을 하는 것처럼 보
일 때가 있다. 사람들이 그것을 나쁘게 받아들일 때는 서글퍼진다……
지난 5년 동안 나는 안정된 직장도 없이 늘 쫓기듯이 방황했다. 너는 내
가 그 동안 퇴행적이고, 나약하며 아무것도 하지 않고 빈둥거리기만 했
다고 힐난하겠지. 그러나 그것이 사실일까?…… 너도 알다시피 나는 가
진 것보다 없는 것이 더 많다. 그러나 이것이 게으름 때문이라고 말할
수 있을까? 나는 다만 나의 생각들이 나에게 일자리를 주는 저 점잖은
양반들의 생각과는 다르다는 이유에서, 그리고 내가 지닌 모든 힘을 다
해서 나의 생각을 고집하려 했기 때문에 일자리를 잃고 말았다…… 그
리고 나더러 왜 학업을 중단하였느냐고, 왜 그들이 나에게 바라는 것을
계속하지 않았느냐고 물을 수도 있겠지. 그 문제라면 학비가 너무 비싸
기 때문이라는 핑계밖에 할 말이 없구나. 그리고 대학을 나왔다고 해서
지금 내가 가는 길보다 더 나은 미래가 보장되는 것도 아니지 않겠어?

　나는 내가 선택한 길을 계속 가야 한다. 그렇게 하지 않는다면, 나는
아무런 노력도 하지 않고 그만 멈춰버리는 패배자가 되고 말 것이다.
묵묵히 한 길을 걸어가면 무언가 잡히는 것이 있다는 것이 내 생각이
다. 그리고 너는 나의 목표가 무엇이냐고 묻겠지. 그 대답은 초벌 그림

이 스케치가 되고 스케치가 유화가 되듯이 처음의 모호한 생각을 더듬어감에 따라, 그리고 처음에 덧없이 스쳐가는 상념들을 구체적으로 실현해감에 따라 그 목표는 더 명확해질 것이고 더디지만 확실하게 이루어지는 것이 아닐까? 이것은 예술가뿐만 아니라 복음 전도자도 마찬가지라는 것을 알아야 한다. 간혹 얄밉고 독선적이며 격식만 따지는 오래된 학교를 볼 수 있다. 그곳에는 고통을 혐오하는, 한마디로 편견과 인습의 갑옷을 입은 사람들이 있기 마련이다. 그들은 담당 구역의 일자리를 떡 주무르듯이 마음대로 주무른다. 그런가 하면 자기 부하를 위해서 일자리에 붉은 테이프를 붙여 두고 자유로운 정신을 가진 사람을 내쫓으려 한다.

내가 정상적인 직업이 없고 오랫동안 마땅한 직업을 갖고 있지 않은 까닭은 일자리를 자신과 생각이 같은 사람들에게 나누어 주는 사람들의 생각과 내 생각이 다르기 때문이다. 이 모든 것을 털어놓는 이유는 불평을 하기 위해서도, 변명을 하기 위해서도 아니고 그저 내 생각을 너에게 들려주기 위해서일 뿐이다. 지난여름 네가 마지막으로 나를 찾아왔을 때, 이곳 사람들이 '마녀'라고 부르는 버려진 광산 근처를 산책한 적이 있었다. 그때 너는 리즈워크에서 오래된 운하와 물방앗간 근처를 함께 산책했던 추억을 떠올리고, 우리가 이전에는 많은 것들에 뜻을 같이 했다면서, '형은 변했어, 더 이상 예전의 형이 아니야.'라고 말했다. 그래, 그러나 나는 그 말에 흔쾌히 동의할 수 없구나. 물론 이전에는 생활하기가 덜 어려웠고 미래도 지금보다 그렇게 비관적이지는 않았다는 차이는 있지. 그러나 나의 내면세계나 상황을 인식하는 방법에는 차이가 없다. 굳이 변한 것이 있다면 당시에 내가 생각했고 믿고 사랑했던 것을 지금은 더 깊게 생각하며 더 믿고 더 사랑한다는 것이다……제발 내가 자포자기했다는 생각은 하지 말아 주렴. 나는 지금도 그런데로 성실한 편이고, 변했다 해도 예전과 같은 사람이니까. 내 마음을 괴롭히는 것은, 내가 무엇에 어울릴까, 내가 어떤 식으로든 쓸모 있는 사람이 될 수는 없을까, 어떻게 지식을 더 쌓고, 마땅한 주제를 깊이 있게 탐구할 수 있을까하는 생각뿐이다…… 내 안에 무언가 있다. 그것은 대체 무얼까? 그런 사람은 본의 아니게 쓸모없는 사람이 된 경우이다. 생각에 따라서는 나를 그런 부류의 사람으로 보아도 좋다.

새장에 갇힌 새는 봄이 오면 자신이 가야 할 길이 어딘가에 있다는 것을 안다. 해야 할 일이 있다는 것도 잘 안다. 단지 실행할 수 없을 뿐이다. 그게 뭘까? 잘 생각해낼 수는 없지만 어렴풋이 알고 있어서 혼자 중얼거린다. '다른 새들은 둥지를 틀고, 알을 까고, 새끼를 키운다.' 그리고 그 새는 자기 머리를 새장 창살에 찧어낸다. 그래도 새장 문은 열리지 않고, 새는 고통을 느끼며 미칠 지경이다. '저런 싱거운 놈 같으니라고.' 하며 지나가는 다른 새가 말한다. 얼마나 게으르냐고. 그러나 갇힌 새는 죽지 않고 살아 남아 있다. 그의 마음 깊은 곳에서 일어나는 일은 아무도 모른다. 그는 잘하고 있고 햇볕이 쪼일 때는 꽤 즐거워도 보인다. 그러나 철새가 이동하는 계절이 오면 우울증이 그를 괴롭힌다. '부족한 것이 무엇인가?' 하고 그를 새장에 가둔 아이들이 말한다. 벼락이 떨어질 듯이 어두운 하늘을 내다보는 그에게 자기 운명에 반발하는 아우성이 들려온다. '나는 갇혀 있다!' 내가 이렇게 울안에 갇혀 있는데 당신들은 나에게 부족한 것이 없다고 한다. 답답한 사람들 같으니! 필요한 것은 이곳에 다 있다! 그러나 내가 다른 새들처럼 살 수 있는 자유, 바로 그 자유가 없지 않나! 본의 아니게 쓸모 없는 사람들이란 바로 새장에 갇힌 그런 새와 비슷하다. 그들은 종종 정체를 알 수 없는 끔찍한, 너무도 끔찍한 새장에 갇혀 있어서 아무것도 할 수 없다.

해방은 뒤늦게야 오는 법이다. 그 동안 당연하든 부당하든 실추된 명예, 가난, 불우한 환경, 그리고 역경 등이 그를 죄수로 만든다. 그를 막고 감금하고, 매장해버리는 것이 무엇인지 분명하게 지적할 수는 없다. 그러나 어떻게 표현할 수 없는 무서운 창살, 울타리, 벽 등을 느낄 수는 있을 것이다. 이 모든 것이 환상이고, 상상에 불과할까? 나는 그렇게 생각하지 않는다. 그래서 이렇게 자문하곤 한다. 신이여! 이 상태가 얼마나 오래 지속될까요? 언제까지 이래야 합니까? 영원히입니까?(반 고흐 지음, 신성림 옮김,『반 고흐, 영혼의 편지』, 도서출판 예담, 1999 참고, 발췌 정리)

이 편지는 구구절절이 방황하는 한 젊은이의 고뇌가 담겨 있는 글이다. 감수성이 예민했던 젊은 시절, 인식욕이 왕성했던 학창 시절, 이와 비슷한 생각을 가져 본 사람들이 많이 있었을 것이다. 무언가를 추구하는데 정작 손에 잡히는 것은 없고, 누군가를 애타게 사랑했는데 그 사랑은 어디론가 가버렸을 때, 그 고통과 쓰라림은 얼마나 컸던가? 얼마나 많은 세월을 방황했던가? 그러다 어디에 몸을 던졌던가? 결국 새장에 갇힌 새처럼 현실에 안주하여 모든 걸 체념하고 평범한 생활인, 아니 속물이 되어 버린 오늘의 우리는 어디에 와 있는가? 위의 글에서 알 수 있는 바와 같이 그는 화가가 되지 않았다면 문학가나 철학자가 되었어야 했다. 그의 뛰어난 감성과 문장력은 읽는 이의 가슴을 뭉클하게 할 뿐만 아니라 고뇌하는 젊은이의 자화상을 보는 것같이 더욱 진한 감동을 느끼게 한다.

성직자에의 꿈

이처럼 고흐는 '하찮은 일'에 얽매이기보다는 무언가 보람이 있는 일을 성취하여 자신의 정체성과 존재감을 찾아야겠다는 생각에 사로 잡혀

잠을 이룰 수가 없었다. 이제 그의 마음은 어느 사이에 성직자의 길로 향하고 있었다. 그는 그리스도의 사랑만이 자기 자신뿐만 아니라 핍박받는 사람들을 구원할 수 있으리라 생각하였다. 그런 면에서 그는 시골 목사로서 명망이 있는 성직자는 아니나 절제된 행동으로 세인의 존경을 받고 있는 아버지가 무척이나 자랑스러워 보였다. 그러나 고흐 부모는 이런 아들이 이상한 방향으로 가지 않을까 걱정이었다. 그리고 그의 부모는 아들이 이렇게 되어가는 것은 생각을 너무 깊게 하고 너무 많은 책을 읽는 탓으로 돌렸다.

고흐는 방황하던 끝에 신문 광고를 보고 런던의 변두리 빈민가 시립 초등학교 보조교사 자리를 구했으나 보잘것없는 보수에다 자질구레한 일이 너무 많아 얼마 못 가서 그 학교를 그만두고 자그마한 사설학교의 교사 자리를 얻었다. 그곳 교장 겸 교목인 존스 목사는 고흐의 진지한 태도가 마음에 들었던지 어느 날 그에게 특별 설교를 할 기회를 주었다. 고흐는 열심히 영어 원고를 작성하여 어린 학생들 앞에서 설교를 하였으나 여러 사람 앞에서 처음으로 하는 설교인데다가 강의 내용이 너무 철학적이어서 그다지 좋은 반응을 얻지는 못했다. 그러나 그는 실망하지 않고 이 길이 자기가 가야 할 길이라고 확신했다. 그는 아버지와 숙부들에게 성직자가 되겠다고 털어놓았으나 아버지는 이를 만류하였다. 그러나 고흐의 생각은 요지부동이었다. 가족회의 끝에 아버지는 고흐의 뜻을 받아주기로 했다. 그러나 성직자의 길이 얼마나 험난한 것인지를 알려주고, 중도에 포기해서는 안 된다는 다짐도 받아냈다.

고흐는 신학대학에 들어가기 위하여 밤낮으로 열심히 공부하였다. 성경 공부는 물론 삼촌이 소개해 준 코스타 박사를 통해서 그리스어와 라틴어를 배웠으며, 코스타 박사 조카로부터는 수학과 역사, 지리학까지 배웠다. 공부에 지칠 때는 그림 감상과 스케치로 머리를 식혔는데, 이 순간이 그로서는 가장 행복한 시간이었다. 어느 때는 스케치에 몰두하여 시험 공부를 게을리 하기도 하였으나 그때마다 스스로를 채찍질하여 다시 공부에 전념하곤 하였다. 그러나 고흐는 성직자가 될 운명은 아니었다. 15개월 동안의 피나는 공부에도 불구하고 1878년 10월 암스테르담 신학대학에 불합격하고 말았다. 고흐는 창피해서 얼굴을 들 수가 없었다. 고흐는 며칠 후 참담한 마음을 다시 가다듬고 그에게 설교할 기회를 주었던 존스 목사를 찾아가 향후 진로에 대해서 조언을 구하였다. 고흐는 차선책으로 브뤼셀 근교의 전도사 양성학교에 입학하여 3개월간 열심히 공부하였다. 그러나 당시 그의 동료가 회고한 바에 의하면 그는 자존심이 너무 강한데다가 이따금 분노가 섞인 말투 때문에 동료들로부터 따돌림을 당한 것은 물론 학교 당국으로부터도 경계 대상이 되고 말았다.

결국 고흐는 수습 과정이 채 끝나기도 전에 전도사 양성과정마저 포기해야만 되었다. 그 대신 브뤼셀 복음위원회 당국은 그에게 6개월간 평신도로서 전도를 할 기회를 주었다. 그것은 정식 전도사가 되기 위한 특별배려였다. 그가 전도활동을 할 임지는 산간벽촌의 보리나주 광산촌이었다. 고흐는 그곳에서 광부들과 그 가족들의 참상을 목격하고 큰 충격을 받았다. 유독가스와 갱내의 잦은 폭발음 속에서 시한부 삶을 이어가는 광부들의 막장생활이 너무도 안타까웠다. 그러나 고흐는 그들의 고달프고 순박한 삶에서 일종의 동질감을 느꼈다. 그는 광산촌 사람들과 마음의 문을 열고 복음을 열심히 전도하였다. 3개월 후 그의 아버지가 광산촌을 찾아왔을 때에는 아들의 모습은 광부와 다를 바 없었다. 전도사 생활도 어언 6개월, 그러나 브뤼셀 복음회 당국은 그가 전도사로서 품위를 지키지 않았다는 이유로 더 이상 전도사 계약기간을 연장해 줄 수 없다고 통보하였다. 고흐는 복음회 당국에 찾아가 해명을 요구하였으나 속 시원한 답변을 듣지 못한 채 발길을 돌려야만 했다. 성직자로서의 꿈은 고사하고 전도사의 길마저 막혀버린 고흐의 좌절감은 이루 말할 수 없었다. 고흐는 동생 테오에게 당시의 참담한 심경을 이렇게 털어놓았다.

나도 다른 사람들처럼 가정, 우정, 타인과의 교류가 필요하다는 점을 절감하고 있다. 나는 소화전이나 가로등처럼 금속으로 만들어진 인간이 아니다. 그렇기 때문에 나는 현명하고 인격을 갖춘 다른 사람들과 마찬가지로 공허감, 그리고 무언가 결핍된 감정을 가지고 사랑하지 않을 수 없구나. 네가 찾아와 준다면 얼마나 기쁘겠는가. 그러면 내가 이야기하는 모든 것을 이해할 수 있을 것이고, 우리들이 서로 이질감을 느끼지 않을 것이다. 그리고 가족들과도 화목해질 수 있겠지. 그러나 당분간은 가족과 함께 있기가 어려울 것 같구나. 이곳에 더 머물러 있기를 바랄 뿐이다.

테오는 형에게 현실의 생활에 필요한 기술을 배워 보라고 조언했다. 이를 태면 석판 인쇄기술이나 제과기술, 또는 목제기술 등. 고흐는 테오가 자신을 먹여 살려야 하기 때문에 이런 답장을 보낸 것이 아닌가 생각하여 무척 속이 상했지만 테오의 속마음은 그게 아니었다. 이렇게 해서든지 방황하고 있는 형을 도와주고 싶은 생각에는 변함이 없었다. 테오는 틈나는 대로, 새로운 판화를 구해 보내 주었고, 미술 이론 책과 해

동생 테오

부학 책, 그리고 원근법에 관한 책도 보내 주었다. 고흐는 테오가 보내 준 선배 화가들의 판화를 모사하기도 하고 스스로 스케치도 하며 상처받은 마음을 달랬다. 이상스럽게도 고흐는 그림을 그리는 시간만은 행복감에 젖었다. 그리고 그는 점차 숨겨진 자아를, 아니 그보다도 스스로 가두어 두었던 자신의 실체를 깨닫게 되었다. 즉 그림을 그리는 것이 자신의 사명이요 운명이라는 것을 말이다. 그는 어두운 광산촌을 배경으로 삶에 찌든 광부들의 생활상을 부지런히 스케치하였다.

뒤늦은 화가의 길

고흐로서는 어쩌면 성직자의 꿈이 무산된 것이 다행한 일이었다. 그는 자신이 걸어갈 길이 어디인지 알지 못한 채 오랜 세월을 방황했던 것이다. 이제 그의 나이도 벌써 스물일곱 살이 되었다. 남자로서는 자신의 진로를 이미 결정했어도 빠르지 않은 나이이기도 하다. 동생 테오가 없었다면 그의 고달픈 삶도 이미 끝났을지도 모른다. 테오는 고흐 자신도 모르는 형의 그림에 대한 남다른 소질을 이미 알고 있었기 때문에 눈물겹도록 뒷바라지를 해온 것이다. 그리고 테오는 그것이 마땅히 자기가 해야 할 일이라고 생각하였다. 고흐는 이런 동생이 있기에 힘을 얻었다. 그렇다. "이제부터라도 남은 인생을 그림 그리는 데 불사르자!" 이것이 고흐 내면에서 용솟음치는 절실한 욕구요 결심이었다. 그는 이전에 테오에게 보낸 "자기와 상관이 없는 일에 신경을 쓰지 말고 내 길을 가자."고 한 편지 구절을 새삼스럽게 떠올렸다. 그리고 그는 자신을 채찍질하여, 앞으로의 삶을 하고 싶은 일에만 전념해야겠다고 거듭 다짐하였다.

고흐는 겸손하게 드로잉부터 다시 시작하였으며, 특히 밀레의 그림들은 고흐가 습작기에 즐겨 모사하던 작품이었다. 그는 미술학교에 들어갈 생각도 해보았으나 막상 마음이 내키지 않았다. 차라리 선배 화가로부터 개인 레슨을 받는 편이 나을 것 같았다. 생각 끝에 고흐는 어느 날 파리의 쿠리에르에 화실을 갖고 있는 쥘 브르통(밀레와 동시대의 화가로 그의 대표작 〈이삭 줍고 돌아가는 여인들〉에서 알 수 있는 바와 같이 그는 가난한 농민들의 찌든 삶을 그림을 통해 어두운 사회현실을 고발하였음)을 찾아 나섰다. 몇날 며칠 동안 발가락이 부르트도록 걸어서 브르통의 웅장한 화실 문 앞에 선 고흐는 자신이 너무 초라해서 들어갈 용기가 나지 않았다. 망설이던 끝에 결국 그는 발길을 돌리고 말았다. 굶기를 밥 먹듯이 하고 걸어온 길이라서 돌아가는 발걸음은 너무도 무거웠다. 고흐는 언젠가 테오가 이야기한 라파르트라는 젊은 화가가 생각이 나 곧바로 그를 찾아갔다. 라파르트는 고흐보다 다섯 살이나 아래였으나 브뤼셀에서 정통수업을 받고 있는 장래가 촉망되는 젊은 화가였다. 라파르트는 고흐의 뜻을 흔쾌히 받아 주었다. 고흐는 라파르트의 화실 부근에 50프랑짜리 싸구려 하숙을 구하였다. 테오가 매달 보내 주는 60프랑의 돈으로 생활해야 되는 그의 처지로서는 이마저도 사치였다. 두 사람은 서로 열심히 그리고 비판도 아끼지 않았다. 특히 라파르트는 고흐에게 원근법을 가르쳐주었고 해부학 도표도 빌려주었다. 얼마 후 라파르트가 브뤼셀을 떠나게 되어 두 사람은 한동안 헤어져야 했으나 고흐가 에텐의 아버지 목사관으로 그를 초청함으로써 2주일간 함께 그림을 그리면서 우정을 다졌다.

고흐는 1882년 7월부터 1883년 8월까지 쓴 편지에서 화가가 가야 할 길, 그리고 그의 꿈과 야망을 다음과 같이 진솔하게 밝혔다.

돈에 쫓겨서 자신을 잊고 다른 사람의 흥미만 끄는 작품을 만들려면, 결과는 늘 불쾌한 것이었다. 나는 그런 일을 할 수 없다…… 인물화나 풍경화에서 내가 그리고 싶은 것은 감상적이고 우울한 것이 아니라 내면의 깊은 고뇌를 표현하는 것이다. 내 그림을 보는 사람들이, 이 화가는 늘 고뇌하고 있다고, 정말이지 깊이 고뇌하고 있다고 말할 정도의 경지에 이르고 싶다. 흔히들 말하는 내 그림은 거친 특성에도 불구하고, 아니 어쩌면 그 거친 특성 때문에 더 절실하게 감정을 전달할 수 있을지도 모른다. 이렇게 말하면 자만하는 것처럼 보일지도 모르지만 나의 모든 것을 바쳐 그러한 경지에 이르고 싶다…… 화가의 의무는 자연에 몰두하고 심혈을 기울여 자신의 감정을 작품 속에 용해시키는 것이다. 그래야 다른 사람도 감동할 수 있는 그림이 된다. 만일 팔기 위해서만 그림을 그린다면 그런 목적에 도달할 수 없다. 그건 예술을 사랑하는 사람들을 속이는 행위일 뿐이다. 진정한 예술가는 결코 그런 일을 할 수 없다…… 나는 이 세상에 빚과 의무를 지고 있다. 나는 30년 동안이나 이 길을 걸어오지 않았는가! 여기에 보답하기 위해서라도 그림의 형식을 빌려 어떤 기억이 될 만한 것을 남기고 싶다. 어떤 유파에 속하기 위해서가 아니라 인간의 감정을 진정으로 표현하는 그림을 남기고 싶다. 그것이 나의 목표다.

그렇다. 이런 꿈과 야망을 가지고 고흐는 누가 알아주든 말든 자신의 길을 가기로 결심하고 그것을 실천에 옮겼기에 훗날 그가 원하는 대로 인류에게 빛나는 유산을 남겼다. 그리고 이 말은 오늘의 예술가들이 본받아야 할, 아니 지켜야 할 덕목일 것이다.

'봄이 오면 종달새는 울지 않을 수 없다'

이야기는 다시 1년여 전으로 거슬러 올라간다. 1881년 봄, 고흐의 외삼촌인 스티커 목사는 미망인이 된 딸 케이를 여동생인 고흐의 어머니한

테 잠시 보냈다. 고흐는 케이를 보는 순간 연민의 정을 넘어서 야릇한 사랑을 느꼈다. 그는 망설일 것도 없이 케이에게 사랑을 고백하였다. 고흐의 갑작스런 사랑 고백에 당황한 케이는 더 이상 흔들리지 않고 냉담했으나, 그러면 그럴수록 고흐의 태도는 더욱 막무가내였다. 케이는 참다못해 암스테르담으로 도망쳐버렸으나 고흐는 사흘이 멀다 하고 끊임없이 구애의 편지를 보냈다. 사태가 심각한 지경에 이르자 고흐의 부모와 외삼촌은 그의 태도가 상식 밖의 일이라고 타일렀으나 소용없는 일이었다. 마침내 고흐는 암스테르담에 있는 외삼촌의 관사를 찾아가 케이를 만나게 해줄 것을 요구하였다. 근엄한 외삼촌은 고흐에게 알아듣게 타이르고 케이가 어디론가 도피하면서 남긴 편지를 건네주었으나 고흐는 믿으려 들지 않았다. 고흐는 갑자기 손가락을 촛불에다 대고 지지면서 반협박조로 케이를 내놓으라고 소리쳤다. 완고한 스티커 목사에게 고흐의 상식 밖의 행동이 통할 리가 없었다. 결국 스티커 목사도 성직자로서의 이성을 잃고 고성을 지르면서 고흐에게 나가 줄 것을 강력히 요구하였다. 이 일로 인해서 고흐의 집안은 큰 소동이 벌어졌으며, 고흐의 부모마저 그를 탕아로 여길 정도가 되고 말았다. 고흐는 그림 그리기는 고사하고, 모든 일이 손에 잡히지 않았다. 그로서는 두 번째 당하는 실연의 고통이었다. 그는 한동안 실성한 사람처럼 광야를 헤매고 다녔다. 다만 뜻밖에도 숙부 센트 혼자만이 그의 괴로운 심정을 위로하면서 열심히 일해서 더 나은 상황이 되면 기회가 올지 모른다고 충고해 주었다. 고흐는 당시의 괴로운 심경을 동생 테오에게 이렇게 써 보냈다.

이제 너도 내가 그녀에게 더 가까이 다가가기 위해 백방으로 노력하고 있다는 것을 알고 있겠지. 내 마음을 그대로 드러내 주는 글귀가 있다.
'계속해서 그녀를 사랑하는 것,

마침내 그녀도 나를 사랑하게 되는 순간까지

그녀가 사라질수록 그녀는 더 자주 나타난다.'

너도 이런 사랑에 빠져 본 적이 있니? 그렇기를 바란다. 날 믿으렴. 사랑이 불러일으키는 '작은 고통'도 나름대로 가치가 있단다. 물론 절망적인 기분이 들 때도 있다. 지옥에 떨어진 것처럼 괴로운 순간도 있고, 그러나 더 나은 어떤 게 있기 마련이다. 나는 세 가지 단계가 있다고 생각한다.

1. 누구를 사랑하지도 사랑받지도 못하는 상태

2. 사랑하고 있지만 사랑받지 못하는 상태(지금의 내 경우처럼)

3. 사랑하고 있으며 사랑받는 상태

물론 첫 번째보다 두 번째 단계가 낫겠지. 그러나 세 번째! 바로 이게 우리가 원하는 것이다. 그래 동생아, 직접 사랑에 빠져 보렴. 그리고 그 이야기를 나에게 들려다오. 지금 내 처지에 대한 네 의견은 부디 마음속으로만 간직하고, 나를 이해해다오. 나도 그래, 좋다는 대답을 들었더라면 더 기뻤을 것이다. 그러나 '절대 안 된다'는 대답을 들었어도 나는 괜찮다.(비록 나이가 많고 현명한 어른들이 이런 일은 아무것도 아니라고 하지만, 나는 특별한 어떤 일로 받아들인다.)…… 의외의 사건이 일어나지 않는 한 스티커 외삼촌에게 더 이상 편지를 보내지 않겠다고 센트 숙부와 약속했다.

'봄이 오면 종달새는 울지 않을 수 없다.'

고흐는 자신의 처지를 종달새에 비유하는 의미심장한 글로 편지를 마무리했다. 그는 케이를 더 이상 괴롭히지 말아야 되겠다고 체념하며 '종달새의 울음'을 잠재웠다. 그해(1881년) 12월이 되어서야 암스테르담을 떠나 헤이그에 도착한 고흐는 화가인 사촌 모베를 찾았다. 모베는 고흐를 따뜻하게 맞아 주었으며, 그를 자기 화실로 불러 약간의 용돈까지 주었다. 고흐는 난생 처음으로 유화를 그리기 시작하였으며, 이때부터 본격적인 화가의 길로 들어섰다. 모베의 지도를 받아 그린 〈양배추와 나막신〉은 고흐가 그린 최초의 유화이기도 하다. 고흐는 테오가 매달 보내 주는 백 프랑으로 모베의 화실 근처에 숙소를 정하고 유화 그리기에 몰두하였다. 그러나 모베와의 교류도 오래 지속되지 못하였다. 고흐는 처음에는 모베의 지도에 고분고분하였으나 시간이 지나면서 자기주장을 내세우고 사사건건 맞서더니만 급기야는 모베가 그리라고 준 석고상을 내던지기까지 하였다. 마침내 사람 좋은 모베도 더 이상 참지 못하고 고흐와 결별을 선언하지 않을 수 없게 되었다. 고흐의 이러한 도발적인 행동은 지나친 자존심 내지 자격지심에서 비롯된 것이다. 그는 자기보다 약한 사람들에게는 따뜻한 마음으로 감싸 주었으나 자신의 자존심을 건드리는 사람들에게는 비이성적으로 반발하였다. 고흐는 특히 자신의 그림에 대한 사소한 비판도 모욕으로 받아들여 예민한 반응을 보였으며, 상대방의 조심스러운 충고에도 쉽게 상처를 받곤 했다.

고흐는 1882년 4월 〈위대한 여인〉이라는 제목의 여인상을 연필과 잉크로 스케치하여 테오에게 보내면서 그 그림에 대해서 이렇게 설명을 덧붙였다.

동봉한 그림은 큰 작품에서 간략히 스케치한 것이다. 토머스 후드(영국의 인도주의 시인)가 지은 시에는 자신이 부자임을 부끄러워하면서 양심의 가책을 느끼고 밤잠을 설치는 부잣집 여인의 이야기가 나온다. 그 여인은 옷을 사러 갔다가 비좁은 방에서 먹을 것도 제대로 먹지도 못하고 결핵에 걸려 있는 창백한 여자 재봉사를 보았다고 한다. 한마디로 이 그림은 고통에 싸여 잠 못 이루는 한 여인의 모습을 그린 것이다

이 그림은 깊은 밤 젖가슴을 내놓은 채 팔짱을 끼고 무언가 골똘히 생각하는 여인상으로, 고흐가 본격적인 화가의 길로 들어서면서 그림을 통해 인간의 내면의 고통을 표출하려는 그의 첫 번째 시험작이라고도 할 수 있다.

버려진 '들꽃'을 사랑하다

1882년 12월, 그 무렵부터 고흐는 케이에게 거부당한 후 울적해진 심경을 달래기 위하여 사창가를 드나들었다. 고흐는 그곳에서 서른두 살의 한물간, 버려진 '들꽃' 창녀 시앵을 알게 되었다. 그녀에게는 자기와 같은 길을 걸어온 어머니와 다섯 살 난 딸아이가 있었다. 그녀는 임신 중인 데다가 알코올 중독에 몹쓸 성병까지 걸려 있었다. 그러나 고흐는 이처럼 버려진 '들꽃'에서 야릇한 동질감을 느꼈다. 그는 시앵을 케이만큼 사랑한 것은 아니었지만 마음으로부터 사랑하였으며, 진정한 사랑에 굶주린 시앵도 가난한 이 화가 지망생에게 지친 몸을 의탁하였다. 그녀는 고흐를 위해 모델이 되어 주었고, 이따금 다른 창녀들을 모델로 주선해 주기도 했다. 고흐는 축 늘어진 시앵의 젖가슴에서 야릇한 모성애 같은 것을 느꼈다. 고흐는 얼굴을 파묻고 비탄에 잠겨 있는 시앵의 나신을 모델로 하여 〈슬픔〉이란 제목의 석판화를 제작하였다. 그리고 그림 하단에는 역사학자 미슐레의 '어떻게 한 여자가 지상에서 버림을 받아야 하나?'라는 문구를 써 넣었다. 그의 석판화 〈슬픔〉을 본 어느 화상의 특별 주문을 받고 고흐는 기쁜 나머지 동생 데오에게 자랑스럽게 편지를 써 보냈다.

"나도 언젠가 대중의 갈채를 받는 작품을 만들 수 있으리라는 생각이 든다. 화가는 모름지기 자아와 투쟁하여 더욱 완벽한 자아를 형성하고 물질적인 어려움 따위는 극복해 나가야 한다."

고흐는 테오에게 창녀 시앵과의 관계를 상세히 알리는 편지를 보내 그의 동의를 구했다. 그러나 테오는 묵묵부답이었다. 그것은 고흐의 의견에 반대를 뜻하는 의미였다. 그의 마음을 누구보다도 잘 이해해 온 테오가 아무런 반응을 보여 주지 않자 고흐는 초조해졌다. 한편으로는 편지를 보낸 것을 후회하면서 테오가 생활비를 보내 주지 않으면 어쩌나 걱정이었다. 그런 와중에 고흐는 시앵으로부터 성병이 옮아 병원에 입원하게 되었다. 입원 중에 아버지가 다녀갔지만 부자간에는 너무나 어처구니없는 현실 속에서 이야기도 제대로 나누지도 못했다. 거기다가 시앵이 아이를 낳기 위해 수술을 받고 퇴원하자 고흐는 그녀의 가족과 함께 헤이그 빈민촌 다락방에 그들의 보금자리를 마련하고 방을 칸막이하여 한쪽은 화실로 썼다. 정이 많은 동생 테오는 할 수 없이 고흐의 생활비를 월 150프랑으로 올려주었다. 그러나 그 금액으로는 시앵의 딸린 가족과 함께 지내기에는 턱 없이 부족했다. 어느덧 고흐의 나이도 서른 살이 되었다. 그러나 그의 실제 모습은 나이에 어울리지 않게 주름살이 많고 광대뼈까지 튀어 나와 훨씬 늙어 보였다. 사람은 나이를 먹어가면서 자신의 얼굴에 책임을 져야 한다는 말이 있는데, 이 말은 고흐와 같은 사람을 두고 하는 말일 것이다. 마침내 테오는 고흐에게 생활비를 보내면서 시앵과 헤어지기를 강력히 요구하였다. 한편 시앵은 산욕에서 회복된 후 눈을 다른 데로 돌리는 일이 잦아졌고, 그런 일 저런 일로 두 사람은 서로 다투는 바람에 두 사람 사이에는 점차 금이 가기 시작하였다. 고흐는 그림을 그려야 했고, 시앵으로서도 가난한 화가와 동거생활에서 별로 득이 될 것이 없다고 판단, 결국 어울리지 않는 두 사람의 동거생활은 만난 지 20개월 만에 종지부를 찍었다.

누에넨에서의 뜻밖의 일과 아버지의 죽음

고흐는 동료 라파르트의 권고에 따라 드렌테로 거처를 옮겼다. 그곳은 황량한 소택지로 군데군데 농가가 있고 농부들이 농사를 짓는 한적한 시골이었다. 고흐는 그곳에서 밀레 풍의 농사일을 하는 농부들을 스케치하였다. 1883년 10월에 그린 〈토탄을 캐는 여인들〉은 유화를 그리기 시작한 이 무렵 습작기의 작품이다. 특히 이 시기의 작품에는 고단한 농부들의 비탄이 서린 모습이 잘 나타나 있다.

테오는 고흐에게 파리로 오라고 편지를 써 보냈으나 세상물정을 모르는 고흐는 테오에게 이곳으로 와서 함께 그림을 그리며 지내자고 했다. 그러나 테오는 그림을 감식하는 데는 탁월한 재능을 가졌지만 그림을 그리는 데는 소질도 없으려니와 현실성이 없기 때문에 형의 제안을 묵살하였다. 고흐 자신도 한적한 시골에서 더 이상 견딜 수 없었기 때문에 1883년 12월 가족이 있는 누에넨으로 돌아왔다. 고흐의 부모는 '탕아'를 기쁘게 맞아 주었지만 얼마 못가 고흐는 부모와 다투는 일이 많아져 가족들에게 점차 귀찮은 존재가 되어가고 있었다. 고흐의 부모는 아들의 처지가 측은했던지 하는 수 없이 세탁실을 개조하여 화실을 마련해 주었다. 그는 테오가 보내 주는 돈으로 물감을 구입하여 열심히 그림을 그렸다. 무엇보다도 생활비가 들지 않기 때문에 물감을 여유롭게 살 수 있어 좋았다. 고흐는 그곳에서 천을 짜는 아낙네들을 그려, 그들의 고달픈 삶과 체념이 서린 모습을 어두운 색조로 형상화하였다. 그 사이에 고흐는 금속 세공업자의 요청으로 푼돈을 받고 몇 점의 스케치를 그려 주기도 하고, 그곳 아마추어 화가들의 그림을 지도해 주기도 하였다.

그러는 사이에 고흐는 헤이그에 두고 온 소지품이 필요했다. 어쩌면 그보다도 헤이그에 두고 온 창녀 시앵의 생활이 궁금했는지 모른다. 그는 헤이그에 도착하자마자 시앵을 찾아보았으나 그녀는 고흐에게 냉담했다. 그녀는 이미 고흐를 잊고 있었다. 이렇게 된 것이 어쩌면 고흐로서는 홀가분한 일이었다. 누에넨으로 돌아오는 길에 고흐는 갖가지 상념에 사로잡혔다. 그러면서도 불쌍한 시앵의 앞날이 걱정되는 것은 무슨 까닭일까? 누에넨으로 돌아온 고흐는 테오와의 서신 교환 외에 어느 누구와도 속에 담은 이야기를 털어놓지 못했다. 그런 가운데 그는 마르고트라는 동네 처녀를 알게 되었다. 그녀는 고흐보다 네 살 위로 그녀 밑에도 결혼을 하지 않은 두 여동생과 남동생이 있었다. 처음에 두 사람은 가볍게 인사를 나누는 정도였으나 시간이 지나면서 급속도로 가까워졌다. 그녀는 그림에는 별다른 관심이 없었으며, 이성에 대한 그리움 때문에 고흐에게 접근하였다. 고흐와 가까워지면서 그녀의 몸가짐은 하루하루 달라졌다.

그러던 어느 날 마르고트의 남동생이 찾아와 심각한 표정으로 고흐에게 이것저것 캐물었다. 마르고트가 일방적으로 가족들에게 고흐와의 결혼 계획을 이야기한 모양이었다. 그녀의 남동생은 화가의 연수입은 얼마나 되며, 수입이 신통치 않으면 그림 그리는 일을 그만두고 다른 직업을 구해 보는 것이 어떠냐고 당치도 않은 이야기를 늘어놓는 것이었다. 기분이 상한 고흐가 언짢은 표정을 지으며 그렇게 할 수 없다고 말하자 그녀의 남동생은 시큰둥한 표정을 짓고 돌아갔다.

다음날 아침, 잠에서 깨어나지 않은 고흐를 아버지가 호통을 치며 깨워 놓고서 다그쳐 물었다. 마르고트가 고흐 때문에 음독자살을 기도했다는 것이다. 너무나 어처구니없는 일이었다. 그런 일이 있은 후 고흐는 마을 사람들의 눈총과 비난을 면치 못하였으며, 아버지와의 불화가 잦아졌다. 이렇게 한 해가 지나고 1885년 3월 가랑비가 부슬부슬 내리는 가운데 찬바람이 살 속 깊이 파고드는 어느 봄날 아침, 고흐의 아버지는 여느 때처럼 아침 일찍 산책을 하다가 갑자기 졸도하여 세상을 뜨고 말았다.

고흐는 아버지의 죽음이 자신의 불효 때문이라는 생각이 들어 괴로웠다. 사실 고흐의 아버지는 그간 고흐에 관한 크고 작은 일로 얼마나 마음고생이 많았던가?

〈감자 먹는 사람들〉과 천재성의 개화

아버지의 장례식을 마친 후 고흐는 미친 듯이 들판을 돌아다니다가 열심히 일하는 농부들을 보고, 자신도 밀레처럼 일하는 농부들을 화폭에 담아야겠다고 마음먹었다. 그러던 어느 날 고흐는 들녘을 배회하고 돌아오는 길에 어두운 주방에서 감자를 먹고 있는 일가족을 목격하였다. 그 순간 고흐의 뇌리에 섬광처럼 영감이 스쳐갔다. '바로 이거다.' 고흐는 혼잣말로 중얼거리면서 곧바로 드로잉에 착수하였다. 그는 언젠가 들라크루아(1798-1863. 프랑스 화가로 인상파 화가들에 큰 영향을 끼침. 대표작으로 〈카오스 섬의 학살〉, 〈민중을 이끄는 자유의 여신〉 등이 있음)가 "가장 좋은 그림은 즉석에서 그려지는 것이다."라고 한 말이 떠올랐다. 마침내 고흐의 작품 〈감자 먹는 사람들〉이 탄생하였다. 이 그림은 고흐가 그 무렵에 그린 유화 중에서 구성이 가장 탄탄하고 짜임새 있게 그려진 작품으로 평가되고 있다. 어두운 색조는 렘브란트를 연상케 하고 있으나 거친 듯 대담한 터치는 렘브란트에서 느낄 수 없는 강렬함을 느끼게 한다. 움푹 들어간 뺨자위와 위로 굽은 벌름벌름한 코, 그리고 뾰족한 턱과 검게 탄 피부 색깔은 소박한 농민들의 전형적인 모습이다. 어쩌면 고흐는 이 작품을 통해서 그의 숨겨 있는 천재성이 개화開花하기 시작했다고 볼 수 있을 것이다. 고흐는 1885년 4월 30일 테오에게 〈감자 먹는 사람들〉에 대해서 이렇게 써 보냈다.

〈감자 먹는 사람들〉

나는 램프 불빛 밑에서 감자를 먹고 있는 사람들이 접시로 내밀고 있는 손, 자신을 닮은 바로 그 손으로 땀을 흘리며 땅을 팠다는 것을 분명히 보여 주고 싶었다. 그 손은 손으로 하는 노동과 정직하게 노력해서 얻은 식사를 암시하고 있다. 이 그림을 통해서 나는 우리의 생활방식, 즉 문명화된 사람들의 생활방식과는 상당히 다른 생활방식을 보여 주고 싶었다. 사람들이 자기도 모르게 그 그림에 감탄하고, 찬사를 보내는 것이 내가 궁극적으로 바라는 바다.

고흐는 〈감자 먹는 사람들〉을 파리의 테오에게 보냈다. 그림을 받아본 테오는 만족한 나머지 곧바로 화상인 포르티에게 가지고 갔다. 그는 이 그림을 높이 평가하면서도 색채가 너무 어두운 것을 지적하였다. 그도 그럴 것이 당시 파리에서는 회화사의 혁명인 인상주의 화풍이 무르익어 가고 있었기 때문에, 밀레나 렘브란트, 그리고 루벤스 풍의 그림은 당시 미술계에 신선한 충격을 줄 수 없는 것도 사실이었다. 그때까지만 해도 시골에 은둔하다시피 살고 있던 고흐로서는 새로운 시대감각을 호흡할 수 없었다.

고흐는 마침내 테오의 끈질긴 설득을 받아들여 파리로 가기로 결심하였다. 무엇보다도 테오가 제안한 바와 같이 그와 함께 생활하면 생활비 걱정을 할 필요가 없을뿐더러 당시 유명한 화가인 코르몽(1845-1924. 프랑스 화가로 인간의 원초적인 모습을 사실적으로 그렸음) 화실에서 미술 수업을 받을 수 있기 때문이었다. 1886년 3월 마침내 고흐는 파리로 가서 테오와 재회의 기쁨을 나누었다. 오랜만에 다시 본 파리의 화단은 많은 변화가 있었다. 그리고 그는 동료 화가들의 새로운 화풍에서 많은 자극을 받았다. 고흐의 파리로의 귀환은 가난한 이 화가의 천재성이 꽃을 피우는 계기가 되었다.

미술사에서는 고흐의 그림에 대한 시기 구분을 대략 다음과 같이 하고 있다. 첫 번째 시기는 네덜란드 시기로 1880년에서 1886년까지 약 6년 동안이다. 고흐는 이 기간에 주로 데생을 하거나 밀레 등 선배 화가들의 작품을 모사하였으며, 라파르트와 사촌 모베의 지도와 조언을 받아 습작 활동을 하였다. 이 시기의 후반기에 들어와 고흐는 〈감자 먹는 사람들〉을 비롯해서 유화를 그리기 시작하였으나 이 그림들은 대부분들이 렘브란트나 루벤스 풍의 어두운 색조를 띠고 있었다.

두 번째 시기는 1886년 2월에서 1888년 2월까지 2년간으로 파리 시기이다. 이 기간에는 조르주 쇠라(1859-1891. 파리 출신으로 신인상주의 창시자)가 소위 점묘법點描法이라는 기법으로 〈그랑드 자트 섬의 일요일 오후〉를 출품하여 커다란 반향을 불러일으켜 신인상주의新印象主義를 탄생케 한 때이며, 이와 동시에 상징주의 화풍이 발아하기 시작한 때이기도 하다. 고흐는 이러한 파리의 분위기에서 새로운 미술 양식을 체험할 수 있게 되었으며, 이로 인해 그의 천재성이 비상할 수 있는 계기를 맞게 되었다. 세 번째 시기는 1888년 2월부터 1889년 아를 시기로 고흐의 작품 활동이 가장 왕성한 시기였으며, 남프랑스의 작열하는 태양 아래에서 불타는 듯한 색조로 천재성을 유감없이 발휘한 시기이기도 하다. 〈별이 빛나는 밤〉, 〈귀 잘린 자화상〉, 〈꽃〉, 〈해바라기〉 연작, 〈우편집배원 룰랭〉 등 명작들이 이 시기에 그려진 것이다. 이어서 네 번째 시기는 생레미 요양원 기간인 1889년 5월에서 1890년 5월까지로, 이 시기는 정신병동에서 여러 차례 발작을 일으키면서도 그의 마지막 혼을 불살랐던 시기이기도 하다. 이 기간에 그린 〈측백나무〉와 〈올리브나무〉, 그리고 〈밀밭〉 등에서 볼 수 있는 바와 같이 곡선이 요동치는 그림들은 그의 불안한 정신세계를 반영하고 있다. 마지막 시기인 오베르 쉬르 와즈 시기는 1890년 5월에서 죽음을 맞는 그해 7월까지로 의사 가셰와 교류한 기간이며, 이 때는 그의 영혼이 파멸의 길로 들어서는 시기이다. 이 기간은 비록 짧은 시기이기는 하지만 그 유명한 〈의사 가셰의 초상〉(이 작품의 최초 가격은 1897년에 단돈 58달러였으나, 그 후 13명의 주인이 바뀌면서 1990년 5월 15일 뉴욕 크리스티 미술품 경매시장에서 일본의 제지·부동산업자 료에이 사이토가 무려 8,250만 달러에 낙찰받았음), 〈까마귀 나는 밀밭〉 등 명작을 내놓았는데, 이 그림들 속에는 환각에 사로잡혀서, 이를 벗어나려고 발버둥치는 예술가의 원초적인 정신세계가 극명하게 나타나 있다.

파리로의 귀환

고흐가 구필 화랑으로부터 해고되어 파리를 떠난 후 10년 만에 다시 본 파리는 모든 것이 너무 많이 변한 것 같았다.

파리, 그곳은 예술가들로서는 꿈의 도시이다. 특히 화가들에게는 생명의 젖줄과도 같은 곳이다. 그곳은 빈자도 부자도, 천박한 사람도 고상한 사람도 공존할 수 있는 곳이다. 그곳에서는 저마다 자기 방식대로 살아가면서 꿈을 키워간다. 허위와 진실, 퇴폐와 창조, 혼돈과 질서 등 두 극점이 대치하고 있으면서도 오묘한 조화를 이루고 있다. 그러기에 미를 추구하는 예술가들은 이곳에 짙은 향수를 느낀다. 고흐는 30여 년의 험난한 인생 항해의 닻을 잠시 내리고, 이 마력의 도시 파리에 잠시 정박하게 된 것이다.

테오는 고흐에게 혈육 이전에 생명의 은인이며 영원한 후원자이다. 그는 불쌍한 형을 위해 너무 많은 것을 희생했고, 형을 위해서라면 그가 할 수 있는 모든 것을 다 바쳤다. 인류의 역사에서 이처럼 두터운 형제애가 또 어디 있겠는가? 화가로서 너무 낯설기만 하고 시골뜨기가 되어버린 고흐에게 테오는 파리 미술계의 모든 정보를 하나하나 수집해 주었다. 또한 파리 화랑가의 거물이 된 테오는 형에게 미래의 대 화가들을 접할 기회를 마련해 주었다. 고흐는 맨 먼저 코르몽의 화실에 나갔다. 코르몽은 1870년 〈니벨룽겐의 혼인〉이라는 그림으로 살롱전에서 상을 받은 후 명성이 치솟은 화가였다. 그는 이곳에서 키가 기형적으로 작고 기인인 화가 로트레크를 만났으며, 고흐의 작품을 가장 잘 이해해 주고 그가 죽을 때까지 깊은 우정을 간직한 베르나르(1868-1941. 프랑스 화가로 형태를 검은 윤곽선으로 분할해서 그리는 '클루아조니즘'의 창시자)도 이곳에서 처음 만났다. 베르나르는 당시 파리에서 활동하던 인상파 화가들보다 나이가 한참 아래였으나 식견이 높고 실험적인 그림을 그리며 이들 화가에 대한 이해의 폭이 넓었기 때문에 이들과 친교가 두터웠다.

파리는 언어와 국적이 달라도, 신분과 외양이 보잘것없어도 예술에 대한 이해를 함께 하면 저마다 친구가 되는 곳이다. 특히 인상파 화가들은 고흐와 친교를 맺으며 많은 자극을 주었다. 그들의 공통적인 화풍은 종래의 어둡고 진부한 종교화의 답답한 틀에서 벗어나 밝고 새로운 시각으로 사물에 대한 순간의 느낌을 자기 식대로 그리는 것이었다. 물론 고흐가 10년 전 구필 화랑에 근무할 때 인상주의라는 미술사적 대혁명이 싹트고 있었지만, 당시만 해도 그는 화가 지망생까지는 아니었기 때문에 화단의 이러한 새 물결을 미처 인식하지 못했다. 그러나 10년 후 화가의 눈으로 다시 본 파리의 화단은 무척 달라졌다. 작열하는 태양광선 아래서 실험의식이 강한 화가들은 갖가지 형태의 대상을 순간의 느낌으로 포착하여 자기 방식대로 화폭에 담아냈다. 이들을 이름하여 '인상파 화가'라 하였는데 그것은 미술계의 대 지각변동이었다. 또한 고흐가 파리에 다시 왔을 때에는 이러한 초기 인상주의 화풍에서 사물을 주관에 따라 더욱 거칠고 대담하게 표출하는 후기 인상주의와 사물을 기하학적 구도로 분할하는 신인상주의 화풍으로 옮아가는 시기였다.

밝고 자유로운 색채와 소재의 다양성 내지 대담성, 이 모든 것들은 전통미술에 대한 도전이요 혁명이었다. 미술사의 이러한 '혁명'은 관전官展에서 낙선한 화가들을 무마하기 위하여 나폴레옹 3세의 특별 배려로 1863년 5월 15일 관전이 열린 '팔레 드 렝드 스트리'에서 낙선자 전시회가 열린 것이 직접적인 계기가 되었다. 그러나 당초 우습게 봤던 이 낙선자 전시회에 대한 반응은 너무도 충격적이었으며, 이들의 새로운 화풍은 파리의 미술계를 발칵 뒤집어 놓았다. 특히 마네가 출품한 〈풀밭 위의 점심식사〉의 경우 선정적인 묘사는 말할 것도 없으려니와 밝고 어두운 명암처리와 주제의 독창성으로 큰 충격을 주었다. 이 낙선자 전시회는 찬반이 엇갈리는 반응을 불러일으킨 가운데 연일 화제가 되었다. 이 전시회에 출품한 화가들을 통칭하여 인상파 화가들이라 부르게 되었는데, 인상파라는 명칭은 제1차 낙선자 대회에 출품한 모네의 〈인상, 해돋이〉를 본 루이 르루아라는 예능담당 신문기자가 처음 사용하여 그 후 이 명칭으로 굳어지게 되었다. 그러나 이 표현은 모네의 그림이 종래의 전통적 회화기법을 무시하고 단지 시각적인 면에 치중하였다는 비판적 견해에서 사용된 것이다. 그러나 인상주의라는 말은 이미 1856년경부터 비공식적으로 사용된 것으로 르루아 기자가 신문에 게재하면서 본격적으로 사용하게 되었다.

대상을 있는 그대로 묘사한다거나 어떤 특정 계층의 생활상을 천편일률적으로 그려낸다면 예술로서 무슨 의미가 있겠는가? 이러한 반성은 시대의 변화에 따른 시민의식의 성숙과 과학의 발달에 따른 사진술의 발명으로 미술가들의 사실적 묘사가 진부해졌기 때문이었다. 인상파 화가들의 이와 같은 파격적인 활약으로 서양미술은 새로운 르네상스를 맞게 된 것이다. 이들의 활동은 파리에만 국한하지 않고 1866년에는 장소를 뉴욕으로 옮겨 격찬을 받게 됨으로써 세계적인 평가를 받게 되었다. 그런데 이 인상파 화가들의 전시회는 1886년 여덟 번째 전시회를 끝으로 새로운 전기를 맞게 되었다. 이 전시회에서는 앞서 말한 쇠라의 점묘법, 피사로의 신인상주의 기법과 고갱의 상징주의 기법이 처음으로 선을 보이게 되었다. 1886년 인상주의 마지막 전시회에 출품한 쇠라의 〈그랑드 자트 섬의 일요일 오후〉는 파리 미술계에 또 다른 신선한 충격을 주었다. 이 그림의 기하학적 구도와 점묘에 의한 색조 분할은 다른 그림에서 느낄 수 없는 분위기와 안정감을 느끼게 하였다. 쇠라의 경우도 화가로서의 활동이 불과 10년에 지나지 않았다.

그렇다면 신인상주의란 무엇인가? 이 화파畵派는 그때까지의 인상주의 화풍을 배격하지는 않았지만 물감들의 시각적 혼합과 각기 다른 요소들의 분리(고유한 색상, 광선 및 그 반사 등), 각 요소들 간의 비례, 화폭의 크기에 맞는 터치와 분할 등이 특징을 이루고 있다. 파리 미술계의 이러한 다양한 변화기에 고흐는 파리로 귀환하여 인상주의와 신인상주의를 동시에 호흡하게 되었다. 고흐는 파리에서 참으로 새로운 것을 보고 느꼈다. 그리고 그 자신의 그림 색채도 종래의 어두운 색조에서 밝고 선명한 쪽으로 이행하는 조짐을 나타내었다. 고흐는 코르몽의 배려로 그의 화실에서 스케치할 수 있었으며, 자신의 특이한 얼굴 때문에 동료 화가들에게 모델이 되어 주기도 했다.

'작은 거인' 로트레크·마도로스 출신 고갱과의 친교

고흐는 1886년 코르몽의 화실에서 '작은 거인' 로트레크(1864-1901)를 알게 되었다. 로트레크는 귀족 출신이지만 인간미가 풍부하고 붙임성이 좋은 화가였다. 그는 남프랑스 알비에서 백작의 아들로 태어났다. 로트레크는 14세 때 왼쪽 다리에 골절상을 입었고, 15세 때에도 다시 오른쪽 다리까지 골절상을 입어 그때부터 발육이 정지됨으로써 난쟁이나 다름없는 기형적인 체형으로 짧은 삶을 살다 갔다. 우연한 일이지만 로트레크는 고흐, 라파엘로처럼 37세로 요절하였다. 양다리의 발육정지로 지팡이에 의지하며 기이한 삶을 살다간 로트레크는 4피트 6인치(137센티미터 정도)의 작은 키에 커다란 눈과 코, 두툼한 입술, 덥수룩한 턱수염 때문에 언뜻 보기에는 서커스단의 난쟁이 곡예사보다 더 코믹하게 보였다.

마음씨 좋은 로트레크는 침울하고 사색적인 고흐에게 각별한 관심과 배려로 틈틈이 허기진 고흐의 배를 채워 주었으며, 때로는 홍등가에도 함께 드나들면서 고흐의 화대까지 대신 내주기도 했다. 로트레크와 고흐는 성장배경이나 성격이 전혀 다르고, 그림 그리는 스타일과 대상이 전혀 달랐으나 그들 사이에는 천재끼리 통하는 그 무엇이 있었다. 로트레크가 그림을 그리는 관찰 대상은 다른 인상주의 화가들과는 달리 자연의 풍광이 아니라 파리 환락가 몽마르트의 뒷골목에서 힘겹게 살아가는 소외된 인간 군상들이었다. 로트레크는 정신적으로 황폐해가는 고흐의 앞 날을 염려하여 그에게 채광과 기후가 좋은 남프랑스로 가서 지낼 것을 권유하였으며, 결국 고흐는 그의 권유를 받아들여 남프랑스 아를로 떠나게 된다.

한편 고흐의 파리 생활 중 가장 빼놓을 수 없는 동료는 고갱이었다. 고흐가 고갱을 알게 된 것도 알고 보면 붙임성 좋은 로트레크를 통해서였다. 고갱, 그도 특이한 성격의 화가였다. 큰 코에 붉은 머리의 호방한 고갱은 이따금 큰 소리로 외쳐대며 좌중을 압도하는 그의 거친 외양 때문에 언뜻 보기에는 화가 같지 않았다. 고흐보다 5년 앞서 파리에서 태어난 고갱은 학교를 중도에 포기하고 선원생활을 하다가 증권회사 직원으로 근무하였으나 이것마저도 적성에 맞지 않아 어느 날 갑자기 사표를 던지고 화가의 길로 들어섰다. 안정된 직장, 처와 자식을 팽개치고 배고픈 예술가의 길을 택한 것은 고갱으로서는 하나의 숙명이었다. 그때 그의 나이 이미 서른다섯이었다. 보통사람으로서는 이러한 결단을 내리기가 쉽지 않은 나이였다.

고흐는 고갱의 대담한 터치와 선이 굵은 화풍에 반해서 고갱과 자주 만났으며, 이를 계기로 2년 뒤 아를에서 함께 그림을 그리게 된다. 그러나 고흐가 정신착란으로 자기 귀를 자르는 소동을 벌일 때까지 두 사람은 뜻을 같이 했으며, 그 뒤로도 진심어린 우정은 계속 되었다. 그 밖에도 고흐는 앞서 말한 쇠라를 비롯해서 많은 인상파 화가들과 교류했다. 특히 이 가운데 베르나르는 고흐보다 열다섯 살이나 아래였으나 어느 누구보다 고흐의 그림을 가장 잘 이해해 주는 영원한 대변자였다.

고흐는 약 2년간의 파리 생활 중 그림 도구상 주인인 '탕기 영감'을 비롯해서 스물두 점의 초상화를 그렸으며, 인상파화가들이 즐겨 찾던 〈이시니에르 강변 도로〉를 그린 것도 이 무렵이었다. 그러나 2년여에 걸친 고흐의 파리 생활은 선후배 화가들로부터 얻은 것도 많았지만 잃은 것도 많았다. 동료 화가들과 결론 없는 소모적인 입씨름과 지나친 음주, 뒷골목에서의 방탕한 생활은 그의 건강을 극도로 악화시켰다. 고흐는 점차 파

고갱이 그린 황색 그리스도가 있는 자화상

리 생활에 환멸을 느끼기 시작하였다. 내성적이고 예민한 성격을 지닌 고흐는 동료화가들과 다투는 일이 잦아졌으며, 심지어 동생 테오와도 사소한 일로 티격태격 다투곤 하였다. 고흐는 고민 끝에 파리를 떠나기로 마음먹었다. 그는 운명적으로 혼자 있어야 되는 팔자인지도 모른다. 마침내 고흐는 테오의 만류에도 불구하고 남프랑스 아를행 기차에 몸을 실었다.

아를로의 도피―불타오르는 노란색의 세계로

1888년 2월 20일 고흐는 긴 열차 여행 끝에 낯선 아를에 도착하였다. 그날따라 아를 거리는 온통 눈으로 덮여 있어 가난한 화가의 마음을 더욱 을씨년스럽게 만들었다. 고흐는 식당을 겸하고 있는 카발리에가 30번지 카렐 여관에 여장을 풀고 그림 도구를 정리하였다. 눈이 녹은 며칠 후 고흐는 읍내 외곽 들녘을 거닐며 화폭에 담을 대상을 찾아다녔으며, 밤에는 동생 테오와 고갱, 로트레크, 그리고 베르나르에게 편지를 썼다.

아를 사람들은 붉은 머리의 이방인에게 호기심 반 경계심 반 야릇한 시선을 던졌다. 얼마 후 그곳 아마추어 화가인 식품점 주인과 지방 판사

가 관심을 가지고 고흐를 방문하였으나 그의 그림을 이해하지 못한 두 사람은 두 번 다시 나타나지 않았다. 그리고 며칠이 지난 후 그에게 유화를 처음 지도해 주었던 사촌 모베가 죽었다는 소식이 왔다. 허탈해진 고흐는 자기 유화에다 '모베를 회상하며'라는 제목을 붙였다 이곳 사람들은 대체로 배타적이어서 기이한 느낌을 주는 고흐에게 거의 접근하지 않았다. 이따금 우편물을 가지고 오는 우편집배원 룰랭만이 유일한 말벗이 되었다. 룰랭은 자상하고 생각이 깊어 고흐와 틈틈이 대화를 나누었으며, 생각보다 아는 것도 많았다. 고흐는 객지에서 외로움을 달래기 위하여 이따금 뒷골목 홍등가를 찾기도 했다.

겨울이 지나고 봄이 오면서 아를은 남프랑스의 제 모습을 찾기 시작하였다. 대지는 파란 새싹으로 푸르러 가고, 이따금 지중해 연안에서 건조한 바람이 불어왔다. 가난한 화가에게도 봄의 생기가 돋아났다. 하루가 다르게 나뭇가지에서는 새순이 싹트고 들녘에서는 이름 모를 꽃들이 앞 다투어 피어났다. 그 가운데서도 복숭아꽃이 제일 눈에 띄었다. 고흐는 이 꽃들이 지기 전에 부지런히 화폭에 담아야 했다. 해질 무렵까지 정신없이 그리다 보면, 고흐는 피로와 배고픔이 엄습해 와 기진맥진하였다. 그런 동안에 테오가 편지와 함께 150프랑을 보내왔다. 언제나 고마운 동생이었지만 이번에 보내온 돈은 더욱 요긴하게 쓸 수 있어 고맙고 감격스러웠다. 그는 이 돈으로 물감을 구입하고 필요한 생필품도 마련하였다. 고흐는 테오에게 감사의 답장을 보내면서 그 전부터 구상해 온 '화가 공동체' 창립건에 관해서 집요하게 채근하였다. 그가 일찍부터 착상해온 '화가 공동체' 조직 취지는 화가들의 그림을 파는 창구를 일원화하여 공동으로 판매하고 판매대금을 적절히 배분하는 것이었다. 그러나 고흐의 이런 착상은 이상에 불과했지 현실과 동떨어진 생각일 뿐이었다.

1883년 3월 어느 날 고흐는 베르나르에게 보낸 편지에서 태양은 날마다 노랗고 눈부시게 빛나고 있으므로 태양과 밝은 색채를 그리워하는 화가들은 남프랑스로 이주하기를 권하였다. 4월이 되자 고흐는 흐드러지게 만개한 배꽃과 복숭아꽃을 정신없이 화폭에 담았다. 〈꽃이 피는 과수원〉을 그린 것도 이 무렵이었다. 고흐는 베르나르에게 보낸 또 다른 편지에서도 꽃이 핀 나무를 그리는 데 열중하고 있다고 말하면서 별이 빛나는 밤하늘을 한번 그리고 싶다고 했다. 별이 빛나는 밤하늘은 꿈과 도전을 일깨워 주는 것 같아 고흐는 이런 밤하늘을 볼 때마다 가슴이 설레었다. 그리고 낮에 읽지 못한 책을 밤늦도록 읽었다. 화가인 고흐는 그림 그리는 일 못지않게 독서에도 열중하였다. 그의 수백 통의 편지에서도 알 수 있듯이 고흐는 화가가 되지 않았다면 작가가 되었으리라.

파리를 떠나올 때까지 고흐는 알코올 중독 일보 직전이었으나 아를에서는 술도 끊고 담배도 줄이며 자기성찰의 시간을 많이 가졌다. 그러다 보니 생각이 더욱 깊어져 외로움이 쌓이고 쌓여 고독을 이기기가 힘들어졌다. 5월이 되어 여관집 주인이 숙박료를 올려달라고 하자 고흐는 거처를 라마르틴가 2번지에 있는 월 15프랑 하는 하숙집으로 옮겼다. 그 집의 외벽은 노란색, 내부는 흰색으로 치장되어 있고, 내부 공간도 먼저 방보다 넓어 테이블과 의자도 놓을 수가 있었다. 다만 돈이 모자라 침대는 놓을 수가 없었다. 물감 구입과 모델료 지급—비록 헐값이긴 하지만—에 푼돈이 많이 들어가다 보니 주머니는 항상 비어 있다시피 하였으며, 그러다 보니 테오가 돈을 보내 줄 때까지는 마른 빵으로 끼니를 때우는 일이 허다했다. 아를에 온 뒤 고흐의 화풍은 색채 분할 기법보다는 더욱 강한 선과 단순하고 밝은 색채 처리로 변모되어 갔다. 이러한 경향은 〈꽃피는 과수원〉 등에서 볼 수 있으며, 그 뒤에 그린 〈해바라기〉 연작들은 인상주의를 탈피하고 그 자신의 독창적인 화풍을 창조해가는 계기가 되었다.

노란색, 그것은 고흐의 내면에서 분출하는 정열의 상징이었다. 그는 태양의 상징인 해바라기를 그리는 데 열정을 쏟았으며, 이 지방의 특징적인 인물들을 그리는 데도 많은 시간을 할애하였다. 고흐는 아를 시기에 스물세 명을 모델로 하여 마흔여섯 점의 초상화를 그렸다. 그가 즐겨 다루는 대상은 구릿빛 얼굴의 농부와 개성이 돋보이는 인물들이었다. 그 가운데 소크라테스 같은 두발에 덥수룩한 수염을 가진 우편집배원 룰랭은 군소리 없이 모델이 되어 주었다. 그러다 보니 룰랭은 이 지방에서 고흐를 가장 잘 이해해 주는 친구가 되었으며, '라 마르세예즈'를 부를 때에는 새삼 혁명의 분위기를 느끼게 할 정도로 멋있는 사람이었다. 고흐가 저 유명한 코발트 청색 차림의 〈우편집배원 룰랭〉을 그린 것도 이 무렵(1888년 8월)이었다.

'별이 빛나는 밤'을 찾아서

이제 고흐의 그림들은 노란색과 청색, 단순한 배경처리로 대상을 더욱 돋보이게 하였으며, 어느 누구도 흉내 낼 수 없는 고흐 자신만의 독창적인 그림으로 발전하였다. 그가 말한 대로 인물들의 초상화를 그리는 데 금발은 오렌지색으로, 그 다음엔 은백색으로, 더 나아가 레몬색으로까지 끌어 올렸으며, 머리 뒤편의 복잡한 배경을 가급적 생략하고 선명한 푸른색으로 단순화하거나 노란색으로 덧칠하여 신비로운 광채를 발하게 하였다. 그리고 그는 인물들의 눈동자 처리에 각별히 신경을 썼다. 그해(1888년) 9월이 되자 고흐는 그가 살고 있는 집, 즉 〈노란색 집〉을 그렸으며, 마침내는 그가 이곳에 온 뒤 생각해 온 그 유명한 〈라마르틴 밤 카페〉와 〈론 강 위의 별이 빛나는 밤〉을 정신없이 그렸다.

고흐는 〈별이 빛나는 밤〉을 그리기에 앞서 그해 6월 테오에게 다음과 같이 써 보냈다.

시인, 음악가, 화가…… 그 모든 예술가들이 불행하게 살았다는 것은 이상한 일이 아니다. 네가 최근에 모파상에 대해서 말했던 것도 이 사실을 입증해 주는 것이 아니냐? 이건 영원히 되풀이되는 의문을 다시 묻게 한다. 우리는 삶의 모든 것을 볼 수 있을까? 아니면 죽을 때까지 삶의 한 편린밖에 알 수 없는 것일까? 죽어서 묻혀버린 화가들은 먼 훗날 자신의 작품으로 말을 건다. 지도에서 도시나 마을을 가리키는 검은 점을 보면 꿈을 꾸게 되는 것처럼, 별이 빛나는 밤하늘은 늘 나에게 꿈을 꾸게 한다. 그럴 땐 나는 혼자 묻곤 하지. 프랑스 지도 위에 표시된 검은 점에게 가듯이 왜 창공에서 반짝이는 저 별에는 갈 수 없을까?

타라스콩(남프랑스 아를Arles에서 님Nimes으로 가는 도중 론 강을 사이에 두고 오른쪽에 위치한 유서 깊은 고도로서 알퐁스 도데의 문학의 산실이기도 함)이나 루앙에 가려면 기차를 타야 하는 것처럼, 별까지 가기 위해서는 죽음을 맞이해야겠지. 죽으면 기차를 탈 수 없듯이 살아 있는 동안에는 별까지 갈 수 없겠지? 증기선이나 합승마차, 철도 등이 지상의 운송수단이라면, 콜레라, 담결석, 결핵, 암 등은 천상으로 가는 운송수단인지도 모른다. 늙어서 평화롭게 죽는다는 것은 별까지 걸어서 간다는 것이겠지.

이 얼마나 문학적이고 상상력이 돋보이는 표현인가? 고흐는 이처럼 별이 빛나는 밤하늘을 응시하면서 머지않아 다가올 죽음을 예감했으리라. 고통과 슬픔이 없는 저 하늘나라로의 비상을 말이다. 이어서 고흐는 그해 9월 3일에 쓴 편지에서 다음과 같이 덧붙였다.

나는 두 가지 중 하나에 사로잡혀 있다. 하나는 물질적인 어려움에 대한 생각이다, 다른 하나는 색채에 대한 탐구이다. 색채를 통해서 무언가 보여 줄 수 있기를 바라는 것이다. 서로 보완해 주는 두 가지 색을 결합하여 연인의 애틋한 사랑을 보여 주는 일, 얼굴을 어두운 얼굴에 대비되는 밝은 톤의 광채로 빛나게 하여 어떤 사상을 표현하는 일, 별을 그려서 희망을 표현하는 일, 석양을 통해서 어떤 사람의 열정을 표현하는 일, 이런 것들을 결코 눈속임이라 할 수 없겠지. 실제로 존재하는 것을 표현하는 것이니까. 그렇지 않니?

이 편지에서 말한 것처럼, 고흐는 언제나 황폐해진 가슴을 적셔 주는 그 무엇을 그리고 싶었다. 영원에 근접하는 다정한 남자와 여자를, 광휘를 발하는 선명한 색채를 통한 영원을 말이다. 고흐는 공허한 마음을 달랠 수 있는 말벗이 그리웠고, 또한 그림을 함께 그리는 친구와 함께 그림을 그리며, 서로 조언을 해줄 수 있다면 서로의 그림도 발전할 수 있다는 생각에 파리에서 고생하고 있는 고갱에게 누차 아를에 와서 함께 그림을 그리자고 간청하였으며, 베르나르에게도 같은 뜻을 전하였다. 기다리고 기다리던 끝에 고갱이 아를에 오겠다는 뜻을 전해 왔다. 고흐는 연인을 맞는 이상으로 가슴이 설레었다. 고갱이 올 것에 대비해서 어질러진 방을 정리하고 공간을 넓게 하려고 자질구레한 세간도 치워버렸다. 아를에서 보낸 지난 8개월간, 고흐는 얼마나 고독했던가? 그나마 우편집배원 룰랭이 없었다면 더욱 견디기 힘들었을 것이다. 그렇기 때문에 이 무렵 고흐가 테오에게 보낸 편지는 자꾸만 길어졌다.

아를에서의 고갱과 공동 작업, 그리고 불화

온다, 못 온다 하던 고갱이 1888년 10월 28일 마침내 아를에 도착하였다. 고갱이 아를에 온 것은 두 사람의 창작생활에 대한 기대도 있었지만 테오의 적극적인 권유가 결정적으로 주효하였다. 다시 만난 고갱은 고흐가 생각했던 고갱이 아니었다. 그의 얼굴색은 좋아 보였고, 그의 표정은 자신감이 넘쳐흘렀다. 고갱은 고흐와 달리 세상물정에도 밝았으며, 그림도 점당 몇 백 프랑씩 받고 팔아서 작품활동을 하는 데 별 지장을 받지는 않은 것 같았다. 그러나 고갱도 돈보다도 그림이 더 중요하다는 점에서는 고흐와 다를 바 없었다. 그러면서도 고갱은 실생활에서 고흐와 다른 점이 많았고, 고흐가 하지 못하는 일을 척척 해나갔다. 고갱은 물감을 원료만 사서 직접 가공하여 쓰기도 하고 캔버스도 자신이 직접 만들어 씀으로써 비용을 대폭 절감하였다. 고흐의 생각으로는 고갱이 모든 면에서 대단한 사람이었다. 그러다 보니 두 사람의 생활비가 훨씬 절약되었다. 이쯤 되고 보니 고흐는 고갱 앞에서 일종의 열등감 같은 걸 느꼈으며, 고갱의 그림이 자기 그림보다 더 좋아 보였다. 고갱의 그림은 절제된 색채 배합과 균형감이 있어 보였지만 반대로 고흐 자신의 그림은 감정의 절제가 부족하고 색채가 혼란스럽게 느껴졌다. 그러나 그것은 고흐 자신의 생각이었을 뿐, 고갱은 이와 상관없이 고흐의 그림에 대해서 매우 우호적이었다. 아마 그것은 고갱이 자신의 그림에 대해서 자신감과 여유를 갖고 동료의 그림을 너그럽게 봐준 것인지도 모른다. 고흐는 고갱과 함께 있으면서 점차 자괴감에 빠져들었다. 고갱의 생활태도는 생각보다 건전했고 실속이 있어 보였으며 모든 일을 꼼꼼히 헤쳐 나갔다. 그는 평소에는 생활인이면서도 일단 화필을 들면 몰아의 경지에서 거침없이 그려 나갔다. 고흐가 섬세하고 사변적이며, 이상주의자라면 고갱은 선이 굵고 때로는 호방하며 현실과 이상을 절충해가는 균형주의자 같았다.

예술에 대한 열정은 두 사람 다 같았으나 두 사람은 똑같이 다혈질이어서 종종 사소한 일로 티격태격 다투는 일이 많았다. 고흐는 예민하고 신경질적이어서, 고갱이 무심코 한 말에 대해서도 신경이 거슬렸다. 특히 고흐가 칭찬하는 선배 화가 밀레, 브르통에 대해서도 고갱은 일소에 부쳤으며, 그럴 때마다 고흐는 격한 어조로 반박하였다. 이러저러한 일로 두 사람은 만난 지 한 달도 못 되어 하루가 멀게 다툼이 잦아졌다. 두 사람은 생활비를 쓰는 데도 차이가 났다. 고흐가 규모 없이 있는 대로 쓰는 타입이라면 고갱은 짜임새 있게 알뜰하게 쓰는 습관이어서 두 사람의 마찰은 날이 갈수록 심해졌다. 심지어 고갱은 생리적 욕구를 해결하기 위하여 홍등가를 찾을 때에도 소득과 지출을 고려하여 계획성 있게 꾸려 나갔다. 그러다가도 그림을 그릴 때만은 서로가 격려를 아끼지 않았으며, 고갱은 고맙게도 고흐의 발전하는 그림에 대해서 칭찬을 아끼지 않았다. 고흐가 공동생활 중에 그린 〈책을 읽는 부인〉, 〈에텐 정원의 추억〉, 〈아를 정원의 무도장〉 등 몇몇 작품들은 고갱의 영향을 받은 느낌을 준다. 고흐와 고갱은 밤늦게 집에 돌아와서도 서로가 습관이 달랐다. 사색적이고 다정다감한 고흐는 할 이야기가 많다면서 밤늦도록 불을 끄지 않으려고 하였지만 고갱은 집에 돌아오면 식사 후 일찍 곯아떨어졌다. 고흐가 오직 예술과 문학에 대해서 열을 올리는 반면, 고갱은 사회세태와 정치, 스포츠에 이르기까지 다양한 화제를 내세웠다. 고갱은 아를에 온 지 얼마 안 되어서 뭇 여성의 관심을 집중시켰다. 그의 남성미 넘치는 외모도 외모려니와 넘치는 정력은 많은 여성들을 매료시켰으나, 고흐는 이 방면에서는 언제나 고갱의 그늘에 가려 뒷전이었다.

비극의 서막-귀를 자르고

1888년 12월 23일, 크리스마스이브를 하루 앞둔 날 저녁이었다. 고흐로서는 이런 일 저런 일, 그리고 시기적으로도 매우 우울한 날이었다. 바로 그날 저녁 드디어 '일'이 벌어지고 말았다. 그때 고갱은 평소처럼 저녁 식사를 마친 후 마을을 산책하고 있었다. 고갱이 아를 읍내 빅토르 위고 광장 길모퉁이를 돌아서려는 순간, 이상한 인기척이 나 뒤를 돌아보니 고흐가 예리한 면도칼을 들고 고갱에게 바싹 다가오고 있는 것이 아니겠는가. 고흐는 고갱의 힘에 압도당하였는지 고갱을 한참 노려보다가 발길을 돌려 황급히 달아나 버렸다. 고갱은 사태의 심각성을 인식하고 그날 밤 혼자 다른 여관에 묵었다.

그 다음날 고갱이 라 마르틴 광장 쪽으로 돌아오자 집 앞에는 경찰관과 주민들이 웅성거리고 있었다. 파출소장의 말에 의하면 고흐가 자살을 기도했다는 것이었다. 고갱이 집안으로 들어가 보니 계단 벽 쪽에 붉은 피가 튀겨 있었고, 방에서는 고흐가 홑이불에 덮여 혼수상태에 빠져 있었다. 그 전날 밤 고갱과 '그런 일'이 있은 후 고흐는 자기의 오른쪽 귀를 잘라 포장지에 싸서 카페에 들고 가 평소 알고 지내던 무희 라첼에게 건네주었다. 라첼은 크리스마스 선물로 착각하고 포장지를 폈다가 선혈이 낭자한 귀를 보고 질겁하고, 대소동이 벌어졌다. 집에 돌아와 의식을 잃은 고흐는 한참 만에 깨어나 고갱을 불러달라고 소리를 쳤으나, 그때 고갱은 파리의 테오에게 전보를 치고 있었다.

크리스마스 날 테오가 전보를 받자마자 열차를 타고 아를에 도착하여 허겁지겁 고흐 집으로 달려왔다. 사태의 심각성을 인식한 테오는 우편집배원 룰랭의 권유에 따라 고흐를 병원으로 옮겼다. 고흐가 이 지경에 이르게 되자 테오의 마음은 너무도 착잡했다. 테오는 사태를 어느 정도 수습한 후 약혼녀 조안나에게 크리스마스를 망치게 해서 미안하다는 전보를 치고 고갱과 함께 파리로 돌아갔다. 그 사이에 룰랭이 환자를 극진히 간호하였다. 새해가 되어 건강을 어느 정도 회복한 고흐는 자기 숙소로 돌아왔다. 다투기도 많이 다투었지만 고갱이 없는 집안은 너무도 적막했다. 그러나 다시 평정심을 되찾은 고흐의 마음은 차라리 홀가분해졌다. 어떻든 이 모든 결과는 고갱과의 공동생활에서의 부조화가 직접적인 원인이었다. 고흐는 매일 아침 늦게까지 침대에 누워서 사색에 잠기는 일이 많아졌다. 부모님 생각, 특히 돌아가신 아버지에 대한 불효, 한때 짝사랑 소동을 빚었던 외사촌 케이, 불쌍한 창녀 시앵, 그리고 고향의 황량한 들판과 채소밭까지도 눈앞에 아른거렸다.

전문가들은 고흐의 이와 같은 발작적인 자해행위가 선천성 정신질환에 연유한 것이라고 진단하였다. 그는 우울증은 말할 것도 없고 압생트(쑥으로 빚은 70도 정도의 독한 술) 중독, 포르피린증(피부가 햇빛에 과다 노출될 경우 노출 부분이 붉게 벗겨지는 광과민증光過敏症 피부질환), 메니에르 증후군(현기증, 난청, 귀울림의 주된 증상으로 심할 경우 구토를 유발하는 이비인후과 질환) 등 수많은 정신질환에 시달려야 했다. 이러한 정신병은 격정적인 흥분이 지속되는 여러 가지 활동, 수면 패턴의 급격한 변화, 지나친 종교열, 극단적인 감수성, 시각 및 청각에 나타나는 환각상태, 그리고 과도한 음주 등으로 나타난다고 한다. 고흐의 경우 정신병은 가을과 겨울에 극에 달하였다가 봄부터 서서히 완화되어 여름에 정상화되고, 이때 창작열이 왕성하였다. 고흐 집안의 정신병력도 복잡하여 그의 누이동생 빌헤르미나는 거의 40년간 정신병원 신세를 졌으며, 남동생 테오와 코넬리우스도 우울증으로 자살한 것으로 볼 때 고흐의 정신병은 다분히 유전적인 것으로 보아야 할 것이다.

자신의 귀를 자른 지 한 달 후인 1889년 1월, 다시 안정을 되찾은 고흐는 그가 그려 온 그림들을 보고 휴식을 취하면서 귀가 잘린 〈자화상〉을 그렸다. 그 그림은 파이프를 입에 물고 어딘가 응시하는 불안스러운 모습이다. 얼마 후 고흐는 우편집배원 룰랭의 부인을 모델로 하여 그리기 시작한 〈잠재우는 여인〉을 그려야 하겠다는 생각이 들었다. 그녀는 미인은 아니지만 어머니 같은 자애로움과 후덕한 인상을 풍겼다. 그래서 인물화의 제목도 〈잠재우는 여인〉이라고 붙인 것이다. 그리고 며칠이 지난 후 소동을 벌여 놀라게 했던 주변 사람들을 방문하여 정중히 사과하였다. 그들은 한목소리로 고흐가 이렇게 된 것은 이 지방의 변덕스러운 날씨 탓이라고 위로해 주었다.

〈자화상〉

다만 사건 당사자인 라첼만은 아직 충격이 가시지 않아 은신하고 있었기 때문에 직접 만나보지 못하고 제3자를 통해 사과의 말을 전했다.

그러나 그것도 잠시 고흐는 다시 불면증이 심해져 통원치료를 받다가 병원에 다시 입원하게 되었다. 그리고 그 사건이 있은 후 고흐의 집은 호사가들의 구경거리가 되었다. 설상가상으로 우편집배원 룰랭마저 마르세유로 전근을 가게 되어 고흐를 더욱 고독하게 만들었다. 룰랭은 전근 후에도 고흐를 찾았지만, 시간이 지나면서 방문 시간이 짧아지고 그 횟수도 점차 줄어들었다. 고흐는 평정심을 되찾아 그림을 그리기 시작하였으나 동네사람들은 고흐에 경계심을 늦추지 않았으며, 결국 주민들은 고흐가 이 지방을 떠나야 된다는 진정서에 연대 서명하여 이를 시장에 보냈다.

마침내 고흐는 시립정신병원에 강제 수용되고, 고흐의 방은 그곳 목사의 옹호에도 불구하고 결국 폐쇄되고 말았다. 이 소식을 들은 테오는 어떻게 해야 할지 막막했고, 약혼녀 조안나와의 결혼도 미룰 것을 고려

〈우편집배원 룰랭〉

하였다. 그런 동안에 룰랭이 마르세유에서 오랜만에 찾아와 위로해 주었고, 담당의사와 살르 목사도 그곳 주민들을 설득하여 고흐는 다시 집으로 돌아올 수 있게 되었다. 그러나 그것도 잠시 뿐, 3월 23일 파리에서 찾아온 동료화가 시냑과 이야기를 나눈 후 고흐는 다시 발작을 일으키고 말았다. 시냑은 담당의사 레와 상의 끝에 고흐를 정신병원에 재입원시켰다. 사태가 이 지경에 이르게 되자 테오의 마음은 더욱 무거워졌다. 테오는 그 동안 자기 사업에 전념하느라 형을 소홀히 한 것 같아 마음이 괴로웠다. 고흐는 요양소 생활에 어느 정도 적응하게 되자 책을 읽어도 된다는 허락을 받고 디킨스의 『크리스마스 캐럴』을 읽으며 소일하였다. 그런 사이에 아를 근처에 시설과 환경이 좋은 생레미 요양원에서 정양하는 것이 좋겠다는 의견이 나왔으나 비용이 문제였다. 고흐의 후견인인 테오의 입장이 난처했다. 그도 그럴 것이 테오는 조안나와 오는 4월에 결혼식을 올릴 예정이기 때문이었다.

결국 테오는 마음씨 착한 조안나의 동의를 받아 결혼식 비용을 최소한으로 줄여 혼례를 간단히 치르고, 살르 목사의 주선으로 1889년 5월 8일 고흐를 생레미 요양원에 입원시켰다. 생레미 요양원에 입원할 당시 고흐의 나이는 불과 36세였으나 그의 얼굴은 실제 나이보다 20년은 더 늙어 보였다. 움푹 들어간 두 볼과 툭 튀어나온 광대뼈는 그의 고통스러운 삶을 대변해 주고 있었으며, 다만 여전히 빛나고 있는 두 눈동자만이 무언가 해야 할 일에 불타고 있음을 감지할 수 있었다.

생레미 요양원에서의 마지막 '불꽃'

요양원에 들어가는 고흐의 모습은 너무도 처량해 보였다. 어느 누구보다도 테오의 심경은 착잡하였다. 그 요양원은 수도원을 개조하여 만든 곳으로 정원이 넓고 방도 여유가 있었으나 제대로 관리가 되어 있지 않아 스산해 보였다. 요양원측은 테오의 부탁을 받고 고흐에게 두 개의 방을 배정해 주었다. 고흐는 방 하나는 침실로, 다른 하나는 화실로 사용할 수 있게 되었다. 그 방에서는 창문을 통해서 비교적 경관이 좋은 들판이 보였으며, 건강이 회복되면 그림을 그려도 된다는 허락을 받았다.

얼마 후 고흐는 다시 화필을 들었다. 화가의 길이 숙명인 그로서는 화필을 들지 않고서는 견딜 수 없었다. 이곳에서의 고흐의 화풍은 아를 시절의 이글거리는 태양을 이미지화한 노란색에서 벗어나 정신의 불안정을 말해 주듯 꿈틀거리는 곡선과 어두운 색조로 바뀌었다. 〈사이프러스 나무가 있는 밀밭〉을 중심으로 한 일련의 작품들이 그 예라 할 수 있다. 그런 가운데서도 그의 발작 증세는 간헐적으로 일어났다. 고흐는 아를 시절에 그려 놓았던 그림이 생각나 7월 요양원 원장과 함께 아를에 들렀다가 돌아와서 다시 발작 증세를 보였다. 병세는 7월 말까지 지속되었다. 이번의 발작은 그가 기거했던 아를의 '노란색 집'을 보고 만감이 교차하여 충격을 받고 재발한 것으로 의사는 진단하였다. 발작에서 회복되자 고흐는 오렌지빛 하늘을 배경으로 올리브나무 숲을 그렸다. 이 무렵에 그린 올리브나무는 곡선으로 그려져 그의 불안정한 정신상태를 반영하고 있다. 고흐는 몇 점의 그림을 그리고 나서 다시 발작을 일으켰다.

요양원, 그곳은 어쩔 수 없이 정신병 환자들이 찾는 곳이긴 하지만, 경우에 따라서는 환자들의 병세를 더욱 악화시키기도 한다. 고흐의 병세가 호전될 기미를 보이지 않게 되자, 테오는 형을 파리 근교의 조용한 곳에서 정양을 시켜야 되겠다고 생각하였다. 형을 생레미 요양원에 두었다가는 병이 더욱 악화될 것만 같았기 때문이었다. 그러나 형을 파리로 데려오는 것도 쉬운 문제가 아니었다. 테오도 이제는 너무 지쳐 있었다. 고흐의 그 많은 유화는 팔리지도 않은데다가 형의 끝없는 구조 요청에 심적 부담만 커갔다. 생레미에서 고흐의 편지가 올 때마다 테오는 두렵기까지 했다. 테오는 동료 화가 피사로가 지난번에 지나가는 말로 한 말이 생각나 형을 피사로의 집에 의탁하는 방안을 타진해 보았다. 그러나 피사로도 최근 모친상을 당한 데다가 안질이 악화되어 고흐를 맞을 형편이 못되었다.

12월에 접어들자 생레미의 날씨는 갑자기 추워졌다. 그러나 고흐는 악조건에서도 열심히 그림을 그렸다. 한 해를 보내면서 지난날을 되돌아보니 슬프고 후회스러운 일만 많았고 즐거운 일은 거의 떠오르지 않았다. 오로지 발작 뒤에 오는 야릇한 평온 상태에서 작업을 할 때만이 가장 행복했다. 발작이 진정되면 이상하게도 영감이 떠오르고 작업의 진행이 순조로워졌다. 연말이 가까워지면서 고흐는 다시 발작을 일으키기 시작하였다. 12월 24일 고흐는 심한 발작 증세를 보이더니만, 이번에는 물감 튜브를 빨아먹는 자해행위를 벌였으며, 이듬해 1월 19일 아를을 다녀온 후 다시 발작을 일으켰다. 이와 같은 발작 증세는 음산한 겨울 탓도 있지만, 말할 수 없는 고독감과 할 일은 많은데 세월만 흘러가는 것 같은 허탈감 내지 중압감에서 비롯된 것으로 보아야 할 것이다.

2월 초가 되자 테오로부터 모처럼 반가운 소식이 들려왔다. 테오가 걱정했던 것과는 달리 조안나가 건강한 사내아이를 낳았다는 것이다. 테오는 고흐와 약속한 대로 아기의 이름을 빈센트로 지었다. 당초에 고흐는 선친의 이름을 따르는 게 좋겠다고 했으나 테오는 막무가내였다. 다음으로 가장 기쁜 소식은 알베르 오리에르라는 젊은 미술평론가가 「메르퀴르 드 프랑스」 지에 고흐의 그림에 관해서 우호적인 논평을 게재하였다는 것이다. '고독한 화가, 빈센트 반 고흐'라는 제목의 글에서 오리에르는 "고흐야말로 현대 미술의 정수이며 복잡한 현대 사회를 정화하는 선구자요, 시대의 횃불"이라고 극찬하였다. 이 젊은 미술평론가는 천재 화가 그림의 앞날을 미리 예견한 것이다. 고흐는 감격한 나머지 오리에르에게 장문의 감사 편지를 보냈다. 고흐는 이 편지에서 오리에르가 자신을 너무 과찬하고 있다고 겸손을 표하고, 몽티셀리(1824-1886. 마르세유 출신 화가로 선보다 색채를 중시하였음)야말로 남프랑스 화파의 창시자이며 자신도 그에게 배운 바가 많고 그 나머지는 고갱에게서 배웠다고 말하였다. 끝으로 가장 즐거운 소식은 고흐가 포도밭을 배경으로 그린 〈붉은 포도밭〉을 벨기에의 여류화가 안나 보호가 4백 프랑에 사갔다는 것이다. 이 그림은 고흐가 그린 수백 점의 유화 가운데 그의 생존 당시에 팔린 유일한 유화였다.

기쁨도 잠시, 고흐는 다시 발작을 일으켜 증세가 4월 말까지 지속될 정도로 심각한 지경에 이르렀다. 아무래도 생레미와 아를의 잦은 왕래는 그의 병세를 더욱 악화시킬 뿐이었다. 고흐는 당시의 상황을 이렇게 써 보냈다.

이곳 분위기는 나를 더욱 무겁게 짓누르고 있다. 나는 1년 이상 참고 견디어 왔다. 나는 맑은 공기가 필요하다. 권태와 슬픔 때문에 질식할 정도다. 이제는 더 이상 참을 수 없구나. 나의 병은 이제 한계에 다다랐다. 지금보다 더 절망에 빠진다 해도 무언가 변화가 있어야 할 것 같다.

테오가 형을 데리러 오겠다고 했으나 고흐는 한사코 혼자 파리로 가겠다고 고집을 부렸다. 마침내 고흐는 슬픔과 고통으로 얼룩진 아를과 생레미 생활을 청산하고 병원의 보호자와 함께 타라스콩까지 가서 그곳에서부터는 혼자서 파리 리옹행 열차에 몸을 실었다. 열차의 속도와 함께 고흐는 야릇한 해방감에 젖었다. 그러나 따지고 보면 악조건 속에서도 고흐는 영원히 남을 150점의 유화와 밀레, 들라크루아, 도미에, 렘브란트 등의 모사 작품 30점 등을 남겼다. 1890년 5월 17일 형제는 리옹 역에서 오랜만에 재회의 기쁨을 나누었다. 약속이나 한 듯이 형제의 두 눈에서는 눈물이 흘러내렸다. 형제는 곧바로 파리 피갈 8번지 5층 아파트에 있는 테오의 집으로 갔다. 그곳에는 사랑스러운 조카 빈센트와 제수 조안나가 기다리고 있었다. 형제는 밤이 깊도록 그 동안 묻어 두었던 수많은 이야기를 주고받았다. 아침이 되자 고흐는 곧바로 루브르 박물관으로 가서 렘브란트와 들라크루아 등 선배 화가들의 그림을 다시 감상하였다. 고흐는 이들의 그림을 볼 때마다 새로운 감흥을 느꼈다. 그 다음날 고흐는 몽마르트 거리의 동료들과 탕기 영감도 만나보았다. 파리는 그때나 지금이나 분주하게 숨 쉬고 있었다.

화가는 죽어서 작품으로 말한다

5월 21일 고흐는 몇 점의 그림을 들고 의사 가셰(1828-1909. 내과의사로 인상파 화가들의 후원자)가 살고 있는 오베르 쉬르 오아즈로 향하였다. 가셰는 때마침 출타중이어서 며칠 후인 일요일이 되어서야 만날 수 있었다. 그림에 대한 안목이 깊으며, 그 자신도 아마추어 화가인 가셰는 고흐의 그림에 호감을 보였다. 세잔과 피시로도 한때 가셰와 교분을 맺고 이곳에 머문 적이 있었다. 가셰는 내과의사였으며 부인과 사별 후 아직 출가하지 않은 딸 마르그리트와 단둘이 살면서 여생을 의료 활동보다는 그림 수집과 감상에 더 정신이 팔려 있는 미술 마니아였다. 가셰는 고흐에게 자신의 초상화를 그려 줄 것을 부탁하였다. 고흐는 검푸른 재킷에 누르스름한 색깔의 묘한 모자를 쓰고 오른손으로 턱을 괸 채 수심에 가득 차 책상머리에 앉아 있는 가셰를 그렸다. 가셰는 이 그림을 보고 자기의 개성을 밀도 있게 표현하였다고 만족하고 다시 한 점을 부탁하

〈의사 가셰의 초상〉

였다. 두 번째 초상화는 좀 더 밝은 색조에 물결치는 굵은 점선으로 칠하고 테이블 위에는 노란색 표지의 책과 유리잔을 놓고 턱을 괸 채 앉아 있는 모습이었다. 이 초상화에서 알 수 있듯이 의사 가셰는 인간의 모든 고뇌를 한 몸에 지니고 있는 우수에 잠긴 모습이었다.

그 무렵 가셰는 틈틈이 고흐를 초청하여 성찬을 대접하며 많은 그림을 그려 주도록 부탁하였다. 고흐는 자신의 죽음을 예고나 하려는 듯이 물결치는 붓놀림으로 마지막 열정을 불살랐다. 1890년 6월 그가 죽기 한 달 전에 그린 〈까마귀 나는 밀밭〉, 〈오베르 성〉도 이때 그린 그림이다. 1890년 7월 27일 고흐는 오베르 들판을 정신없이 떠돌다 해질 무렵 갑자기 가셰를 찾아가 세잔과 피사로의 그림을 방치해두고 있다고 불만을 터뜨리며 불안한 모습으로 서성거리다가 발길을 돌렸다. 그러고 나서 잠시후 돌이킬 수 없는 '큰일'이 벌어지고 만 것이다. 고흐는 돌아오는 길에 미리 입수하여 허리춤에 찔러 둔 권총을 꺼내어 자신의 가슴팍을 겨누고 방아쇠를 당겼다. 고흐는 그 자리에서 즉사하지는 않고 피가 흐르는 가슴팍을 움켜쥔 채 자신이 묵고 있는 3층 다락방의 비좁은 층계를 힘겹게 올라가 침대에 푹 드러눕고서 신음하였다.

평소 시간을 잘 지키는 고흐가 저녁 식사시간이 훨씬 지나서도 아무 연락도 없이 식당에 내려오지 않자 집주인 라부가 계단을 올라가 신음 소리가 들리는 방을 노크할 겨를도 없이 조심스럽게 문을 열었다. 그 순간 라부는 소스라쳐 놀랐다. 고흐가 사지를 벌린 채 침대에 쓰러져 있었고 침대 시트에는 선혈이 낭자하였다. 라부는 곧바로 의사 가셰에게 이 사실을 알렸고, 가셰는 외과의사가 아니기 때문에 외과 전문의 마즐리에게 알리고 자신이 먼저 황급히 달려와 고흐의 방에 들어섰다. 환자의 상처 부위를 들여다보니 총알이 심장 아래 부분에 박힌 것 같고, 그 속에서 계속 피가 흘러 나와 더 이상 손을 쓸 수 없어 응급처방만 하였다. 고흐가 심장을 향해 방아쇠를 당길 때 손이 떨렸기 때문에 총알은 심장 밑부분을 약간 스치고 옆구리 쪽에 깊게 박힌 것이다. 환자는 즉사하지는 않았지만, 치명적인 상처인 것만은 분명하였다. 잠시 후 외과의사 마즐리가 쫓아와 환자의 상처부위를 주의 깊게 들여다보았으나 더 이상 가망이 없다고 판단하고 고개를 크게 저으며, 빨리 가족에게 알리는 것이 좋겠다고 말하였다. 마즐리의 진단으로는 총알이 심장 가까이 깊게 박혀 집도해 보아야 헛일이라는 것이었다. 가셰와 주변 사람들이 근심스러운 표정으로 지켜만 보고 있는데, 고흐는 의식을 다소 회복한 듯 간신히 눈을 떠 보였다. 그런데 고흐가 권총을 어디에서 입수하였으며, 어디에서 자살을 기도했는지 정확한 장소는 알 수 없었다. 28일 아침 같은 여관에 묵고 있는 히르시그란 사람이 가셰의 편지를 들고 파리행 첫차를 탔다.

비보를 접한 테오는 대낮이 지나서야 황망히 쫓아와 형을 끌어안고 울부짖었다. 의식이 가물가물한 고흐는 겨우 눈을 뜨고 테오에게 "나라는 인간은 죽는 것마저 서투른 모양이다……"라고 힘없이 말을 이어갔다. 그의 뺨에는 어느새 마지막 눈물이 흘러내렸다. 고흐는 힘겹게 말을 이어가며 테오에게 진 빚을 갚지도 못하게 되었다고 한숨을 쉬었다. 고흐가 탈진하여 눈을 지그시 감자, 테오는 밖으로 나와 서러움이 북받쳐 쏟아지는 눈물을 주체할 수 없었다. 너무도 허망한 일이었다. 모든 것이 끝나버린 절망감이 엄습해 왔다. 테오로서는 지금까지 무엇 때문에 살아왔는지 모를 일이었다. 이렇게 허망하게 죽어가는 형이 너무 원망스러웠다.

테오가 다시 방으로 들어오자 고흐는 무슨 말을 하려고 하였으나 이미 기력이 다하여 더 이상 입을 열지 못하였다. 그러고 나서 초점이 흐려진 두 눈으로 허공을 잠시 응시하더니 이내 두 눈을 감았다. 그 시간은 1890년 7월 29일 새벽 1시 30분이었다. 천재 화가의 비극적인 삶은 이렇게 끝났다. 그의 나이 불과 37세, 아직도 살아야 할 날이 많았지만 천재는 범인들의 일반적인 삶보다 훨씬 압축해서 치열하게 불꽃처럼 살다 갔다. 교회 목사는 자살이라는 이유로 장례 집전을 거부하였다. 사흘 뒤 조촐한 그의 장례식에는 피사로와 베르나르, 의사 가셰, 탕기 영감, 그리고 이웃 몇몇 친지들이 참석하였다. 고흐의 관은 그가 평소 거닐던 오베르의 까마귀 나는 밀밭길 옆 공동묘지로 향하였다. 관에 던져진 조화 속에는 그가 즐겨 그리던 해바라기도 눈에 띄었다. 그리고 고흐의 시신은 테오의 절제된 흐느낌 속에서 땅속에 묻히고 장례식의 모든 절차는 그렇게 끝이 났다.

그해 8월 테오는 베르나르의 도움을 받아 몽마르트의 자신의 집에서 형의 추모전을 열었다. 허탈감에 빠진 그도 후에 정신착란을 일으켜 이듬해인 1891년 1월 25일 유트레히트에서 스스로 목숨을 끊었다. 그때 그의 나이 불과 서른세 살이었다. 테오는 그곳 공동묘지에 묻혔다가 1914년 유족과 지인들의 중론에 따라 고흐의 곁으로 이장되었다. 형제는 죽어서도 의좋게 나란히 누워 하나가 되었다. 고흐가 사망할 당시 그의 주머니에는 테오에게 이미 오래 전에 써 놓았던 다음과 같은 내용의 편지

쪽지가 들어 있었다.

"지금 우리가 처해 있는 위기 상황에서 너에게 말할 수 있는 것은 죽은 화가의 그림을 파는 화상畵商과 살아있는 화가의 그림을 파는 화상 사이에는 아주 긴장된 관계가 있다는 점이다. 내 그림, 그것에 나는 나의 모든 삶을 걸었고 내 머리도 그것 때문에 혼란스러웠다. 그래, 좋다! 내가 아는 한 너는 단순히 화가의 그림을 사고파는 장사꾼이 아니다. 나는 네가 자신의 입장을 분명히 하고 진정으로 사람답게 행동할 수 있으리라 생각한다. 그런데 넌 무얼 바란단 말이냐?"

주요 참고문헌 및 더 읽을 만한 책

I. F. Walther·R. Metzger, *Van Gogh*, Benedikt Taschen, 1993.
율리우스 마이어-그라페 지음, 최승자·김현성 옮김, 『반 고흐, 지상에 유배된 천사』, 책세상, 1990.
S. 폴라첵 지음, 최기원 옮김, 『빈센트 반 고흐』, 정음문화사, 1990.
빈센트 반 고흐 지음, 신성림 옮김, 『반 고흐 영혼의 편지』, 예담, 1999.
파스칼 보나프 지음, 송숙자 옮김, 『반 고흐』, 시공디스커버리, 1995.
케이 제미슨 지음, 동아출판사 편집부 옮김, 『천재들의 광기』, (주)동아출판사, 1993.
E. H. 곰브리치 지음, 崔旻 譯, 『서양미술사』, 悅話堂, 1994.
H. W. 잰슨 지음, 李逸 編譯, 『西洋美術史』, 미진사, 1991.
모리스 세륄라즈 지음, 최민 옮김, 『인상주의』, 열화당, 1991.

오귀스트 로댕

조각을 참 예술로 부활시킨 세기의 거장

François

Auguste

René

Rodin

명성을 얻기 전에 로댕은 고독했다.
그리고 그가 성취해낸 명성으로 그는 더 큰 고독에 빠졌다.

　-릴케

조각 예술의 새로운 자리매김

자연의 아름다운 풍광, 여체의 신비로운 각선미, 건강한 남성의 육체미, 그리고 대상을 형상화한 각종 형태미, 이것들을 보는 즐거움은 인간의 가장 원초적인 감각세계이다. 이러한 대상을 거의 평면적으로 조형화한 것이 회화라 한다면, 이를 입체적인 형태미로 조형화한 것을 조각 예술이라 이름할 수 있다.

데이비드 핀(D. Finn: 미국 사진작가·화가·저술가)이 말한 것처럼, 조각이란 예술가에 의해서 대상을 우리가 살고 있는 현실로 끌어들이는 그무엇이며, 한 예술기가 내면에 지니고 있는 인생관과 세계관을 자신의손으로 표출해내는 하나의 창조물이다. 그리고 그 조각 작품이 위대한예술품으로서의 생명력을 발휘하기 위해서는 강렬하고도 지속적인 인상을 심어 주고, 팽팽한 긴장감이 내재되어 있어야 한다.

그러나 이러한 의미의 조각 예술은 14-16세기 중에 도나텔로(1386-

1466)와 다빈치(1452-1519), 그리고 미켈란젤로(1475-1564) 등에 의해서 한때 꽃을 피웠으나, 그 이후의 조각들은 조각가들의 매너리즘과 회화의 그늘에 가려 수백 년 동안 예술로서 설 땅을 잃고 말았다.

조각 예술의 이러한 절망적인 상황에서 그 암흑기를 탈출한 사람이 여기에서 말하고자 하는 바로 이 사람, 오귀스트 로댕이다. 이 억세고 늠름한 사나이는 주변의 온갖 냉대와 시련 속에서도 망치와 끌을 들고 분연히 일어섰다. 그는 대상물에 생명의 율동과 영혼의 몸부림, 인간적인 고뇌와 갈등까지 극명하게 불어넣음으로써 조각을 진정한 참 예술로 부활시킨 세기의 거장이다.

"예술가는 넓은 시야를 가져야 하며 존재하고 있는 사물의 본질을 꿰뚫어볼 수 있는 정신을 가진 인간이어야 한다. 나는 항상 내가 본 것, 그리고 조금만 노력하면 모든 사람들이 볼 수 있는 것을 재현할 뿐이다."라고 로댕 자신이 말한 바와 같이, 그는 자신이 보고 느낀 것을 솔직하고 대담하게 표현할 수 있는 용기 있는 인간이었다. 그는 비타협적인 냉철한 눈으로, 사물에 숨어 있는 본질을 독창적으로 표현해냄으로써 맹목적인 모방이나 겉치레를 정면으로 거부하였다.

로댕은 이러한 투철한 예술관과 의지의 힘으로 시대의 편견과 세인의 몰이해를 극복함으로써 조각을 평범한 장식물이 아닌 참 예술로 끌어올렸다. 그는 이 외로운 투쟁을 통해서 위대한 예술가로서의 자신의 위치를 확고히 하였을 뿐만 아니라, 부르델(Bourdelle, 1861-1929), 마이욜(Maillol, 1861-1944)과 같은 그의 후계자들과 헨리 무어(Henry Moor, 1898-1986) 등 후대의 조각가들에게 예술가로서의 긍지를 심어 줌으로써 조각이 떳떳한 예술 장르의 하나로 자리매김하는 데 결정적인 기여를 하였다.

평생의 스승 르콕 선생

프랑수아 오귀스트 로댕François Auguste René Rodin은 1840년 11월 12일 파리의 서민가 아르바레트에서 태어났다. 그의 아버지 장 밥티스트 로댕은 노르망디 농촌 출신이었으나, 산업혁명의 물결을 타고 도시로 일자리를 찾아 상경하여 천신만고 끝에 파리 경찰청 말단 잡역으로 취직하였다. 그는 첫 번째 결혼에서 딸 클로틸드를 얻었으며, 한동안 홀아비로 있다가 1836년 서른여덟에야 모젤 지역 출신인 스물아홉 살 난 마리 셰페와 재혼하여 둘째딸 마리아와 아들 오귀스트 로댕을 낳았다. 로댕의 아버지 쪽은 평범하고 건강한 생활인이었으나 어머니의 혈통은 예술적인 기질이 있었던지 로댕의 외사촌들은 장식사, 도안사 등으로 활동하였다. 그러고 보면 로댕은 아버지로부터는 건강한 육체를, 어머니로부터는 예술가적인 피를 물려받았다고 할 수 있다. 로댕이라는 말은 노르망디말로 '붉은색'이라는 뜻이 담겨 있는데, 실제로 그의 집안사람들의 머리 색깔과 턱수염은 약간 붉은색을 띠었다.

뒤늦게 아들을 본 장 로댕은 어린 오귀스트를 애지중지하였으며, 아들하나만은 법관이나 고급관리를 만들어 남들처럼 으스대며 살고 싶었다. 이러한 소망은 예나 지금이나 배움이 없어 출세하지 못한 아버지들의 한결같은 꿈이라 할 것이다. 그의 집에는 이따금 처제 테레즈가 들러 어린 오귀스트에게 내연의 남편인 화가 드롤링이 쓰다 남은 물감이나 화구를 가져다주곤 하였다. 장 로댕은 붙임성이 좋은 테레즈를 친동생처럼 생각하였으나 어린 아들에게 그림에 관심을 갖도록 부추기는 것만은 내심으로 못마땅하였다. 배움이 없는 그였지만 그림을 그리는 예술가의 삶이 얼마나 고달픈 것인지는 어렴풋이 알고 있었기 때문이다.

로댕은 여느 아이처럼 초등학교에 입학하였으나 공부에는 두각을 나타내지 못하였다. 특히 수리와 라틴어 문법, 신학 교리는 상상력이 풍부한 그를 싫증나게 만들었다. 그런 그였지만 미술 시간만 되면 물고기가 물을 만난 듯이 신바람이 났으며, 천성이 약간 근시였기 때문에 사물을 크게 그리는 습관이 있었다. 로댕은 학교에서 돌아오기가 무섭게 책가방을 내동댕이치고 아버지 몰래 틈틈이 무언가 스케치하는 데 몰두하였다. 이런 아들 녀석의 엉뚱한 버릇에 속이 상한 장은 윽박지르며 공부나 하라고 타일러 보기도 하였으나 별 효과가 없었다. 장은 고심 끝에 아들이 이 꼴이 되어가는 것은 학교의 교육방식에 문제가 있기 때문이라고 판단하고 로댕을 다른 학교로 전학시켰으나 결과는 달라진 것이 없었다. 가족회의 끝에 장은 하는 수 없이 처제 테레즈의 권유를 받아들여 로댕을 딸 클로틸드의 남자 친구 바루누뱅이 다니는 미술학교 프티트 에콜Petite Ecole, 즉 '작은 학교'로 전학시켰다. '작은 학교'라는 명칭은 '에콜 데 보자르', 즉 정규 미술학교와 구별하기 위한 것이다. 그곳은 명칭과 걸맞게 순수미술이 아닌 장식미술을 가르치는 학교였지만 르콕이라는 훌륭한 미술 선생이 재직하고 있었다. 학생들의 소질을 어느 누구보다도 잘 파악하는 르콕 선생은 로댕을 테스트해 보았다. 로댕의 스케치 솜씨는 세련되어 보이지는 않았지만, 개성이 있는 터치가 르콕 선생의 마음에 들었다. 르콕 선생 자신도 매너리즘에 빠져 있는 아카데미학파들의 도식적인 화풍보다는 상상력과 개성이 넘치는 화풍을 중요시해 온 터였다.

로댕은 르콕 선생의 자상한 지도로 드로잉 기초학습을 익힌 뒤 야간의 특강반에 들어가 본격적으로 스케치 수업을 받았다. 이제 그의 나이도 열다섯이 되었으나 그 학교에는 로댕보다 나이가 많은 학생들이 더 많았다. 로댕은 다른 학생들처럼 누드화도 그렸지만 모델들은 그가 생각했던 미인들이 아니라 세파에 찌든 여인들이었다. 르콕은 이 점에 대해서, 아름다운 것만 그리는 것이 화가의 사명은 아니며, 대상을 자기 식대로 형상화하여 그 속에서 미를 발견하는 것이 참다운 예술가임을 일깨워 주었다. 이런 면에서 로댕이 르콕을 만난 것은 참으로 천운이었다. 학교 수업이 없는 날이면 로댕은 동료들과 함께 루브르 박물관에 드나들며 많은 미술품을 관람하였다. 특히 미켈란젤로는 그의 가슴에 우상으로 자리 잡아 가기 시작하였다. 그는 이때부터 회화보다는 조각에 관심이 많아졌다. 이런 그를 유심히 관찰한 르콕 선생은 로댕을 조각 실습실에 데리고 가서 완성된 조각 작품과 미완성 조각, 그리고 대리석과 청동을 보여 주었다. 이것들을 보는 순간, 로댕의 눈빛은 빛나기 시작하였다.

망설이던 끝에 로댕은 어느 날 아버지에게 조각가가 되고 싶다고 말했다. 이 말을 듣자 아버지 장은 하나 밖에 없는 아들이 완전히 헛길로 들어섰구나 생각하니 기가 막혔다. 화가는 고사하고 '석공'이 되겠다니 말이다. 그러던 어느 날 로댕은 르콕 선생에게 국립미술학교에 들어가 조각을 본격적으로 공부하고 싶다고 말했다. 그러자 르콕은 로댕에게 먼저 두상頭像을 만들어 보라고 했다. 모델을 구하기 어려워진 로댕은 할 수 없이 아버지더러 모델이 되어 달라고 졸라댔다. 그의 아버지는 이런저런 핑계를 대며 차일피일 미루었으나 아들의 뜻이 워낙 완강한지라 결국 모델이 되어 주긴 했으나 오랜 시간 포즈를 취하는 것이 따분하다 못해 고통스러운 노릇이었다. 아들의 하는 일이 못마땅하거니와 앞으로도 지겨운 이 일을 몇 번이나 더해야 할지 몰라 한심한 생각이 들었다. 우여곡절 끝에 포즈를 취한 지 한 달이 지나서야 두상이 완성되었다. 로댕은 아버지에게 부탁하여 르콕 선생과 르콕의 친구인 국립미술학교 출신의 맹드롱을 집으로 초대하여 그가 만든 두상을 선보였다. 맹드롱은 이 두상을 탐탁지 않게 여겼으나 르콕의 간곡한 부탁으로 로댕을 국립미술학교에 응시할 수 있도록 추천해 주었다.

세 번의 국립미술학교 낙방과 긴 방황

로댕은 다른 응시생들과 함께 국립미술학교에서 6일간에 걸쳐 실기시험을 치렀다. 그러나 결과는 너무나 참담했다. 함께 응시한 바루누뱅은 시험관의 구미에 맞게 스케치하여 보란 듯이 합격하였으나 로댕은 불합격이었다. 무엇보다도 로댕은 아버지를 볼 낯이 없어 집에 들어갈 수가 없었다. 로댕은 거리를 방황하다가 어깨를 축 늘어뜨린 채 밤 늦게서야 집에 들어갔다. 아들의 낙방을 눈치 챈 아버지는 애꿎은 담배만 피워댔다. 차라리 아들의 낙방이 잘 된 일이라고 생각도 해보았다. 그도 그럴 것이 이 일로 인해서 아들이 조각을 포기하고 전망이 있는 다른 길을 선택할 수도 있기 때문이었다.

그러나 로댕은 포기하지 않고 다음해에 또다시 응시하였다. 결과는 마찬가지였다. 로댕은 불합격 이유를 도무지 이해할 수가 없었다. 알아본 바에 의하면, 어느 누구는 기본 틀이 잘못되었다는 것이었고, 또 누구는 거칠고 투박한 손놀림이 조각가로 대성할 수 없기 때문이라는 등 제각기 불분명한 이야기만 늘어놓았다. 아들의 측은한 꼴을 보고 아버지는 아무 말도 하지 않았고, 온 집안이 침통한 분위기에 휩싸였으나 테레즈 이모의 재치와 격려로 분위기가 되살아났다. 집념이 강한 로댕은 그래도 포기하지 않았다. 세 번째 되는 해의 응시에서는 그 동안 부족했다고 생각되었던 기본 형태를 만드는 데 각별히 신경을 썼으나 결과는 또다시 절망적이었다. 알아보니 종합점수가 합격점에서 3점이 모자란다는 것이었다. 그러나 그를 더욱 낙담시킨 것은 불합격에 대한 아쉬움보다는 그에게 더 이상 응시를 받아 줄 수 없다는 학교측의 충격적인 통보였다.

3년 동안의 피나는 노력이 물거품으로 돌아가자 로댕은 눈앞이 캄캄했다. 보다 못한 르콕 선생은 로댕을 위로하며 자기가 아는 미술 장식품 제작소에서 일할 수 있도록 주선해 주었다. 보수는 주급 35프랑에 불과하였으나 로댕으로서는 무척 고마운 일이었다. 로댕은 좌절감을 딛고 열심히 일하였다. 그러던 어느 날 지친 몸을 이끌고 집에 돌아와 보니 둘째 누나 마리가 울고 있었다. 이유를 물어보니 국립미술학교에 들어간 애인 바루누뱅이 변심하여 다른 여자와 결혼하게 되었다는 것이다. 로댕은 이런 마리를 무슨 말로 위로해야 할지 몰랐다. 실연의 슬픔을 이기지 못한 마리는 가족들의 만류에도 불구하고 수녀원에 들어가 버렸다. 아버지 장은 가난 때문에 딸이 큰 상처를 받았다고 생각하고, 이 모든 불행을 자신의 무능으로 돌렸다. 그런가 하면 로댕은 로댕대로 자기 때문에 마리가 바루누뱅과 가까워진 것이 화근이었다고 생각하니 가슴이 아팠다. 마리가 수도원에 들어가던 날 아버지 장은 불쌍한 딸에게 은십자가를 쥐어주었다. 마리는 울먹이며 훌륭한 수녀가 되겠다고 다짐했지만, 바루누뱅의 배신 행위만은 잊을 수 없었다.

　불쌍한 마리는 수녀원 생활 채 2년이 못 되어 복막염에 걸려 집에 돌아오고 말았다. 아버지는 초췌한 딸의 모습을 보고 한숨만 내쉬었으며, 어머니는 비탄에 잠겨 눈물만 흘렸다. 집에 돌아온 마리는 시름시름 앓다가 어느 날 죽고 말았다. 누이를 잃은 로댕의 슬픔은 부모에 못지않았다. 바루누뱅이 너무나 원망스러웠으며, 세상의 모든 것이 싫어졌다. 비가 부슬부슬 오는 어느 날 로댕은 세속의 모든 번뇌를 잊고 수도사가 되기로 결심하였다. 그는 수도원 부원장인 에마르 신부를 찾아가 자신의 처지를 밝히고 수도원에서 받아 줄 것을 간청하였다. 에마르 신부는 단테와 페트라르카의 작품을 번역하여 이름이 널리 알려진 인텔리 신부로 식견이 풍부할 뿐만 아니라 타인의 어려운 처지를 감싸 줄 수 있는 인간미 넘치는 사람이었다. 에마르 신부는 로댕의 뜻에 반신반의하였으나 그의 태도가 무척 진지하였기 때문에 모든 것을 신의 뜻에 맡기고 로댕을 받아들였다. 아들을 수도원에 보내게 된 로댕 부모는 참담한 심경이었다. 이제 누구를 믿고 살아가야 할지 막막하였다. 용모가 수려하여 뭇 사내들의 표적이 되어 온 큰딸 클로틸드는 이미 가출해 버린 지 오래되었고, 둘째딸 마리를 저 세상에 보낸 지 얼마 안 되어 하나뿐인 아들마저 수도원에 보낸 로댕 부모의 심정이 어떠했겠는가? 그 사이 그토록 건강했던 아버지 장은 몰라보게 늙어버렸고, 어머니의 얼굴에도 짙은 그늘이 드리워졌다.

　로댕이 수도원에 들어간 해는 그의 나이 스물두 살 때인 1862년이었다. 로댕으로서는 규율이 엄격한 수도원 생활에 적응하기 힘들었으나 그래도 모든 어려움을 감내해 나갔다. 로댕은 이따금 지난날의 갖가지 일들과 회한들로 밤을 지새우는 날이 많아졌다. 무엇보다도 치욕적인 국립미술학교 낙방의 상처를 잊을 수가 없었다. 이러다 보니 로댕의 얼굴은 나날이 초췌해져 갔다. 자상한 에마르 신부는 로댕의 어깨 위에 손을 얹고 단테를 아느냐고 물었다. 에마르 신부는 고뇌에 찬 인간의 참모습을 그린 단테의 『신곡』에 대해서 이야기해 주었으며, 구스타프 도레의 동판화가 담긴 『신곡』을 보여 주었다. 로댕은 단테의 삶에 감동을 받기도 했지만, 도레의 섬세한 동판화에 더 큰 자극을 받았다. 그리고 로댕은 『신곡』을 자기 나름대로 해석하여 스케치해 보았다. 이런 로댕을 유심히 관찰한 에마르 신부는 그에게 창고 하나를 작업실로 쓰도록 배려해 주었다. 로댕은 성직자이면서도 예술에 대한 이해심이 깊고 인간미가 넘치는 에마르 신부가 무척 고마웠다. 로댕은 모든 잡념을 잊고 열심히 작업을 해나갔다. 그러던 어느 날 로댕은 다시 조각에 전념해야 되겠다는 생각을 갖고 에마르 신부를 찾아가 자신의 뜻을 털어놓았다. 그렇지 않아도 에마르 신부는 로댕이 수도원 생활에는 적합하지 않다고 생각해 온 터라 별다른 이의를 제기하지 않았다. 인자한 에마르 신부는 수도원은 감옥이 아니기 때문에 수도원의 문은 들어올 때와 마찬가지로 나갈 때도 언제나 열려 있다고 말해 주었다. 그러면서 그는 신의 소명에 따라 인간은 각자 자기 방식대로 소질을 키워 간다면 그것이 바로 신에 가까이 가는 길이라는 당부도 잊지 않았다.

이렇게 해서 로댕은 1년 가까운 수도원 생활을 뒤로하고 세속으로 다시 돌아왔다. 수도원 문을 나서면서 로댕은 인간미 넘치는 에마르 신부만은 잊어서는 안 되고 잊을 수도 없다고 생각하였다. 막상 수도원 문을 나섰지만 로댕은 부모님을 뵐 면목이 없었다. 그는 정처 없이 길을 걷다가 르콕 선생을 떠올리고 그를 찾아갔다. 르콕은 여전히 로댕을 따뜻하게 맞아 주었다.

'살롱전' 낙선자들과의 교류

로댕은 르콕의 배려로 당분간 그의 아틀리에에서 먹고 자며 일거리를 찾아다녔다. 그곳에서 멀지 않은 거리에는 게르부아라는 카페가 있는데, 그 카페는 가난한 예술가들이 자주 드나들면서 시간을 보내는 곳이었다. 그들 가운데 드가, 마네, 르누아르, 달루 등 이들은 소위 인상파 화가들로 프랑스 예술의 장래를 짊어진 예술가들이었다. 로댕도 시간이 나면 그곳에 들르곤 하였다. 특히 르누아르는 로댕이 가까이 하고 싶은 화가였다. 르누아르는 집안이 좋은 드가나 마네와 달리 가난한 재단사의 다섯째 아들로 말수가 적고 겸손하였으며 묵묵히 자기 일만 하는 화가였다.

이들 화가들은 당시만 해도 아카데미학파에 의해 주도되어 온 '살롱전'에 낙선한 이름 없는 화가들이었기 때문에 현실에 대한 불만으로 가득 차 있었다. 낙선자들 중에는 누구보다도 다혈질인 팡탱(1836-1904. 프랑스 화가로 명암이 깊고 선명한 화풍이 특징임, 대표작으로 〈들라크루아 예찬〉,

〈바티뇰의 화실〉 등이 있음) 의 목소리가 가장 컸다. 그는 살롱전에 낙선한 후 분을 삭이지 못하고 고래고래 소리를 지르면서 자기들만의 전시회를 열어 제대로 실력을 평가받자고 제안하였다. 그들은 숙의 끝에 연대 서명을 하여 당국에 탄원서를 제출하였다.

빗발치는 여론을 의식한 문화부에서는 나폴레옹 3세의 칙령에 따라 1863년 5월 1일부터 살롱전이 열리고 있는 '팔레 드 렝드 스트리'의 한 모퉁이에 낙선자들의 전시회를 열 수 있도록 해주었다. 이것이 바로 세계 미술사의 흐름을 바꿔 놓은 그 유명한 '낙선자 전시회Le Salon des Refusés' 이다. 출품자들은 용킨드, 피사로, 휘슬러, 마네, 팡탱, 그리고 카탈로그에는 없지만 기욤과 세잔도 뒤늦게 참여하였다. 그런데 그 가운데서도 〈풀밭 위의 점심 식사〉로 더 많이 알려진 마네의 〈목욕〉이라는 작품이 커다란 센세이션을 일으켰다. 무엇보다도 숲 속의 풀밭에서 한 여인이 나체로 턱을 괴고 두 남자 사이에서 천연덕스럽게 앉아 있는 모습은 지나치게 선정적이고 외설적이라는 비판에 시달리게 되었다. 물론 당시로서는 이러한 회화 양식은 감히 생각할 수도 없는 일이었기 때문에 논란의 대상이 될 수밖에 없었다. 이처럼 '낙선자 전시회'는 찬반양론이 팽팽한 가운데 큰 반향을 불러일으켰으며, 훗날 '인상파 화가 그룹전'으로 발전하여 미술사에 혁명적인 변화를 가져왔다.

로댕도 당초에는 화가들의 잔심부름을 해주는 비비라는 노인을 모델로 하여 살롱전에 〈두상〉을 출품하려 하였으나 작업이 지지부진하여 그해에는 출품하지 못하였다. 그는 다음 전시회에 대비하여 심혈을 기울였다. 로댕은 비비의 얼굴에서 인간의 삶과 고통을 읽을 수 있었다. 그의 찌그러신 코는 모멸감과 좌질감이 짙게 배어 있었다. 로댕은 비로 이러한 인간의 모습을 형상화하고 싶었던 것이다. 그는 밤낮을 가리지 않고 심혈을 기울여 1년이 지난 뒤에야 〈코가 찌그러진 남자〉라는 제목의 두상을 완성하고, 그 두상에 처음으로 '로댕'이라는 사인을 새겨 넣었다. 로댕은 뿌듯한 기분으로 살롱전에 출품하였으나 작품의 두상에 나타난 얼굴이 괴이하고 미적 감각이 부족하다는 이유로 출품조차 거부당하고 말았다. 그의 첫 작품은 이렇게 해서 공식 전시회에 출품도 못한 채 실망만 안겨 주었다.

생의 반려자 로즈 뵈레를 만나다

실의에 빠진 로댕은 한동안 일손을 놓은 채 어디론가 돌아다녔다. 그렇다고 이런 처지에서 로댕은 부모님을 다시 찾아갈 수도 없었다. 며칠이 지난 뒤 로댕은 다시 마음을 고쳐먹고 먼지 낀 작업장에 들어가 끌과 망치를 들었으나 일손이 제대로 잡힐 리 없었다. 누구 하나 위로해 줄 수 있는 사람도 없는 로댕은 너무도 고독했다. 그러던 어느 날 그는 작업장 앞을 지나가는 한 젊은 여인을 목격하였다. 그녀는 뛰어난 미인은 아니었지만 탄력 있는 피부와 균형 잡힌 몸매, 그리고 목적지가 뚜렷한 자신 있는 걸음걸이가 로댕의 마음을 사로잡았다. 로댕은 다짜고짜 그녀 곁으로 다가가 자신을 조각가라고 소개하고 모델이 되어 줄 것을 부탁하였다. 조각이 무엇인지도 잘 모르는 그녀로서는 당혹스러웠으나 젊은 사내의 진지한 태도와 듬직한 생김새가 마음에 끌려 얼떨결에 반승낙을 하고 말았다. 그녀의 세례명은 로즈 뵈레이고 잔다크 주 로렌 지방에서 파리에 온 지 얼마 안 되었으며, 인근 피복점에서 재봉사로 일하고 있었다. 온종일 마음이 놓이지 않은 로댕은 로즈의 퇴근 시간에 맞추어 아침에 만났던 그 길에서 그녀를 기다렸다. 마침내 길모퉁이를 지나서 로즈가 이쪽으로 건너오고 있었다. 이렇게 해서 두 사람의 운명적인 만남이 시작되었으며, 그날 이후 로즈는 가난한 조각가의 모델과 연인이 되어 주었다. 그때 그녀의 나이 갓 스무 살이었고 로댕은 스물네 살로 주물공과 장식사 보조로 일하며 근근이 생계를 이어 오다가 최근에는 고블랭 극장에서 장식 보조로 일을 해왔다.

두 사람은 가난했지만 시간이 지나면서 마침내 하나가 되었다. 어쩌면 로댕보다 로즈 쪽에서 그걸 더 원했는지도 모른다. 그녀는 이 늠름한 젊은 조각가가 이제는 자신을 모델이 아닌 여자로서, 아니 그보다도 연인으로 대해 주는 것이 정말 고마웠다. 로즈는 변변한 작업장 하나도 없는 로댕을 위해 밤낮으로 열심히 일하여 꼬깃꼬깃 모아 두었던 알토란과 같은 150프랑을 선뜻 내놓았다. 로댕은 내심으로 무척 고마웠지만 남자의 자존심을 버릴 수 없어 사양하는 척했다. 이렇게 해서 로댕은 로즈가 준 돈과 얼마를 더 융통하여 평생 처음으로 자기 작업장을 빌리고 몇 가지 살림도 마련하여 아틀리에 겸 두 사람의 거처로 쓰게 되었다. 그곳은 말이 아틀리에지 사실은 누가 쓰다 만 마구간으로 채광은 말할 것도 없고, 습기가 차고 눅눅하여 거처로서는 물론 아틀리에로서도 적합하지 않은 곳이었다. 거기다가 추운 날에는 찬바람이 새어 들어와 견뎌내기가 어려운 열악한 환경이었다. 로댕은 당시의 상황을 이렇게 회고했다.

"아, 나는 나의 첫 아틀리에였던 그 마구간을 잊을 수 없다. 나는 그곳에서 가난과 고생이 무엇인지 알게 되었다. 더 나은 아틀리에를 구할 수 없는 형편이었으므로 1년에 120프랑을 주기로 하고 고블랭 태피스트리 극장에서 가까운 곳에 마구간 하나를 빌렸다…… 실내는 몹시 추웠고 축축하였다. 그런 곳에서 어떻게 보냈는지 지금 생각해 보면 아찔하기만 하다."

하지만 당시로서는 그곳이 그들의 보금자리요 창작의 산실이었기에 가난한 젊은 연인들은 불평을 모르고 마냥 행복하기만 했다. 이 마구간에서 로즈는 마침내 로댕 앞에서 나체로 모델이 되어 주었다. 그녀의 나신은 생각보다 완벽하였다. 그녀의 육체는 여느 도시 여자들처럼 우아하지는 않았지만 탄력이 있는 피부와 풍만한 앞가슴, 그리고 위로 치켜 올라간 둔부는 나체 모델로 손색이 없었다. 그러던 어느 날 로즈는 자신이 임신한 사실을 알았으나 로댕에게는 차마 말을 꺼낼 수가 없었다. 로댕이 작업 중에 나신의 굴곡을 감지하기 위해 로즈의 아랫배를 쓰다듬을 때면 로즈는 의식적으로 그곳을 밀어 넣었다. 이런 속사정도 모르고 로댕은

로즈 뵈레

로즈의 표정이 너무 딱딱하고 몸이 굳어 있다고 나무라기 일쑤였다. 이렇게 해서 로댕은 천신만고 끝에 작품 〈미뇽〉을 완성하여 살롱전에 출품하였으나 이번에도 낙선되고 말았다. 로댕은 로즈에게 너무도 미안했다. 숫한 추위에 떨면서도 투정 한 번 안하고 참아 준 그녀에게 얼굴을 제대로 들 수가 없었다.

로즈는 로댕을 만난 지 1년 반 만인 1866년 1월 18일 건강한 남자아이를 낳았다. 로댕은 아들의 이름에 자기의 성을 넣지 않고 오귀스트 외젠 뵈레라고 지었다. 두 사람이 혼인신고도 하지 않았기 때문에 아들을 호적에 올릴 수도 없었다. 오히려 로댕의 입장에서는 그 아이를 자기 아들로 입적시키고 싶지도 않았다. 이러한 행동들은 통념적으로 볼 때, 한 여자의 남편으로서, 그리고 한 아이의 아버지로서 무책임하고도 부도덕한 처사였으며, 특히 이유야 어떻든 헌신적인 로즈에게는 어쩌면 가슴에 못을 박는 배신행위라 하지 않을 수 없다. 아들을 낳아 기뻐해야 할 그들이었지만, 하루하루 골칫거리만 생겼다. 아기는 열악한 환경에서 양육을 제대로 받지 못해 병치레를 자주하며 칭얼대기 일쑤였고, 그때마다 로댕

은 작업하는 데 집중력이 떨어진다고 화를 내곤 하였다. 견디다 못한 로댕은 테레즈 이모를 찾아가 상의한 끝에 부모님을 찾아뵙기로 하였다. 로즈는 두려움이 앞섰으나 언젠가는 닥칠 일이라 생각하니 오히려 홀가분하였다.

　화창한 어느 날 로댕 부부는 테레즈 이모와 함께 아들을 데리고 부모님을 찾아뵈었다. 로댕 부모는 뜻밖의 일로 당황하여 표정이 굳어졌으나, 테레즈의 재치 있는 분위기 조성으로 웃음을 되찾았다. 자식을 둔 부모로서 이미 벌어진 일을 어찌하겠는가? 테레즈는 로댕을 대신해서 자초지종을 이야기하고, 로댕이 조각을 제대로 하기 위해서는 손자를 맡아서 길러야 한다고 조언하였다. 이렇게 해서 어린 오귀스트는 그때부터 할아버지와 할머니 품에서 자라게 되었다. 로즈는 시부모로부터 며느리로 인정받게 되어 내심으로 기뻤으나 어린 아들을 맡겨 놓고 돌아서려니 허전하고 가슴이 아팠다. 그러나 남편의 장래를 위해서는 당분간 어쩔 수 없는 노릇이었다.

　이렇게 해서 로댕은 다시 작업에 몰두할 수 있었고, 그 동안 지지부진했던 작품 〈바캉트〉를 완성하였다. 그러던 어느 날 모 의과대학 교수가 자신의 흉상을 의뢰해 왔다. 제작비 백 프랑은 너무나 턱없이 적은 금액이었지만, 그로서는 처음 받는 주문이어서 거절할 수도 없었다. 그나마 이것도 발이 넓은 친구 팡탱의 소개로 이루어진 것이다. 팡탱은 고맙게도 그 뒤에 돈 많은 어떤 부인의 흉상까지도 알선해 주며 이번에는 제값을 받으라고 일러주었다. 그러나 실존 인물 흉상 주문 제작에는 언제나 갈등이 뒤따르기 마련이었다. 로댕은 모델의 개성을 살리려고 했지만 당사자들은 자신의 본 모습보다 더 잘 생긴 흉상을 원했다. 보다 못해 쌍넹이 로댕을 고지식하다고 힐난하였으나 로댕은 고집을 꺾지 않았다.

　얼마 후 형편이 조금 나아지자 작업실을 몽파르나스로 옮겼다. 이번에도 인정 많은 팡탱이 화가 친구들을 여러 명 몰고 와 이사를 돕게 되었다. 로댕의 이사비용을 절약해 주자는 취지였으나 그것이 오히려 화근이 되고 말았다. 마차가 몽파르나스 언덕을 오르다가 갑자기 중심을 잃고 뒤뚱거리다가 전신주를 들이받고 나뒹굴고 말았다. 그 순간 작품 〈바캉트〉는 산산조각이 나고 말았다. 로댕의 가슴은 미어지는 것 같았지만 친구들에게 대놓고 화를 낼 수도 없거니와, 이미 엎질러진 물을 다시 주워 담을 수 없는 일이 아니겠는가. 친구들도 너무 미안했다. 결국 즐거워야 할 이삿날이 우울한 하루가 되고 말았다. 친구들이 돌아간 뒤 로댕은 세간을 정리하면서 만만한 로즈에게만 화풀이를 했다. 이처럼 로댕이 기분이 나쁠 때는 화살을 맞는 것은 언제나 로즈 쪽이었다.

초라한 나날들

몽파르나스로 작업장을 옮겼지만, 로댕은 세상물정도 모르고 비사교적인 성격 때문에 일감을 벌어들이지 못하여 이들 부부의 생활은 말이 아니었다. 이러다 보니 로댕은 명성보다 생활이 급선무였다. 이럴 때면 언제나 스승이자 인생의 멘토인 르콕 선생을 찾았다. 지금은 '프티 에콜'의 교장이 된 르콕은 로댕에게 거센 파도 속에 숨어 있는 암초를 알려주는 등대요 탐조등과 같은 사람이었다. 르콕은 로댕의 딱한 사정을 듣고 그를 카리에 뵐레즈라는 조각가에게 소개해 주었다. 그 당시 카리에는 나폴레옹 3세와 조르주 상드(1804-1876. 프랑스의 대표적 낭만파 작가) 등 당대 저명인사들의 흉상을 주문 제작할 정도로 잘 나가는 조각가였다.

로댕은 자신이 석공으로 전락해버린 것 같아 서글퍼졌다. 조각 제작은 그의 의도와는 무관하게 진행되었지만, 먹고 살기 위해서 현재로서는 달리 방도가 없었다. 1870년 나폴레옹 3세는 독일과 전쟁을 일으켰다. 로댕은 국민병으로 입대하여 전선에 투입되었으며, 프랑스 군대는 패전을 거듭하여 전쟁 발발 6주 만에 파리는 독일군에 함락되고 말았다. 그 결과 프랑스는 패전 배상으로 알사스 로렌 지방을 독일에 할양해야 하는 수모를 당하였다. 전쟁이 끝난 후 로댕은 집에 돌아와 보니 집안 사정은 말이 아니었다. 로즈와 어린 자식은 물론 늙은 부모는 제대로 먹지도 못하여 피골이 상접해 있었다. 로댕이 없는 사이에도 착한 로즈는 삯바느질과 온갖 궂은일을 다해가며 집안 생계를 그나마 이어갔으며, 로댕의 작품을 하나도 손상시키지 않고 잘 간수하고 있었다. 전쟁통에 예술가 친구들은 뿔뿔이 흩어졌고, 다만 폐가 좋지 않아 징집 면제를 받은 팡탱만을 가까스로 만나볼 수 있었다. 로댕은 브뤼셀에서 조각활동을 하고 있는 카리에를 다시 찾아가야만 했다. 브뤼셀로 떠나던 날 너무도 늙어버린 어머니는 마냥 눈물만 쏟았고, 그처럼 건강했던 아버지 장도 이미 백발이 성성한데다 움푹 파인 양 볼과 두 눈에 총기를 잃고 애꿎은 담배만 피워댔다.

카리에는 돌아온 로댕을 반갑게 맞아 주었다. 일감이 많아진 카리에는 거의 모든 작품에 대해 스케치부터 제작에 이르기까지 로댕에게 일임하다시피하고, 작품이 완성되면 자기 사인만 해 넣었다. 이런 자신의 처지를 한심스럽게 여기던 로댕은 어느 날 카리에가 멀리 출타 중인 틈을 타서 자신이 심혈을 기울여 제작한 나체상 하나를 빼돌려 75프랑에 팔아넘기고 그 중 50프랑을 고향의 로즈에게 송금해버렸다. 그러나 그것이 화근이었다. 동료의 고자질로 이 사실이 탄로가 나자 카리에는 노발대발하였다. 로댕은 그 일로 카리에와 결별하고, 동료 반 라스브르와 함께 공동 작업장을 가까스로 마련하였다. 그 사이에 테레즈가 대필한 로즈의 편지가 왔다. 편지 내용은 눈물겨운 내용들로 가득 차 있었다. 파리 시민들은 먹을 것이 없어 고양이도 잡아먹고, 그것도 부족하여 야산의 풀뿌리로 연명하고 있다는 것이었다. 로즈는 일감이 없어 놀다가 최근에 가까스로 세탁부 자리를 얻어 근근이 생활을 꾸려가고 있으며, 아들 오귀스트는 이 판국에도 별 할일 없이 지내며, 특히 부모님의 건강이 눈에 띄게 나빠져 걱정이라는 내용 등이었다. 로즈의 편지를 다 읽고 나니 로댕의 머리는 너무도 무거웠다. 1871년 말 로댕의 어머니는 아들의 임종도 받지 못한 채 세상을 뜨고 말았다. 비보를 접한 로댕은 불효 자식이 되어 버린 자신의 처지가 너무도 원망스러웠다.

다음해 2월 로댕은 객지에서 외로움을 견딜 수가 없어서 로즈를 브뤼셀로 데려왔다. 아버지와 아들에게는 생활비를 얼마씩 보내 주기로 하고 테레즈 이모에게 맡겼다. 그처럼 탄력이 넘쳤던 로즈의 몸매도 어느 사이에 볼품이 없어졌고, 손가락 마디마디와 손바닥은 어느 사이에 거칠대로 거칠어졌다. 아들을 두고 온 것이 못내 아쉬웠지만, 그래도 로즈는 마냥 행복해했다. 로즈는 테레즈 이모가 고마운 분이라는 말도 잊지 않았다. 그 사이 몇몇 친구들과의 서신 왕래를 통하여 파리 화단의 소식을 들을 수 있었다. 전쟁 중에 영국에 가 있던 모네, 시슬레, 피사로가 다시 파리로 돌아왔으며, 달루와 쿠르베가 '파리 코뮌'에 가담하였고, 특히 쿠르베는 예술연맹위원장이 되었다는 것이다. 로댕도 파리로 돌아가고 싶었지만 아직은 그럴 수가 없는 처지였다. 로댕은 이런 상태가 언제까지 지속될 것인지 생각만 해도 미칠 것만 같았다.

영감의 세계를 찾아서

이따금 일손을 놓고 먼 산만 쳐다보며 수심에 잠겨 있는 로댕을 보고, 이해심 많은 동료 반 라스브르는 머리를 식히고 오라면서 백 프랑을 건네주었다. 로댕은 자기 속마음을 알아주는 라스브르가 고마웠다. 로즈에게 공무로 다녀올 곳이 있다는 핑계를 대고 우선 암스테르담 미술관을 찾아가 렘브란트 작품을 감상하였다. 그는 렘브란트의 어두운 색조에서 영혼의 심연을 감지할 수 있었다. 그가 살아있을 때 세상은 그를 성격 파탄자로 매도했지만, 그는 색채와 고군분투했다. 렘브란트 그림에 나타난 인물들의 얼굴을 유심히 살펴보면 고뇌에 찬 인간상들이었다. 로댕은 이러한 얼굴들을 하나하나 스케치해 나갔다. 로댕은 2주일간의 여행을 마치고 브뤼셀로 돌아왔으나 그것으로 만족할 수가 없었다. 그는 돌아오는 길에 이탈리아로 가서 미켈란젤로의 작품들을 보고 싶었으나 여행 경비가 모자랐다. 로댕은 망설이던 끝에 라스브르에게 다시 9백 프랑을 부탁했다. 이제 막 사업을 시작한 그로서는 부담스러운 큰돈이었지만, 로댕을 놓치고 싶지 않았기 때문에 싫은 내색을 할 수가 없었다.

　로댕은 로즈에게 약간의 생활비를 떼어 주고 이탈리아 여행길에 올랐다. 로즈로서는 로댕을 만난 지 10년이 지났지만, 아직 결혼식은 올리는 것은 고사하고 매사를 자기 편리한 대로 살아가는 로댕이 야속하게만 느껴졌다. 더구나 근래에 자주 집을 비우는 로댕에게 혹시 다른 여자가 생긴 것은 아닐까 의심하기도 하였다. 로댕은 눈시울을 적시는 로즈를 뒤로하고, 로잔과 제네바를 거쳐 밀라노와 토리노에 들렀다가 날씨 때문에 곧장 피렌체로 방향을 바꾸었다. 피렌체에 도착한 로댕은 단테의 집을 찾았다. 이 집은 단테가 망명 중에 잠시 기거하던 곳이었다. 로댕은 수도원 생활 중에 에마르 신부를 통해서 알게 된 단테의 숨결을 현장에서 느껴보고 싶었던 것이다. 피렌체에는 많은 미술품이 있었지만 종교화로만 가득 차 있어 곧 실증이 나버렸다. 피렌체가 자랑하는 도나텔로(1386?-1466. 이탈리아 피렌체 출신의 르네상스시대 3대 조각가로 작품에 원근법을 이용한 입체감을 살려 생동감 있는 조각 작품을 많이 남김. 대표작으로는 〈다비드 상〉과 〈성 조르조 상〉 등이 있음)의 〈다비드 상〉을 본 것은 그나마 다행한 일이었다. 미켈란젤로의 〈성 마태 상〉에서는 대리석 조각의 진수를 느낄 수 있었으며, 메디치 성당에서는 미켈란젤로의 첫 번째 누드작인 〈여명〉을 보고 아름다움을 만끽할 수 있었다.

로댕은 미켈란젤로의 대작들을 제대로 보기 위하여 발길을 로마로 돌렸다. 그는 로마에 도착하자마자 곧바로 시스티나 성당을 찾아갔다. 그곳은 성지 순례자들과 관광객들로 북새통이었다. 로댕도 다른 관광객들과 함께 미켈란젤로의 천장 벽화 〈천지 창조〉와 성당 제단 뒤쪽 벽에 그린 〈최후의 심판〉을 감상하였다. 〈천지 창조〉의 경우, 천장에다 그리기도 어려웠겠지만, 그의 화법은 마치 신과 경쟁이라도 하려는 듯이 생동감이 넘쳐 흘렀다. 다시 베드로 성당에 들러 〈모세 상〉을 보는 순간, 로댕은 살아 꿈틀거리는 듯하는 이 대작 앞에서 그만 압도당하고 말았다. 어딘가 응시하는 것 같은 모세의 눈동자는 인간의 모든 비밀을 꿰뚫어보는 것 같았다. 자연 광선이 반쯤 비춰지는 그림자에 의해 그 조각은 더욱 더 신비스러움을 자아내고도 남음이 있었다. 조각 감상에는 광선이 얼마나 중요한 기능을 하는 것인지 이 작품을 통해서 더욱 실감나게 느낄 수가 있었다. 모세의 두상은 어느 쪽에서 봐도 준엄하면서도 경건하고 카리스마가 넘쳤으며, 머리에 난 뿔은 초인적인 그 무엇을 상징하는 것 같았다. 그런가 하면 가슴까지 길게 늘어뜨린 수염과 힘줄이 튀어나온 강인한 팔뚝, 찌푸린 이맛살과 번득이는 두 눈, 그리고 양 볼과 눈가의 주름살에서는 미켈란젤로의 해부학적 관찰력이 유감없이 발휘되어 있었다. 로댕은 그만 이 대가의 작품 앞에서 너무도 큰 충격과 위압감을 느끼고 말았다. 그는 돌아오는 길에 보르게제 갤러리에서 베르니니(1598-1680. 이탈리아 바로크파를 대표하는 조각가·시인·화가)의 〈강탈당하는 페르세포네〉를 감상하였다. 감각적인 실체감이 뛰어난 이 조각은 생명력이 넘쳐 보였다. 페르세포네의 휘날리는 머리카락과 요동치는 팔과 다리, 눈물을 흘리며 겁에 질린 그녀의 절망적인 표정, 그녀의 허리와 허벅지를 감싼 플루톤의 두 손, 그리고 움푹 들어간 그녀의 허릿살 등, 이 모든 것들이 마치 살아 움직이는 듯해서 탄성이 저절로 나왔다. 그날 밤, 로댕은 지금까지 보아 온 많은 그림과 조각들의 위용 앞에 자신이 너무 초라하게 느껴져 제대로 잠을 이룰 수가 없었다.

여행길은 한 달이었지만 무척 감동적이었고 얻은 것이 많았다. 로즈는 로댕이 돌아와 준 것만도 고마웠지만, 그가 또 언제 집을 비울지 몰라 불안했다. 로댕은 굶어 죽는 한이 있더라도 작품다운 작품을 만들어야 되겠다고 다짐하였다. 그는 다시 마음을 가다듬고 벨기에의 젊은 군인 네이를 모델로 하여 〈패자〉라는 실물 크기의 조각 제작에 몰두하였다. 네이의 몸은 빈약했지만, 그의 얼굴에서는 패자의 고통스러운 그 무엇을 느낄 수가 있었다. 그러나 이 작품을 완성하는 데 무려 18개월이나 걸렸기 때문에 참을성 많은 네이도 그만 지치고 말았다. 천신만고 끝에 완성된 이 작품은 패전의 쓰라림 속에서 지팡이에 의지하며 넋을 잃고 서 있는 한 인간의 모습이 사실적으로 형상화되었다. 그것은 미켈란젤로가 묘사한 모세나 그 밖의 가상적인 다른 영웅들의 모습이 아니라 절망에 차 있는 평범한 인간의 몸부림이 역력하게 부각되어 있어 친근감과 또 다른 감동을 느낄 수가 있었다.

거듭되는 불운

작품 〈패자〉는 라스브르의 추천으로 브뤼셀 살롱전에 출품되었다. 전시회 개막식 날 오랜 만에 로즈를 데리고 라스브르와 함께 전시회에 참석하였다. 평소에는 멋을 모르고 침착하기 이를 데 없는 로즈이지만, 그날만은 들뜬 기분으로 모양을 내고 이 옷 저 옷을 입어 보며 상기된 표정이었다. 그러나 전시실에 들어선 순간 로댕은 낙담하고 말았다. 그의 작품 〈패자〉는 문자 그대로 패자처럼 전시실 후미진 구석에 초라하게 자리하고 있었다. 더구나 그 조각에는 '실물에 의한 주조물'이라는 모욕적인 보충 설명 딱지까지 붙어 있었다. 로댕은 주최측에 항의했지만 소용없는 일이었다. 관람객들도 이 작품에 대해서는 거의 눈길도 주지 않는 것 같았다. 화가 잔뜩 난 로즈는 평소에 없는 오기가 발동하여 그 딱지를 잡아 떼어내어 갈기갈기 찢어버렸지만, 어느 누구도 이를 말리거나 힐난하지도 않았다. 로댕은 로즈를 데리고 나온 것을 후회하였다. 이 무슨 망신이란 말인가. 돌아오는 길에서도 로즈는 분을 삭이지 못하고 연신 투덜거렸고, 라스브르는 로댕을 위로하기에 바빴다. 다음날 신문에는 이 작품에 대한 근거 없는 혹평까지 실렸다. 로댕보다 로즈의 실망이 더 컸다. 로댕은 좌절감에 빠져 침울한 표정을 감출 수가 없었다. 보다 못해 라스브르는 위로의 말과 함께, 이 작품에서 지팡이를 떼어내고 작품명을 〈청동시대〉라는 이름으로 바꾸어 다른 전시회에 출품하자고 제안하였다. 로댕은 그의 제안에 반감을 느꼈으나 생각해 보니 수긍이 가는 면도 있었다. 라스브르는 브뤼셀은 텃세가 심하니 파리 전시회에 출품해 보자고 제안하였다. 그러나 파리에 갈 운반비를 마련할 길이 없는 로댕으로서는 막막하기만 했다. 이 사실을 알게 된 로즈는 낡은 옷장 속에 꼬깃꼬깃 넣어 두었던 지폐를 꺼내어 로댕에게 건네주었다. 그것은 거금 백 프랑이었다. 착한 로즈는 브뤼셀에 온 지 6년 동안 온갖 고생을 다하며 이 돈을 모아두었던 것이다. 그 순간 로댕은 눈물을 쏟을 뻔했다. 그 동안 조각이라는 외로운 길을 걸어오느라고 로즈에게 남편 노릇도 제대로 하지 못한 자신의 처지가 너무도 부끄러웠다. 로댕이 위기에 처할 때마다 착한 로즈는 이렇게 남편을 구해냈다.

1880년 말 로댕은 로즈와 함께 파리로 귀환하였다. 몇 년 만에 다시 본 파리는 생각보다 별로 달라진 것이 없었다. '파리 코뮌' 시가전 때 도시 곳곳이 손상되기는 하였지만 루브르를 비롯한 주요 문화재는 다행히 옛 모습 그대로였다. 집에 가보니 아버지 장은 기력이 쇠잔하여 탁자에 몸을 의지한 채 곰방대를 물고 먼 산만 쳐다보고 있었다. 어린 자식 오귀스트는 이제 성장하여 소년티를 갓 벗어나고 있었다. 오랜 만에 만난 부모를 멀뚱멀뚱 쳐다만 보고 있는 아들을 끌어안고서 로즈는 하염없이 눈물을 흘렸다. 로댕은 로댕대로 자식 노릇도, 아비 노릇도 제대로 하지 못한 자기 자신이 너무도 부끄러워 할 말을 잊었다. 이런 침울한 분위기를 언제나 그러했듯이 넉살 좋은 테레즈 이모가 반전시켰다. 어린 오귀스트는 그제서야 멋쩍은 듯이 아버지 로댕에게 인사를 하였다. 도도록한 코와 갸름한 턱은 로즈를 빼닮았고, 딱 벌어진 어깨와 억센 팔은 로댕을 그대로 옮겨 놓은 것 같았다. 테레즈 이모도 눈가와 양 볼에 주름살이 깊어졌고, 색 바랜 붉은 머리카락도 어느새 은백색으로 변해 있었다. 테레즈가 정성껏 마련한 저녁식사를 하며 이야기를 나누었지만, 로댕은 음식이 제대로 목에 넘어가지 않았다. 로댕은 밤늦게 잠자리에 들었으나 갖가지 상념이 밀려와 잠을 이룰 수가 없었다. 고생만 하다가 저 세상으로 떠나버린 어머니, 행방불명이 된 큰 누나 클로틸드, 바루누뱅에게 버림받고 가엾게 시름시름 죽어간 작은 누나 마리, 그리고 얼마 남지 않은 삶을 체념한 채 목숨을 부지하고 있는 아버지의 모습을 보고 있으니 회한의 눈물이 앞을 가렸다.

다음날 로댕은 옛 동료 화가들을 찾아 카페 누벨 아테네에 들렀다. 낯익은 얼굴들이 옹기종기 모여 앉아 무언가 격론을 벌이고 있었다. 로댕을 제일 반가이 맞아 주는 사람은 역시 팡탱과 르누아르였다. 팡탱은 예나 지금이나 역시 다혈질이지만 인정이 많고 추진력이 있기 때문에 동료들의 모든 궂은일은 도맡아 했다. 그들은 이번으로 다섯 번째 열리는 '인상파 화가전' 출품 준비를 놓고 제각기 자기 의견을 피력하고 있는 중이었다. 모네가 로댕에게 전시회에 동참을 권했으나 그는 이렇다 할 답변을 하지 않았다.

언론의 비난 속에서도 세인의 관심을 끈 작품 〈청동시대〉

로댕은 작품 〈패자〉에서 지팡이를 떼어내고 새로 개작한 작품 〈청동시대〉를 살롱전에 출품하였다. 이번으로 아흔네 번째 열리는 살롱전에는 2천여 점의 회화와 수백 점의 조각 작품이 비좁은 전시장에 빽빽하게 전시되었다. 그러나 로댕은 이번에도 실망하였다. 조각 전시실이 후미진 곳에 마련된 것도 문제려니와 그의 〈청동시대〉는 더 구석진 곳에 팽개치듯 배치되어 있었다. 관람객들은 선배 조각가들을 흉내 낸 작품에 몰려들어 제 나름의 관심과 평가를 하며 감상을 하고 있었으나 〈청동시대〉에는 눈길도 제대로 주지 않았다. 그러나 며칠 후 믿기 어려운 일이 벌어졌다. 〈청동시대〉에 갑자기 많은 인파가 몰려든 것이다. 이른바 이 작품에 지식인이라는 자들은 점잖은 비판과 뜻 모를 촌평을 늘어놓았고, 일부 관람객들은 호기심을 갖고 야릇한 미소를 보냈다. 그 중에는 소수의 양식 있는 예술가들만이 이 작품에 발길을 멈추고 요리조리 훑어보며 고개를 끄덕이기도 하였다.

그 다음날 언론에서는 이 작품의 표현 양식이 지극히 외설적이고 쾌락적이며, 예술성이 없는 실물을 본뜬 주조물이라는 혹평을 일제히 게재하였다. 빗발치는 거센 여론에 당황한 주최측에서는 긴급 대책회의를 소집하여 숙의를 거듭한 끝에 〈청동시대〉를 철거하기로 결정하였다. 〈청동시대〉를 철거하기 위해서 일꾼들이 밀어닥쳤고, 소란스러운 구경꾼들의 틈바구니에서 작가인 로댕은 참담한 모습으로 그저 지켜보아야만 했다. 그 순간 지팡이에 노구를 이끌고 찾아온 르콕 선생은 축 늘어진 로댕의 어깨를 토닥이며 위로의 말을 건넸다. 그리고 〈청동시대〉를 자기 아틀리에에 보관하도록 배려해 주었다. 로댕은 위기의 순간마다 힘이 되어 주는 르콕 선생이 무척 고마웠다. 르콕 선생의 조언에 따라 로댕은 문화부에 정식으로 항의서를 제출하였으나 특별조사위원회는 이렇다 할 결론을 내지 못하고 모호한 답변만 늘어놓았다. 로댕의 딱한 처지를 보다 못해 르콕은 시인 말라르메(보들레르, 랭보와 함께 19세기 프랑스 상징주의 대표적 시인으로서『목신의 오후』등 일련의 문제작을 발표하여 주목을 끌었으며 미술에 대한 이해가 깊었음), 부셰(국립미술학교를 수석으로 졸업한 아카데미학파의 중추적 인물로 조각 지망생인 카미유 클로델에게 미술의 기초 이론을 가르쳐 주었으며 훗날 그녀를 로댕에게 소개해 주었음), 그리고 중진 조각가 카리에르 등과 함께 로댕을 찾아가 위로의 말을 아끼지 않았다. 그러면서 그들은 조각가로 대성하기 위해서는 이 정도의 난관은 극복해야 한다는 따뜻한 충고도 덧붙였다.

그런데 며칠 후 르콕 선생의 아틀리에에서 희한한 일이 벌어졌다. 살롱전 심사위원장 기욤, 부셰, 그리고 다른 3명의 심사위원이 지켜보는 가운데 로댕은 현장에서 작품 제작을 선보였다. 양심적인 부셰는 로댕의 자신감 넘치는 손놀림에 찬사를 보냈으나 고루한 아카데미즘에 젖어 있은 기욤은 냉담하였다. 로댕은 거칠지만 개성미 넘치는 한 인간을 창조해내기 시작하였다. 지금까지 부정적인 시각으로 일관해 온 기욤도 한발 물러서서 로댕에게 종교적인 소재를 택해 보라는 모호한 충고를 하고 가버렸다.

저간의 경위야 어떻든 로댕의 〈청동시대〉는 세인의 주목을 끈 것만은 사실이었다. 살롱전 주최측에서도 다음번에는 로댕의 출품작에 긍정적으로 검토하겠다는 언질을 주었다. 그것은 로댕에게 서광을 예고하는 단초가 되었다. 로댕은 이번 일을 계기로 부셰와 같은 양식 있는 예술가를 알게 된 것만도 큰 소득이라고 자위하였다. 이런 일이 있은 후 로댕은 한동안 의욕을 상실한 채 일손을 놓고 있었다. 이런 판국에 로즈는 어느 날 아들 문제를 불쑥 꺼내들었다. 할아버지가 애를 망쳐 놓았다면서 이대로 놓아둘 수 없다는 것이었다. 로즈의 거센 투정에 로댕도 할 말이 없었다. 그래서 로댕은 생각 끝에 아들 오귀스트를 불러다가 잔심부름도 시키고, 그를 모델로 모자상을 제작하기도 하였다. 그러나 늙은 할아버지 슬하에서 제멋대로 자라난 오귀스트는 조각에는 관심도 없는 듯 작업실에 오래 붙어 있지도 않고 천방지축 돌아다녔다.

목 타게 기다려 온 결실-작품 〈세례 요한〉

로댕은 부셰의 권유를 받고 런던 하이드 파크에 세워질 영국 시인 바이런 동상 공모전에 응모키로 하였다. 심사위원 중에는 시인 테니슨, 정치가 디즈레일리, 비평가 매슈 아놀드 등 저명인사들이 참여하게 되어 이 공모전은 더욱 관심을 끌었다. 로댕은 먼저 바이런에 관한 서적을 탐독하였다. 지성과 야성과 감성을 겸비한 낭만파 열혈 시인 바이런(G. G. Byron, 1788-1824. 대표작으로 『차일드 해럴드의 순례』, 『돈주앙』 등이 있음), 귀족의 가문에서 태어났으나 스스로 귀족이기를 거부하고 서른여섯 해의 짧은 삶을 살면서 조국 영국을 등지고 유럽 각지를 유랑하며 국적에 관계없이 정의의 칼을 높이 들고 전선에 뛰어들었던 행동하는 지성 바이런에 로댕은 매료되었다. 로댕은 특히 자유를 향한 바이런의 정열이 살아 숨 쉬는 소네트Sonnet「시옹 성城」을 몇 번이고 읽었다.

시옹ᐧChillon 성

사슬 벗은 마음의 끝없는 정신,

자유여 그대는 지하 감방에서 가장 빛난다

그곳에서 그대의 집은 심장이다.

그대에 대한 사랑만이 속박할 수 있는 심장,

자유여, 그대의 아들들이 족쇄에 채워질 때,

족쇄에, 그리고 습한 지하 감방의 햇빛 없는 어둠속에 던져질 때,

그들의 조국은 그들의 순교로 승리를 얻고

자유의 명성은 도처의 바람결에서 날개를 발견한다.

시옹 너의 감옥은 성소聖所,

너의 슬픈 돌바닥은 제단이다.

보나바르*의 발걸음은 마치 네 찬 돌바닥이 흙인 것처럼 자국을 남겼

으므로.

아무도 이 발자국을 지우지 말기를!

그들은 폭정을 들어내 놓고 있으므로, 신 앞에.

-황동규 역주(민음사 세계 시인선 19, 1980)

* 보나바르(1593-1570): 스위스 자유투사로 한때 시옹성에 감금된 바 있음.

로댕은 심혈을 기울여 바이런의 이미지를 형상화하였다. 그는 공모전 미감 날에 임박해서야 〈바이런 상〉을 가까스로 출품할 수 있었다. 그러나 결과는 이번에도 참담한 패배였다. 낙선은 말할 것도 없고 심사위원의 촌평 한 마디도 없었다. 로댕은 출품 자체를 후회하였다. 그러나 이런

패배가 한두 번이었던가? 흐트러진 마음을 다시 추스르고 로댕은 다시 독일군으로부터 파리를 굳건히 방어한 프랑스 정신을 기리기 위한 기념비 제작 공모전에 응모키로 하였다. 아내 로즈를 모델로 잔 다르크 이미지를 살려 심혈을 기울인 작품이었지만, 이 역시 예심에도 통과하지 못하였다. 로댕은 자신의 참담한 심경은 말할 것도 없고 지금까지 참고 함께 살아 준 로즈를 보기가 또다시 민망스러웠다.

이런 위기의 순간에 로댕에게 다시 유혹의 손길이 뻗쳐 왔다. 이미 결별한 카리에 뷜레즈가 사과의 편지와 함께 도자기 제작회사에 시간제 근무를 제의해 온 것이다. 카리에는 이 회사의 기술감독을 맡고 있었는데, 기고만장하던 그도 이미 3류 조각가로 전락해 있었다. 로댕도 자칫하다가는 자신도 그처럼 초라한 존재로 전락해버리는 것이 아닐까 생각하니 도무지 마음이 내키지 않았지만, 생계유지와 더 큰 도약을 위해서 거절할 수만은 없는 일이었다. 시간제 근무이니 나머지 시간에 자기 일을 해도 될 것 같았고, 보수도 그런대로 괜찮았기 때문에 로댕은 결국 카리에의 제의를 수락하였다. 그러면서도 로댕은 자신이 해야 할 일을 머릿속에 계속 그려 나갔다. 며칠을 두고 생각하던 끝에 로댕은 영감을 얻기 위하여 그전에 이탈리아 여행 때 모델 감으로 알아두었던 페피노라는 이탈리아 청년에게 편지를 보냈다. 그는 건달이었지만 남성적이고 몸매가 균형이 잡힌 보기 드문 모델 감이었기 때문에 언젠가는 쓸모가 있다고 생각되어 그의 주소를 보관해 온 터였다. 반신반의했지만, 페피노는 며칠 후 로댕을 찾아왔다. 생각했던 대로 페피노는 아직도 옛 모습을 그대로 간직하고 있었다. 페피노를 다시 본 순간 로댕은 새로운 영감이 떠올랐다. 로댕은 추위를 견디지 못하는 페피노를 위해 난로를 두 개나 피워 놓고 작업에 들어갔다. 로댕은 작업시에는 외부와 거의 담을 쌓고 페피노를 어떤 인물로 형상화할 것인가를 고민하던 끝에 어느 날 갑자기 세례자 요한을 연상시키는 이미지를 느꼈다. 로댕은 순간 자기도 모르게 무릎을 탁 쳤다. 깜짝 놀란 페피노가 무슨 일이냐며 눈이 휘둥그레졌다. 그러자 로댕은 이렇게 말했다. "자네는 세례자 요한이야. 이제부터 나하고 작업을 하는 동안 자네는 요한이 되는 거야. 알겠는가? 걸음걸이를 더 힘차게 걸어! 광야를 가로 질러 자신의 신념을 관철시키는 바로 그 성자 요한처럼 말이야."

무슨 영문인지도 모르는 페피노는 로댕의 설명을 듣고서야 어느 정도 이해하는 듯했다. 그날 이후 로댕은 〈세례 요한〉 제작에 혼신의 힘을 쏟았다. 페피노는 처음에는 포즈를 잘 취해 주었으나 시간이 지남에 따라 인내심에 한계를 드러내기 시작하였다. 먹고 빈둥거려 온 그로서는 이처럼 따분한 모델 역할을 견뎌내기가 어려운 것도 무리는 아니었다. 그럴 때마다 로댕은 페피노를 어르기도 하고 때로는 약간의 팁도 손에 쥐어주어 들뜬 마음을 가라앉혔다. 고된 분위기에 점차 익숙해진 페피노도 자신이 마치 요한이 된 것처럼 자연스럽게 포즈를 취해 주었다.

이렇게 해서 로댕은 청동으로 주조한 작품 〈세례 요한〉을, 부분적으로 손질한 〈청동시대〉와 함께 1880년 살롱전에 출품하였다. 이번에는 부셰의 조언을 받아들여 요한은 심사위원이 지적한 나신상 국부를 나뭇잎으로 가려 제작, 출품하였다. 그의 충고가 주효했던지 〈세례 요한〉은 심사위원들의 관심을 끌어 대상은 아니었지만 가작을 수상하게 되었다. 비록 가작이지만 이 얼마나 목 타게 기다린 수상 소식이었던가? 어느 누구보다도 아내 로즈는 뛸 듯이 기뻐했으나 정작 로댕 본인은 그 동안 너무 지쳐 있었기 때문에 실감이 나지 않고 그저 무덤덤하였다. 어떻든 로댕은 이 작품을 통해서 공식적으로 조각가로 인정받게 된 셈이었다. 〈세례 요한〉은 비록 가작 수상이었지만, 세인의 주목을 끌기에 충분하였고 관람객들의 발걸음을 많이 멈추게 함으로써 3류 조각가로 치부되어 왔던 로댕을 일약 대조각가로 성장시키는 계기가 되었다. 그런 의미에서 작품 〈세례 요한〉은 로댕의 출세작이라고 해도 무방하리라.

그 일로 해서 로댕은 마담 샤르팡티가 주최하는 거물급 인사들을 초청하는 만찬회에 초대를 받게 되었고, 이 파티에서 로댕은 많은 저명인사들과 인사를 나누며 자신의 존재를 각인시킬 수 있게 되었다. 로댕은 이날 밤 파티에 함께 참석한 부셰를 통해서 행동하는 지성 에밀 졸라, 당대의 대문호 빅토르 위고, 그리고 새로 문화부 장관에 취임한 프루스트 등과도 인사를 나누게 되었다. 프루스트 장관은 로댕의 작품에 각별한 관심과 찬사의 말을 아끼지 않았으며, 조만간 로댕의 작업실을 한 번 방문하겠다는 말도 곁들였다. 로댕은 그날 밤 극진한 귀빈 예우를 받은 빅토르 위고가 제일 인상에 남았다. 위고는 이제 80줄에 들어섰지만, 아직도 노익장을 과시하며 활발한 작품 활동을 하고 있었다. 로댕은 귀로에 위고의 인상적인 얼굴을 떠올리면서 머지않아 이 대가의 두상을 제작해야되겠다고 마음먹었다.

밀어닥친 행운
-문화부로부터 〈지옥의 문〉 제작 의뢰 받다

프루스트는 일요일임에도 불구하고 그가 약속한 대로 잠베타라는 문화부 예술품 고문과 몇몇 수행원을 대동하고 로댕의 작업실을 방문하였다. 일행 중에는 말라르메와 부셰도 있었다. 프루스트는 로댕의 작품들을 두루 살피면서 호감을 가졌다. 성미가 급한 잠베타는 조만간 문화부에서 〈세례 요한〉과 〈청동시대〉도 구입하러 올 것이며, 이때에 제3공화국 출범을 기념하여 장식 미술관의 현관문으로 세워질 조각품도 의뢰하게 될 것이라고 귀띔해 주었다. 로댕으로서는 한꺼번에 밀어닥친 행운에 어안이 벙벙하였다. 그 순간 로댕은 미켈란젤로가 〈천국의 문〉(조각가 기베르티가 1425에 제작 착수하여 27년 만인 1452년에 완성)이라고 불렀던 피렌체 대성당의 성 요한 세례 당에 세워진 로렌초 기베르티(1375-1455)의 문처럼 역사에 남을 만한 대작을 만들어 보고 싶은 충동을 느꼈다. 그러나 그가 만들고자 하는 문은 '천국의 문'이 아닌 인간의 갖은 고통을 담은 '지옥의 문'이 되어야 되겠다는 생각이 들었다. 잠베타는 로댕의 생각을 앞서가기라도 하려는 듯이 이번의 문은 종교적인 색채가 배제되는 것이 좋겠다고 말했다. 그러자 로댕도 이에 공감을 표시하면서 기베르티의 〈천국의 문〉에 대응하는 〈지옥의 문〉을 제작해 보고 싶다고 말하고, 그러나 그것은 종교적인 의미의 지옥이 아니라 인간이 스스로 만든 고통의 세계인 현실의 지옥이라는 개념으로서의 〈지옥의 문〉이어야 한다는 점을 분명히 하였다. 또한 그 문에 나오는 인간들은 괴로워하는 인간 군상들로서 역동적이고 격정적으로 표출되어야 한다고 덧붙였다. 잠베타는 로댕의 말을 듣고 크게 만족하였다. 집에 돌아오면서도 로댕의 머릿속은 〈지옥의 문〉 구상으로 가득 차 있었다.

마침내 문화부에서는 〈청동시대〉와 〈세례 요한〉을 4천 2백 프랑에 구입해 갔다. 그 동안 공들였던 시간과 노력에 비하면 그 가격은 너무도 헐값이었으나 그렇다고 앞일을 생각하면 거절할 수도 없는 일이었다. 로댕은 자나 깨나 〈지옥의 문〉 구상, 제작에 골몰하였으며 틈나는 대로 단테의 『신곡』을 읽고 또 읽었다. 거기에는 고난에 찬 인간의 모습이 짙게 투영되어 있었다. 인간은 미와 진리에 의해 지배되는 것이 아니라, 오히려 불안과 의혹, 고뇌에 의해서 지배된다는 사실을 새삼스럽게 인식하게 되었다. 그리고 그렇게도 아름답고 영감을 주기도 하는 인간의 육신이 탐욕과 허영에 의해서 자신을 파괴하며, 사랑은 파괴적인 광란이 되고 욕망은 황홀경에서 고통으로 치닫는다는 것을 알게 되었다. 『신곡』에서 단테가 가장 증오하는 것은 청렴해야 할 성직자들이 세속적인 물욕에 눈이 멀어 입신출세를 꾀하고 축재에 여념이 없었던 것이다. 그 때문에 단테는 그 원인이 어디에서 비롯되었는가를 탐구하였으며, 청빈을 미덕으로 삼고 이를 몸소 실천한 성 프란체스코를 찬양하기도 하였다.『신곡』에서 단테는 이렇게 말했다.

"남의 빵이 얼마나 괴롭고 남의 계단으로 오르내리는 것이 얼마나 쓰라린가, 너 스스로 경험하리라."

며칠 후 문화부에서 〈지옥의 문〉 제작비로 총 8천 프랑이 지급된다는 통보와 함께 착수금조로 2천 7백 프랑이 우선 지급되며, 작품 제작에 전념하도록 특별 작업실도 제공된다는 것도 알려왔다. 제작 보수가 너무 적었지만 돈으로 따질 문제가 아니었다. 로댕은 세 개의 작업실을 새로 세내었다. 첫 번째 넓은 작업실에서는 〈지옥의 문〉을, 두 번째 작업실에서는 프루스트와 옛 친구 달루의 흉상을, 그리고 세 번째 작업실에서는 지난번 파티에서 스포트라이트를 받았던 사교계의 꽃 마들렌의 흉상을 제작하기로 하였다. 마들렌은 파티장에서 로댕에게 관심을 가졌으며, 로댕도 그녀의 추파가 싫지는 않았다. 마침내 그녀의 흉상을 제작하면서 두 사람은 뜨거워졌으며, 마들렌은 사실 이것을 노리고 로댕에게 자신의 흉상을 의뢰한 것이다.

매주 토요일 〈지옥의 문〉 제작 과정을 공개키로 하였으나 참관자들이 너무 많이 몰려들어 작업에 어려움이 많았다. 로댕은 이제 자질구레한 작품 의뢰는 사양해야만 되었다. 그 사이에도 고마운 르콕 선생은 불편한 노구를 이끌고 로댕의 작업장을 수시로 찾아와 격려를 아끼지 않았다. 그러던 중에 말라르메는 빅토르 위고와 내연의 관계를 유지해 온 쥘리에타라는 여인이 로댕을 만나기를 원한다는 말을 전해 왔다. 그녀의 집은 대저택이었다. 그녀의 말에 의하면 위고가 매일 그녀의 집에 오지

〈지옥의 문〉

만 밤이 되면 가버리기 때문에 위고의 두상이라도 보면서 만년의 쓸쓸함을 달래려 한다는 것이었다. 다만, 그녀는 위고가 모르도록 뒷방에서 그를 관찰하며 두상을 제작해야 된다는 조건을 붙였다. 로댕은 그렇지 않아도 위고 상을 제작하고 싶었기 때문에 이 해괴한 제작 조건을 수락하였다.

집에 돌아오자 로댕은 로즈에게, 50년 동안 결혼도 하지 않고 위고를 헌신적으로 보살펴 온 쥘리에타 여사에 관해서 이야기해 주었다. 로댕은 로즈와의 관계에서 볼 때 이 얘기를 꼭 해줄 필요가 있다고 생각했기 때문이었다. 그런데 이 작업을 진행하는 도중에 쥘리에타가 갑자기 사망하는 바람에 이 작업은 중단 위기에 처하였다. 거기다가 〈지옥의 문〉 제작의뢰를 총괄하는 잠베타마저 갑자기 세상을 뜨게 되어 〈지옥의 문〉 제작은 어려움이 많아졌다. 설상가상으로 화가인 친구 마네가 죽었다는 전갈이 왔다. 주변 사람들이 연이어 죽게 되자 로댕의 심적 충격은 컸다. 마네의 장례식에서 로댕은 그 동안 뜸했던 드가, 팡탱, 모네 등 인상파 화가들을 두루 만나 어려웠던 지난날들에 관해서 이야기를 나누었다. 거기디기 팔순에 접어든 이비지 장미저 노훤으로 병세가 악화되어 불안한 나날이 지속되었다. 장은 로댕이 로즈와 결혼식을 올리기 전에는 눈을 감을 수 없다고 성화였으나, 아들의 결혼식을 끝내

보지도 못하고 81세를 일기로 고독한 삶을 마감하였다. 로댕은 불효막급한 자신이 후회스러웠으나 로즈와의 결혼 문제는 여전히 뒤로 미루었다. 아버지를 비롯한 주변 사람들의 잇따른 죽음에 충격을 받은 로댕은 도무지 일이 손에 잡히지 않았다. 이래저래 〈지옥의 문〉 제작은 지지부진하였다. 생각다 못해 로댕은 몇 명의 조수를 채용하고, 아들 오귀스트까지 동원하였으나 아들 녀석은 건성이었다. 그 사이에 로댕은 〈지옥의 문〉 제작에 7천 프랑을 추가 지원받았으나 이 방대한 작업이 언제 끝날지 작가 자신도 알 길이 없었다.

거장의 '성적 포로'로 전락한 카미유 클로델

1883년이 스산하게 저물어가는 세밑 어느 날, 동료 조각가 부셰가 로댕을 찾아와 조각에 관심이 많은 여성들에게 강연을 해달라고 부탁하였다. 이즈음 로댕은 〈지옥의 문〉 제작이 여의치 않아 신경이 극도로 예민해 있었지만, 절친한 부셰의 부탁을 거절할 수 없었다. 강연이 시작되기 전 부셰는 로댕에게 카미유 클로델이라는 앳된 숙녀를 소개하였다. 로댕이 본 그녀의 첫 인상은 조각을 하기에는 다소 왜소해 보였지만 그녀의 초롱초롱한 눈동자는 무엇을 해내고야 말겠다는 의지로 불타 있었다. 특히 아담한 키에 우수가 짙게 배어 있는 그녀의 눈동자는 저 먼 피안의 세계를 동경하고 있는 것 같았다. 로댕은 그녀의 젖어 있는 두 눈에서 생명의 불꽃이 작열하는 그 무엇을 감지할 수 있었다. 로댕이 강연을 하는 동안 그녀의 시선은 진지하게 로댕을 응시하고 있었고, 로댕의 시선도 이따금 그녀의 눈동자와 마주쳤다. 로댕이 느낀 그녀의 짙푸른 눈동자는 아름답다 못해 관능적이었고, 강렬한 시선은 마주 보기에는 정말로 눈부셨다.

다음날 카미유는 부셰와 함께 로댕의 작업실로 찾아왔다. 부셰는 카미유보다 열네 살 위였으며, 그녀에게 조각의 기초 이론을 가르쳐준 정통 아카데미파 조각가였다. 부셰는 카미유에게 조각을 제대로 가르쳐줄 사람은 자기보다 로댕이 더 적합하다고 생각하였다. 그의 이러한 판단이 한 여인의 운명을 바꿔 놓을 계기가 될 줄은 어느 누구도 몰랐다. 로댕이 다시 본 그녀는 조각을 직업으로 하기에는 너무나 아름다웠고, 조수를 시키기에는 너무나 귀족적인 이미지를 풍겼다. 반면 카미유는 카미유대로 로댕의 자신감 넘치는 늠름한 위용 앞에서 스스로 용해되어 버리는 것 같았다. 두 사람이 만난 때는, 로댕은 마흔넷, 카미유는 갓 스무 살이었다. 남자의 그 나이, 특히 명성을 얻어가는 남자로서는 안정감과 신뢰감을 보여 줄 수 있는 나이이며, 여자의 그 나이, 미지의 세계를 꿈꾸는 여자로서는 상큼하고 싱싱함을 느끼기에 충분한 나이이다. 로댕은 카미유의 총명한 언행과 몸에 밴 탁월한 교양미에 점차 빠져들었으며, 아직 세파에 물들지 않은 카미유는 명망을 얻어가는 40대의 이 남자에게서 중후한 체취와 야릇한 매력을 느낄 수 있었다. 어두컴컴한 작업실과 찌들어가는 아내 로즈의 투정 속에서 지루한 작업을 이어 온 로댕에게 카미유는 신선한 충격이었다. 특히 남편의 사회적 신분 상승에 적응하지 못하는 로즈에 비하면, 카미유는 인생의 목표를 논할 수 있는 동지로서도 손색이 없었다.

카미유는 로댕의 지도를 받으며 본능과 상상력이 이끄는 대로 조각에 몰두하기 시작하였다. 열한 살 때부터 그녀는 대담한 데생으로 진흙을 빚어 습작을 해보임으로써 주변 사람들을 놀라게 하곤 하였다. 1남 2녀의 장녀(그녀의 남동생 폴 클로델은 후에 시인이 됨)로 1864년생인 카미유는 그녀의 재능을 알아본 아버지의 배려에 따라 17세 때인 1881년 업무 관계로 아버지만 고향에 남은 채 여타 가족은 고향 페르에서 파리로 이주하였다. 그녀의 아버지는 재산 소유권 심의관으로 직업상 출장이 잦았으며, 생활은 비교적 유족한 편이었으나 부부 관계가 원만치 못했다. 카미유의 아버지는 그녀를 싫어한 어머니와 달리 큰딸 카미유를 무척 사랑했기 때문에 본인의 희망에 따라 아카데미 콜라로시 Académie Colarossi에서 정식으로 조각 공부를 할 수 있게 해주었

카미유 클로델

고, 한때 그녀에게 별도의 작업실까지 마련해 줄 정도였다. 이 무렵 카미유는 아카데미 파인 조각가 부셰를 알게 되었으며, 실력이 있고 성품이 고결한 부셰는 감수성이 예민한 소녀 카미유를 친절히 지도해 주었으나, 천재성이 돋보이는 카미유가 자기에게 더 이상 배울 것이 없다고 판단하고, 거장의 반열에 들어선 로댕이 카미유의 재능을 제대로 키워 줄 것이라고 판단하였다.

카미유의 재능은 놀라울 정도로 발전해갔다. 그러나 여자로서 조각가의 길을 걷는다는 것은 얼마나 험난한 길인가? 그녀는 로댕처럼 모형을 뜬다거나 조수를 동원하여 편리한 작업 방법을 쓸 줄도 몰랐고, 쓸 수도 없었다. 그러다 보니 그녀는 연약한 몸과 가냘픈 손으로 모든 작업을 손수 다 해나갈 수밖에 없었다. 그녀의 걸작 〈사쿤탈라〉는 이 모든 결과를 웅변으로 말해 주고 있다. 로댕의 작품 〈입맞춤〉과 그녀의 〈사쿤탈라〉는 비슷한 이미지를 연상시키지만, 카미유는 장님이자 벙어리인 '사쿤탈라'를 통해서 한 남자에게 모든 것을 희생하는 여인을 이미지화하였다.

어떤 의미에서 조각이라는 직업은 로댕과 같은 강인한 남자에게는 미지의 세계에 대한 도전의 대상이지만, 고립무원의 연약한 카미유에게는 버겁고 가혹한 시련이 뒤따랐다. 로댕이 아무리 변명을 한다 하더라도 그가 이 나약한 여인을 한껏 유린했음은 부인할 수 없을 것이다. 동물적인 성욕을 충족시키는 목적물에서 영감을 일깨워 주는 대상으로까지 말이다. 로댕의 에로틱한 작품 〈영원한 봄〉과 〈영원한 우상〉, 그리고 〈입맞춤〉 등 일련의 작품들이 그녀를 통해 영감을 받아 제작된 것이라는 점은 이미 잘 알려진 사실이다. 그 당시 로댕은 카미유가 자리를 비울 때에는 작업이 제대로 되지 않을 정도로 그녀에게 빠져들었으며, 카미유는 사랑과 외경의 마음으로 로댕에게 영과 육을 다 바쳤다. 로댕의 억센 양팔과 거친 숨결에 가련한 카미유는 완전히 무장해제 당하고 말았지만, 어쩌면 카미유 자신도 스스로 그걸 바랐는지도 모른다. 로댕은 신선한 이 요정을 통해서 말할 수 없는 영감을 성취하였으며, 가엾은 카미유는 그것이 자신의 소명인 것처럼 착각하였을 것이다.

그러나 로댕과 카미유의 만남은 스승과 제자의 관계에서 상호 협력자로, 그리고 끊을 수 없는 연인 사이에서 끝내는 애증이 심화된 비극적인 결말로 매듭지어졌다. 그녀는 참으로 비운의 여류 조각가였다. 그녀의 뛰어난 재능은 로댕이라는 거목과의 15년간이라는 기나긴 세월 속에서 그늘에 가린 채 꽃도 제대로 피우지 못하고 시들어 버렸으며, 30년 동안이나 정신병원에 감금되어 1943년 79세를 일기로 비극적인 일생을 마쳤다. 그녀의 어머니가 이런 딸을 단 한 차례도 찾아보지 않았다는 것은 너무도 충격적이다.

여류 조각가에 대한 당시의 사회적인 편견과 냉소 속에서 그녀는 로댕에 대한 원망과 증오, 자기 학대와 모멸감에 시달리며 일생을 마쳐야만 했다. 카미유는 로댕이 자신의 영감만 이용하고 끝내는 자신을 버렸다고 주장하였으며, 자기와 결혼해 주지 않은 로댕을 죽는 날까지 원망하였다. 마침내 드넓은 거친 바다에 잠시 떠 놀던 이 외로운 돛단배 카미유는 거센 풍랑에 밀려 처참하게 침몰하고 말았다. 그것은 가엾은 한 여인의 운명이며, 불운한 한 여류 조각가의 숙명이었다.

대작 〈칼레의 시민들〉과 그 극적 스토리

〈지옥의 문〉 제작이 지지부진한 가운데, 1885년 5월 빅토르 위고가 사망하자 로댕은 위고의 흉상 제작도 중단해야만 했다. 이에 앞서 칼레 시장 드와브랭은 칼레 시의 영웅적 인물인 외스타슈 생피에르의 의로움을 기리기 위하여 로댕에게 생피에르 동상 제작을 의뢰하였다. 로댕은 동상 제작에 앞서 각종 기초자료를 조사하던 중 칼레 시민들의 역사적인 장거가 매우 극적이었다는 사실에 깊은 관심을 갖게 되었는데, 그 과정에서 잉글랜드 군과의 극한적인 대치상황에서 칼레 시를 구하기 위하여 생명을 내던지기로 결심한 관련 인물이 여섯 명이었음을 알게 되었다. 로댕은 시 당국자와의 협의 과정에서 논의를 거듭한 끝에 시장의 지지를 받아 동상 인물을 여섯 명으로 확정짓고 곧바로 작업에 들어갔다. 로댕은 이 동상이 필생의 대작이 되어야 한다는 소명감에서 심혈을 기울였다. 이 역사적인 전쟁 전말은 대략 다음과 같다.

1347년 칼레의 시민들은 잉글랜드의 에드워드 3세 군에 포위되어 1년 가까이 저항하다 결국 항복하였다. 그런데 잉글랜드 국왕은 시민들 가운데 여섯 명을 대표로 차출, 이들에게 목에다 밧줄을 걸어 이들 일행이 다음날 아침까지 성문을 나와 국왕에게 성문 열쇠를 바치면 칼레 시를 파괴하지 않겠다고 통보하였다. 시민들은 서로 눈치만 보던 끝에 외스타슈 노인 등 여섯 명이 자청하여 목에 밧줄을 걸고 성문을 나서게 된다. 이런

〈칼레의 시민들〉

배경에서 이 작품을 여섯 명의 군상群像으로 제작해야 된다는 로댕의 주
장은 옳았다.

　그런데 이 역사적인 사건은 독일 표현주의 극작가 게오르크 카이저
(1875-1945)가 『칼레의 시민들』이라는 제목으로 극화해서 더욱 유명해
졌다. 이 드라마에 의하면 맨 처음 지원자인 시민 대표 외스타슈 노인에
이어 다섯 명의 지원자가 나오게 되었는데, 마지막 단계에서 두 명이 동
시에 지원함으로써 지원자는 결국 일곱 명이 되었다. 일곱 명 중 누구를
제외할 것인가 격론을 벌인 끝에 다음날 가장 늦게 나오는 사람을 제외
하기로 합의하였다. 다음날 아침 그 시간에 여섯 명의 지원자가 거의 동
시에 나타났으나 전날 맨 먼저 지원한 외스타슈 노인은 끝내 나타나지
않았다. 노인의 '배신적 행위'에 격분한 지원자들이 그의 집에 몰려가 보
니 그 노인은 싸늘한 시신으로 변해 있었다. 여섯 명의 장한 행동과 용기
를 퇴색시키지 않기 위해서 그 노인이 스스로 목숨을 끊은 것이다. 그의

장렬한 죽음에 숙연해진 나머지 여섯 명의 시민 대표가 열쇠를 들고 성문을 나서려고 할 때, 잉글랜드 국왕의 긴급 친서가 날아왔다. 때마침 국왕의 왕자가 탄생하여 왕의 특별사면으로 이들은 물론 칼레 시민들도 희생되지 않고, 도시는 해방되었다는 것이다.

그런데 〈칼레의 시민들〉의 엄청난 제작비 때문에, 시 재정이 빈곤한 칼레 시에서 제작비 지원에 차질이 빚어지자 로댕은 중단했던 〈빅토르 위고 상〉 제작에 다시 매달렸다. 또한 〈지옥의 문〉 제작도 당초 계획보다 훨씬 많은 비용이 투입되었으나 순조롭게 진척되지 않아 본인은 말할 것도 없고 문화부 당국의 애를 태웠다. 마침내 문화부에서는 로댕에게 1889년 말까지 작품을 완성해 줄 것을 강력히 요구하였다. 다른 작품의 제작이 걸림돌이 되기도 하였으나, 이 작품에 그의 나머지 인생의 열정을 다 바쳐 불멸의 대작을 만들려는 로댕의 야심 때문에 그 기간까지 〈지옥의 문〉 제작을 마치는 것은 불가능하였다. 그 사이 정부에서는 로댕에게 가장 영예로운 레종 도뇌르 훈장(프랑스 최고 문화훈장)을 수여하였으며, 이와 함께 로댕은 국립미술가협회 창립 회원이 되는 등 그의 명성은 날로 높아져 갔다.

모네와의 성공적인 공동 전시회

프랑스 혁명(1789년 7월 14일-1794년 7월 27일, 절대 왕정의 앙시앵 레짐, 즉 구체제를 무너뜨린 프랑스 시민 대혁명) 100주년을 기념하여 1889년 7월 파리에서는 만국박람회가 열렸다. 이날을 기념하여 에펠탑이 세워지고 파리는 온통 축제 분위기에 휩싸였다. 이때를 이용하여 로댕은 모네와 공동 전시회를 갖게 되었다. 장소는 에펠탑에서 그리 멀지 않은 조르주 프티 화랑으로, 모네는 이 전시회에 총 70점의 유화 작품을, 로댕은 32점의 조각 작품을 각각 출품하였다. 모네는 로댕과 동년배로 누구보다도 서로를 잘 이해하는 처지였다. 모네 역시 어려운 시절을 겪으면서 가난으로 부인까지 잃고, 외로움 속에서 그림을 그려 왔으며, 그의 그림은 엊그제까지만 해도 세인의 주목을 끌지 못했다. 이 전시회에는 이례적으로 대통령(프랑스 제 3공화국) 사디 카르노와 급진파 정치인 클레망소, 영국 황태자 에드워드 등 정치·사회계 저명인사들과 르누아르, 세잔, 부셰 등 미술계 동료들은 말할 것도 없고, 문인 알퐁스 도데, 에밀 졸라, 말라르메 등 낯익은 얼굴들이 줄을 이었다. 그리고 어느 누구보다도 로댕이 어려울 때부터 언제나 힘이 되어 준 르콕 선생이 노구를 지팡이에 의지한 채 전시회에 참석해 주었다.

이 전시회에서 화젯거리는 단연 〈칼레의 시민들〉이었다. 이 작품은 전시회에 임박해서야 겨우 완성을 본 것으로 지금까지의 어느 작품보다 구성의 치밀함과 완성도가 돋보였다. 조각에 문외한인 공학도 출신인 카르노 대통령도 이 작품의 역사성과 사실성에 찬사를 아끼지 않았다. 〈칼레의 시민들〉을 여섯 명으로 해서 각각의 개성을 살린 것이 크게 주효하였다. 인간의 모든 고통을 짊어진 외스타슈 노인, 강한 의지력으로 죽음에 맞서 머리를 드높이 치켜든 장 데드, 자기희생을 의연히 받아들이며 오히려 밝은 표정을 짓는 장 드 피에네, 그리고 그의 앞에 자포자기 표정을 하고 있는 피에르 드 비상이 서 있고, 다른 쪽에는 앙드레 당드리외가 두 손에 머리를 파묻고 절망에 빠져 있으며, 자크 드 비상은 악몽에 사로잡혀 괴로워하고 있는 모습이었다. 이들의 모습은 영웅적이라기보다는 죽음에 직면하여 괴로워하는 인간의 고통과 체념이 서려 있어 보는 이를 숙연하게 히였다. 이 전시회를 계기로 로댕의 명성은 절정에 달하였다.

그러나 치솟는 명성과는 달리 그의 사생활은 평탄치 못하였다. 로댕의 카미유와의 깊은 관계로 인하여 극도로 예민해진 로즈는 로댕이 두 사람의 관계를 청산하지 않으면 죽음도 불사하겠다고 으름장을 놓고 있는 형편이었으며, 로댕의 포로가 되어 버린 카미유는 카미유대로 로댕이 로즈와 헤어지고 자기와 결혼해달라고 졸라대는 판국이었다. 거기다가 아들 오귀스트마저 말썽만 부리고 다녀 로댕은 심신이 피곤하였다. 그러나 로댕으로서는 로즈와 카미유 어느 누구도 버릴 수가 없는 입장이었다. 그 무렵 로댕은 만국박람회의 국제심사위원으로 위촉되어 아카데미학파에 의해 외면받아 온 미술가들에게도 상을 주는 데 큰 역할을 하였다. 그러나 로댕은 이들 아카데미파의 거센 항의에 몰려 결국 심사위원직을 내놓고 국립조형미술가협회를 새로 창립하여 1890년 첫 전시회를 가졌다. 이제 사람들은 로댕의 존재를 인정하든가, 아니면 반대하든가 어느 쪽이든 선택해야 할 정도로 그의 위상은 드높아졌다.

말도 많고 탈도 많았던 〈발자크 상〉

1891년 로댕은 프랑스 문인협회로부터 〈발자크 상〉 제작 의뢰를 받았다. 안일한 삶을 거부하고 자기 길을 걸어간 발자크는 로댕이 젊었을 때부터 존경해 온 인물이었다. 그 무렵 로댕은 로즈와 카미유의 삼각관계에서 헤어나지 못하고 작품 제작에 지장을 받게 되자 로즈를 당분간 다른 곳으로 격리시켜 놓기로 했다. 로댕은 로즈를 설득하여 파리 근교의 경치가 좋은 뷜뷔로 이사를 시켜 놓고 카미유의 눈치를 보아가며 이따금 로즈를 찾아가 위로해 주었다. 가엾은 로즈는 모든 것을 숙명으로 받아들이고 로댕이 자신을 버리지 않기를 바랄 뿐이었다. 한편으로 로댕은 카미유를 달래기 위하여 〈발자크 상〉 제작을 구실로 그녀와 함께 발자크의 고향인 투르로 도피행각을 벌이기도 하였다. 투르에서 로댕은 유사한 〈발자크 상〉을 보았지만 그것은 자기가 생각했던 인간 발자크가 아니라 인간 발자크를 너무 영웅화시킨 발자크였으며, 그것마저도 예술성이 결여되어 보였다. 인간 발자크의 진짜 모습은 머리가 기형적으로 크고, 머리카락이 무질서하게 목덜미까지 내려와 있으며, 짜리몽땅한 체구에 팔다리와 목도 짧아 준수한 외양은 아니었다. 그러나 그의 눈동자만큼은 사물을 꿰뚫어보는 형안이었다.

로댕은 어렵사리 발자크와 닮은 모델을 구하여 유능한 제자 부르델과 마이욜(이들도 훗날 유명한 조각가가 됨), 그리고 카미유의 의견을 들어가며 그들과 함께 〈발자크 상〉 제작에 몰두하였다. 로댕은 5피트의 작은 키에 기이한 외관을 가진 발자크를 인간적인 체취가 풍기는 모습으로 형상화시키려고 하였으나 주변의 반발도 만만치 않았다. 고심 끝에 로댕은 '발명하지 말고 관찰하라'고 일러주었던 르콕 선생의 말이 생각이 나 곧바로 르콕을 찾아갔다. 92세로 거동도 제대로 못하는 르콕은 눈시울을 적시면서 로댕을 반갑게 맞아 주었다. 로댕의 고민을 경청하던 르콕은 남의 눈치 보지 말고 자신의 신념대로 밀고 나가라고 힘을 실어 주었다.

한편 칼레 시의 재정 빈곤으로 차일피일 미루어 왔던 대작 〈칼레 시민들〉 제막식이 우여곡절 끝에 1895년 6월 15일 각계 인사들이 참석한 가운데 칼레 시 광장에서 성대하게 거행되었다. 칼레 시는 이 작품 제막식 비용을 조달하기 위하여 복권을 발행해야만 될 정도였다. 그런데 〈발자크 상〉 제작 기한인 18개월에서 이미 3년이라는 세월이 더 지났건만 작업이 제대로 진척되지 않자 문인협회측의 독촉이 빗발쳤다. 거기다가 〈지옥의 문〉 제작은 언제 끝날지도 알 수 없는 상황이어서 문화부에서는 소송도 불사하겠다고 으름장을 놓고 있어 로댕의 입장은 그야말로 사면초가였다. 이런 절박한 상황에서 그의 정신적 지주요 멘토인 르콕 선생마저 타계하고 말아 로댕은 이제 고립무원의 처지가 되고 말았다. 1897년, 그해는 이런 일 저런 일로 로댕에게는 어려운 한 해였다.

천신만고 끝에 〈발자크 상〉을 완성해 놓고 제자들에게 의견을 물어보니, 부르델이 조심스럽게 말했다. 즉 모든 것이 다 좋으나 옷자락 사이로 나와 있는 왼팔이 전체적인 분위기는 물론 발자크의 고뇌하는 이미지를 약화시키는 감이 있다는 것이었다. 부르델의 관찰력은 뛰어났다. 이 말을 듣고 로댕은 〈발자크 상〉을 한 번 돌아보더니만 망치를 들고 발자크의 왼팔을 내리쳤다. 이 상황을 지켜본 다른 제자들은 깜짝 놀랐으나 부르델만은 안도의 숨을 쉬었고 로댕도 그때서야 만족스런 표정으로 고개를 끄덕였다. 1889년 〈발자크 상〉은 왼팔이 잘린 채 이렇게 완성되었다.

우여곡절 끝에 완성된 〈발자크 상〉이 왼팔이 잘린 채 기이한 모습으로 일반에 공개되자 대대적인 항의가 빗발쳤다. 문인협회와 파리 시의회, 시민 대표들은 흉물(?)이 되어 버린 〈발자크 상〉을 어느 곳에도 전시할 수 없다는 데 의견을 모았다. 그러나 소설가이자 비평가인 에밀 졸라, 화가 모네, 미술평론가 옥타브 미르보, 시인 아나톨 프랑스, 작곡가 드뷔시, 개혁적인 정치인 클레망소 등 일부 전향적인 인사들은 로댕의 입장을 옹호하고 나섰고, 이와 함께 이들은 말썽 많은 〈발자크 상〉을 대신 구입하기 위하여 3만 프랑의 모금운동계획까지 세웠다. 그러나 이 모금운동도 여의치 않자 로댕은 생각 끝에 말도 많고 탈도 많은 〈발자크 상〉을 노후를 대비해 1897년에 사두었던 뫼동 별장으로 일단 옮겨 놓기로 했다.

로댕은 실의에 빠졌다. 거기다가 저 유명한 '드레퓌스 사건'으로 여론이 들끓고 있을 때, 로댕은 간첩 누명을 쓴 유대인 출신 포병 대위 드레퓌스의 무죄를 옹호한 에밀 졸라의 의견에 동조하지 않고 비겁하게 뒷걸음질쳤다는 비난까지 감수해야만 되었다. 마치 한 편의 첩보 영화를 방불케 하는 '드레퓌스 사건'의 전말은 대략 이렇다.

때는 1894년 9월 어느 날, 프랑스 참모본부 정보국은 프랑스 주재 독일 대사관 우편함에서 프랑스 육군 기밀이 담긴 한 장의 비밀문서를 입수하는 데 성공하였다. 그 문서의 수취인은 독일 대사관의 무관이었고, 발신인은 익명이었다. 스파이 활동의 거점으로 지목되고 있는 독일 대사관을 감시해 온 프랑스 참모본부는 문제의 그 비밀문건을 작성, 발송한 당사자를 찾기 위한 수사에 착수하였다. 결국 참모본부 고위층은 문제의 비밀문건 작성자를 유대인 혈통의 포병 대위 알프레드 드레퓌스로 지목하고, 그를 긴급 체포하여 군사재판에 회부하였다. 이유는 그 문건 작성 필적이 드레퓌스의 글씨체와 닮았고, 발신 암호명이 드레퓌스의 이름 첫 자인 'D'라는 데 근거하였다. 결국 드레퓌스는 항변도, 법적인 대응도 제대로 못하고 그해 12월 간첩죄로 종신형에 처해져 프랑스령 기아나의 절해고도, 속칭 '악마의 섬'에 있는 감옥으로 이송될 처지에 놓이게 되었다. 석연치 않은 판결에 의문을 제기한 양심 있는 일부 지식인들은 판결 내용의 공개와 재심을 요구하고 나섰다. 이에 대해 참모본부 당국은 "드레퓌스가 간첩행위를 저지른 것은 사실이나, 국가의 안보상 그 증거를 공개할 수는 없다."고 버텼다. 그런데 재판이 끝난 지 15개월이 흐른 뒤 참모본부 정보국의 피카르 중령이 우연한 기회에 '드레퓌스 사건'의 서류철에서 드레퓌스의 유죄를 입증할 만한 확실한 증거가 없다는 점과 문제의 비밀문건 필적이 보병 대대장인 에스테라지 소령의 필적과 똑같다는 사실을 발견하였다. 피카르 중령은 이 뜻밖의 충격적인 사실을 상부에 보고하였으나, 당국에서는 이 일로 일파만파 참모본부의 스타일만 구길 뿐이라는 이유 때문에 이 사건을 그대로 덮어 두기를 바랐고, 피카르 중령에게도 이 건에 대해서 더 이상 거론치 말도록 엄중 경고하였다. 그러나 정의감이 강한 피카르 중령은 이에 굴하지 않고, 곧바로 드레퓌스의 형·아내와 합세하여 그의 무죄 입증을 위해 발을 벗고 나섰다. 그 결과 여론은 양분되어 왕정복고파와 일부 귀족층, 군부와 특히 반유대주의자들, 거기다가 대다수 보수층까지 가세하여 드레퓌스의 유죄에 동조하며 재심을 반대하였고, 반면 일부 양심적인 지식인들과 진보적인 정치인들, 진보 성향의 언론과 양식 있는 일반 시민들은 재심을 강력히 요구하였다.

마침내 1897년 1월 13일 프랑스 대문호인 에밀 졸라는 '나는 고발한다'는 제하의 대통령에게 보내는 공개서한을 작성, 이를 문학 신문에 기고하여 '드레퓌스 사건'의 재심과 진실규명을 탄원하였다. 그러나 졸라는 군법회의를 모독했다는 죄목으로 1년형의 유죄판결을 받고 항소하던 중 영국으로 망명을 해야만 되었다. 그런 와중에서 피카르 중령을 모함하기 위해 문건 작성자인 에스테라지와 짜고 문서를 날조한 참모본부의 앙리 중령이 진상이 발각될 위기에 몰리자 두려움과 양심의 가책을 견디지 못하고 갑자기 자살하고 말았다. 그러자 사건 당사자 에스테라지는 황급히 영국으로 도망가, 자신은 이중간첩으로 상부의 명을 받고 독일의 기밀을 탐지하기 위해 독일 무관에 접근하기 위해서 이 문건을 작성하였다고 폭로하였다. 마침내 1899년 6월 3일 프랑스 고등법원은 1894년 12월의 군사재판이 무효임을 선언하고 재심을 명령하였다. 군사재판의 재심에서도 드레퓌스는 거짓 증언자들에 몰려 정상을 참작한다는 궁색한 호의(?)를 받고서 금고 10년형으로 감형만 받았다. 그러나 에밀 졸라는 다시 예리한 필봉으로 드레퓌스의 무죄를 주장하였다. 이에 따라 여론은 드레퓌스 지지 쪽으로 기울어졌고, 1899년 9월 드레퓌스는 특별사면 되었으나 이에 만족하지 않고 1904년 3월 재심을 청구하여 1906년 최고재판소로부터 최종 무죄판결을 받았다. 그리고 드레퓌스는 그해 7월 소령으로 진급발령을 받음과 동시에 프랑스 최고훈장까지 받게 되었다. 그 후 드레퓌스는 군복무에 충실하여 제1차 세계대전에도 참전, 무사히 살아남아 1935년 세상을 떠났다. 저 역사에 남을 '드레퓌스 사건'은 우여곡절 끝에 사건 발생 10여 년 만에 해피엔딩으로 막을 내리고, 진실은 승리하고 만다는 역사적 교훈을 남겼다. 어떻든 에밀 졸라와 같은 양심적인, 행동하는 지식인이 없었다면 드레퓌스는 영영 영어의 몸이 되고 말았을지도 모른다.

본문으로 돌아가, 이유야 어떻든 로댕은 에밀 졸라와 달리 '드레퓌스 사건'에 무관심, 내지 어정쩡한 입장을 취함으로써 그의 이미지는 실추되었다. 그뿐인가, 〈지옥의 문〉 제작은 문화부의 거센 항의에도 불구하고 13년이 지난 시점에서도 언제 끝날지 기약할 수 없는 골치 아픈 일이 되고 말았다.

〈생각하는 사람〉과 시인 릴케

해가 바뀌어 1900년이 되었다. 이성과 합리성이 지배하던 한 세기가 막을 내리고 문명과 야만, 도전과 응전 속에서 인류사에 커다란 변혁을 가져오는 격동의 20세기가 도래한 것이다. 로댕의 나이도 이제 60줄에 접어들어 그의 얼굴은 나이에 걸맞게 주름이 깊어지고 머리카락과 턱수염도 은갈색으로 변해가고 있었다. 파리에서는 20세기 도래를 기념하여 만국 박람회가 열리게 되었다. 로댕은 이 기회에 세계의 모든 사람들로부터 제대로 평가를 받고 싶었다. 그러나 이번에는 무슨 사유인지 그에게 전시 공간을 배정해 주지 않았다. 로댕은 할 수 없이 은행에서 6만 프랑을 대출받고, 자비로 2만 프랑을 보태어 박람회가 열리는 곳에서 그리 멀지 않은 알마 광장에 가건물을 세워 171점의 작품을 전시하였다. 6월 1일 전시회 개막식 날, 교육부 장관이 테이프 커팅을 하고 갔으며, 이어서 리시아 황제 니콜라이 2세, 영국 황태자, 그리고 새로 대통령이 된 루베가 다녀간 뒤 전시회장은 붐비기 시작하였다. 특히 그의 미완성 작품 〈지옥의 문〉과 말도 탈도 많았던 〈발자크 상〉 앞에서는 많은 관람객들이 발길을 멈췄으며, 남녀가 짝을 이룬 〈입맞춤〉과 〈영원한 우상〉 등은 장안의 화젯거리가 되었다. 코펜하겐, 부다페스트, 프라하, 런던 및 시카고 미술관 등 세계 각국의 미술관에서는 앞 다투어 그의 작품을 구입해 갔으며, 시카고 미술관에서는 작품 〈입맞춤〉을 구입해 가 전시를 하였는데, 작품이 너무 외설적이라는 비난이 쏟아지자 공

라이너 마리아 릴케

개 전시회를 취소하는 해프닝이 벌어지기도 했다. 작품 판매 대금은 2백만 프랑이 넘어, 전시회 경비 등 각종 비용을 제외하고도 60만 프랑이 남았다. 유식한 사람도, 무식한 사람도 저마다 로댕을 알고 싶어 했으며, 이제 그는 부와 명예를 한꺼번에 거머쥐게 되었다. 물론 이렇게 되기까지는 40여 년이라는 인고의 세월이 흘렀지만, 그런 세월들은 하나의 추억으로 남게 되었다.

로댕은 점차 마음의 여유가 생기게 되었다. 로댕은 카미유가 아직 파리에 살고 있다는 소식을 듣고 친구 카리에를 통해 그녀를 도와주려고 하였으나 그녀의 반응은 냉담했다. 그러던 어느 날, 카미유가 발작을 일으켜 정신병원에 수용되었다는 소식을 듣고 그녀를 찾아 어려운 발걸음을 하였으나 반미치광이가 되어 버린 그녀는 로댕을 잘 알아보지도 못하는 것 같았다. 그날 이후 로댕은 한동안 밤잠을 제대로 이루지 못했다. 로댕은 오랜만에 뫼동 별장에서 조용한 시간을 보내다가 다시 작품 제작에 전념하였다. 그 사이에 수많은 저명인사들로부터 작품 제작 의뢰를 받은 로댕은 제자를 무려 50여 명이나 두고 작품을 만들었지만, 쇄도하는 주

문량을 감당하지 못할 지경이었다. 그러다 보니 밀려드는 방문객으로 작업을 제대로 할 수가 없었다.

이럴 즈음, 1902년 9월 어느 날 아직도 마무리를 못하고 있는 〈지옥의 문〉 완성이 여의치 않아 골머리를 앓고 있는 로댕에게 릴케라는 젊은 시인이 찾아왔다. 릴케는 로댕에 관한 글을 쓰고 싶어 그를 직접 방문한 것이다. 그때까지만 해도 로댕은 릴케가 누구인지 잘 알지 못하였으나, 〈지옥의 문〉에 관한 그의 탁월한 통찰력과 직관력을 알게 된 뒤부터는 노대가는 그를 협력자로 맞이하였다. 시인 라이너 마리아 릴케(Rainer Maria Rilke, 1875-1926)는 오스트리아-헝가리 제국 보헤미아 왕국의 프라하에서 출생하여 독일어권 시문학에 큰 영향을 미친 20세기 대시인이다. 그는 현실을 초월하는 영혼의 드높은 음향을 전하고, 언어의 형식미를 탐구하는 탁월한 시적 감각으로 『기도 시집』, 『말테의 수기』(산문 형식의 일

작업실의 로댕

종의 자기 기록), 『두이노의 비가』 등 많은 작품을 남겼다. 릴케는 25세 때 회화와 조각에 관심을 가지고 여류 조각가 클라라 베스트호프와 친교를 맺고 그 뒤 결혼까지 하였으며, 로댕의 조각에 매료되어 『로댕론』(1903) 까지 쓰게 되었다. 로댕은 릴케의 예민한 감수성과, 특히 조각에 대한 탁월한 안목에 놀랐다. 릴케는 어느 날 제작 중인 로댕의 〈지옥의 문〉에서 팔로 턱을 고이고 생각에 잠겨 있는 단테의 모습을 보고 고개를 갸웃거리다가 로댕에게 조심스럽게 의견을 개진하였다. 시인 단테의 모습은 홀로 그런 모습이 아니었으리라는 것이다. 그 순간 로댕은 머리를 스쳐가는 그 무엇을 느꼈다. 역시 릴케의 관찰력은 대단하였다. 그날부터 로댕은 홀로 생각하는 단테가 아닌 생각하는 그 자체의 한 인간을 형상화시켜 나갔다. 그리고 로댕은 〈생각하는 사람〉을 독립된 작품으로 제작하기로 마음먹었다. 로댕은 당시의 상황을 이렇게 술회했다.

〈생각하는 사람〉에 대해서 할 이야기가 있다. 한참 전에 나는 〈지옥의 문〉의 개념을 생각하게 되었다. 단테는 문 앞 맨 위의 바위에 앉아 그의 시를 구상하고 있었다. 그의 뒤에는 우골리노*, 프란체스카, 파울로** 외에 신곡의 모든 인물들이 자리하고 있었으나 이 계획은 이루어지지 않았다. 모두에게서 동떨어져 긴 코트를 걸친 깡마르고 금욕적인 단테는 무언가 어색하였다. 나의 첫 번째 인상에 따라 나는 또 다른 〈생각하는 사람〉을 창안해냈다. 그는 벌거벗은 채 바위에 앉아 발은 밑에 모으고 팔을 턱에 괴고 꿈을 꾸듯 생각에 잠긴다. 풍부한 구상이 점차 그의 머릿속에서 빛을 발하며, 그는 이제 더 이상 몽상가가 아니라 창조자가 되는 것이다.

*우골리노: 13세기 도시국가들 간의 전쟁에서 반역죄로 생포되어 두 아들, 손자 두 명과 피사의 기아 탑에 투옥되어 먼저 굶어 죽은 아이들을 잡아먹

고, 그는 결국 지옥으로 보내짐.

**프란체스카와 파울로: 두 사람은 형수와 시동생 사이로 금지된 사랑에 빠져 마침내 프란체스카의 남편에 의해서 죽임을 당함. 그들의 망령은 단테에게 '금지된 사랑이 우리를 특별한 죽음으로 이끌었다'고 말했다 함.

로댕의 〈생각하는 사람〉은 이렇게 새로 탄생하게 되었다. 그런데 얼마 후 친구 팡탱이 불귀의 객이 되고 말았으며, 그토록 의지하였던 테레즈 이모마저 세상을 뜨게 되자 로댕은 짙은 허무감에 빠졌다. 팡탱, 그는 비록 가난하고 다혈질이었지만 어려운 동료들을 위해서 궂은일이라도 발 벗고 나섰던 의리의 사나이가 아니었던가. 테레즈 이모, 어느 누구보다도 로댕을 어릴 때부터 가장 잘 이해해 주었고, 로댕이 가정적으로 위기에 처할 때마다 중재자 역할을 잘해 주지 않았던가. 르콕 선생 사망 이후 두 사람의 죽음은 로댕을 더욱 고독하게 만들었다. 근자에 릴케마저 그의 곁을 떠나 영국으로 가버렸다. 이따금 뫼동 별장을 찾아오는 손님들만이 노대가의 만년의 고독을 다소나마 달래 주었으며, 이제 아내 로즈만이 더욱 소중한 존재가 되었다.

그런 가운데 릴케가 1년 만에 로댕을 다시 찾아와 그의 저서 『로댕론』을 봉정하였다. 로댕은 독일어로 쓰인 이 책을 읽을 수는 없었으나 릴케가 너무도 고마웠다. 릴케는 그 책 첫머리에 이렇게 썼다.

명성을 얻기 전에 로댕은 고독했다. 그리고 그가 성취해낸 명성으로 그는 더 큰 고독에 빠졌다. 따지고 보면 명성이란 것도 새로운 이름을 둘러싸고 있는 온갖 오해의 총화에 지나지 않는 것, 명성을 얻은 뒤에도 그가 더 큰 고독에 빠진 것은 바로 그 까닭이니 말이다.

만년에 로댕은 무용에도 관심을 보여 그를 찾아온 현대 무용의 개척자로 불리는 전설적인 여성 무용가 이사도라 던컨(1878-1927. 샌프란시스코에서 출생, 프랑스 니스에서 목에 걸었던 스카프가 자동차 뒷바퀴에 감겨 질식사한 것으로 전해짐)과도 만나 흉상 제작에 관심을 가졌으나 두 사람 간에 별다른 일은 없었다. 오히려 로댕은 틈틈이 로즈와 함께 고급 레스토랑에서 식사를 즐기며 다정한 시간을 보내기도 하였다. 그러나 행복해야 할 로즈는 천방지축 방탕한 생활을 보내고 있는 아들 문제로 마음 한 구석에 수심이 가득 차 있었다. 그 무렵 릴케는 로댕의 비서 역할을 하며 로댕을 돕고 있었는데, '드레퓌스 사건' 때 로댕을 변호해 준 앙드레 숄레가 어느 날 찾아왔다. 그때 로댕은 〈지옥의 문〉 제작에 골몰하고 있었으므로 릴케는 중간에 두 사람 간의 면담을 막을 수밖에 없었다. 로댕은 이 기간 동안 잠정적으로 어느 누구도 만날 수 없다고 못 박았기 때문이었다. 그러나 며칠 뒤 로댕은 이 사실을 알고 노발대발하며 릴케를 호되게 나무랐으며, 심지어는 로댕에게 오는 각종 우편물을 중간에 가로챘다고 트집을 잡았다. 견디다 못한 릴케는 1905년 5월 어느 날 로댕 곁을 떠났다. 그러나 그 후 로댕의 오해는 릴케의 편지로 해소되었으며, 두 사람은 다음해 11월 재회하여 서로가 영감을 나누며 우의를 더욱 돈독히 했다.

모든 유품을 국가에 헌납하다

1908년 로댕은 릴케가 묵고 있는 파리 시내의 비롱 호텔 1층을 빌려 창작 활동을 하면서 방문객을 맞기도 하였다. 비롱 호텔은 고색창연한 건물로 분위기가 좋아 로댕으로서는 만년을 보내기에 딱 맞는 곳이었다. 로댕은 이곳에서 미국의 저명한 변호사의 딸인 스와젤 백작 부인의 유혹에 빠져 그녀와 꺼져가는 마지막 정념을 불태웠다.

로댕은 스와젤 부인과 니진스키(1890-1950. 폴란드계 러시아 키예프 출신 무용가)의 '목신의 오후' 무용공연을 보고, 그의 천재적인 율동에 감탄하였다. '인간과 새의 발'을 가진 천재적인 남성 무용수로 평가받고 있는 그는 전설적인 무용가이다. 그러나 그의 60년 삶 중 무용생활은 불과 10년, 1919년경부터 시작된 정신병은 죽을 때까지 무려 30년간 그의 삶을 괴롭혔다. 다만 니진스키 곁에는 부인 로물라가 그의 마지막 운명 때까지 정절을 지키며 헌신적으로 뒷바라지했기에 그나마 다행이었다. 〈목신의 오후〉는 원래 프랑스 상징주의 시인 말라르메의 대표작으로 관능적인 꿈의 세계에 대한 탐구와 시의 음악성이 그 특징을 이루고 있다. 이 시를 주제로 작곡가 드뷔시가 1894년 〈목신의 오후 서곡〉을 작곡하여 무대에 올렸고, 니진스키에 의해 무용으로 발표되어 유명해졌다. 그러나 이 무용은 외설적이라는 이유로 결국 공연 금지되었다. 하지만 로댕은 니진스키를 옹호하였으며, 그를 모델로 작품을 만들기도 하였다.

독점욕과 질투심이 많은 스와젤은 로댕이 자기 외에 어느 누구와도 시간을 갖는 것을 싫어했으며, 심지어 로즈가 비롱 호텔에 들르는 것을 의식적으로 견제하였다. 그녀는 로댕을 사랑했다기보다도 로댕의 명성을 이용하려 들었으며, 그의 많은 데생 작품을 빼돌리고, 급기야는 로댕 사후에 그의 저작권까지 확보하려는 파렴치한 술책까지 꾸미고 있었다. 이를 눈치 챈 로댕은 어느 날 그의 모든 저작권을 요건만 충족되면 정부에 넘겨줄 것이라고 선언해 버렸다. 그런 일이 있은 후, 스와젤은 충격을 받고 결국 로댕과 결별하였다. 1905년부터 1907년에 걸쳐 로댕은 독일 예나 대학과 영국 옥스퍼드 대학에서 명예 박사학위를 받는 등 국제적 명성이 드높아졌다.

이제 로댕의 마지막 꿈은 자신의 미술관을 남기고 가는 것이었다. 그런데 로댕에게 뜻하지 않은 문제가 발생하였다. 로댕이 묵고 있는 비롱 호텔을 정부가 사들여 문화부에 관리를 위임하였는데, 문화부는 그곳에 기거하고 있는 로댕을 비롯한 많은 문인들과 일반 거주자들에게 퇴거해 줄 것을 요청하였다. 여생을 이곳에서 보내려던 로댕으로서는 난감한 일이었다. 로댕은 클레망소 수상 등 정부 고위 실력자들을 방문하여 만년을 이곳에서 보낼 수 있도록 배려해 줄 것을 탄원하였다. 그와 함께 로댕 옹호자들은 비롱 호텔을 로댕 미술관으로 만들자는 의견을 내놓아 많은 호응을 받았다. 그러나 그의 적대자들의 반론도 만만치 않았다. 로댕은 만년을 이곳에서 보낼 수 있도록 당국이 배려해 준다면, 그의 모든 작품과 판권, 그가 수집한 고대 대리석까지도 정부에 기증하겠다고 제의하였다. 그러나 이 문제는 찬반 양론이 엇갈려 한동안 결론을 내지 못하였다. 그러자 로댕은 정부가 1916년 12월 31일까지 자기의 제안을 받아들이지 않는다면 자신의 제의를 취소한다는 단서를 붙여 정부에 증여증서를 제출하였다.

이런 상황에서 1914년 제1차 세계대전이 발발하여 로댕은 로즈와 함께 런던으로 은신하였다. 그리고 얼마 후 로댕은 파리가 독일군에 의해 함락되었다는 소식을 접하자 로댕의 마음은 무거웠다. 그런데도 그 무렵 로마 교황청에서 교황의 흉상 제작을 의뢰해 왔다. 1915년 로댕은 로마를 방문하여 교황을 알현하고 흉상 제작에 착수하였다. 그러나 몸과 마음이 쇠잔해버린 상태에서 작업을 더 이상 진행하기가 힘들어졌다. 지친 몸을 이끌고 로댕은 파리로 돌아왔으나, 더 이상 작업을 한다는 것은 무리였으며 로즈의 건강도 악화되었다. 로즈가 아들과 그의 처 니나를 부르려 하자 평소에 그들을 탐탁지 않게 생각해 왔던 로댕도 그녀의 주장에 더 이상 반대하지 않았다. 로댕은 자신의 건강이 한계에 이르렀다는 것을 알고 주변을 정리해야 되겠다는 생각을 가졌다.

비롱 호텔 문제는 1916년에 이르러서야 결론이 났다. 정부에서는 그해 9월 13일 비롱 호텔에 로댕 미술관을 설립하는 조건으로 그의 모든 제의를 받아들이기로 결정하였다. 기증품은 56점의 대리석 작품과 56점의 청동 작품, 193점의 석고상, 2백여 점의 테라코타, 2천 점의 스케치 외에 고대의 수집품 모두였다. 그와 함께 로댕이 사후에 로즈에게 연간 3천 프랑의 연금을 지불하는 조건도 정부측에서 받아들였다. 그러나 로댕과 로즈가 아직 정식으로 결혼하지 않았기 때문에 연금 지급이 위법이라는 사실이 알려지자 로댕은 로즈와 정식으로 결혼식을 올리기로 결심하였다.

거장의 죽음-〈지옥의 문〉은 미완성인 채로

로댕으로서는 불쌍한 로즈를 생각하면, 늦게나마 결혼을 피해야 할 이유가 없었다. 이제 와서 체면과 자존심을 따져보아야 무슨 의미가 있겠는가. 1917년 1월 29일 로댕은 로즈와 때늦은 결혼식을 올렸다. 그들이 만나 53년 만에 이루어진 결혼식이었다. 이 순간을 기다리며 인고의 세월을 보낸 로즈의 두 눈에서는 눈물이 쏟아질 법도 하였으나 이미 눈물샘마저 말라버린 그녀의 눈자위에는 가벼운 이슬이 맺혔다. 로즈는 신혼여행이라도 다녀오고 싶었지만 로댕의 기관지염이 악화되어 마지막 꿈마저 접어야만 했다. 설상가상 전쟁으로 연료 공급이 여의치 않아 로즈도 독감에 걸려 급성폐렴으로 전이되었다. 가엾은 로즈는 결혼식을 올린지 한 달도 못되어 2월 19일 로댕의 손을 잡고 숨을 거두었다. 노 거장은 자기보다 먼저 간 로즈의 시신 앞에서 처음이자 마지막으로 오열하였다. 로댕은 비통한 어조로 이렇게 탄식하였다.

"사랑하는 로즈, 용서해 주오, 당신야말로 내가 일생 동안 추구해 온 가장 완벽한 조각이었소."

로즈를 저 세상으로 보낸 후 거장의 기력은 날로 쇠잔해갔다. 로댕은 로즈가 없는 텅 빈 방에서 이제야 로즈의 소중함을 절감했다. 좌절과 영광의 뒤안길에서 늙은 육신에 고독과 슬픔이 세차게 엄습해 왔다. 지금까지 쌓아 온 모든 명성과 부가 모두 부질없는 일이었다. 로댕이 바이런의 다음과 같은 명언을 미리 알았더라면, 그는 말년에 덜 고독했을 것이다.

"우리의 생명은 여성으로부터 나오며, 우리들이 맨 처음 배우는 몇 마디 말은 여성의 입술로부터 배우며, 우리가 흘리는 첫 번째 눈물은 여성에 의해 닦아지며, 우리의 마지막 숨결도 대체로 여성의 곁에서 끝난다. 비록 남자들은 자기를 이끌어 온 사람의 마지막 순간을 지켜보는 것을 창피한 일이라고 피하기도 하지만……."

로즈가 죽고 9개월 후인 1917년 11월 17일 새벽 4시, 로댕은 생의 마지막 숨을 거칠게 몰아쉬었다. 그의 눈앞에서는 아직 미완성인 〈지옥의 문〉이 아른거렸다. 그리고 이어서 먼저 간 로즈와 에마르 신부, 그리고 르콕 선생이 밝은 표정으로 〈천국의 문〉에서 손짓하며 다가왔다. 로댕이 타계한 후 그의 공식적인 혈육인 아들 오귀스트는 19년 뒤 알코올 중독으로 죽었고, 카미유는 정신병에서 헤어나지 못한 채 1943년에 비참하게 생을 마감하였다. 로댕과 카미유 사이에 두 아들이 있었다는 설이 있으나 공식적으로 확인되지 않고 있다.

로댕의 고뇌와 격정이 응축된 〈지옥의 문〉, 비록 그것은 미완성인 채로 남아 있지만, 그 속에 자리한 많은 군상들은 인간의 탐욕이 얼마나 비극적 고통과 절망을 가져오는가를 웅변으로 말해 주고 있다.

주요 참고문헌 및 더 읽을 만한 책

데이비드 웨이스 지음, 현암사 편집부 옮김, 『오귀스트 로댕』, 현암사, 1989.

베르나르 상피뉠르 지음, 김숙 옮김,『로댕』, 시공아트, 2009.

엘렌 피네 지음, 이희재 옮김,『로댕』, 시공디스커버리, 1996.

오귀스트 로댕, 김문수 편역,『로댕의 예술론』, 돋을새김, 2010.

이오넬 지아누 지음, 김윤수·신인영 공역,『오귀스뜨 로댕』, 열화당, 1989.

쟈끄 까싸르, 윤명화·이인해 옮김,『로댕의 연인 까미유 끌로델』, 고려원, 1989.

라이너 마리아 릴케, 전광진 옮김,『로댕』, 범우사, 1973.

데이비드 핀 지음, 김숙·이지현 옮김,『조각 감상의 길잡이』, 시공사, 1993.

데이비드 핀 지음, 정준모 옮김,『미술관 관람의 길잡이』, 시공사, 1993.

N. 할라즈, 황의방 옮김,『드레퓌스 사건과 지식인』, 도서출판 한길사, 1991.

에밀 졸라 지음, 유기환 옮김,『나는 고발한다』, 도서출판 책세상, 2013.

에디트 피아프

노래에 살며 사랑할수록
사랑에 목말랐던 노래의 여신

Édith
Piaf

피아프는 천재다. 노래의 무대에서 그녀 이전에 아무도 없었고,
그녀 이후에 아무도 없다. 어느 누구도 그녀를 흉내 낼 수 없다
그녀는 프랑스의 고독한 밤하늘 속에서 찬란하게 빛나는 별이다.
자신의 몸을 불태우며 빛나는 별이다.

- 장 콕토

신이 내린 '천상의 목소리'

우리가 알고 있는 샹송가수 에디트 피아프에게는 많은 수식어와 형용사가 무성하게 뒤따른다. 그 이유는 불멸의 디바Diva 피아프가 많은 세월이 흘러도 살아있는 전설, 사라지지 않는 신화로 우리 곁에 자리하고 있기 때문일 것이다.

키가 150센티미터도 채 안 되는 작고 깡마른 피아프는 무대에 설 때마다 항상 검은 드레스만을 입고 절규하듯 온 몸으로 노래를 불렀다. 그녀가 부른 노래는 대부분 일상의 쉽고 간결한 언어로 사랑의 기쁨과 슬픔, 절망과 체념, 삶과 죽음 등 인간의 모든 희로애락을 담고 있어 대중의 가슴에 쉽게, 그러면서도 진하게 파고들었다. 그러기에 힘겨운 삶에 찌든 대중은 그녀가 혼신의 힘으로 노래를 부를 때 함께 울고 웃으며 시름을 달랬다. 피아프의 비탄에 잠긴 이러한 노래 스타일은 출생부터 성장하여 성인이 되기까지 그녀의 굴곡 많은 비극적인 삶과 무관하지 않다고 보아야 할 것이다. 그리고 그녀의 애절한 노랫가락이 당시 프랑스 국민에게 그처럼 광적인 반응을 불러일으킨 것은 제1·2차 세계대전을 겪으면서 황폐해진 국민정서와 맞아떨어진 점도 있었을 것이다.

일찍이 프랑스의 시인 장 콕토도 이런 피아프를 두고 "노래의 무대에서 그녀는 천재다. 그녀 이전에 아무도 없었고, 그녀 이후에도 아무도 없다. 어느 누구도 그녀를 흉내 낼 수 없다…… 그녀는 4월의 나이팅게일처럼 노래한다. 그녀의 목소리는 머리끝에서 발끝까지 검은 벨벳의 파도처럼 그녀를 감싸고 있다. 노래하는 이는 더 이상 피아프가 아니다. 불어오는 바람과 우리를 감싸는 달빛이 노래하고 있다."고 말한 바와 같이 그녀의 목소리는 마치 신이 내린 '영혼의 목소리', 아니 '천상의 목소리' 바로 그 자체였다. 피아프에 의해서 더 새롭게 창조된 샹송이라는 노래 장르는 어느 새 프랑스인만이 즐기는 노래가 아니라 전 세계의 모든 음악 애호가들의 노래로 자리매김하여 오늘에 이르고 있다.

사실 세계의 대중음악 중에서 프랑스의 샹송만큼 시적이고 가수의 개성과 혼이 담긴 노래는 별로 없을 것이다. 그런 면에서 샹송은 같은 곡이라 해도 노래를 부르는 가수의 성향에 따라 해석이 다양하여 듣는 이의 느낌도 사뭇 다르기 마련이다.

샹송chanson은 스토리가 있는 한 편의 드라마와 같기 때문에 가사가 중요시되며, 그 샹송을 처음 부르는 가수가 성공을 거둘 때 이를 '크레아시옹creation', 즉 초연이라고 하며, 제2차 세계대전 직전까지만 해도 한 가수에 의해 '크레아시옹'된 샹송은 다른 가수에 의해 재연되는 경우가 별로 없었다. 또한 샹송은 곡의 내용과 스타일에 따라 샹송 포퓔레르(chanson populaire: 작자 미상의 민요조 샹송), 샹송 사방트(chanson savant: 작자가 있는 고급 샹송), 샹송 리테레르(chanson littéraire: 시인의 시에 작곡가가 곡을 붙이는 샹송), 샹송 레알리스트(chanson réaliste: 서민의 사랑과 애환을 주제로

하는 샹송), 샹송 팡테지스트(chanson fantaisiste: 환상적이고 재기가 넘치며 코믹한 느낌을 주는 샹송), 그리고 샹송 드 샤름(chanson de charme: 주로 남녀의 슬픈 사랑 이야기를 주제로 한 샹송) 등으로 분류되는데, 피아프는 샹송 레알리스트와 샹송 드 샤름파에 속한다고 볼 수 있다.

피아프는 일약 스타덤에 오른 후에도 비천한 출신이라는 열등감에 시달리며 진실한 사랑과 인간적인 정에 굶주렸으며, 그것을 채우기 위해 병적일 정도로 남성편력을 거듭하였지만, 결말은 대부분 비극적이었다. 이처럼 피아프는 노래하며 사랑하고, 사랑하면 사랑할수록 사랑에 더 목말라했고, 그로 인한 배신과 절망, 상실감이 깊어질수록 그녀의 노래는 더욱 처절하게 심장 깊숙이 녹아들어 '영혼의 목소리'로 농축, '천상의 목소리'로 승화되었다. 마흔여덟 해에 이르는 피아프의 파란만장하고도 드라마틱한 삶을 추적해 본다.

홍등가의 귀염둥이

한 해가 저물어가는 1915년 12월 19일 새벽 파리 시내 벨베이르 72번가, 그날 밤은 은보랏빛 하늘에 별이 유난히도 총총 빛나고 있었고, 새벽녘의 차가운 냉기는 드문드문 걸어가는 행인들의 외투 깃 사이로 깊숙이 파고들었다. 그때 지나가던 택시 한 대가 만삭의 허름한 여자를 태우고 황급히 병원으로 향하였다. 택시가 도착한 곳은 인근의 트농 병원이었다. 새벽 5시경 그곳에서 에디트 조반나 가시옹Édith Giovanna Gassion이라는 한 여자아이가 태어났다. 그녀의 아버지 루이 조반나 가시옹은 거리의 곡예사로 그 동안 무분별한 성생활로 이미 얼굴도 이름도 모를 정도로 많은 자녀를 두었으며, 그러기에 그로서는 자녀들의 출생신고라는 것은 생각조차 하기 싫은 귀찮은 절차였다.

거리의 무명가수인 그녀의 어머니 린 마르사는 열다섯 살 때 비슷한 처지의 루이 가시옹과 눈이 맞아 둘은 동거에 들어갔으며, 그녀 역시 남편과 다른 지역에서 비슷한 방법으로 돈벌이를 하고 있었다. 훗날 피아프가 병적일 정도로 남성 편력을 거듭한 것도 아버지 가시옹의 유전자를 물려받았기 때문일 것이라는 설이 나돌았는데 틀린 말은 아닌 것 같다. 이런 환경으로 미루어 볼 때 그녀의 출생 자체가 예사롭게 일어난 일은 아니었겠지만, 우리가 지금까지 알고 있는 것처럼 에디트는 순찰 중이던 경관의 빛바랜 외투에 덮여 길거리에서 태어난 것은 아니며, 그러한 풍문은 호사가들이 그녀의 출생을 극적으로 꾸민 이야기라는 설득력 있는 증언이 나오기도 하였다. 어떻든 에디트라는 이 아름다운 이름은 가여운 딸을 위해 거리의 곡예사인 그녀의 아버지 가시옹이 엉겁결에 지어 준 이름이었다. 오리지널 에디트는 영국의 여자 스파이 이름이었다. 스파이 에디트 카벨은 독일 비밀정보원에 의해 체포되어 열두 발의 총을 맞고 무참히 처형되었다. 그녀가 죽으면서 흘린 피가 붉은 돌 사이에 스며든 후 그 속에서 몇 송이의 네잎 클로버가 피어났다는 전설 같은 이야기와 함께 '에디트'는 프랑스 사람들의 입에 자주 오르내리게 되었고, 가시옹은 그걸 기억해내어 자기 딸의 이름으로 선택한 것이다. 이렇게 태어난 에디트는 훗날 그녀가 스무 살 되던 10월 어느 날 당시 카바레 업계의 실력자인 루이 르플레에 의해 발탁되어 '몸 피아프(Momme Piaf: 귀여운 참새, 또는 작은새라는 의미가 있음)'라는 예명을 얻게 되었고, 이때부터 에디트 피아프는 이 예명으로 일약 세기의 스타로 거듭나게 된다.

피아프가 태어났을 때, 전쟁은 더욱 치열하게 전개되었기 때문에 당시 서른여섯의 피아프 아버지는 많은 나이에도 두 달 된 젖먹이 어린 딸을 둔 채 다시 전선으로 징집되었다. 피아프 어머니 마르사는 어려운 생계에 시달리다 못해 갓난아이 피아프를 친정어머니에게 맡기고 어디론가 사라져버렸다. 이 사실을 알게 된 군인 가시옹은 하는 수 없이 자기 어머니에게 편지를 썼다. 당시 그의 어머니는 노르망디의 베르데라는 소도시에서 매춘 여관을 운영하는 사촌언니 집의 가정부로 일하고 있었다. 그때부터 피아프는 홍등가의 할머니 품에서 자랄 수밖에 없었다. 그늘진 인생 밑바닥에서 살아가는 창녀들이었지만 인정은 많았기 때문에 어린 피아프는 그들의 사랑을 독차지하며 자라났다. 그러나 열악한 환경에서 양질의 영양소를 제대로 섭취할 수 없는 어린 피아프는 정상적인 발육은커녕 잦은 병치레로 주위를 안타깝게 했다. 그녀가 성인이 된 후 키가 150센티미터가 채 안되었던 것도 선천적인 체질 탓도 있었겠지만 조악한 영양상태가 주된 원인이었을 것이다. 더구나 피아프는 극도의 영양부족으로 시력까지 나빠져서 외부 활동은 주로 청력에 의존할 정도였다. 그런 점에서 청력이 정상인보다 더 발달된 피아프는 음악인의 생명인 음감을 더 예민하게 터득했을 것이다. 그 후 그녀가 정상인의 시력을 회복한 것은 할머니의 극진한 간호 덕분이었다고 하지만 이러한 성과는 거의 기적에 가까운 일이었다.

1918년 제1차 세계대전이 끝나자 루이 가시옹은 다시 거리의 곡예사로 나서야만 했고, 어린 피아프는 할머니 밑에서 어렵게 자라다가 열두 살 때 아버지와 함께 일터로 나갔다. 피아프는 천부적인 자질이 있었던지 나이에 걸맞지 않게 놀라울 정도로 노래를 잘 불러 아버지의 수입에 큰 도움을 주었고, 나이가 들면서 그녀의 수입이 오히려 아버지 수입보다 훨씬 많아졌다. 그러나 그녀로 인해 많아진 수입은 가시옹의 술값으로 들어가기 일쑤였다. 철이 들기 시작한 피아프는 열다섯 살이 되었을 때 아버지와 함께 일을 해봐야 더 이상 희망이 없다고 판단하고 그녀보다 세 살 아래의 배다른 동생(?) 시몬 베르토와 독자적인 노래 활동을 시작했다. 노래는 주로 피아프가 부르고, 베르토는 노래가 끝난 후 빈 모자를 돌려 푼돈을 거둬들였다. 그래도 생각보다 그들의 수입은 짭짤했고, 입소문이 꼬리에 꼬리를 물고 돌고 돌아 피아프의 노래를 듣기 위해 많은 사람들이 떼 지어 몰려들었다. 피아프는 열일곱 살 때 자기보다 한 살 많은 상품배달원 푸티와 사랑에 빠져, 둘은 동거에 들어갔다. 그러나 알고 보면 그녀의 푸티와의 동침이 남성과의 첫 경험은 아니었다. 얼마 후 피아프는 자기가 태어났던 트농 병원에서 세실이라는 여자아이를 낳았다. 그러나 엄마로서의 기쁨도 잠시, 모성의 본능이 무르익기도 전에 피아프는 이국적 풍모의 군인을 새 애인으로 맞았다. 사랑에 눈먼 피아프는 마치 자신의 어머니가 그랬던 것처럼 어린 세실을 남편 루이에게 보내버리고 이 젊고 잘생긴 군인과 단꿈에 젖었다. 후에 어린 세실이 영안실에 안치되어 있다는 비보를 듣고 달려갔지만, 때는 이미 늦었다. 그녀는 모성적인 본능으로 목 놓아 울었지만 소용없는 일이었다. 훗날 그녀는 고통을 잊으려고 술에 취할 때마다 그날의 비극적인 순간을 되뇌이곤 했다. 피아프는 살기 위해서 환락의 거리 피갈에 나가 다시 노래를 불렀다. 그리고 그녀의 노래는 인생의 쓴맛 단맛이 조금씩 농축되면서 더욱 농익어 갔다. 피갈은 에로틱한 타락의 거리이지만, 그곳에는 가난한 자에게 위안을 주는 음악이 있고 무명가수에게는 기회와 희망이 물결치는 거리이기도 했다. 마침내 꿈같은 기회가 피아프를 기다리고 있었다.

운명을 바꿔 준 카바레 업주-르플레

피아프의 노래 실력은 어느새 당시 카바레 업계의 실력자인 루이 르플레의 귀에까지 들어갔다. 그는 현대적인 시설을 갖춘 카바레 '제니스'의 주인이었다. 그 무렵 피아프는 에트와르 부근의 거리와 마크 마옹 거리의 모퉁이에서 당시 유행하던 프렐의 〈참새처럼(Comme un moinneau)〉

등 많은 샹송을 부르고 있었다. 먼발치에서 피아프의 노래 실력을 확인한 르플레는 만족스러운 미소를 머금으며, 방금 노래를 마치고 숨도 제대로 돌리지 못하고 있는 피아프 곁으로

젊은 시절의 에디트 피아프

다가가 자신의 신분을 밝히고 명함을 건네주었다. 마침내 천재일우의 기회가 그녀에게 찾아온 것이다. 르플레는 피아프의 천부적인 노래 실력을 본인의 귀와 눈으로 직접 확인한 것이다. 르플레는 그녀가 제대로 된 무대에서 세련된 매너와 테크닉만 더 연마하면 대형가수로 성장할 수 있다는 확신을 가졌다. 그가 운영하는 카바레 제니스는 1935년 당시 독특한 경영방식으로 많은 단골손님을 확보하고 있었다. 그곳은 노래 공연 외에도 기분 전환을 위해 찾아오는 건달 고객은 물론 신분을 감추고 출입하는 명사들에게도 한두 시간 음탕한 교제를 주선해 주는 곳이기도 했다. 당시 르플레는 동성연애자로 알려졌으며, 그런저런 일로 그는 그 업계에서 더욱 유명해졌다. 더구나 그곳은 동성연애자 클럽 성격도 띠고 있었으며, 여장 남자가수들이 노래를 부르는 곳이기도 했다. 피아프의 밋밋한 젖가슴과 홀쭉한 볼은 소년도 같고 소녀도 같아, 역설적으로 이런 외모가 그녀에게 행운을 가져다준 점도 있었다. 피아프의 나이도 이제 스무 살, 작고 가냘픈 몸매였지만 눈빛만큼은 생의 벼랑에서 살려고 발버둥치듯 초롱초롱 빛나고 있었고, 한편으로 그 눈망울은 강한 성적 매력도 풍기는 묘한 분위기를 연출하고 있었다. 피아프는 자크 케네티의 주

선으로 〈이방인〉, 〈정부들의 노래〉 등을 취입, 이듬해 첫 음반을 내놓음으로써 그녀의 노래 실력이 순식간에 샹송 애호가들의 화젯거리가 되어갔다. 그녀가 검은 드레스를 입고 무대에 등장할 때마다 뜨거운 박수갈채가, 두 팔을 앞으로 쭉 펼치며 온몸으로 노래를 부를 때는 여기저기서 기쁨의 눈물과 탄성이 쏟아졌다. 카바레 주인 르플레의 판단력은 정확했다. 카바레 제니스의 손님들은 절망을 가슴에 안고 눈물을 흘리며 삶의 비참함을 절규하듯 울부짖는 그녀의 호소력 넘치는 노래에 넋을 잃고 도취하였다. 뭐니뭐니해도 그녀의 첫 번째 출세곡이자 작사가 레이몽 아소의 출세작이기도 한 노래는 1937년 발표곡 〈나의 병사님(Mon légionnaire)」(레이몽 아소 작사, 마르그리트 모노 작곡)이었다.

　　나의 병사님

　　그 사람은 맑고 큰 눈을 가지고 있었죠
　　마치 폭풍이 하늘을 지나가는 것처럼
　　때때로 그 눈에 번개가 스쳐 갔네
　　그는 온몸에 문신을 하고 있었죠
　　의미가 무언지 알 수는 없지만……

　이처럼 그녀의 노래 가사는 아름다운 숲이나 대서양의 로맨틱한 해변이 아니라 금지된 사랑 이야기와 힘겨운 세상사였다. 그리고 그녀의 노래 가사는 상투적 언어였지만, 그녀만의 호소력 있는 음색에 의해 감동적인 언어로 되살아났다. 이러한 결과는 그녀의 뱃속 깊숙한 곳에서 우러나오는 비장함 때문이었으리라. 게다가 더 충격적인 사실은 무릎 밑까지 내려오는 그녀의 검은색 원피스 의상이었다. 어찌 보면 미망인의 상복을 연상시키는 이 검은색 드레스는 신까지도 홀릴 정도로 묘한 신비감을 느끼게 하였다. 카바레의 다른 여가수들도 가끔 그녀의 검은 의상과 비슷한 드레스를 입고 출연하기도 하였지만 반응은 신통치 않았다. 알고 보면 피아프의 검은색 드레스도 르플레의 연출에 의해서였다. 그러나 더 알고 보면 그녀의 검은 드레스는 대선배 가수 다미아(Damia, 1892-1978)의 영향이 컸다. 1892년 파리 빈민가에서 말단 경찰관의 딸로 태어난 다미아는 겨우 초등학교만 졸업하고 양장점 점원으로 일하다가 집을 뛰쳐나와 우연히 당대의 인기 배우이자 가수인 로베르티에게 발탁되어 가수의 길로 들어선 후 일약 파리의 촉망받는 샹송가수로 부상하게 되었다. 그녀는 무대에 설 때는 훤칠한 키에 걸맞은 검은 드레스 차림으로 방황하는 영혼들을 위해 진혼곡처럼 흐느끼듯 노래했다. 그녀의 검은 드레스와 허스키한 저음의 노래 스타일에 반한 파리의 여성들 사이에서는 소위 '다미아 스타일'이라는 패션이 유행할 정도였다. 사실 피아프가 대스타로 부상할 때까지 그녀의 히트곡 〈우울한 일요일(Sombre dimanche)〉한 곡만으로도 다미아의 인기는 타의 추종을 불허할 정도였다.

우울한 일요일

우울한 일요일
나는 꽃을 한 아름 안고
우리들 방에 돌아왔지요
당신이 결코 돌아오지 않을 것을 알고 있는데
너무 슬퍼지면 어느 일요일 나는 죽어버릴래요.
그러면 당신이 돌아와도 난 이미 살아있지 않고
다만 촛불만이 쓸쓸히 희망의 불꽃을 태우겠지요……

(출처: 서남준 지음, 『사랑하며 노래하며』, 도서출판 청한, 1984)

이처럼 그녀는 사랑의 파국을 칠흑 같은 검은 머리와 바다처럼 푸른 눈으로 늘씬한 몸매에 어울리는 검은 드레스를 입고 허스키한 목소리로 호소하듯 노래를 불렀다. 이런 다미아에 대해서 당시 풋내기인 피아프는 감히 접근할 수 없는 우상으로 여겼다. 이렇게 해서 다미아의 검은 드레스는 어느새 피아프에게 전수되었다.

아무튼 피아프의 검은 의상은 당시 많은 여가수들에게 심오하고도 독창적인 의상으로 이해되었다. 피아프는 자신의 무대가 끝나면 어디론가 사라졌다. 대부분의 예술가들이 자신의 일이 끝나면 자신만의 휴식 공간을 찾듯이, 그녀가 가는 곳은 애인 데페가 기다리는 카페였다. 그는 욕망을 갈구하는 피아프의 공간을 충족시켜 주었다. 피아프의 남성 편력은 이처럼 끝이 없었다. 그녀는 영원처럼 인생의 추위를 데워 줄 남자의 뜨거운 체온이 항시 필요했으며, 가슴이 뜨거운 남자와의 하룻밤을 마치 언제 식을지도 모르는 영혼의 재충전 기회로 활용하였다. 그러기에 그녀는 자신의 남성편력에 대한 주변의 어떤 따가운 시선도 무시한 채 자기 식대로 살았으며, 이에 대한 어떤 험담도 그녀의 노래에 타격을 줄 수는 없었다. 그 무렵 그런 그녀에게도 애정이 아닌 순수한 우정을 나눌 남자 친구가 있었다. 자크 부르제라는 나이가 지긋한 사람인데, 그는 이 카바레의 기타리스트였으며 항상 책을 놓지 않는 독서광이었다. 부르제는 거의 문맹인 피아프에게 친오빠와 같은 자상한 마음으로 책읽기와 글쓰기를 가르쳐주었다. 사실 자유분방한 피아프에게도 신분 상승과 함께 사회 저명인사들을 접할 기회기 많아지면서 교양과 그럴듯한 지식, 그리고 고상하고 형이상학적인 언어가 가끔은 필요하게 되었다. 그 욕구를 부르제가 채워 주었으며, 영리한 피아프는 그의 이러한 가르침을 스펀지처럼 잘 빨아들였다.

그런데 호사다마라 할까. 그녀의 인기가 순풍에 돛을 단 듯 순항을 거듭하고 있을 무렵, 그녀는 너무나 충격적인 사건에 직면하게 되었다. 1936년 4월 6일 아침, 카바레 주인 르플레가 자신의 침대 위에서 여장女裝 변사체로 발견된 것이다. 피아프가 자상한 아버지처럼 생각해 온 르플레의 죽음은 그녀를 절망의 늪으로 빠뜨렸다. 이런 사건들은 예나 지금이나 어느 나라의 유흥업계에서든지 가끔 일어나는 사고의 형태였다. 그들 간의 세력다툼과 치정관계, 이런 추한 것들이 으레 폭행과 살인이라는 끔찍한 사고로 이어지기 때문이다. 그들 사건의 중심에는 거의 대부분이 돈과 여자가 관련되어 있기 때문에 경찰 당국은 피아프를 1차 수사 대상자로 지목하였다. 피아프는 오랜 시간 경찰의 심문을 받았다. 그러나 호모들 간의 치정극으로 추정되는 살인극의 내막을 영문도 모르는 순진한 피아프가 알 리가 없었다. 그래도 경찰과 언론은 그녀의 관련 가능성을 집요하게 추적하였으며, 기자들은 연일 그녀에 대해 악의에 찬 기사를 긁어대며 그녀를 괴롭혔다. 평생 호모로 살아가면서 여자와는 거리가 멀었기 때문에 그의 영구차에는 많은 호모들이 뒤따랐지만 여자는 단 두 사람, 제니스의 여사장 자르니와 피아프뿐이었다. 특히 피아프는 친딸 이상으로 하염없이 오열하며 영구차의 뒤를 따랐다. 그런데 이상하게도, 참으로 이상하게도 경찰 당국은 사건의 주모자는 물론 유력한 단서도 제대로 찾지 못한 채 얼마 후 흐지부지 사건을 종결지었다. 결국 가장 큰 피해자는 피아프 자신이었다. 그 사건으로 파이프는 아버지보다 더 든든한 후견인과 일자리를 동시에 잃었고, 치솟던 그녀의 인기도 추락에 추락을 거듭하였다.

재기의 은인-시인 레이몽 아소와 문화계 거목 장 콕토

피아프는 실의의 나날을 보내며 간혹 다른 무명 카바레나 작은 카페에서 노래를 불렀지만, 반응은 냉담했다. 심지어 술 취한 객석들 속에서 야유가 쏟아지기도 했다. 연약한 피아프로서는 참으로 견딜 수 없는 시련이었다. 이런 절망적인 시기에 기다리고 기다리던 정신적 구원자와 후원자가 나타났다. 바로 시인 레이몽 아소와 문화계 거목으로 시인이자 극작가인 장 콕토였다.

그녀가 그토록 기다린 사람은 바로 레이몽 아소Raymond Asso였다. 아소는 1901년 니스 출신으로 한때 모로코에서 양치기 등 닥치는 대로 일을 하다가 병역을 마친 후 1933년부터 샹송 가사를 쓰기 시작하여 주목을 끈 시인으로 르플레의 절친한 친구였다. 피아프는 르플레를 통해서 아소를 만난 적은 있으나, 그때까지만 해도 아소는 훗날의 인연을 기약할 수 없는 많은 사람들 중의 한 사람일 뿐이었다. 그런 그가 머지않아 피아프를 재창조한 은인이 될 줄을 누가 알았겠는가? 르플레가 죽은 후 두 사람은 서로의 필요에 의해서 가까워졌다. 갈 길을 잃고 절망의 늪에 빠진 피아프로서는 아버지 같이 자상한 보호자가 필요했고, 아소로서는 피아프를 재창조하여 재기시킬 욕심에서 그녀가 필요했다. 그녀가 아소를 본격적으로 만나게 된 때는, 1936년 봄에서 여름으로 접어들 무렵 그녀가 지방 3류 무대에 순회공연을 하던 때였다. 그 당시 파리에는 '인민전선'(파시스트 공격에 맞서 자생적으로 형성된 프랑스의 노동자 및 중산층 연합세력)이 나타나 무장 봉기하던 시기였다. 그때 프랑스에서는 파리와 리옹을 중심으로 엄청난 소요와 파업이 일어났고, 그 결과 그해 6월 노동자들은 유급휴가와 주 40시간 노동조건을 획득하였다. "길을 떠나라, 친구여! 길을 떠나라, 앞을 향해 나아가라, 미래는 너의 것이다." 이 노래는 당시 프랑스 노동자들이 즐겨 부르던 노래였다. 이런 소요 속에서 서민의 애환이 담긴 피아프의 노래가 그들에게 더욱 절실하게 다가온 것이다.

아소는 피아프의 목소리와 무대 매너, 일상의 모든 자질구레한 것까지 챙겨 주었고, 피아프는 그걸 고맙게 받아들이고 잘 소화해 나가면서도, 규율에 얽매여 본 적이 없는 그녀로서는 때로는 투정을 부리며 반항하기도 했다. 그리고 피아프는 견디다 못해 그의 곁에서 도망치기도 했지만, 끝내는 다시 돌아와 그의 목을 껴안고 서로 화해했다. 서로의 필요에 의해서 두 사람은 점차 연인으로 발전하였고 두 사람의 관계는 약 3년간 지속되었다. 피아프의 삶은 이제 음울한 음지에서 인간적인 애정이 꽃피는 양지로 바뀌어 갔다. 이제 아소는 피아프만을 위한 노래를 만들기 시작했다.

> 기차는 당신을 싣고 어둠속을 달리고
> 각자 등 뒤에는 죽어버린 사람들,
> 그리고 가슴속에는 나른한 권태만 남아 있지요.

이런 유의 가사는 다소 퇴폐적이었기 때문에 노래도 피아프 스타일로 슬픈 곡조로 만들어졌지만, 당시의 사회 상황과 맞아떨어졌다. 그리고 피아프는 아소를 통해 다시 영감을 얻고 활력을 되찾아 이전의 모습, 아니 더 새로운 피아프로 발전하게 되었고, 아소도 이를 흐뭇하게 지켜보았다. 아소의 주선으로 피아프는 당시 꿈의 무대인 클럽 ABC 무대에 설 수 있게 되었다. ABC는 당시 파리에서 가장 유명한 뮤직홀이었다. 아소의 절친한 친구인 ABC 사장 미티 골댕은 고아 출신이지만 자수성가한 유흥업계의 최고의 실력자로 부상하였다. 아소는 피아프가 원기를 되찾고 재기에 성공할 것으로 확신했기 때문에 그녀를 이 무대에 자신 있게 세울 수 있게 된 것이다. 피아프로서는 ABC 무대에 선다는 것이 꿈만 같았다. 이제 긴 방황의 터널을 통과하게 된 그녀에게 새로운 대평원이 전개된 것이다. ABC 무대에 서게 되다니 피아프는 피아프답지 않은 걱정이 앞섰다. 그것은 150센티미터도 채 안되는 자신의 작은 키였다. 피아프의 그런 고민을 말끔히 없애 준 사람은 파파이자 연인, 그리고 매니저인 아소였다. 아소는 그녀에게 "너는 노래만 불러, 예전처럼, 아니 그보다 더 자신 있게 말이야. 그 다음 문제는 내가 책임질게." 이렇게 해서 피아프는 자신감을 갖고 ABC 무대에 도전하였다. 이전 카바레 제니스에서처럼 검은 드레스를 입고, 평원에서 포효하는 흑표범처럼 폭풍이 몰아치듯 노래를 불렀다. 작은 체구에서 그토록 카리스마 넘치는 목소리가 나올 줄을 누가 생각했겠는가? 결과는 대성공이었다. 그곳에서의 피아프를 향한 박수갈채와 환호는 제니스의 그것과 품격이 달랐다. 피아프는 이제 어제의 피아프가 아니라 새로운 피아프로 재탄생한 것이다. 피아프의 인기는 연일 하늘 높이 치솟았다.

이즈음 그녀의 인기 상승에 또 다른 날개를 달아 준 사람은 다름 아닌 문화계의 거목 장 콕토(Jean M. C. Cocteau, 1889-1963)였다. 그는 당시 프랑스 시인 겸 소설가 극작가이며 영화감독 등 장르를 넘나드는 다채로운 재능을 보여 파리 사교계, 문화계에서의 그의 영향력은 대단하였다. 그때 콕토는 피아프를 위해 1인 단막극 〈아름다운 무관심〉을 발표할 정도로 피아프를 위한 일이라면 어떤 일이든 앞장섰으며 신문이나 연예잡지에도 피아프에 관한 매우 호의적인 칼럼을 기고하기도 하였다. 그는 「르피가로」지에 이렇게 썼다. "피아프는 천재다. 노래의 무대에서 그녀 이전에 아무도 없었고, 그녀 이후에도 아무도 없다. 어느 누구도 그녀를 흉내 낼 수 없다. 그녀는 프랑스의 고독한 밤하늘 속에서 찬란하게 빛나는 별이다. 자신의 몸을 불태우는 별이다……." 어쩌면 피아프는 콕토의 이

찬사 한 마디로 일약 국민가수로 부상하는 계기가 되었다고 말해도 무리가 아니었다. 이에 더하여 당대의 최고 인기 남성 샹송가수 모리스 슈발리에(1889-1972)까지도 피아프의 노래를 듣고 천재 가수가 태어났다고 극찬하였다.

장 콕토

〈냉담한 미남〉이라는 연극도 사실 콕토가 그녀를 위해서 쓴 것이었다. 얼마 후 그 연극은 피아프와 미남 배우 폴 모리스가 주연을 맞게 되고, 그로 인해서 두 사람은 연인관계로 발전하게 된다. 어떻든 피아프는 당대의 거물 콕토 앞에서 얌전하고도 겸손한 소녀로 다시 태어난 듯 그를 외경의 눈으로 바라보면서 자신의 가치를 높여 나갔다. 두 사람은 값으로 환산할 수 없는 순수한 우정을 나누었으며, 그들의 우정은 서로 같은 날, 거의 같은 시간에 죽을 정도로 끈끈하게 지속되었다.

그런데 이처럼 피아프의 인기가 하늘 높이 치솟게 되자 아소에게는 걱정거리가 생겼다. 그도 그럴 것이 아소는 피아프의 폭발적인 인기 상승에 만족감과 보람을 느끼면서도 마음 한 구석에는 불안감이 맴돌았으며, 알게 모르게 자신의 존재감이 조금씩 퇴색해가기 시작하는 것을 감지할 수 있었다. 어쩌면 그러한 결과는 이미 예상된 일인지도 모른다. 시간이 지나면서 두 사람은 떨어져서 서로를 바라보았다. 어쩌면 아소 쪽이 겉으로는 더 아무 일도 아닌 것처럼 담담해진지도 모른다. '서로를 보지 않는 것처럼, 서로를 알지 못하는 것처럼, 혹은 서로가 내면의 휴식을 위해

냉각기가 필요하다고 생각하는 것처럼' 그들 사이에는 오랜 침묵과 무관심이 흘렀다. 그것은 좀 더 큰 여정을 위해 원기를 회복하기 위한 휴식 기간인지도 모른다고 아소는 스스로 위로하고 착각하였다. 언제나 그러했던 것처럼 피아프가 아소에 대해 무관심을 넘어 쌀쌀해진 것은 그녀에게 폴 모리스라는 새로운 연인이 생겼기 때문이다. 그는 귀족적인 풍모를 지닌 2급 연극배우로서 피아프와 함께 앞서 말한 콕토의 〈냉담한 미남〉이라는 연극을 함께 공연했고, 이를 계기로 두 사람은 뜨거워졌다. 그는 겉으로는 피아프에 무관심한 듯 행동하면서 피아프의 자존심을 자극하여 그녀의 접근을 유도하였다. 순진한 피아프는 그의 작전에 말려든 것이다. 그는 대학에서 법학을 전공할 정도로 엘리트 출신으로 호화로운 생활을 즐기는 건달풍의 미남이었다. 피아프는 자신의 주가가 올라가면서 신분 상승에 맞는 남자가 필요했던 터라 모리스가 이에 걸맞은 남자라고 생각하고 그를 위해서 돈을 아낌없이 쓰고 고급 아파트까지 얻어 동거에 들어갔다. 그녀는 이제 방 열쇠를 꽂았다 뺐다 하는 지겨운 호텔 생활을 청산하고 둘만의 안식처를 찾게 되었다. 이 모든 비용은 당연히 피아프의 몫이었다. 사실 알고 보면 모리스가 필요한 것은 돈과 호화로운 생활이었지 피아프가 아니었다. 사랑에 눈먼 순진한 피아프는 그때까지만 해도 그걸 몰랐다. 결국 두 사람의 관계는 모리스가 전쟁터로 징집되면서 자연스럽게 끝났다.

피아프는 공허한 마음을 달래기 위하여 곧바로 새로운 애인을 찾았다. 그녀는 노래를 위해 사랑이 필요했고, 사랑을 위해 노래가 필요했다. 그녀에게는 두 가지 중 어느 하나도 포기할 수 없는 숙명적인 것이었다. 마침내 그녀의 음악 인생에 전환점이 될 새로운 연인을 만나게 되었다. 그 주인공은 시인 미셸 에메였다. 그가 쓴 〈아코디언 연주자〉와 〈사랑은 무엇에 쓰는가〉와 1942년에 불러 대히트한 〈닳아서 끊어진 레코드〉 등 10

여 곡도 피아프의 노래 인생에 성공을 가져다준 작품이었다. 〈닳아서 끊어진 레코드〉는 다 닳아 빠진 레코드를 틀어 놓고 선원을 기다리는 항구의 늙은 술집여자를 내용으로 하는 노래였다.

그녀가 에메를 통해 성공을 거두게 된 것은 알고 보면 마르그리트 모노Marguerite Monot라는 여류 작곡가의 뛰어난 곡이 뒤따랐기 때문이었다. 그 유명한 노래 〈사랑의 찬가〉도 모노의 작품이다. 그녀는 미셸 에메의 평범한 일상의 가사에 대중의 심금을 울리는 곡을 써 대중을 사로잡는 묘한 매력을 지녔다. 이제 피아프는 에메, 모노와 한 조가 되어 한동안 어느 누구도 소홀히 할 수 없는 존재가 되었다. 어쩌면 피아프의 노래 인생을 위해서 모노가 더 필요한 사람이었다. 그러나 언제나 그러했듯이 에메와의 관계도 어느 날부터 시들해지고 그에 대신해서 앙리 콩테라는 기자 겸 작사자가 나타나 두 사람과의 관계는 1945년까지 지속되었다. 피아프의 또 하나의 히트곡 〈그건 사랑이었죠〉도 콩테가 작사한 곡이었다. 그러나 그런 콩테도 어느 날 그녀 곁을 떠나고 피아프는 다시 고독에 빠졌다. 피아프의 전기를 쓴 실뱅 레네는 이렇게 썼다.

그것(피아프의 남성 편력)은 피아프의 가장 중한 병이었다. 영혼의 바이러스인 이 로맨티시즘은 그녀의 인생을 단 번에 태양처럼 빛나게 했다가 순식간에 암흑의 밤으로 만들어 버렸다. 남자를 향한 미친 듯한 열광과 욕망은 자살의 문턱까지 끌고 가는 그녀 인생의 가장 치명적인 불행이었다. 그런데 아이러니하게도 그 로맨티시즘은 그녀 목소리와 노래의 깨끗한 샘물이기도 했다…… 그녀는 남자를 만날 때는 황홀감으로 열광했고 그들이 떠나갈 때는 산산조각이 나는 고통을 당했다. 그러한 감정의 혼란은 그녀를 퇴로가 없는 절벽까지 몰아갔다. 이런 고통을 표현 하려는 듯 노래할 때 그녀는 자신이 존재하지 않는 것처럼 고개를 숙이고 두 손을 가슴에 꼭 껴안았다. 그 순간 관중석에는 짧은 침묵이 감돌았다. 마치 어린 소녀가 잠들기 전에 일상으로 하는 기도문을 잊어버린 것처럼 관중들은 불안스레 손가락 관절을 소리가 나게 꺾으며 기도문의 첫 단어가 시작되기를 기다렸다. 이윽고 피아프는 고개를 들고 두 팔을 벌리며 부드럽게 노래를 부르기 시작했다. 무대가 끝날 즈음이면 관객들은 노래로 인해 무지개가 뜬 것처럼 매혹당해서 발을 구르며 박수를 쳤다. 그러면 그녀는 하늘의 물방울을 받으려는 듯 두 손을 작은 잔처럼 오므렸다 펼쳤다.(실뱅 레네 지음, 신이헌 옮김, 『에디트 피아프』, 도서출판 이마고, 2002, 108-109쪽 발췌 정리)

이런 식으로 피아프는 노래를 불렀고 파리가 독일군으로부터 해방될 때까지 때로는 전국을 돌아다니며 힘겨운 위문 공연도 마다하지 않았다. 그 무렵 피아프의 거처는 콩테가 주선해 준 그다지 크지 않은 고급저택이었다. 그곳은 독일 고급장교는 물론 각계 인사들의 사교장이면서 비싼 값에 몸을 파는 고급 유곽이기도 했다. 뚱쟁이 여주인 빌리 부인은 톱 여가수의 유명세를 계산해서 콩테의 제안을 받아들인 것이다. 빌리의 집 꼭대기층에 거주하며 어느 정도 생활에 안정을 찾게 된 피아프는 자신과 알고 지내던 옛 지인이나 핏줄을 데려오기 시작했다. 진짜 자매처럼 행세했던 모몬, 배다른 여동생 드니즈 가시옹과 남동생 에르베르였다. 그들 형제는 피아프의 아버지가 류머티즘으로 고생하다가 죽은 후 관계가 오히려 끈끈해졌다. 사실 피아프는 자신을 버린 어머니는 미워했지만 아버지 가시옹은 무척 좋아했으며, 그가 간혹 구부러진 허리를 지팡이에 의지한 채 피아프를 찾아올 때는 두둑한 용돈과 생필품도 들려 보내 주기도 했다. 그러던 어느 날 그토록 미워했던 어머니 마르사가 나타났다. 빌리 부인이 문밖에서 그녀의 허름한 행색을 보고 큰 소리로 퉁명스럽게 말하며 돌려보내려고 했으나 집안에서 이 사실을 안 피아프는 고민 끝에 마르사를 맞아들였다. 근 30년 만에 만나는 모녀 사이였지만 서로 간에는 눈물도 없었다. 과거야 어떻든 모녀간의 만남은 우리네 상식으로 이해할 수 없는 어색한 만남이 이루어졌고, 몇 마디 의례적인 이야기를 나눈 후 피아프는 마르사에게 약간의 용돈을 넣어 주고 어머니를 돌려보냈다. 그 당시 두 여인의 진짜 속마음은 어땠을까? 참으로 기막히고 슬픈 가족사라고 하겠다.

1944년 새해가 다가오면서 피아프는 주변의 권고에 따라 매음 소굴 같은 빌리의 집을 나와 볼로뉴에 집을 얻었다. 한층 넓어진 집으로 이사를 한 후 피아프의 집은 문화 예술계의 많은 인사들이 자주 들락거리는 쉼터요 아지트가 되었다. 전쟁이 끝난 후 피아프는 어수선한 주변을 어느 정도 정리하고 활력을 되찾고 다시 노래에 전념하였다. 예전보다 더 성숙한 모습으로 무대에 섰다. 그 무렵 피아프는 카바레 툴루즈에서 성공적인 공연을 거듭하였다. 그때 그녀의 스테이지 곁에는 언론이 표현했듯이 항상 '크고 사내답게 생긴 젊은이'가 함께하고 있었다. 그가 바로 미래의 연인 이브 몽탕이었다.

이브 몽탕과의 만남과 헤어짐
-〈장밋빛 인생〉과 〈고엽〉의 변주곡

피아프가 이브 몽탕(Yves Montand, 1921-1991)을 처음 만난 때는 파리 수복 직전, 그러니까 1944년 8월로 막 접어드는 어느 날 저녁이었다. 파리에서 가장 호화로운 초 일급 카바레 물랭루주가 영업을 시작하면서 그가 운 좋게 피아프와 같은 무대에 서게 된 것이 피아프와의 첫 만남이었다. 사실 그때까지만 해도 무명가수인 이브 몽탕은 당시 환상파(샹송 팡

에디트 피아프와 이브 몽탕

테지스트) 가수 로제 단이 급환으로 출연을 못하게 되어 몽탕의 흥행주인 오디프레드의 섭외 수완 덕분에 운 좋게 그의 대타로 물랭루주 무대에 서게 된 것이다.

피아프는 무대 뒤 대기실에서 187센티미터의 훤칠한 키에 이탈리아 풍의 미남을 보는 순간, 그녀의 가슴은 것 잡을 수 없이 설레었다. 그래도 그녀는 겉으로 내색을 하지 않고 그의 노래를 일단 들어보기로 하였다. 허우대에 비해 노래는 그저 그럴 거라는 얕잡아보는 생각을 하면서. 그러나 그의 노래를 듣고 나서 피아프의 생각은 전혀 달라졌다. 감미롭고 윤기 넘치는 그의 목소리에 그녀는 약간의 전율을 느꼈다. 다만 캐나다식 어색한 억양만 제외하면 거의 완벽에 가까웠다. 스물세 살의 이 젊은 남성에서 이런 목소리가 나오기는 어려운 일이었다. 몇 사람의 가수 뒤에 피아프가 잰걸음으로 무대에 서서히 다가가 노래를 불렀다. 첫 번째 곡은 〈골목 저편〉에서, 그리고 이어서 다음 곡은 〈내 작은 삶에는 두 남자가 있네〉라는 노래였고, 세 번째 노래는 〈그는 웃고 있네〉였다. 이 노래는 어떤 말 못할 사연으로 감옥에서 웃으며 죽어간 비참한 젊은이에 관한 슬픈 기억을 담은 노래였다. 그 노래를 듣는 순간의 기억을 훗날 몽탕은 이렇게 회상했다.

"피아프의 노래가 그쯤에 이르자 나는 절대적인 긴장감이, 뜨거운 울음이 울컥 치밀어 올랐다. 나는 그냥 눈물을 흘렸고 넋을 잃고 말았다……." 피아프의 노래가 끝나고 그녀가 대기실에 들어선 순간, 몽탕은 그녀에게 뛰어가 최고의 경의를 표했다. 그러고 나서 두 사람은 피아프의 제안에 따라 작사가 콩테와 함께 근사한 스테이크 집으로 갔다. 그로부터 일주일 후부터 두 사람은 연인이 되었다. 누구나 사랑하는 사람이 곁에 있으면, 인생은 살맛이 나고 장밋빛처럼 아름답기 마련이다. 어쩌면 피아프의 인생에서 가장 행복했던 시기는 이브 몽탕과의 사랑으로 깨가 쏟아지던 그날들이었을 것이다. 그 무렵(1944년 10월)에 피아프는 자신이 작사한 그 유명한 〈장밋빛 인생(La vie en rose)〉(피에르 루이기 작곡)을 불러 주가를 한층 더 드높였다.

장밋빛 인생

내 눈을 떨구게 만드는 눈,
당신의 입에서 사라지는 미소
내 미움을 비친 낮의 있는 그대로의 모습
그가 나를 품에 안고
조용히 속삭일 때 나에게 인생은 장밋빛이랍니다.
그가 내게 사랑의 말을 속삭일 때는
언제나 같은 말이라도 나에게는 감동을 주지요.

내가 그 이유를 알고 있는

행복이 내 가슴에 스며들어 옵니다.

인생에 있어서 나만을 위한 그 사람,

그 사람을 위한 나

그는 그렇게 나에게 말하고 맹세했습니다.

영원히…….

(출처: 실뱅 레네 지음, 신이현 옮김, 『에디트 피아프』, 도서출판 이마고, 2002)

　그 사이 피아프에게는 수많은 남자가 거쳐 갔지만, 몽탕으로서는 놀랍게도 피아프가 첫 사랑이었다. 그들의 사랑은 몽탕의 말대로 그녀가 자신을 걷어찰 때까지 3년 가까이 지속되었다. 이탈리아의 이민 출신으로 부두노동자 생활을 하다가 가수가 된 젊은 몽탕은 그때까지 사랑을 할 겨를이 없었다.

　몽탕은 1921년 10월 13일 이탈리아의 피렌체의 서북방 아페닌 산맥의 산마루 몽스마노라는 작은 마을에서 대대로 살아온 리비가의 막내아들로 태어났다. 그의 본명은 이보 리비였다. 어린 시절 밖에서 놀다가 집으로 돌아올 때면 그의 어머니가 2층 창을 열고 '이보 몽탕!(이보야, 위로 올라 오거라!)' 하고 불렀는데 그것이 소년의 귀에 남아 그 이후 그가 프랑스에서 가수 활동을 시작하면서 프랑스식으로 상승을 뜻하는 '몽탕(Montant)'이라는 예명으로 사용하게 된 것이다. 이브 몽탕 아버지는 1921년 겨울 어느 날 무솔리니 파시스트 정권의 폭정을 피해 혼자 산을 넘고 강을 건너 남프랑스 미르세유에 항구에 도착하였다. 그리고 그곳에서 부두노동 일자리를 얻게 된 몽탕 아버지는 1923년 가을 어느 날 가족을 모두 마르세유로 데려와 생활을 시작했다. 가난한 부두노동자의 아들이 어떤 소년 시절을 보냈는지는 상상하기 그리 어렵지 않을 것이다. 몽탕은 초등학교를 중단하고 열한 살의 어린 나이로 빵공장 직공을 비롯해서 온갖 궂은일을 하면서, 틈나는 대로 그의 취미인 노래 부르기와 영화 보기에 정신이 팔렸다. 몽탕은 17살 때인 어느 날 시골 장터를 돌아다니며 노래자랑 대회를 주관해 오던 흥행주 '캐러멜 봉봉 아저씨'(노래자랑 콩쿠르가 시작되기 전 몰려든 아이들에게 캐러멜을 나누어 주었기 때문에 붙여진 별명)의 눈에 띄어 지방 노래자랑 콩쿠르에 출연해서 대상을 탔다. 그때 상금은 50프랑이었지만 소년 몽탕으로서는 큰돈이었다. 그날 이후 몽탕은 가수의 꿈을 안고 열심히 일했지만, 1939년 9월 제2차 세계대전이 발발하면서 빵가게 일자리를 잃고 조선소의 미숙련 노동자로 일하면서 그의 꿈은 끝나는가 싶었다. 그러나 그는 가수의 꿈을 저버리지 않고 꾸준히 돈을 모아 정들었던 마르세유를 뒤로 하고 파리행 열차에 몸을 실었다. 파리가 해방되기 몇 달 전인 1944년 2월이었다. 그때 그는 오디션을 거쳐 제법 잘 나가는 흥행주 오디프레드의 눈에 들게 되었고, 운 좋게 다른 유명가수의 펑크로 인하여 꿈에 그리던 물랭루주 무대에 서게 되었다. 그 무대에서 피아프와의 운명적인 만남이 이루어진 것이다.

몽탕보다 여섯 살 연상인 피아프는 그때부터 헌신적인 노력과 보살핌으로 몽탕의 노래를 다듬어 주기 시작했다. 그때까지만 해도 몽탕의 레퍼토리는 거의 미국 노래였다. 그러나 피아프는 몽탕이 가수로서 성공하기 위해서는 민중의 애환과 한이 서린 프랑스식 샹송을 불러야 한다고 충고하였다. 마침내 몽탕이 피아프를 만난 지 두 달 만에 몽탕은 새로운 몽탕으로 태어났다. 그 당시를 몽탕은 자신의 회고록에서 이렇게 썼다

우리는 항상 노래와 음악 속에 살았다. 나는 예전에 몰랐던 한 세계를 발견했다. 시인 장 콕토, 위대한 무대 설치가 베라르, 배우 미셸 시몽,

작곡가 폴 모리스 등 다 당대의 저명인사들이었다…… 나는 그녀에게 반해 있었고 그녀를 칭송했으며, 그녀는 나를 칭찬했다. 우리는 같은 세계의 둘도 없는 연인이었다. 그리고 내 노래는 그때부터 무르익기 시작했다, 피아프의 헌신적인 사랑과 지도로. (이브 몽탕 지음, 임자영 옮김, 『세기의 연인 이브 몽탕의 고백』, 도서출판 꿈엔들, 2003, 97쪽)

몽탕에 대한 피아프의 아낌없는 사랑도 파리의 완전 해방과 함께 점차 시들해졌다. 마치 피아프의 노래 〈장밋빛 인생〉과 몽탕이 훗날 부른 〈고엽〉의 변주곡처럼. 그녀가 그리스 공연을 다녀온 1946년 어느 봄날 아침, 몽탕은 그녀가 보고 싶어 만나러 갔다. 그러나 그녀의 반응은 쌀쌀했다. "나 지금 바빠요! 당신한테 줄 곡이 있는데, 이거나 가지고 가세요!" 결별인사는 단 두 마디였다. 피아프는 몽탕이 대스타로 성장하여 자기 곁을 떠나기 전에 먼저 선수를 친 것인지도 모른다. 이처럼 피아프는 한 남자와 결별할 때는 언제나 자신이 채일 기미를 느끼기 전에 먼저 미련 없이 차버렸다. 그것이 그녀의 사랑과 이별의 공식이었다. 그 공식은 그 후에도 계속 이어졌다. 훗날 몽탕은 당시를 이렇게 회상했다.

우리의 결별은 그녀의 변덕스러운 성격이 낳은 당연한 결과였다. 우리들의 동거생활은 가시밭길은 아니었지만, 어차피 헤어질 운명이라면 이별은 빠를수록 좋은 것이고, 위로를 받기보다 괴로워하는 편이 낫다고 생각했다. 내가 버렸다는 풍문은 말도 안 된다. 그녀가 나를 매정하게 버린 것이다. 그녀와의 결별로 인한 아픔에서 벗어나기까지는 무려 2년여의 세월이 걸렸다. 피아프는 훌륭힘과 부드러움을 지니고 있으면서도, 누군가를 버리는 순간부터는 무자비할 정도로 냉혹했다. 그 이유는 두 가지가 있다. 하나는 그녀가 사랑을 위해 자멸하기보다는 관계를 청산하는 편이 그녀를 위해 현명하다고 생각하는 것 같고, 다른 하나는 그녀가 무의식 속에 그렇게 하는 것이 그녀 자신이 훌륭하게 노래를 부를 수 있는 것으로 믿고 있었기 때문이 아닌가 생각된다. 그녀는 사랑을 할 때는 멋지게 노래를 불렀다. 그리고 사랑을 잃고 실의에 빠졌을 때는 더 훌륭하게 노래를 불렀다.(서남준 지음, 『사랑하며 노래하며』, 도서출판 청한, 1984, 67쪽 재정리)

피아프가 만난 남자는 세 가지 타입이 있었다. 첫째는 부드럽고 조용하며 자상한 사람, 시인 아소와 같은 사람이었다. 두 번째는 미래를 위해 쉬운 길을 선택하기를 주저하지 않으며 아름답게 미소를 짓는 조각처럼 잘 생긴 남자, 몽탕 같은 사내다. 마지막 세 번째는 처음에는 사랑하고 싶어 만났지만, 얼마 안 가서 그게 아니라고 생각되어 싱겁게 곧 차버린 사람들이었다.

그 뒤 몽탕은 대스타로 성장하여 〈고엽枯葉〉(자크 프레베르 작사, 조세프 코스마 작곡), 〈바르바라Barbara〉 등 많은 히트곡을 남겼고, 〈공포의 보수〉, 〈악의 결산〉, 〈밤의 문들〉 등 많은 영화에도 출연하였으며, 마릴린 먼로를 비롯해서 뭇 여성들과 염문을 퍼뜨리며, 그들의 애간장을 녹였다. 그의 첫 번째 공식 부인은 동갑내기 영화배우 시몬 시뇨레였다. 시뇨레는 한때 공산당원이었으며, 몽탕은 공산당에 가입하지는 않았으나 두 사람은 당시 공산당이 배후에서 조종하는 평화운동에 깊이 관여하고 있었기 때문에, 몽탕도 공산당을 지지하는 인물로 인식되었다. 더구나 그는 '스톡홀름 선언'(1950년대 초 이래 협의되어 1972년 최종 채택된 이 선언은 국제 해양환경 보호운동협약이며, 핵개발 억제도 주요 어젠다의 하나였음)을 지지하는 운동에 서명하였다. 1950년 당시에는 미국이 유일한 핵보유국이었기 때문에 몽탕 부부가 이 선언에 서명한 것만으로도 반미 성향으로 지목되기도 하였다. 또한 그는 인도차이나 전쟁이 한창일 때 반전 노래를 불렀고, 흥행주의 반대를 무릅쓰고 소련과 동유럽 순회공연을 강행하기도 했다. 그러나 1963년 소위 '프라하의 봄'으로 시작되는 소련의 체코 침공과 중·소 대립의 격화, 공산권 내의 인권문제, 강제수용소 문제가 표면화되면서 그는 지금까지의 친 사회주의 노선에서 발을 뺐다. 그 후부터 그는 프랑스 국민들의 열렬한 환영을 받아 한때 대통령 후보 물망에 오를 정도로 그의 인기는 대단했다. 이 점에서 볼 때 몽탕은 이념주의자라기보다는 휴머니스트였다고 보아야 할 것이다.

몽탕과 시뇨레 두 사람은 1951년에 만나 이듬해 부부가 되어 1985년 그녀가 죽을 때까지 함께 살았으며, 몽탕은 1987년 당시 31세의 카롤 아미엘이라는 미모의 젊은 여성과 재혼, 아들 발랑탱을 낳고 만년을 행복하게 살다가 1991년 11월 9일 심장마비로 사망하였다. 그의 타계 소식이 전해지자 당시 미테랑 프랑스 대통령은 "이브 몽탕과 함께 우리 시대의 위대한 목소리와 배우로서의 뛰어난 재능이 사라졌다."고 애도의 뜻을 표하였으며, 자크 랑 문화부 장관도 "몽탕의 죽음으로 우리 시대의 한 페이지가 찢겨나갔다."고 아쉬워했다. 10월 13일 장례식 날 애도의 인파가 몰려들어 인산인해를 이룬 가운데, 한 시대를 풍미한 몽탕은 피아프와 첫 부인 시뇨레가 묻혀 있는 페르 라세즈Père Lachaise 공동묘지에 〈고엽〉과 함께 고이 잠들었다.

고엽(枯葉: Les feuilles mortes)

아아 생각해 주오.
우리 두 사람이 서로 사랑했던 행복한 날들을.
그 무렵 인생은 모두 다 아름다웠고, 태양도 지금보다 뜨겁게 타오르고 있었지.

이제 낙엽은 흩어져 쌓이고

나에게 잊혀 지지 않는 추억과 회한들도 낙엽처럼 쌓여 가고

모진 폭풍은 그것들을 차가운 망각의 세계로 실어가네.

당신이 내게 불러준 그 노래가 나에겐 잊혀지지 않는다오.

그것은 우리 두 사람과도 닮은 하나의 노래.

나를 사랑했던 당신

당신을 사랑했던 나

이렇게 우리 둘은 행복하게 살았지요…….

(출처: 앞의 책,『사랑하며 노래하며』)

가수 인생에서 처음 겪은 첫 미국 공연 실패

피아프는 주변의 번거로운 잔가지를 치듯이 몽탕과의 관계를 미련 없이 청산하고 새롭게 노래를 부르기 시작했다. 그녀의 노래는 몽탕의 말대로 사랑할 때보다 이별할 때의 노래가 더 감동을 주고 호소력이 강했다. 피아프는 자신의 노래를 위해 영감이 말라간다고 생각할 때는, 서슴없이 사랑을 버리고 고통 속에서 울부짖듯이 노래를 불렀다. 그런 노래를 대중은 좋아했기에 말이다.

피아프의 노래 인생에서 가장 중요한 날들은 매니저 루이 바리에를 만나면서부터였다. 그때 맺어진 두 사람의 관계는 그녀의 삶이 끝날 때까지 지속되었다. 피아프는 그를 룰루라고 불렀다. 그는 피아프의 낭비벽과 무절제한 생활을 자상하게 체크하고 요령 있게 견제해나갔다. 묘하게도 이따금 말괄량이 같은 그녀도 룰루 앞에서는 순한 양이 되어 버리는 것이었다.

제니스 카바레 주인 르플레, 시인 아소, 그리고 매니저 룰루, 적어도 이 세 사람은 최악의 상태에서 그녀를 지켜 주었던 최선의 세 축이었다. 알고 보면 피아프가 물랭루주의 무대에 서게 된 것도 룰루의 수완이었다.

그 동안 피아프는 자신을 위해서뿐만 아니라 다른 가수들을 위해서도 88곡을 만들었으며, 몽탕을 위해서도 다섯 곡을 만들었다. 그녀는 훗날에 만날 에디 콘스탄틴과 다른 연인들을 위해서 가사도 숱하게 썼다. 그러나 그 가사들은 평범하다 못해 약간 유치할 정도의 표현도 많았으나, 이 평범한 언어들이 사랑에 상처받고 사랑에 목마른 영혼들을 위로하고 치유하는 힘을 가졌다. 초기 히트곡 〈나의 병사님〉과 〈장밋빛 인생〉 등 대부분의 가사가 그런 예이다.

그러나 전쟁이 끝나고 1950년대에 접어들면서 파리의 무대에서는 점차 재즈 풍의 미국 노래가 대세로 자리 잡기 시작했다. '재즈의 전도사'로 불리는 루이 암스트롱이 파리에 와 선풍적인 인기를 끌었으며, 시드니 베쳇(미국 소프라노 색소폰의 거장)의 디스크가 불티나게 팔려 나갔다. 피아프도 이 흐름에 주목하고 재즈를 익혀 나가면서도 프랑스 대중의 마음을 대변해 주는 샹송의 끈을 놓치고 싶지 않았다. 그녀의 노래는 많은 말을 하지만 결코 자기 자신에 대해선 말하지 않는 프랑스 사람들의 깊은 심정을 대변해 주고 싶었다. 대부분의 서민들은 희망이 가득하지만 실망밖에 남지 않는 삶을 겪게 된다. 파이프의 노래 속에는 그들이 느끼는 절망이 숨어 있었고, 그것은 또 다른 희망을 낳았다. 그것이 바로 피아프 노래의 매력이요, 피아프만의 카리스마였다. 그로 인해 얻어진 피아프의 영광은 그녀의 노래에 대한 열정과 성실성의 결과물이라고 말할 수 있을 것이다.

그럼에도 불구하고 재즈 풍에 단맛이 들기 시작한 파리 시민들은 점차 샹송에 대한 흥미를 잃어가기 시작하는 듯했다. 호랑이를 잡으려면 호랑이 굴에 들어가야 된다는 말처럼, 피아프는 미국에 들어가 미국 서민들에게 본고장 샹송의 깊은 맛을 제대로 알려주고 싶었다. 미국으로 가기 위해 피아프는 경유지로 아테네를 거쳐 오슬로, 스톡홀름을 순회했다. 그러나 미국행은 멀게만 느껴졌다. 다행히 미국 순회공연 기획자 클리퍼드 피서가 주선하여 미국 공연이 성사되어, 마침내 피아프는 1947년 10월 17일 미국행 퀸 메리호에 승선하였다. 미국 공연에 대한 기대와 우려가 교차하였지만 모든 것은 운명에 맡길 수밖에 없었다. 드디어 10월 31일 운명의 날이 밝아왔다. 그날은 피아프가 미국에서의 첫 번째 공연 날이었다. 공연 장소는 브로드웨이 플레이하우스 극장이었다. 그녀는 현란한 조명을 받으며 무대에 등장하여 뱃속에서 뿜어 나오는 혼신의 목소리로 사랑의 기쁨과 슬픔을 노래했다. 그런데 이게 웬일인가? 갑자기 관중석에서 휘파람과 야유가 터져 나왔다. 추잉검만 씹으며 재즈풍이 몸에 밴 미국의 관객들이 피아프의 연이은 어두운 노래에 넌더리가 난 것이다. 공연이 끝난 후 피아프는 충격을 받고 무대 뒤에 가서 쓰러졌다. 그나마 박수를 받은 것은 그녀가 데려온 9인조 남성 중창단들이었다. 플레이하우스의 공연 실패를 '예방주사'로 위로하고 공연 기획자의 긴급제안에 따라 피아프는 다음 무대인 카바레 베르사유에서의 공연을 위해 〈장밋빛 인생〉 등 주요 노래를 영어로 번안하여 연습하고 작은 키를 커버하기 위해 무대의 단을 높이기로 하였다.

해가 바뀐 1948년 1월 14일 우여곡절 끝에 피아프는 계획대로 단이 높여진 카바레 베르사유 무대에 섰다. 그날 밤 공연에는 그레타 가르보, 존 가필드, 마를레네 디트리히(독일 여배우), 조세핀 베이커(프랑스에서 활동한 첫 미국 흑인 댄서), 그리고 프랑스 배우 장 가뱅 등이 객석에 자리했다. 이번에는 플레이하우스 때와는 완전히 다른 방식으로 노래를 불렀다. 인생의 밑바닥에서 절규하는 그런 가련한 여자의 이미지가 아닌 사

랑의 아픔과 고뇌를 극복하려는 몸부림으로 노래를 불렀다. 역시 피아프
는 영리한 여자였다. 실패를 두 번 하지 않는 슬기로운 가수였다. 결과는
대성공이었다. 공연이 끝난 후 곧바로 독일 배우 디트리히가 무대 뒤 분
장실로 달려와 피아프를 껴안았다. 그녀 역시 어린 시절 베를린의 빈민
촌에서 어렵게 자랐다. 자라온 환경이 비슷했던 두 여인은 그날 이후 친
구가 되었다. 그런 와중에서도 피아프는 미국 배우 가필드(영화 〈우편집
배원은 벨을 두 번 울린다〉의 남자주인공)와 사랑에 빠졌다. 그러나 두 사람
의 불장난은 생각보다 빨리 끝났다. 두 사람 사이에 세기의 복서 마르셀
세르당이 끼어들었기 때문이었다.

프로 복싱 세계 미들급 챔피언 마르셀 세르당과의 슬픈 사랑 이야기

피아프와 마르셀 세르당Marcell Cerdan의 운명적인 만남은 뉴욕 브로드웨
이 플레이하우스 극장 프랑스식 레스토랑에서였다. 그녀는 이 극장에서
의 공연 준비 중 식사하러 왔고, 마르셀은 시합을 위해 시카고로 떠나기
에 앞서 이곳에 들러 피아프 일행과 합석하게 된 것이다. 1947년 10월 세
기의 두 스타가 운명적인 만남이 이루어진 순간이었다. 마르셀은 당시
연승가도를 달리는 프랑스 미들급 복싱 선수로 유럽에서는 상대할 선수
가 없어 무대를 복싱의 메카 미국으로 옮겼다. 그는 뉴욕 매디슨 스퀘어
가든에서 열린 데뷔전에서 미국 미들급 유망주 에이브럼스를 판정으로
물리친 후 세 시합을 모두 KO로 장식하고서 또 다른 빅 매치를 앞두고
있었다.

마르셀은 1916년 7월 22일 피아프보다 한 해 늦게 모로코(당시 프랑스
식민지로 1956년 독립)의 카사블랑카에서 태어났다. 돼지고기 장수인 마

르셀 아버지는 세 아들을 모두
복싱선수로 키웠다. 그의 아버
지는 마르셀을 집 부근 복싱
클럽의 루시앵 루프 관장에게
데려갔다. 루시앵은 마르셀을
헌신적으로 훈련시켜 마르셀
이 18세 때 프로로 전향시키고
자신은 트레이너 겸 매니저가
되었다. 마르셀은 해군에 입
대하여 군영에서는 물론 일반
의 모든 시합을 거의 KO로 장
식하였으며, 1942년 11월 제

에디트 피아프와 마르셀 세르당

대 후 복싱의 본 무대 미국으로 건너가게 된 것이다. 프로 복싱의 메카 매
디슨 스퀘어 가든, 그곳은 세계의 모든 프로 복서들이 꿈꾸는 기회의 4각
링이다. 마르셀은 고향에 사랑하는 아내 마리네트와 세 자녀를 두고 있
었다. 고국에서의 그의 생활은 평화롭고 행복했다. 그러나 미국에 온 마
르셀에게는 운명의 갈림길이 기다리고 있었다. 그곳에서 마르셀은 피아
프와 사랑에 빠지게 된 것이다.

　두 사람의 데이트는 마르셀의 프러포즈로 시작되었다. 마르셀은 아스
토리아 호텔에 묵고 있는 피아프에게 전화를 걸었다. "피아프 씨, 함께
식사나 하지 않겠어요?" 디오 세련되지 않은 목소리였지만 진지하고 솔
직한 어투였다. 피아프는 기다렸다는 듯 주저함이 없이 곧바로 승낙했
다. 그녀는 정성껏 화장을 한 뒤 가장 좋은 드레스를 챙겨 입고 약속된 장
소로 나갔다. 피아프는 어딘가 멋진 레스토랑으로 안내되리라 지레 짐작
했지만, 마르셀이 안내한 식당은 뜻밖에도 길가의 허름한 대중식당이었

다. 그리고 두 사람이 먹은 것은 고작 스파게티와 아이스크림이었고, 계산서는 불과 80센트였다. 식사 후 피아프가 짓궂게 놀려댔다. "설마 이 만찬을 끝내고 '그럼 잘 자요.'라고 말씀하시는 것은 아니겠지요?" 그러자 순진한 마르셀은 당황한 듯 "염려 마세요."라고 말하며 피아프를 데리고 나섰다. 그들이 다시 들른 곳은 뉴욕에서 으뜸가는 레스토랑 '파피용'이었다. 첫 데이트에 두 사람은 두 번 식사를 한 셈이었다. 그리고는 둘은 산책에 나섰다. 그러나 피아프는 순박하고 듬직한 이 복서에게 무언가 인간적인 매력을 느꼈다. 그는 피아프가 지금까지 겪었던 수많은 빤질빤질하고 허풍스러운 그런 남자가 아니었다. 그날 이후 두 사람은 연인이 되었다. 그 후 마르셀의 경기장에는 언제나 피아프가 경기장 맨 앞 링사이드에 자리를 잡았다. 경기 시작을 알리는 공이 울리기 직전 피아프는 긴장된 가슴으로 혹시 마르셀에게 닥칠지도 모를 불상사를 생각하니 몸이 녹아내릴 지경이었다. 경기가 격해지며 피가 튀길 때면 피아프는 고개를 들지 못했다. 당장이라도 링에 뛰어올라가 경기를 말리고 싶을 때가 한두 번이 아니었다.

1948년 9월 21일 저녁 7시, 그날 그 시간은 마르셀이 마침내 적지 뉴욕 매디슨 스퀘어 가든에서 토니 제일Tony Zale이 갖고 있는 프로 복싱 세계 미들급 타이틀에 도전하는 시간이었다. 프로 복싱은 당시 최고의 스포츠 경기였고, 그 중에서도 미들급은 헤비급과 함께 가장 인기 있는 황금 체급이었다. 제일은 당대의 최고 복서 로키 그리지아노를 KO시킨 대단한 선수였다. 대경기를 앞두고 피아프는 마르셀의 승리를 기원하러 노르망디(프랑스 북서부 지역)로 날아가 성 테레사에게 간절히 기도했다. "아무쪼록 그이가 이기게 해주세요."

마침내 경기 시작을 알리는 벨이 울렸다. 4라운드 중반 제일의 강한 라이트 스트레이트 펀치가 마르셀의 턱에 명중하였다. 그 순간 마르셀은 휘청거리며 정신이 몽롱해졌다. 그 펀치는 그리지아노를 침몰시킨 가공할 살인 펀치였다. 그러나 마르셀은 노련하게 클린치 작전으로 간신히 위기를 넘겼다. 링 아래의 피아프는 두 손으로 얼굴을 가리고 실신할 지경이었다. 그때까지만 해도 경기는 제일 쪽이 우세했다. 그런데 기적 아닌 기적이 일어났다. 11라운드 종료 1초 직전 마르셀의 강력한 레프트 훅이 제일의 턱에 전광석화처럼 작렬하였다. 그리고 제일은 고목처럼 캔버스에 나뒹굴었다. 미국 복싱이 세계 미들급 타이틀을 바다 건너 유럽 프랑스에 넘겨 주는 순간이었다. 그 순간 실신할 뻔했던 피아프는 정신을 차리고 눈물을 흘리며 어찌할 바를 몰랐다. 승리의 긴급 뉴스는 곧바로 마르셀의 고향 카사블랑카에도 전해졌다. 부인 마리네트와 가족들은 눈물을 흘리며 기뻐했다. 밤잠을 못 이루고 경기 소식을 기다리던 파리 복싱팬들은 오전 4시 낭보를 접하고 일제히 함성을 지르며 문 밖으로 뛰쳐나왔고, 그의 고향 카사블랑카 시민들도 완전히 축제 분위기에 들떴으며, 어떤 기분파 맥주집 주인은 손님들에게 무료로 맥주를 대접하기도 했다. 그야말로 파리와 카사블랑카는 완전히 축제 무드였다. 마르셀이 개선, 귀국할 때 그날은 드골 장군의 귀국 때보다 더 요란스러울 정도였다.

마르셀은 세계 타이틀을 획득한 뒤 그를 키운 매니저 루프와 헤어졌다. 그들이 헤어진 이유를 놓고, 어떤 이는 향후 계약에서 의견이 맞지 않았다고 했고, 어떤 이는 피아프가 원인이라고 말했다. 따지고 보면 원인은 두 가지 다라고 보아야 할 것이다. 이유야 어떻든 마르셀은 '배덕자'가 되고 말았다. 그러나 마르셀은 "루프에 대한 나의 우정은 변함이 없죠."라고 간단히 말하고, 그 뒤 그 문제에 대해선 입을 다물었다. 타이틀 획득 후 9개월이 지난 1949년 6월 16일 저녁 7시 디트로이트 브리드 스타디움에서 마르셀의 1차 타이틀 방어전이 열리게 되었다. 상대는 강적

제이크 라모타Jake Lamotta였다. 패기 넘치는 라모타는 표범 가죽 가운을 걸치고 자신만만하게 링에 올라섰다. 관중의 우레와 같은 일방적인 박수소리가 장내를 압도했다. 그러나 마르셀은 그날따라 상대적으로 약간 의기소침해 있었다. 경기 전부터 불길한 예감이 감돌았다. 사실 알고 보면 마르셀은 연습 도중 왼쪽 어깨를 다쳐 경기를 포기하거나 무기 연기할 정도였으나 주최측의 강력한 요구에 떠밀리다시피 경기에 임했다. 경기 결과는 이미 예견된 일이었다. 어설픈 주먹으로 상대를 견제하며 싸우던 마르셀은 9라운드에 접어들자 거의 일방적으로 몰렸다. 보다 못해 세컨드를 보던 친구 롱맨이 결국 흰 타월을 던졌다. 게임 기권 표시였다. 그후 마르셀은 프랑스에서 자선경기를 하며 재기를 노리고 있었고, 파이프는 마르셀의 타이틀 실패 후 참담한 심경을 달래기 위해 미국 각지를 돌며 순회공연을 하고 있었으나 마르셀이 보고 싶어 견딜 수가 없었다. 피아프는 순회공연 중에도 마르셀을 잊어 본 적이 없었다. 마침내 10월 26일 저녁 피아프는 호텔 방에서 외로움을 견디다 못해 마르셀에게 국제전화를 걸었다. "마르셀! 빨리 와주어야겠어요. 더 기다릴 수 없어요. 내일이라도 비행기를 타고 말이에요." 사실 그때까지만 해도 피아프 자신은 빡빡한 순회공연 일정을 소화하기 위해 비행기를 밥 먹듯 타고 다니면서도 마르셀이 비행기를 탈 때면 걱정을 많이 해왔다. 피아프의 애절한 전화를 받고 순박한 마르셀은 프랑스에서의 모든 남은 일정을 취소하고 "내일 당장 가지, 기다려요!" 그 통화가 두 연인 간 이승에서의 마지막 짧은 대화였다. 그렇지 않아도 마르셀은 어깨가 완쾌된 후 꽁무니를 빼는 라모타와의 리턴매치를 끈질기게 교섭한 끝에 조만간 재대결을 앞두고 있었다. 10월 27일 마르셀은 연인 피아프의 얼굴을 그리며 상기된 표정으로 비행기 트랩에 올랐다. 그날 비행기 항로인 아조레스 해상은 짙은 안개로 지척을 분별하기 어려운 데다가 불안정한 기류로 비행기의 운항이 어려운 상황이었다. 결국 무리한 운항이 돌이킬 수 없는 비극을 가져왔다. 우려한 대로 그 비행기는 이륙한 지 얼마 후 포르투갈령 아조레스제도 로돈트 산의 정상 부근을 들이박고 산산조각이 나고 말았다. 탑승 사망자 명단에 마르셀이 들어 있음은 물론이었다. 이렇게 해서 비운의 복서 마르셀은 연인 피아프와 부인 마리네트, 그리고 어린 자녀들을 남긴 채 저세상으로 떠났다. 그때 그의 나이 불과 세른셋, 피아프 나이 서른넷, 두 스타의 슬픈 사랑 이야기는 이렇게 막을 내렸다.

절망의 늪에 빠진 가련한 피아프

비보를 접한 피아프는 넋을 잃고 종일 울부짖었다. 어느 누구도 그녀의 비탄에 잠긴 이 울부짖음을 달랠 수가 없었다. 그녀는 식음을 전폐하고 이렇게 몇 날 며칠 밤을 거의 뜬 눈으로 지새우며 울어댔다. 어쩌다가 깜박 잠이 든 순간에 환청으로 마르셀이 "피아프!" 하고 부를 때 소스라쳐 깨어 보면 그것은 허황한 꿈이었다. 그러면 피아프는 다시 철없는 어린 애처럼 울어댔다. 그녀는 사랑하는 마르셀이 죽은 것은 모두 다 자기 때문이라고 한탄하였다. 이제 그녀의 얼굴은 엉망이 되고 말았다. 그렇지 않아도 움푹 들어간 큰 눈은 더욱 퀭해져 보기 흉하게 되었다. 그녀는 어느 순간 자신이 팜 파탈(femme fatale: 치명적인 의미의 파탈과 여성을 의미하는 팜의 합성어로 남성을 파멸로 이끄는 요사스런 여자를 일컫는 말, 그 반대는 옴 파탈homme fatale임)의 화신이 되어 버린 것 같았다 사실 피아프는 지금까지 어느 누구와도 마르셀보다 더한 진짜 사랑은 나누지 못했다. 마르셀은 세련되고 유식한 남자는 아니었지만 순수하고 인간적인 면이 돋보였다. 그 점이 대부분 필요에 의해서 접근해 온 어느 남성보다 피아프에게 어필했던 것이다. 피아프로서는 마르셀에게서 조건 없는 '참사랑'

을 느꼈던 것 같다.

그러던 어느 날 매니저 룰루가 피아프의 어깨에 손을 살며시 얹고 "마르셀을 사랑한다면 일어나 노래를 불러야 해, 그것이 마르셀의 영혼을 달래 주는 길이야."라고 타일렀다. 룰루는 언제나 피아프의 든든한 버팀목이요, 보호막이 되어 주었다. 앞으로도 그럴 것이었다. 그리고 어느 순간부터 피아프는 더 이상 눈물을 흘리지 않았다. 그리고 다시 무대에 섰다. '산 사람이라도 살아야 한다'는 말처럼 그녀는 다시 일어나 노래를 불렀다. 그러나 무대에서 내려오는 순간부터 술과 마약, 그리고 또 다른 남자와의 잠자리로 하루하루를 보냈다. 이 모든 것들이 연약한 그녀의 영혼을 갉아먹기 시작했다. 그러던 어느 날부터 피아프는 영매술靈媒術에 빠져들었다. 그녀는 저 세상의 사람과 교신을 하게 해준다고 감언이설로 속이는 사기꾼에 걸려든 것이다. 그리고 그녀는 색 바랜 늙은 영매술사에 많은 돈을 퍼부었다. 피아프는 작가 빅토르 위고도 영매술에 심취하여 도움을 받았다는 이야기를 듣고 더욱 그 세계에 빠져들었다. 그리고 그녀는 아소가 권해 준 위고의 『노트르담의 꼽추』를 밤새워 읽었다. 그녀는 이 책에서 다른 세계에 사는 영웅을 느꼈다. 그리고 그녀는 성당의 미사에도 열심히 참석하여 마르셀을 위해 규칙적으로 거액의 기부금도 냈다. 그러던 어느 날 피아프는 카사블랑카에 있는 마르셀의 아내 마리네트를 만나러 나섰다. 같은 여자로서 연민의 정과 죄책감에서였다. 피아프는 마르셀은 죽었고 그것으로 그는 자신도 모르는 사이에 부정한 죄에 대한 값을 치렀기 때문에, 이제는 자신도 무언가 용서를 받을 때가 되었다고 판단했다. 피아프는 출발에 앞서 마르셀 자녀들의 옷가지와 장난감을 한 무더기 시고 마리네트가 걸칠 고급 코트도 장신구도 아낌없이 샀다. 마르셀이 살아생전에 피아프의 환심을 사기 위해 사주었던 바로 그런 값비싼 코트를 말이다. 그러나 놀랍게도 피아프는 마리네트를 만나는 순간 서러움이 복받쳤으나 마리네트는 피아프처럼 그다지 슬퍼하지 않는 기색이었다. 마치 삶과 죽음의 문제는 신에게 맡겨버리는 듯했다. 아니면 바람기 많은 남편이 신으로부터 벌을 받았기 때문에 당연지사라고 생각하고 있는지도 모를 일이었다. 아니면 너무 기가 막혀 모든 것을 체념했기 때문이었을까?

마르셀이 죽은 뒤 많은 남성들이 피아프에게 추파를 던졌다. 이들 대부분은 피아프에 접근하였지만, 이제 그녀는 예전보다 껴안기 힘든 까칠하고 투정이 심한 어린애가 되어 버렸기 때문에 이들은 어느 날 뒤로 슬그머니 물러나 사라지곤 했다. 그 중에 한 명이 위그 바샬이라는 사진기자였다. 그는 피아프를 이용하여 전속 사진기자로 행세하며 그녀에 관한 스냅사진을 많이 찍어 훗날 유명 사진작가가 되었다. 그리고 그 밖에 많은 호사가와 주간지 기자들이 피아프의 사생활에 호기심을 가지고 스토커처럼 따라다니며 밤낮으로 취재에 열을 올려 피아프의 심신을 괴롭혔다. 바샬은 이들과 공생하며 많은 득을 보았다. 가련한 피아프는 이처럼 많은 호사가들의 이용물이 되어 갔고, 그녀의 영혼은 자신도 모르게 점차 소진되어 가기 시작했다.

그런 절망의 세월 속에서도 피아프는 죽음의 유혹을 이겨내고 영원히 잊을 수 없는 마르셀을 그리며 〈사랑의 찬가(Hymne á L'amour)〉(피아프 작사, 마르그리트 모노 작곡)를 1950년 1월 플레이엘 음악당에서 초연하여 재기의 발판을 마련하였다. 그 노래는 1950년 2월에 레코드로 취입되었으며, 그 후 에디 콘스탄틴이라는 미국 가수가 영어 가사로 번안하여 피아프에게 가져왔다. 그것이 계기가 되어 두 사람은 후에 가까워졌다. 이 노래는 〈장밋빛 인생〉, 1951년 ADF 디스크 대상을 수상한 〈빠담빠담 Padamm padamm〉(피아프는 Paris라는 의미를 갖고 있는 Panam을 Padam으로 변용 사용하였음. 앙리 콩테 가사, 글랑즈베르 작곡)과 함께 피아프 노래 중 오늘날까지 가장 애창, 애청되는 곡이다.

사랑의 찬가

푸른 하늘이 우리들 위로 무너진다 해도

땅이 꺼져버린다 해도

당신이 나를 사랑해 준다면

그런 것은 아무래도 좋아요.

사랑이 매일 아침 내 가슴에 넘쳐흐르고,

당신 손길에 내 몸이 떨고 있는 한

아무것도 중요하지 않아요.

내 사랑, 당신이 날 사랑하는 한

……

어느 날 삶이 내게서 당신을 앗아간다 해도

당신이 죽어 먼 곳에 가버린다 해도

당신이 날 사랑한다면 내겐 아무 일도 아니에요.

나도 당신과 함께 죽을 테니까요…….

(출처: 앞의 책, 『에디트 피아프』)

영혼을 깡그리 소진한 마지막 나날들

피아프의 영혼이 소진하기 시작하는 그 무렵(1950년 봄) 미국 로스앤젤레스 출신인 에디 콘스탄틴Eddie Constantine이라는 잘 생긴 가수가 〈사랑의 찬가〉 영문 번안판을 들고 피아프를 찾아왔다. 그는 1917년 생으로 피아프보다 두 살 아래였으며, 당초에는 빈에서 노래를 부르다가 오페라

가수가 되었으나 빛을 보지 못하고 1949년 파리 나이트클럽에서 노래를 부르던 중 샤를 아즈나브르의 소개로 피아프의 눈에 들게 되었다. 1924년생으로 가수 지망생인 아즈나브르는 우연한 기회에 피아프의 눈에 띄어 그녀와 함께 동거하며 가사를 쓰고 곡도 만드는 일을 했다. 피아프는 그를 사랑의 포로로 잡아두려고 했으나 그는 넘어가지 않았다. 그러던 차에 그는 콘스탄틴을 만나 피아프에게 소개해 주고 자신은 빠졌다. 콘스탄틴은 자신의 음악적인 성장을 위해서 피아프가 필요했고, 피아프는 비록 유부남이지만 첫눈에 이브 몽탕과 같은 이미지를 풍기는 콘스탄틴이 마음에 들어 그를 받아들였다. 유대인 혈통인 그는 가끔 유대인 성전 『탈무드』를 끼고 와서 삶의 지혜가 담긴 내용들을 읽어 주었다. "산다는 것, 그것은 잃는다는 것을 아는 것이다. 인생이란 우리들의 죄와 함께 죽을 때까지 잃어버림의 연속이다." 이런 철학적인 글귀들이 메말라가던 피아프의 영혼에 위안과 치유를 안겨 주는 것 같아 매우 기분이 좋아졌다. 마음이 통하는 누군가와의 만남, 또는 새로운 사랑을 찾는 것은 기쁨을 주기 마련이다. 피아프는 콘스탄틴을 만나게 되면서 그토록 가슴에 간직해 온 마르셀의 온기를 잠시라도 잊게 되었다. 그런 가운데 콘스탄틴과 함께하는 무대는 몽탕 때보다는 못했어도 뮤직홀은 언제나 만원이었다.

그러면서도 피아프는 공연이 끝나 집에 오면 술과 마약으로 공허감을 억누르며 마르셀을 향한 영매술을 버리지 못했다. 이를 지켜보는 콘스탄틴은 점점 불안해졌고, 이런 피아프의 남자로 남아 있는다는 것에 한계를 느껴 어느 날 미국으로 줄행랑을 치고 말았다. 그러던 중 1952년 어느 날 자크 필스Jaques Pills라는 가수가 〈나는 당신에 반해 있어〉라는 곡을 들고 피아프를 찾아왔다. 피아프는 매우 흡족해 하면서 곧 이 노래를 녹음하고, 동시에 그와 동거에 들어갔다. 그는 1910년생으로 의사의 아들로 태어나 1933년에 ACC 디스크 대상을 탈 정도로 실력이 있는 가수였다. 그 역시 이혼남으로, 그해 9월 피아프는 이전에 미국 공연 때 친해진 독일 배우 디트리히의 입회하에 필스와 뉴욕에서 결혼하였으나, 그 결혼도 약 5년 만인 1957년 5월 파경에 이르고 말았다. 그래도 두 사람의 결혼 생활은 꽤 오래 지속된 셈이었다. 이 모든 결과는 무엇보다도 영매술과 마약의 늪에서 벗어나지 못하는 그녀의 걷잡을 수 없는 비정상적 사생활 때문이었다. 그들과의 관계에서 피아프가 히트한 샹송은 〈가엾은 장〉, 1955년에 발표한 〈함부르크에서〉, 그리고 1956년 5월에 발표해서 일곱 번째 미국 방문 때 뉴욕 카네기홀에서 공연한 〈언젠가의 두 사람〉 등이었다. 그 밖에 1957년 1월 여덟 번째 미국 방문 중 부른 〈나의 회전목마〉도 빼놓을 수 없는 히트곡이었다. 이 곡을 발표한 기간 중에도 겉으로는 화려했지만 그녀의 내면의 영혼은 마약과 술로 피폐해져 갔다. 그리고 피아프는 이러한 비정상적인 생활을 거듭하며, 가끔 망중한을 즐길 때에는 영매술과 철학에 관한 책을 읽으며, 스스로 대답 없는 질문, 질문 없는

에디트 피아프

대답을 하곤 했다. 거기다가 피아프는 그 무렵 자신을 버린 어머니에 대한 증오심을 버리지 못하고 괴로워했다. 지금쯤은 가엾은 어머니를 이해할 법했지만, 끝내 해답을 찾지 못했다. 이런 악조건 속에서도 피아프는 노래에 대한 열정만은 기적에 가까울 정도로 샘솟아 1958년 2월 올랭피아 극장에서 〈군중〉이라는 노래로 히트했다. 이때 피아프를 숭배하는 클로

드 피그스라는 한 젊은이가 나타났다. 그는 열세살 때부터 피아프의 팬이 되어 결국 피아프의 충직한 비서가 되어 죽는 날(1963년 9월 자살)까지 그녀를 뒷바라지했다. 그 다음해에는 〈밀로르Milord〉(조르주 무스타키 작사, 마르그리트 모노 작곡)를 발표하여 크게 히트, 오늘날까지도 불멸의 곡으로 애청되고 있다. 피아프는 이 곡을 계기로 조르주 무스타키Georges Moustaki라는 젊은 가수와 다시 사랑에 빠졌으며, 무스타키 역시 이 곡으로 유명해졌다. '고독한 음유시인'으로 알려진 그는 1934년 이집트 알렉산드리아에서 태어난 그리스인이지만, 파리에서 활동하면서 피아프를 알게 되면서 유명해졌다. 그는 조용하고 부드러운 남자로 그의 노래는 마치 한 폭의 수채화를 보는 듯했으며, 그의 노래 속에는 항상 형용키 어려운 우수가 깃들어 있다. 그의 노래에는 악센트나 인토네이션이 느껴지지 않을 정도로, 프랑스어를 잘 이해하지 못하는 사람들까지도 그의 노래에 빠져들게 된다. 이런 그도 5년간이나 무명가수로 서러움을 받았으나 피아프에 의해 일약 대스타로 성장하게 되었다. 그리고 이제 무스타키와 피아프는 서로가 필요에 의해서 연인이 되었다. 1958년 9월 7일 피아프는 미국 공연을 앞두고 무스타키가 운전하는 자동차를 타고 가던 중 말다툼을 하다가 순간의 부주의로 자동차가 어느 술집 안으로 돌진하는 사고를 내고 말았다. 그 사고로 인하여 피아프는 얼굴이 피투성이가 된 채 중상을 입고 말았다. 무스타키의 정성스런 간호 덕분인지 피아프는 어느 정도 회복되었으나 몸은 말이 아니었다. 그녀는 퇴원 후 몰래 술을 마셨고, 고통을 잊으려고 이름도 모를 약봉지를 달고 살았다. 그래도 피아프는 불편한 몸을 이끌고 뉴욕 공연을 강행하였다. 무대에서 쓰러져 죽더라도 노래는 그녀의 생명이었다. 이런 참담한 위기 때마다 그녀를 구해 준 힘의 원동력은 청중의 뜨거운 박수였다. 뉴욕에 도착하여 그녀는 아스토리아 호텔 무대에서 혼신의 힘으로 노래를 불렀다. 허공을 향한 그녀의 팔은 관객들을 가슴으로 껴안으려는 것이 아니라 어떤 버팀목을 잡으려는 듯 처절했다. 마침내 공연 도중 그녀는 쓰러지고 말았다. 급히 병원 응급실에 옮겨진 그녀는 네 시간의 대수술 끝에 살아났다. 그녀 곁에는 무스타키가 매우 근심스러운 표정을 짓고 있었다. 그는 이 모든 결과가 자신의 잘못인 것처럼 괴로워했다. 얼마 후 두 번째 수술이 있었고, 침대에 누워 있는 그녀에게 제비꽃이 한 다발이 배달되었다. 그 꽃은 파리에서 화가로 활동하는 미국인 화가 더글러스 데이비스였다. 그는 당시 23세의 젊은이로 피아프의 모든 콘서트마다 빼놓지 않고 참석할 정도로 그녀의 열렬한 팬이었다. 그는 무엇을 바라는 것이었을까? 이 상황에서 무스타키는 조용히 멀어져 가고, 그녀의 빈자리에 젊은 화가 더글러스가 채워진 것이다. 그 후 무스타키는 히트곡 〈밀로르〉 등 3백여 곡을 작곡하여 몽탕과 줄리엣 그레코 등 프랑스 톱가수들이 그의 곡을 부를 정도로 가수 겸 작곡가로 성공하였다. 그는 두 차례의 한국 공연도 가진 바 있으며, 2013년 5월 23일 79세를 일기로 니스에서 사망하였다.

피아프는 어느 정도 몸을 추스르고 1959년 6월 더글러스의 부축을 받으며 파리에 도착하였다. 비난의 화살이 쏟아졌지만 두 사람은 개의치 않았다. 파리에 도착하여 그는 피아프의 초상화를 그렸고, 피아프는 그걸 매우 좋아했다. 그녀는 더글러스에게 값비싼 자동차를 사주었으며, 그때부터 그는 피아프의 연인 겸 운전기사가 되었다. 그러나 또 다른 불행이 피아프를 기다리고 있었다. 그가 피아프를 옆에 태우고 카지노로 유명한 디본으로 공연차 가던 중, 그 승용차는 언덕을 내려오다가 순간의 부주의로 도로 옆 가로수를 들이받았다. 순식간에 차가 크게 부서지면서 피아프는 피투성이가 되었지만 그녀는 병원에서 입원을 거부하고 응급처치를 받고 모르핀 주사를 맞은 다음, 곧바로 공연장으로 갔다. 그녀로서는 네 번째 자동차 사고, 참으로 기구한 운명의 여인이었다. 관중들은 근심어린 표정으로 그녀의 노래를 지켜보았다. 그래도 초인적인 노력으로 공연을 다 마쳤다. 우레와 같은 박수가 터져 나왔고, 피아프는 감동의 눈물로 보답했다. 이제 그녀의 몸은 만신창이가 되었다. 이제 더 이상 일어설 수 없을 것 같은 그녀의 참담한 모습이었다. 이런 처절하고 위험한 공연에 대해서 콕토는 이렇게 말했다. "죽음을 향해 달려가는 피아프, 나는 그것이 어떤 것인지는 잘 모른다. 그러나 그것은 바로 우리들의 일이다." 그런 와중에도 피아프는 〈나는 아무것도 후회하지 않아요(Non, Je ne regrette rien)〉(미셸 보케르 작사, 샤를르 드몽 작곡)라는 명곡으로 노래만큼은 건재함을 과시했다. 이어 1960년에는 그녀의 사실상 마지막 곡 〈나의 하느님(Mon Dieu)〉(앞의 곡과 작사가, 작곡가 동일)이 올랭피아 극장에서 초연되어 이 곡 역시 대히트했다.

그 노래 가사는 피아프의 운명을 예고하는 듯 구구절절 신에 대한 애절한 비원이 담겨 있다. 그럼에도 그녀의 주변에는 크고 작은 불상사가 끊이지 않았다. 1961년 4월 지방 순회공연 기간에 그녀의 콤비 작곡가 마르그리트가 갑자기 사망했으며, 그 다음해인 1962년 6월에는 한때 연인이었던 화가 데이비스가 비행기 사고로 죽었다. 이런 일련의 불상사로 피아프는 큰 충격을 받고 자신의 처지를 한탄하였다.

마지막 연인 테오파니의 품에서 고이 잠들다

1951년 이후 1963년 생의 마지막 해까지 피아프는 네 번의 자동차 사고로 인한 일곱 번의 크고 작은 수술과 그 후유증, 기관지염, 폐렴, 위궤양 수술 등 온갖 병마에 시달리며 자신의 몸을 제대로 지탱하기 힘들 지경에 이르렀다. 피아프로서는 지금까지 용케 살아온 것만도 기적이었고 앞으로의 삶도 기적일 것 같았다. 그 기적이 얼마나 지속될지 모르지만.

에디트 피아프

그 무렵(1962년 여름) 무대의 '익살꾼' 피귀스가 26세의 그리스 청년을 피아프에게 소개하였다. 그의 이름은 테오파니 랑부카스 Theophany Lamboukas라는 그리스계 미용사 출신의 남자였다. 그는 일찍부터 피아프의 열렬한 팬으로 알제리에서 28개월간 군복무 중에도 그녀의 음반과 함께 살았다. 그 중에서도 그가 가장 애청한 노래는 〈사랑의 찬가〉였다. 그가 피귀스와 함께 병석에 누워 있는 피아프와 마주하였을 때 그는 조용히 앉아서 별 말이 없었다. 그러나 피아프는 이런 그에게 어딘가 끌렸고, 특히 변덕이 없어 보였다. 그러면서도 그녀는 새로운 남자의 출현에 대해서 어떻게 받아들여야 할지 자신이 없었다. 그녀의 현재 처지가 말이 아니었기 때문이었다. 그 이후 테오파니는 그녀가 기관지염으로 입원 중에도 꾸준히 찾아와 자상함을 보여 주었다. 피아프의 목소리는 일찍부터 그에게 헤어날 수 없는 '마약'처럼 느껴졌고, 그녀가 어떤 악조건에 처해 있더라도 그녀와 함께라면 모든 시련을 감내할 수 있다고 조용히 말했다. 이렇게 해서 피아프는 테오파니의 '하나밖에 없는 학생의 하나밖에 없는 스승이자 연인'이 되었으며, 그 역시 이에 대한 보답으로 그녀의 정신적 버팀목이며 반려자가 되기로 결심했다. 그날 이후 테오파니가 밤낮으로 그녀의 귀에 대고 '시리포!'(그리스어로 '사랑해요'라는 뜻임)라고 말하면 그녀는 눈물을 흘리며 감동하였고, 가수로서 별 소질이 없는 테오파니를 위해서 온 정성을 쏟아 발성 연습과 샹송에 맞는 프랑스어의 올바른 발음은 물론 무대 매너까지 훈련시켰다. 그리고 그때부터 피아프는 그의 예명을 '테오 사라포'라고 지어 주었다. 어찌 보면 그 예명은 테오파니에 어울리는 괜찮은 새 이름이었다. 피아프와 테오파니는 1962년 10월 8일 올랭피아 극장에서 듀엣으로 성공적인 공연을 마치고 다음날인 10월 9일 팬들의 우려와 반발, 그리고 축복 속에서 결혼식을 올렸다. 그리고 이듬해 1월 피아프는 자신이 직접 쓴 유언장을 매니저 룰루에게 맡겼다. 유언장 내용은 "나는 나의 모든 옛 유언을 철회합니다. 나의 남편 테오파니 랑부카스를 나의 모든 유품 수혜자로 지정합니다. 1963년 1월 31일 파리, 처녀 때 이름 에디트 가시옹, 테오파니 랑부카스 아내 에디트 랑부카스가 직접 쓰다."였다. 테오파니는 1963년 2월에도 피아프와 함께 보비노 극장에서 듀엣으로 노래를 불렀다. 3월 21일 피아프는 릴 오페라에서 공연을 가졌는데, 객석은 반이나 비어 있었다. 그것이 피아프로서는 생애 마지막 공연이었고 불길한 징조마저 들었다. 봄이 되자 피아프는 자신의 죽음을 예감한 듯 장례식에 대비해서 신에게 바치는 무대 공연처럼 프랑스 낭만주의 화가 외젠 들라크루아(1798-1863. 대표작으로 〈민중이 이끄는 자유의 여신〉이 있음)가 그린 천사가 있는 생 쉴피스 성당, 생제르맹 성당, 소르본 성당, 그리고 노트르담 사원 등을 찾아 미사를 보았고 자신이 묻힐 페르 라셰즈 공동묘지도 둘러보았다. 그리고 그녀는 불쌍하게 죽은 어머니를 생각해서 가난한 노인들을 위해서 기부도 많이 했다. 피아프는 만신창이가 된 몸을 더 이상 지탱하기가 어려워 5월과 6월을 공기가 맑고 풍광이 좋은 남프랑스 세레나에서 요양하였다. 피아프는 그곳에서의 요양생활이 싫증이 나자 파리로 돌아 왔지만 몸 상태는 말이 아니었다.

견디다 못해 그해 9월에 접어들어 피아프는 다시 요양소 플라카시에로 들어가 정양하였다. 9월이었지만 그곳의 밤은 아직도 무더웠고 주변은 미모사 꽃향기로 가득했다. 생의 마지막 순간이 다가오자 피아프의 모습은 너무나 처연해서 어느 누구도 그녀를 보고 싶지 않을 정도로 피골이 상접해 있었다. 피아프는 고통 속에서 머리가 헝클어지고 몰골이 흉해질 때면 착한 테오파니는 조심스럽게 그녀의 머리를 예전의 미용사 솜씨로 손질해 주고 얼굴도 말끔히 닦아 주곤 했다. 이제 테오파니는 흐린 날에 밝은 빛을 가져온 태양과도 같은 남자였다. 그러나 그 빛은 이제 병이라는 새로운 불행으로 흐려지기 시작했다. 죽음을 며칠 앞둔 어느 날 저녁 피아프는 파리에서 돌아온 테오파니와 함께 그의 팔에 의지한 채 산책을 하다가 집으로 돌아오는 길에 등 뒤에서 사각사각 자갈을 밟는 소리를 들었다. 그녀를 찾아오는 누군가의 발길 같았다. 돌아보니 아무도 없었다. 그녀의 환청이었다. 그것은 바람결에 흔들리는 나뭇가지 소리일 뿐이었다. 순간 슬픔과 허무가 밀려왔다. 그리고 집에 돌아와 누워 있으니 잊으려야 잊을 수 없는 마르셀의 환영이 다시 다가왔다. 그리고 그녀를 키워 준 르플레와 아소의 따뜻한 손길, 몽탕과의 행복했던 순간들이 파노라마처럼 스쳐갔다.

피아프는 모든 것을 포기한 듯 10월 11일 오전 테오파니의 품에 안겨 큰 고통 없이 이승에서의 마지막 숨을 거두었다. 그때 그녀의 나이 48세, 그녀는 영원을 순간처럼 삶을 압축해서, 그리고 불꽃처럼 뜨겁게 살다가 갔다. 그리고 몇 시간 뒤 그녀의 정신적 멘토인 콕토도 오후 1시쯤 쇼크사했다. 두 사람은 이승에서의 순수한 우정을 나누다가 묘하게도 거의 같은 시간에 저 세상으로 함께 갔다. 그녀의 유해는 자동차로 파리로 옮겨졌으며 10월 14일 월요일 장례식이 비교적 차분하게 거행되었다. 그러나 교회에서는 피아프의 장례 집전을 거부했다. 그녀가 이승에서 관행대로 정숙하게 살지 않았다는 이유에서였다. 그녀에게 마지막 은총을 준 사람들은 대중들이었다. 이들에게 이날만은 가련한 피아프의 영혼을 위해 어떤 종교적 분열도, 도덕적 편견도 없었다. 이들 대중들은 노래로 그들의 눈물을 닦아 준 피아프를 위해서 기도하며 고인의 명복을 빌어 주었다. 그녀의 영원한 안식처 페르 레세즈 묘지까지 수십만 명의 조문 인파가 그녀의 인생처럼 미친 듯이 몰려들었다. 그리고 군중 속에는 그녀가 평소에 좋아했던 미모사 꽃을 들고 헌화를 기다리며 조용히 눈물을 짓는 팬도 많았고, 일부 극성스러운 팬들은 창피한 줄도 모르고 엉엉 울어댔다. 그날 파리는 온통 피아프 때문에 슬픔으로 가득 찼다. 그리고 그녀의 정숙치 못한 행동에 평소 못마땅했던 보수적인 노인들도 그날만은 자애로운 아버지와 어머니가 되어 주었다. 이틀 뒤 치러진 콕토의 장례식은 피아프의 장례식과 달리 훨씬 엄숙하게 진행되었다. 정치·문화계, 그리고 사회 저명인사들과 아카데미 회원들이 줄지어 참석하여 고인의 명복을 빌었다.

피아프는 살아생전에 한 인간으로서 흠결도 많았지만, 그녀는 노래를 위해 사랑이 필요했고, 사랑을 위해 노래가 필요했다. 그녀에게는 둘 다 어느 것에 더 비중을 둘 수 없는 고귀한 등가물이었다. 그리고 피아프는 그녀만의 노래 스타일로 대중의 한과 슬픔을 위로하고 차유해 주는 탁월한 능력과 카리스마가 있었다. 그 점이 바로 인간 피아프의 천재성이요 위대성이다. 피아프는 자기의 명성을 이용하여 덕을 보려는 자들에게는 '악의 꽃'이었지만, 그녀의 노래만을 사랑한 일반 대중에게는 '선의 꽃'이자 '희망의 꽃'이었다. 그리고 피아프는 그녀의 노래 〈나는 아무것도 후회하지 않아요〉처럼 우리네 인생의 긴 여정을 짧게 압축해서 후회 없이(?), 치열하게 살다갔다. 그것이 어쩌면 천재 피아프의 고독이요, 숙명일지도 모른다.

남은 테오파니는 피아프로부터 모든 것을 물려받았지만, 남은 것은 그녀의 검은 드레스, 받은 것은 생전에 그녀의 낭비벽으로 인한 빚더미뿐이었다. 그 액수는 무려 수백만 프랑에 달하였다. 그 많은 빚을 갚기 위해 불쌍한 테오파니는 생의 마지막 순간까지 죽을 고생을 했다. 그리고 피아프가 생전에 주술사로부터 들었던 불길한 예언대로 1970년 어느 날 테오파니도 결국 자동차 사고로 숨졌다. 이처럼 불멸의 샹송가수 피아프의 일생은 한 인간의 치열한 삶과 애절한 사랑 이야기를 담은 어느 연극·영화보다도 슬프고 드라마틱하게 끝맺었다.

주요 참고문헌 및 더 읽을 만한 책

실뱅 레네 지음, 신이현 옮김, 『에디트 피아프』, 도서출판 이마고, 2002.

손성호 엮음, 『고독한 영혼의 멜로디』, 책과선택, 1989.

서남준 지음, 『사랑하며 노래하며』, 청한, 1984.

이브 몽탕 지음, 임자영 옮김, 『세기의 연인 이브 몽탕의 고백』, 꿈엔들, 2003.

김정태, 『샹송·칸초네 명곡 해설』, 삼호출판사, 1977.

월간 펀치라인 편집부 편, 『복서 스토리』, 아서각, 1977.

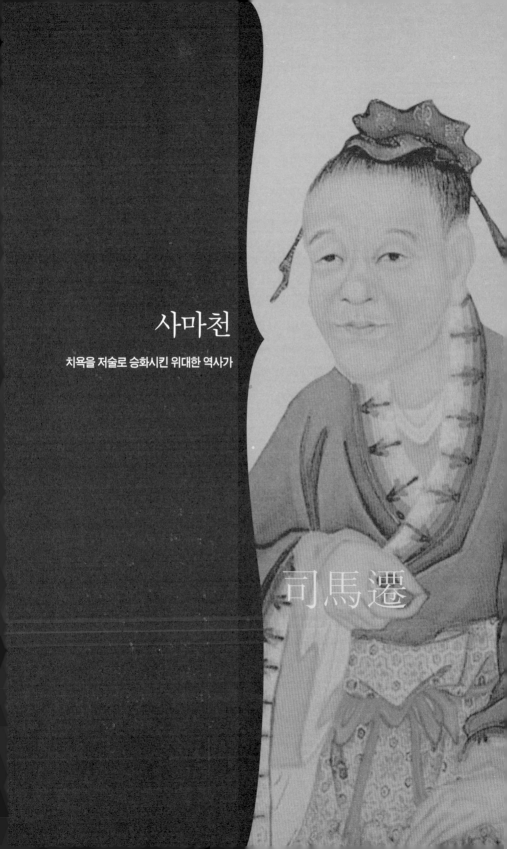

사마천

치욕을 저술로 승화시킨 위대한 역사가

司馬遷

높은 산 있어 우러러보네, 큰 길 있어 따라가네.

-시경

사나이의 길

사나이의 삶, 어떻게 살고 어떻게 죽어야 값진 삶인가?

"죽는 것은 어려운 일이 아니다. 죽음에 대처하는 것이 어렵다(非死者難也 處死者難)."고 사마천司馬遷은 말했다. 이 말은, 인간은 어차피 한 번은 죽는다. 그러나 죽음에 처했을 때 어떻게 대처하고 처신하느냐가 더어렵고 중요하다는 뜻으로 풀이할 수 있다. 가슴을 저미는 이 비장한 말은 사마천이 처한 입장이 아니고서는 언뜻 이해하기 어려운 말이다.

흉노에 항복한 동료 이릉李陵 장군을 옹호한 죄로 자신의 군주 한 무제漢武帝로부터 죽음보다 더한 굴욕적인 궁형(宮刑: 성기 절단 형벌)을 당한 사마천으로서는 허망하게 목숨을 끊기에는 너무나 한이 많았다. 부친사마담史馬談의 유언인 『사기史記』의 저술만 아니었다면, 사나이로서는형언할 수 없는 수모를 견디지 못하고 자결할 수밖에 없었다. 무참하게잘린 성기 절단 부위가 썩지 않도록 '잠실蠶室'이라는 뜨겁고 어두컴컴

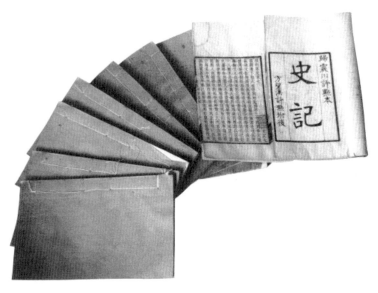

「사기」

한 독방에 갇힌 사마천은 아픈 상처를 부여안고 뜬 눈으로 며칠 밤을 지
새웠다. 사나이의 자존심을 지켜 떳떳하게 그냥 죽을 것인가, 아니면 모
멸감을 견디며 살아가야 할 것인가? 살아가야 한다면 어떻게 살아가야
할 것인가? 극한적인 한계상황에서 결국 사마천은 굴욕적인 삶을 선택
하였다. 부친의 뜻을 받들어 『사기』를 완성하고 죽을 수 있다면 짓밟힌
사나이의 자존심을 그나마 만회할 수 있으리라고 자위하였다.

　마침내 사마천은 숱한 어려움을 견뎌내며 일자일획을 댓조각이나 나
뭇조각에 칼로 새겨 칠을 하고 이를 끈으로 엮어가며 그의 나이 55세 때
에 이르러서야 총 52만 6,500자에 달하는 대기록, 『사기』를 마무리하였
다. 그 험난한 작업은 어느 누구도 해낼 수 없는 위대한 업적으로 사료 수
집에서 완성에 이르기까지 무려 20년 가까운 세월이 걸린 셈이다. 종이
가 없던 당시의 상황에서 볼 때, 이러한 작업은 초인적인 노력과 인내가
아니고서는 상상하기도 어려운 일로서, 피와 땀의 결정체가 아닐 수 없

다. 철학자 니체가 그의 명저『차라투스트라는 이렇게 말했다』에서 "모든 책 중에서 피로 쓴 책만을 사랑하라."고 말했거니와 이 말은 바로『사기』와 같은 '피로 쓴 책'을 두고 하는 말이었다. 그렇기 때문에 2천 년이 지난 오늘에 이르기까지도 '피로 쓰인 이 책'『사기』는 대중들로부터 가장 많이 사랑받는 명저로 손꼽히고 있지 않은가? 흔히 헤로도토스의『역사』가 인류 최초, 최고의 역사서로 일컬어지고 있지만, 이는 어디까지나 서양 사관의 입장에서 볼 때 그러하며,『사기』는 역사 서술의 방법과 내용, 그리고 양적으로도 헤로도토스의『역사』를 능가하고도 남음이 있을 것이다.

영국의 역사학자 카E. H. Carr가 그의 저서『역사란 무엇인가』에서 '역사는 과거와 현재의 끝없는 대화'라고 정의한 바와 같이, 과거는 현재가 있음으로 해서 그 의미를 찾을 수 있으며, 현재는 과거를 통해서 그 의의와 가치를 되새길 수 있다. 그렇기 때문에 우리는『사기』를 통해서 많은 진리와 교훈을 터득하게 된다. 즉 통치자는 지배의 논리와 술수를, 모반자는 저항의 명분과 전술을, 그리고 패배자는 실패의 쓰라림과 체념의 미학을, 그리고 무엇보다도 지배자로부터 당한 수모와 원한을 어떻게 감내하며 대응하고 승화시켜 나갔는가를, 사마천이라는 한 인간의 처절한 삶을 통해서 오늘을 살아가는 우리들은 삶의 방법과 지혜, 그리고 가치를 되새겨 볼 수 있다.

『사기』는 중국 삼황오제三皇五帝의 전설시대부터 하夏(B.C. 2070-1600)·은殷(B.C. 1600-1046)·주周(B.C. 1046-256), 춘추전국春秋戰國시대와 진秦·한漢에 이르기까지 수천 년간의 중국 역사와 등장인물들의 행적을 기전체紀傳體라는 새로운 서술 방법으로 기록한 방대한 저술이다. 즉 사기는 역사를 연대기적으로 기술하는 편년체編年體 방식의 기존 역사서와 달리 전기 형식의 열전에서 볼 수 있는 바와 같이 기전체라는 참신한 서술 방식을 구사하였다는 점에서 혁신적인 역사서이다. 특히 「열전」은 각 인물에 대한 삶의 내력보다는 이들의 개성과 활약상, 심리적 갈등과 인간적인 고뇌 등에 초점을 맞추고, 그 밖에 저자의 비판적인 견해까지 피력하고 있어, 역사서이면서도 문학서이자 사상서이며 철학서이기도 하다.

이처럼 인간 사마천은 60여 년의 파란만장한 삶과 불후의 대역사서 『사기』를 통해서 인간의 길이 무엇이며, 특히 사나이로서 어떻게 사는 것이 값진 삶인가를 생생한 사례를 들어 교훈적으로 말해 주고 있다.

학문의 습득과 주유천하

사마천의 출생과 사망 연대는 명확치 않으나 왕국유(王國維, 1877-1927. 청말 대학자로 철학·미학·문학·역사 등에 조예가 깊었음)의 『태사공 행년고太史公行年考』에 따르면 기원전 145년경 전한前漢의 경제景帝 때 태어나 무제 때까지 60여 년을 산 것으로 전해지고 있다. 사마천의 인생 역정은 그의 자서전격인 「태사공 자서」와 「임소경에게 보내는 편지(報任少卿書)」에서 비교적 소상하게 밝혀지고 있으며, 이 글들은 후한 시대의 역사가 반고班固가 『한서漢書』를 통해서 후세에 전하고 있으나 그 내용은 원문에 약간의 보필을 가하고 있을 뿐이다.

사마천의 조상은 주周 왕조 때 사관으로 있었으며, 춘추시대에 들어와서 산서성 강국인 진晉 왕조를 섬기다가 그 후 사마씨의 한 갈래가 섬서성으로 이주하여 신흥세력인 진秦 왕조를 받들었다.

제철製鐵 감독관을 하던 선조 사마창司馬昌은 무택無澤을 낳았고, 무택은 한대에 들어와 작은 현의 현감이 되어 희喜를 낳았으며 희는 사마천의 부친 담談을 낳았고, 담은 태사령太史令이 되어 가문의 중흥을 꾀하였다. 태사령이라는 직함은 궁중에서 역학과 천문, 역사 기록에 관한 일을 맡은 중간관리 직급이었다. 태사령 사마담은 아들 천遷을 낳았다. 사마천이 태어난 곳은 지금의 섬서성 한성현 교외로 부근에는 황하의 지류인 용문龍門이라는 나루터가 있었다. 용문 부근은 협곡으로 되어 있어 급류가 흐르는데 물고기들이 급류를 타고 오르면 용으로 변하여 승천한다는 전설이 있다. 요즈음 '등용문登龍門'이라는 말이 흔히 쓰이는데 이 말은 여기에서 유래하고 있다. 용문 나루터 부근에는 용문산이 있었으며 용문산 자락에는 그다지 넓지 않은 평야가 펼쳐져 있는데 사마천은 이곳에서 유년기를 보냈다. 이런 까닭에 사마천은 자신이 용문 출신임을 자랑으로 여겼다. 태사령이 된 사마천의 아버지 사마담은 가족을 데리고 무릉茂陵 땅으로 이주하였는데 한 무제가 사후에 자신의 능묘를 이곳으로 정하도록 한 뒤에 무릉 땅은 갑자기 각광을 받게 되었다.

무제는 이곳을 장안長安의 위성도시로 만들어 재산이 3백만 전 이상이 되는 재력가들을 이곳으로 강제 이주시키는 포고령을 내렸다. 사마담이 이곳으로 이주한 것은 재력이 있어서가 아니라 가문의 중흥을 꾀하기 위한 의도였다. 사마천은 고향 용문 땅에서 글을 읽기 시작하여 10세 때에는 고문(古文: 진나라 이전의 글)을 암송할 정도였다. 아들 천의 비범한 재능을 알아차린 사마담은 당대의 석학碩學 동중서董仲舒의 문하에 보내 학문을 더 깊게 습득하도록 하였다. 반고가 지은『한서』의「동중서편」에 의하면, 동중서는 하북성 사람으로 젊어서『춘추春秋』를 배우고 경제(景帝: B.C. 154-141 재위) 때 박사가 되었다. 그의 강의 방법은 독특하여 제자와 본인 사이에 장막을 치고 강의를 하였기 때문에 제자들 중에는 그의 얼굴을 보지 못한 경우도 많았다고 한다.

당시 한 무제는 즉위 후 통치 이념을 종래의 도가사상에서 유교사상으로 전환하였는데, 동중서는 무제의 이러한 통치 이념을 뒷받침한 이론가였다. 동중서는 경서經書로서의 육예六藝, 즉『시경』·『서경』·『역경』·『예기』·『악경』·『춘추』(중국 주대의 여섯 가지 기예 과목 즉 육예六藝 예·악·사·어·서·수[禮·樂·射·御·書·數]와 구분)를 백성의 교육 과목으로 삼아 유교 정신을 함양하고 이의 보급에 힘쓸 것을 왕에게 건의하였으며, 무제는 이를 쾌히 받아들여 오경박사 제도를 도입, 이에 의해서 양성된 유능한 인재를 등용하였다. 무제가 즉위하여 현량들에게 물어본즉, 동중서는 『춘추』의 예를 들어 배움으로써 도를 행하면 덕은 나날이 높아지고 크게 공을 쌓게 된다고 하였으며,『시경』에 "밤낮으로 게을리 하지 않는다." 『서경』에 "힘쓸지어다."라고 한 것도 모두 배우라는 뜻이며 배움의 중요성을 역설하였다. 또한 성왕이 세상을 떠난 뒤에 수백 년 동안 자손이 평안한 것도 모두 다 '인의예악仁義禮樂'을 중시한 효과라고 밝혔다. 그러므로 임금이 천하를 다스리려면 인으로써 백성을 훈도하고 의로써 백성을 다스리며 예로써 백성에게 절도 있는 행동을 배우도록 해야 한다고 진언하였다.

사마담은 원래 도가사상에 심취하였지만 아들의 출세를 위하여 유교사상에 관심을 기울이지 않을 수 없었다. 사마천은 242년간의 중국 역사를 연대기적으로 기술하여 역사를 비판한 공자의『춘추』에 매료되었다. 훗날 그가 기술한『사기』도 춘추의 영향을 받은 바 컸다. 사마천도 시류에 따라 유교사상을 습득하였으나「태사공 자서」에서도 기술한 바와 같이 유교사상에 비판적 시각을 갖고 있었다. 그는 다음과 같이 말했다.

유가儒家의 학문은 박대博大하기는 하나 요점이 부족하여 심신을 피로하게 하여 성과가 적을 뿐이다. 그러나 군신 부자지간에 예를 마련하고 부부·장유長幼간의 차별을 둔 것은 다른 것과 비교할 수 없는 장점이라 하겠다. 묵가墨家의 학문은 검약을 지나치게 강조하여 실용성이 적다. 그러나 생활의 근본을 튼튼히 하고 낭비를 줄이도록 한 것은 좋은 점이다. 법가法家의 학문은 너무나 엄격하여 온정이 적다. 그러나 군신과 상하의 구분을 바르게 해놓은 점은 고쳐서는 안 될 것이다. 명가名家의 학문은 지나치게 개념화해서 실질을 잃기 쉽다. 그러나 개념과 실질의 관계를 바로 잡은 점은 알아주어야 한다. 그러나 도가道家의 학문은 사람의 정신을 집중시키고 행실을 무형의 경지에 합일케 하여 만물을 충실하게 하며, 그 학술은 유가·묵가의 장점을 채택하고 명가·법가의 요점을 취하여 때와 더불어 옮겨가고 사물에 응하여 변화하며 세태를 바로잡고 처리하니 마땅하지 않은 것이 없다. 그 원리는 체계화되어 있어 실행하기 쉽고 노력하는 만큼 성과도 크다. 유가의 경우는 그렇지 않으니 군주를 천하의 의표로 여겨 군주가 주창하면 신하가 화답하고 군주가 앞서면 신하가 뒤따른다. 이와 같이 하면 군주는 수고롭고 신하는 안일해진다. 또한 '육예六藝'를 법으로 하는데 육예의 경전은 천만 가지를 헤아리므로 대대로 배워도 그 학문을 통달할 수 없으며 평생토록 그 사상을 구명할 수가 없다. 그러므로 이 학문은 넓고 박식하기는 하나 요점이 흐려서 득이 적다. 반면 도가의 사상은 허무에 기반을 두는데, 허무는 도의 불변의 법이며, 자연의 이치에 따르는 것은 군주의 큰 도리이다. 이렇게 하면 모두 조정에 나오게 되고 각각 맡은 바 직무를 수행하게 된다.

위에서도 알 수 있는 바와 같이 사마천은 군주가 민중을 다스리는 데 법으로 지나치게 구속하는 것은 온당치 못하며 군주가 모범을 보이면 백성은 저절로 따르게 된다고 생각하고 있다. 사마천은 20세가 되자 부친의 권유에 따라 중국 전역에 걸친 역사 탐방의 장도에 올랐다. 태사공 사마담은 평소부터 후세에 길이 남길 역사책을 쓰는 것이 평생의 꿈이었다. 그는 자신이 할 수 없는 일을 아들을 통해서 실현하려는 일종의 보상 심리를 갖고 있었다. 사마천은 마침내 남으로 강江, 회淮와 회계산會稽山, 북으로 문수汶水와 사수泗水를 거쳐 양梁과 초楚를 지나 중국 전역을 돌아보았다. 무려 3년이나 걸린 여행에서 찾아다닌 지역은 모두가 역사의 뜻과 한이 서려 있는 곳이었다.

부친 사마담의 한恨과 죽음

사마천은 중국 천하 여행을 마친 22세 때 낭중郞中이라는 작은 벼슬을 얻게 되었다. 낭중은 왕의 신변을 보호하는 시종관侍從官으로 직위는 보잘것없으나 왕의 측근에 있는 자리라는 점에서 야심 있는 젊은이들이 저마다 탐내는 직책이었다.

그 무렵 한 무제는 산동성 태산에 올라가 봉선제封禪祭를 올리기로 하였다. 봉선제는 왕이 천지의 신에게 제사를 지내는 장엄한 의식으로 문무백관이 참석하는 성전이었다. 그 당시에도 왕이 참석하는 국가적인 대행사에 참석을 원하는 신하들이 너무 많았기 때문에 참석 범위는 녹봉 2천 석 이상을 받는 신하들로만 제한한 결과 6백 석밖에 받지 못하는 태사공 지위는 공식적인 참석 인원에서 제외되었다. 그렇지 않아도 근자에 건강이 좋지 않은 사마담은 그 일로 인하여 병세가 더욱 악화되고 말았다. 운명이 임박하게 되었음을 예감한 사마담은 아들 천을 머리맡에 불러 놓고 다음과 같이 탄식하였다.

"지금 천자는 천세의 황통을 이어받아 태산에서 봉선제를 올리고자 하는데 나는 천지를 모실 수 없구나. 이것이 운명이란 말인가, 운명이란 말인가."

이 말을 두 번이나 반복하며 자신의 처지를 한탄하고 다음과 같이 유명遺命하였다.

"내가 죽으면 너는 태사가 될 것이다. 효도라는 것은 어버이를 섬기는 데서 시작하여 군주를 섬기기에 이르고 입신 출세함으로써 완성되는 되는 것이 아니다…… 주나라 유왕幽王과 여왕勵王 이후로 왕도가 무너지고 예악禮樂은 쇠하고 말았다. 공자는 옛것을 닦고 쇠잔한 전통을 부활시켰으며 『춘추』를 저술하였다. 공자가 절필한 지 5백 년이 지났건만 제후들은 전쟁으로 허송세월하고 사관의 기록은 끊기고 말았다. 지금에 와서 한나라가 천하를 통일하고 맹주와 현군 충신과 의사義士가 배출되고 있다. 그러나 이 아비는 그들의 행적을 제대로 기술하지 못하고 천하의 사문史文이 끊어지고 말았으니 가슴 아픈 일이다. 그러니 너는 이것을 명심하여 이 아비의 한을 풀어다오."

부친의 한 맺힌 탄식을 듣고 있던 사마천은 눈물을 흘리면서 유명을 실천에 옮기겠다고 굳게 다짐하였다. 그때 사마천의 나이 36세였다. 사마담이 죽은 지 3년 후에 사마천은 부친의 뒤를 이어 태사령에 임명되었으며, 『사기』 저술을 위해 본격적으로 자료 수집에 착수하였다. 이 무렵 사마천은 친구에게 보낸 서한에서 군자의 삶에는 세 가지가 있다고 말했다. 첫째는 덕을 세우는 일, 즉 입덕立德, 둘째는 말을 세우는 일, 즉 입언立言, 셋째는 공을 세우는 일, 즉 입공立公이다. 사마천은 이 가운데 말을 세우는 일, 즉 저술로 이름을 남기는 것이 공적을 세우는 일보다 앞선다고 보고 『사기』 저술에 의욕을 불태웠다.

뜻밖의 시련, '이릉 사건'

신은 사명을 부여하는 자에게 때로는 가혹한 시련을 안겨 주는 것일까? 『사기』 저술에 여념이 없던 사마천에게 뜻밖의 시련이 닥쳐왔다. 이

사마천

른바 '이릉李陵 사건'으로, 사건의 발단
은 이렇다. 이릉은 사마천과 같은 문하
생으로 용맹과 의리가 남달랐으며, 정
예병 8백 기를 이끌고 적진 깊숙이 침
투, 흉노군의 실태를 파악한 공로가 인
정되어 기도위騎都尉라는 지위에 올라
5천여의 정예병을 훈련시키고 있었다.
이 무렵 이광리李廣利 장군(황제의 애처
이씨와 남매지간)이 이끄는 병력이 전과
를 올리지 못하고 전황이 지지부진하
자 이릉은 자신이 흉노군을 섬멸하겠
다며 황제에게 원군을 간청하였다. 황제는 처음에는 이릉의 요청을 거절
하였으나 거듭되는 그의 요청이 간절한지라 이릉 본인이 훈련시키고 있
는 5천의 군대로 흉노군을 토벌할 것을 허락하였다. 이릉의 군사는 초반
에는 파죽지세로 적진을 공략하여 큰 전과를 올렸다. 그러나 대부분 칼
과 방패로만 무장한 이릉의 병력은 뛰어난 전술에도 불구하고 8만의 흉
노 기마병을 상대하기에는 역부족이었다. 악전고투 끝에 이릉은 생포되
어 항복하고 살아 돌아온 잔여병력은 4백여 명에 불과하였다.

패전의 소식이 전해지자 황제는 상심하였으며 신하들은 항복한 이릉
을 일제히 맹비난하였다. 그러나 이릉의 사람 됨됨이를 잘 알고 있던 사
마천은 이릉을 적극 변호하였다. 이것이 사마천에게는 돌이킬 수 없는
화를 가져오고 말았다. 황제의 뜻을 거역한 죄, 즉 '역린逆鱗'으로 투옥
되어 판결을 기다리던 사마천에게 이듬해 더욱 불리한 소문이 나돌았다.
이릉이 변절하여 흉노군을 훈련시키고 있다는 것이었다. 분노한 황제는
이릉의 가족을 몰살하고 그를 두둔해 온 사마천도 처형토록 하였다. 그

때 사마천의 나이 48세였다. 당시 관행에 의하면 사형을 면하려면 금 50만 전을 내거나, 아니면 황제의 특별 배려 형식으로 생식기를 절단당하는 형벌, 즉 궁형(宮刑: 부형腐刑이라고도 함)을 받아야만 했다. 50만 전을 도저히 낼 형편이 못되는 사마천으로서는 죽음과 궁형 중 어느 하나를 택해야만 되었다. 만일 사나이답게 깨끗이 죽음을 받아들인다면 부친의 유명을 저버리는 불효가 될 뿐만 아니라 지금까지의 삶이 헛되이 끝나버리고 마는 것이다. 사마천은 몇 날 며칠 뜬 눈으로 번민하던 끝에 치욕적인 궁형을 선택하였다. 결국 궁형을 당한 사마천은 상처의 부위가 나을 때까지 잠실蠶室이라는 뜨겁고 어두운 독방에서 분하고 원통한 마음을 삭였다. 그러나 사마천이 궁형을 당한 뒤 흉노군을 훈련시키고 있는 장수는 이릉이 아니라 이서李緒라는 자로 밝혀졌다. 가족을 몰살당하고 돌아갈 수 없는 몸이 된 이릉은 흉노 땅에서 여생을 쓸쓸히 보냈다.

사마천의 울분과 고뇌

삶과 죽음의 기로에서 사마천은 몇 번이나 자결을 고민하였으나 대장부로 태어나 무의미하게 삶을 마감하기에는 너무나 아쉬움과 한이 많았다. 사마천은 당시의 참담한 심경과 고뇌의 일단을 사형선고를 받고 감옥에 있는 동료「임소경에 보내는 편지」에서 소상히 밝히고 있다.

　소경 선생께
　　지난번 저에게 보낸 글월에서 사람들과의 관계를 돈독히 하고 어진 선비들을 잘 돌보아 주라는 간곡한 충고를 마음 깊이 간직하고 있습니다. 선생의 글월에 바로 답을 올렸어야 되었는데 황제를 모시고 동북방에 다녀오고 사사로운 개인 일에 쫓기다 보니 저의 속마음을 속히 전하지 못하였습니다. 선생께서 투옥되어 말 못할 고초를 겪고 계시기 때문에 저의 분한 마음을 소상하게 털어놓을 길이 없습니다. 이대로 선생께서 영영 가신다면 저의 아쉬움은 두고두고 남을 것입니다. 들어 온 바에 의하면 자신의 몸을 닦는 것은 '지智'의 표시이고, 남에게 베푸는 것은 '인仁'을 실천하는 것이며, 서로 주고받는 것은 '의義'를 나타내는 것이고, 살면서 치욕을 당할 때는 '용勇'을 가지고 결단을 내리는 계기로 삼아야 할 것입니다. 그리고 그로 인하여 훗날 명성을 얻는다면 그러한 일을 성취한 결과, 즉 '행行'일 것입니다. 사나이라면 이 다섯 가지 덕목을 갖춘 연후에야 진정한 군자의 반열에 낄 수 있을 것입니다. 그러므로 '이利'를 탐내는 것보다 더 참혹한 '화禍'는 없을 것이며, 자존심을 상하는 것보다 더 고통스러운 슬픔이 없고, 조상을 욕되게 하는 것보다 더 큰 치욕은 없을 것입니다. 그릇을 머리에 인 사람은 하늘을 쳐다볼 수 없듯이 직무에 몰두하는 사람은 사사로운 개인의 일을 돌볼 겨를이 없다고 생각하여 밤낮으로 직무에만 몰두하였습니다만 결국 모든 것이 뜻대로 되지 않고 허사가 되고 말았습니다.

이릉은 저와 같은 문하생이었으나 서로가 취향이 달라 술자리를 함께 한 적도 없습니다만, 주고받음이 분명하고 분별력이 있으며 나라가 위급할 때 몸을 바칠 것을 생각해 온 사람으로 알고 있습니다. 신하가 언제 죽을지 모르는 전쟁터에서 위험을 무릅쓰고 몸을 던졌다면 그것만으로도 가상한 일인데 한 번 패하였다고 하여 그를 단죄하는 것을 보고 말할 수 없는 비애를 느꼈습니다. 이릉은 어쩔 수 없이 항복한 것이며, 그의 평소 품성으로 보아 속죄하는 마음으로 나라에 다시 몸 바칠 기회를 찾을 것이라고 주상께 아뢰었으나 저의 뜻을 이해하지 못하시어 저는 그만 하옥되고 말았습니다. 이릉은 살아서 항복함으로써 가문의 명성을 욕되게 하였고, 저는 궁형을 받고 세상의 웃음거리가 되고 말았습니다. 사람이란 어차피 한 번 죽는 것이지만, 어떤 죽음은 태산보다 높고 무거우며 어떤 죽음은 새털보다 가볍기도 한데, 그것은 어떻게 죽느냐가 각기 다르기 때문입니다.

또한 사나운 호랑이가 깊은 산중에 있을 때에는 온갖 짐승들이 두려워하지만, 그 호랑이도 함정에 빠지면 꼬리를 흔들고 구걸하는 꼴이 되고 마는데 그 까닭은 위세에 눌려 그렇게 되는 모양입니다. 옥리獄吏를 보면 머리가 땅에 닿고 감옥을 지키는 말단 노비를 보아도 두려움에 숨이 막힙니다. 용기와 비겁함, 강인함과 나약함은 상황에 따라 다르게 되는가 봅니다. 천한 노비나 하녀까지도 능히 자결할 수 있는데 저와 같은 자라고 어찌 못하겠습니까? 구차하게 살며 치욕을 참고 견디는 것은 제가 하고자 하는 일을 이루지 못하는 한을 풀기 위한 것입니다.

지난날 서백(西伯: 은나라 말 사방의 제후 중 한 사람으로 서주西周 건설에 기초를 세웠음)은 감옥 속에서 『주역』을 연구하여 글로 남겼고, 공자는 곤혹을 당하고서 『춘추』를 지었습니다. 좌구명(左丘明: 공자와 같은 시기 춘추 말 노나라 학자)은 실명한 뒤에 『국어』(춘추시대 8국, 즉 주周·노魯·제齊·진晉·정鄭·초楚·오吳·월越의 역사를 나라별로 적은 책)를 지었고, 손자孫子는 두 다리를 잘린 뒤에 『병법』을 편찬하였으며, 여불위呂不韋는 촉蜀에 유배되었기에 『여람呂覽』(『여씨춘추呂氏春秋』로 더 알려져 있으며 진秦나라 때의 여불위가 빈객賓客 3천을 모아 엮은 책) 남겼고, 한비자韓非子는 진나라에 갇힌 몸이었기에 『세난說難』(고대 유세가들의 가르침을 묶은 책) 과 『고분孤憤』(한비자가 진실을 호도하는 중신들에게 심한 울분을 품고 토해낸 글, '진실을 아는 자는 언제나 외롭다. 진실 때문에 불리한 경우를 당하는 자가 많기 때문이다'는 유명한 말도 여기에 나옴)을 남겼으며, 『시경』 3백 편도 성현이 발분하여 지은 것입니다. 이 사람들은 모두가 가슴속에 한을 품고 지나간 중요한 일을 서술하여 사람들이 자신의 뜻을 알아줄 것을 생각했던 것입니다.

저도 능력은 부족하지만 천하에 흩어진 구문舊聞을 모아 후세에 남기고자 합니다. 그러나 초고를 완성하기도 전에 이런 화를 당하여 저의 과업이 완성되지 못할까 안타깝게 여긴 까닭에 수치스러운 극형을 당하고도 부끄러워할 줄 모르게 되었습니다. 저는 말을 잘못하여 고향에서 비웃음거리가 되었고, 또한 선친을 욕되게 하였으니 어찌 부모님 묘소에 가 뵐 수 있겠습니까? 하루에도 아홉 번이나 애간장이 끊어지는 듯하고 집안에 있으면 울분이 치밀어 어디를 가야 할지 서성거릴 때가 한두 번이 아니었습니다. 서면으로 제 뜻을 다 전할 수 없어 안타까울 뿐입니다. 가슴속에 묻어둔 사연을 다 털어놓으면 후련해지겠지요. 죽는 날이 가까워진 후에야 옳고 그름이 판명될 것입니다. 글로써 다 전할 수 없으며 저의 고루한 생각을 대략 말씀드렸습니다.

사마천이 임소경에게 편지를 보낸 것은 55세 때의 일로『사기』는 이보다 2년 전인 53세 때에 거의 완성 단계에 있었다. 무제의 나이도 66세로 만년에 접어들어 판단력을 잃어가고 있었으며, 간신 강충江充을 측근으로 기용하는 등 인재를 적재적소에 쓰지 못하였다. 당시 궁궐에서는 재액을 쫓는다 하여 마루 밑에 허수아비를 묻어두는 풍습이 있었는데, 그것은 자기가 싫어하는 사람을 저주할 때에 흔히 쓰이기도 하였다. 태자 려戾는 그때 나이 37세로 평소에 무제의 흉노토벌 정책에 비판적이었다. 이를 간파한 간신 강충은 무제가 죽은 뒤에 실각될 것을 두려워하여 태자가 '동궁東宮' 마루 밑에 허수아비를 묻어두고 무제를 저주하고 있다고 참소하였다. 태자는 감천궁에서 요양 중이던 무제에게 사실이 아님을 알리려 하였으나 때를 놓치고 고민 끝에 강충을 먼저 살해해 버렸다. 이 과정에서 무제파와 태자파 간에 전투가 벌어졌으며 태자는 형세가 불리해지자 자결하고 말았다. 그때 임소경은 북군 참모라는 요직에 있었으나 어느 쪽에도 가담하지 않고 애매한 태도를 취했다가 황제로부터 오해를 받아 난이 평정된 후 사형을 선고받고 만 것이다. 이때 사마천은 자신의 처지와 비슷하게 된 임소경에게 위로의 답장(임소경이 2년 전에 먼저 사마천에게 편지를 보낸 바 있음)을 보내며 자신의 신세를 한탄한 것이다.

『사기』의 짜임새

사마천이 『사기』를 완성한 것은 임소경에게 편지를 보낸 시기인 55세 때인 것으로 추정된다. 그는 『사기』를 완성한 후 스스로 삶을 마감하려고 하였으나 단 하나뿐인 딸을 출가시키지 못하였기 때문에 딸의 혼사를 마치고 60세 때쯤 한 많은 생을 마감한 것으로 전해지고 있다. 「태사공자서」에 의하면 "정본은 명산에 깊이 비장하고 부본은 경사(京師: 수도)에 두었다가 후세에 성인 군자의 보살핌을 기다린다."고 하였다. 사마천의 딸은 대사농大司農이라는 직책을 가진 양창楊敞에게 시집을 가서 아들 운惲을 낳았는데 그의 벼슬이 중랑장中郞將에 올랐다. 사마천의 외손자인 그가 훗날 『사기』의 부본을 조정에 바침으로써 비로소 세상의 빛을 보게 된 것이다.

종래의 역사책이 주로 역사적인 사실을 시대의 흐름에 따라 서술하는 편년체編年體 방식이었다면, 『사기』는 「열전」편에서 볼 수 있는 바와 같이 기전체紀傳體라는 입체적인 독특한 서술 방식으로 각 인물들의 변화무쌍한 활동 상황을 사건 중심으로 기술하고 있다. 『사기』의 짜임은 「본기本紀」 12편·「표表」 10편·「서書」 8편·「세가世家」 30편, 그리고 「열전列傳」 70편 등 총 130편으로 구성되어 있다.

「본기」는 제왕의 업적을 연대기적으로 서술한 왕가의 정치사로서 연대로는 약 2,400년간의 기록을 담고 있다. 「표」는 연대표로서 봉건제국에서 일어난 제후들의 즉위, 전쟁, 폐위, 사망 등을 연대란年代欄으로 짜여 있다. 특히 「표」에서는 본기와 열전의 빠진 부분이 보완되어 있어 사적으로 그 가치가 크다고 할 것이다. 「서」는 법제·역법·음악 국가의 주요 의식 등 문화사 내지 제도사에 해당하는 것으로 수리水利를 논한 '하거서河渠書', 경제를 논한 '평준서平準書' 등이 포함되어 있다. 특히 '평준서'에는 왕들의 수탈과 착취 행위 등이 담겨 있다. 「세가」에는 제후들의 가문에 대한 내력과 변천, 융성과 몰락의 과정이 기술되어 있다. 그리고 후세에 가장 보편적으로 널리 읽히고 있는 「열전」은 『사기』 중에서도 가장 비중을 두고 심혈을 기울인 대역작이다. 열전은 역사에서 명멸한 인물들의 다양한 모습이 적나라하고 박진감 넘치게 기술된 인물사로서 『사기』 전체의 절반 이상이나 차지하고 있는데, 사마천이 이렇게 많은 분량을 「열전」에 할애한 것은 각 개인의 활동이 역사에 얼마나 영향을 미치고 있는가를 실증하고자 한 것이다. 그런 의미에서 「열전」은 왕실 중심의 제도권 역사가 아닌 일종의 민중사 내지 인물사라고도 할 수 있을 것이다. 또한 열전은 등장하는 인물들의 언행이 때로는 구어체로 실감나게 묘사되어 있어 문학성이 돋보이며, 각 편마다 저자의 촌평이 곁들여 있어 사마천의 인생관과 역사관을 파악할 수 있다. 그런 의미에서 『사기』는 「열전」이 없다면 그 가치가 반감될 수도 있으며, 오늘날처럼 만인의 사랑을 받지는 못할 것이다. 따라서 『사기』는 한 개인의 위대한 업적일 뿐만 아니라 인류 문화의 유산이 아닐 수 없다.

『사기』에 나타난 주요 인간상

사마천은 주로 「사기열전」편을 통해 다양한 인간상을 제시하여 후세에 많은 교훈과 삶의 의미를 일깨워 주고 있다. 그는 역사에서 명멸한 다양한 인간들의 파란만장한 삶을 기술하면서 그들의 행적 못지않게 내면에 흐르는 인간의 심리상태를 사실적으로 묘사하여 문학적으로도 높은 평가를 받고 있다. 그는 아래의 각 인간상에서 알 수 있는 바와 같이 명성을 날린 명사들보다 대부분 실패와 좌절을 겪고 처절하게 죽어간 비극적인 인간들의 면모에 더욱 애착을 갖고 이를 밀도 있게 부각시켰다. 이러한 점은 자신의 운명과 무관치 않다고 보아야 할 것이다.

와신상담, 집념과 복수의 아이콘 – 구천

오왕吳王 합려闔閭는 월왕越王 구천句踐의 계략에 빠져 패하였다. 원래 합려는 자객 전제專諸의 도움으로 반란을 일으켜 왕이 된 인물이다. 합려는 구천과의 싸움에서 독화살에 손가락을 다쳐 그 독소가 몸속 내장까지 파고들어 끝내 죽고 말았다. 임종 때 그는 태자 부차夫差에게 아비의 원수를 갚으라고 유명遺命하였다. 합려의 뒤를 이은 부차는 아버지의 원한을 풀어야 되겠다는 일념에서 밤마다 섶나무 다발 위에 누워 복수심을 불태웠다.

구천은 현명한 신하 범려范蠡의 충언을 듣지 않고 군사를 일으켜 오나라를 공격하였으나 복수의 일념으로 단련된 부차에게 회계산에서 치욕적인 대패를 당하고 말았다. 곤경에 빠진 구천은 이번에는 범려의 충언을 받아들여 오왕 신하가 된다는 조건으로 항복하고 목숨을 부지하였다. 분전하다가 죽기는 쉬우나 죽으면 그뿐, 살아서 때를 기다리며 치욕을 감내하는 것이 현명하다는 판단이었다. 오왕 부차도 승자의 도량으로 구천을 포용하였다. 구천은 고국으로 돌아갈 수 있었으나 월나라는 이미 오나라의 속국이 된 형편이었다. 오나라의 부차가 섶나무 다발에 누워

범려

(와신臥薪) 부친의 유한遺恨을 되새겼듯이, 자나 깨나 음식을 먹을 때도 쓸개를 매달아 놓고 핥으면서 (상담嘗膽) 회계산의 치욕을 되씹었다. 와신상담臥薪嘗膽이란 말은 이들의 복수극에서 유래하고 있다.

회계산에서 항복한 지 12년이 지나 그 동안 은인자중하고 있던 구천은 범려와 함께 부차가 자리를 잠시 비운 사이에 오나라를 공격하여 큰 타격을 입혔으며, 7년 동안 군비를 강화하여 오나라를 다시 공격한 끝에 마침내 3년 후에는 오나라 수도 고소姑蘇를 함락하고 부차로부터 끝내 항복을 받아냈다. 그야말로 와신상담, 절치부심切齒腐心, 실로 22년 만에 끈질긴 복수극이 끝나는 순간이었다. 회계산의 치욕을 설욕한 구천은 부차를 용동으로 귀양 보내 그곳에서 여생을 보내도록 배려하였으나 부차는 이를 거절하고 스스로 목숨을 끊었다.

오왕 부차가 이처럼 비참한 최후를 마친 것은 선대 때부터 측근 참모였던 오자서伍子胥의 충고를 듣지 않은 데서 그 원인을 찾을 수 있다. 오왕 부차는 제나라를 치려고 하였으나 오자서는 제나라가 자갈밭 같은 쓸모 없는 땅이기 때문에 내장의 질병과 같은 월나라를 먼저 쳐야 한다고 진언하였다. 그러나 부차는 오자서의 말을 듣지 않고 제나라를 먼저 쳐 승리하였다. 그러나 그것은 실익이 없는 승전이었다. 이후부터 부차는 오자서를 멀리하고 제나라에 사신으로 보내버렸다. 오자서는 오나라의 멸망을 예견하고 제나라에 갈 때 동행한 아들을 제나라의 대부 포숙의 후손 포목에게 맡기고 혼자 귀국하였다. 그것을 안 오왕의 태제太弟 백비는 왕에게 오자서가 제나라와 내통하여 역모를 꾸미고 있다고 참언하였다. 분노한 부차는 측근을 통해 칼을 보내며 오자서에게 자결하도록 명령하였다. 죽음에 앞서 오자서는 이렇게 개탄하였다.

오자서

"너의 부친이 패업覇業을 이룬 것도, 네가 왕이 된 것도 모두 내 덕이었다. 네가 그때 오나라의 절반을 주겠다고 하였으나 나는 그것을 사양하였거늘, 너는 어찌하여 나를 죽이려 하느냐? 너는 내가 없으면 홀로 설 수 없으리라."

그리고 오자서는 가신에게 이렇게 당부했다.

"내가 죽거든 내 무덤 곁에 가래나무를 심어 주게. 그 나무가 크게 자라면 그것으로 부차의 관을 짜기 위함이네. 그리고 내 눈알을 뽑아 도성의 동문에 걸어 주게. 그 눈으로 월나라의 군대가 침공해 들어와 오나라를 멸망시키는 것을 똑똑히 보겠네."

오자서는 이렇게 말하고 단칼에 목숨을 끊었다. 이 말을 들은 부차는 크게 노하여 오자서의 시신을 가죽 부대에 넣어 양자강에 내던져 버리도록 하였다. 이 소문을 들은 오나라 사람들은 강가에 사당을 세우고 그의 원혼을 위로하였다. 오자서는 원래 초나라 사람이었으나 초나라 평왕에 의해서 부친 오사伍奢가 살해되자 오나라에 망명하여 오나라의 공자광光을 왕으로 만들기 위하여 오나라 요왕을 암살하였다. 그리하여 공자광이 오왕 합려가 되자 오자서는 조국 초나라에 쳐들어가 원수였던 초나라 평왕의 시신을 무덤에서 꺼내어 3백 대의 태형을 가했다. 오자서의 집념과 복수심도 대단했다. 그 뒤 합려는 오자서를 일등공신에 봉하고 아들 부차의 장래까지도 부탁하였다. 그러나 부차는 중요한 순간에 오자서의 말을 듣지 않고 월나라가 득세한 후에야 월나라를 침공하는 우를 범했기 때문에 결국 실기하고 전쟁에서 패하여 구천에 의해 비참하게 죽고말았다. 부차는 죽기 전에 자기 얼굴에 흰 천을 덮으면서 저승에 가서 오자서를 볼 면목이 없다고 뒤늦게 후회하였다.

한편 월왕 구천은 현명한 신하 범려의 말을 듣고 회계산의 치욕을 말끔히 씻었다. 범려는 더 이상 할 일이 없다고 판단하고 월나라를 떠나 제나라로 가버렸다. 구천은 사신을 보내 월나라의 절반을 주겠다고 제의하고 귀국하지 않으면 죽이고 말겠다고 유혹 반 협박 반으로 회유하였다. 그러나 명석한 범려는 구천은 어려움을 함께 나눌 수는 있어도 기쁨을 함께 할 수는 없는 인물임을 간파하고 이를 완곡히 거절하였다. 그리고 월나라 때 고생을 함께한 대부 문종에게 "광야를 돌아다니는 새가 다 없어지면 좋은 활은 다 창고에 보관되고, 교활한 토끼가 죽으면 달리는 사냥개는 삶아 먹히는 법(蜚鳥盡良弓藏, 狡兔死走狗烹)이라는 전래 속담을 은밀하게 적어 보냈으나 문종은 그 뜻을 헤아리지 못하고 머뭇거리며 시간을 보냈다. 결국 어떤 간신이 구천에게 대부 문종이 모반을 획책하고 있다고 모함하였고 문종은 구천의 무리한 압력에 못 이겨 억울하게 죽고말았다.

그 뒤 범려는 자식들과 함께 초야에 묻혀 살았다. 제나라 왕이 범려를 재상으로 기용하려 하였으나 그는 이 제의를 한사코 사양하고 농경과 목축으로 부를 축적하여 가난한 자들에게 나눠 주기도 하며 천수를 다하였다. 이처럼 범려는 나아갈 때와 물러설 때를 아는 영웅의 기개와 현자의 지혜를 겸비한 인물이었다.

사마천은 '월왕 구천 세가'편에서 "범려는 세 번 나라를 바꾸었으나 모두 영화를 누렸다."고 그의 슬기로움을 높이 평가하면서도 '오자서 열전'편에서는 "원한이라는 것이 사람에게 얼마나 무서운 해독을 끼치는가, 군왕이라 할지라도 신하에게 원한을 사서는 안 된다. 하물며 다 같은 신하의 대열에 있는 사람들끼리야 말할 것도 없다. 만일 오자서가 자기 부친과 함께 죽어버렸다면 벌레의 목숨과 다를 것이 뭐가 있겠는가? 그렇게 하지 않고 작은 일에 구애됨이 없이 커다란 치욕을 씻었으므로 그의 명성이 후세에까지 남게 된 것이다. 참으로 어렵고 비장한 일이다. 용기 있는 대장부가 아니고서야 어찌 이런 일을 할 수 있으랴."라고 말하고 오자서를 칭찬하였다. 다시 말해서 사마천은 범려의 슬기보다 장렬하게 죽은 오자서의 사나이다운 기개에 더 후한 점수를 주어 높이 평가하고 있다.

합종연횡의 창안자 – 소진과 장의

춘추시대는 약육강식 시대로 주 왕실은 이름 뿐, 크고 작은 나라들이 20여 개국으로 할거하다가 전국시대에 들어와 진秦, 한韓, 조趙, 제齊, 위魏, 연燕, 그리고 초楚 등 7개국으로 흡수 합병되었다. 진을 제외한 6개국은 진나라에 대항하기 위하여 연합형식의 합종合縱책을 택할 것인가, 아니면 힘이 강한 진나라에 의존하여 타국을 공격하는 연횡(連衡: 連橫으로도 쓰이나 連衡이라는 표기로 더 많이 쓰임)책을 써서 자국의 존립을 보존할 것인가 고심하고 있었다. 그때 합종책을 주창한 사람은 동주(東周: 전국시대 제후국의 하나)의 낙양(雒陽: 洛陽을 말하는데 전국시대에는 '洛陽'으로, 漢代에는 '落'을 '雒'으로 바꾸었음) 사람 소진蘇秦이었고 연횡책을 주창한 사람은 위나라 사람 장의張儀였다. 두 사람 다 귀곡(鬼谷: 鬼谷子라고도 하며 기원전 4세기 춘추시대에 살았던 정치가로 성은 왕王 이름은 후羽임) 선생 문하에서 권모술수를 익혀 그야말로 세치의 혀끝으로 모든 것을 걸었던 귀재들이다.

소진은 여러 나라를 전전하며 출세를 모색하였으나 뜻을 이루지 못하였다. 그는 가족과 친지들로부터 괄시를 받으며 서주西周의 명재상 태공망太公望이 저술한 『주서음부周書陰符』라는 책을 읽으면서 소일하고 있었다. 『주서음부』는 인간의 내면 심리는 행동으로 나타나기 때문에 상대방의 심리를 잘 파악하면 그 사람을 움직일 수 있다는 일종의 처세 심리학책이다. 소진은 이 책을 탐독하여 '췌마억측揣摩臆測'이라는 기법을 터득하였는데, 이는 상대방의 마음을 꿰뚫어보는 일종의 독심술이다. 이 기법을 터득한 소진은 조나라에 가서 왕을 설득, 다음과 같은 합종책을 제안하였다.

"여섯 나라가 힘을 합쳐 서쪽으로 진나라를 공격하면 진나라는 반드시 무너질 것입니다. 서쪽을 향하여 섬긴다면 진나라의 신하가 되고 말겠지요. 분쇄하는 것은 분쇄를 당하는 것, 신하로 삼는 것과 신하가 되는 것이 어찌 똑같다고 할 수 있겠습니까. 그러므로 6개국이 종적으로 유대를 강화하여 진나라에 대항하는 것이 최선의 방법입니다."

그는 이같이 말하면서 진을 제외한 6개국 공수동맹을 강력히 권고하였다. 그러고 나서 다시 한나라에 들어가 '차라리 닭의 부리가 될지언정 소의 꼬리는 되지 말라'는 속담을 인용하면서 한나라 왕에게도 합종책을 건의하였다. 이런 방식으로 소진은 6개국을 동분서주한 끝에 6개국의 합종 맹약서를 진왕에게 내보이고 진왕이 겁을 먹도록 암암리에 압력을 가함으로써 전란이 끊일 줄 몰랐던 전국시대에 15년간이나 평화를 유지하는 데 기여하였다.

한편 장의도 학식이나 책략 면에서 소진 못지않은 인물이었다. 장의 역시 주유천하하면서 초나라의 식객이 되었는데, 어느 날 그가 의탁하고 있는 집에서 구슬이 없어지는 바람에 장의는 의심을 받고 큰 봉변을 당한 끝에 쫓겨나고 말았다. 초라한 몰골로 집에 돌아온 그는 아내로부터 핀잔을 받자 자신의 혀를 내보이며, "이 세 치의 혀끝으로 반드시 뜻을 이루겠다"고 호언장담하며 때를 기다리고 있었다.

장의는 장의대로 소진의 합종책을 이길 소위 연횡책을 가지고 있었다. 그러나 그는 연횡책을 주도하는 강국 진나라에 들어가 모사를 꾸밀 자금이 없었다. 이를 알아차린 소진은 자기의 가신을 시켜 자금을 대주고 당분간 장의가 눈치 채지 못하도록 하였다. 마침내 장의는 진나라의 혜문왕을 만나 객경(客卿: 타국에서 벼슬하는 나그네 신하)이 되었다. 그러나 함께 갔던 소진의 가신이 돌아오면서 그 돈을 마련해 준 것은 소진이라고 말하자 약점이 잡힌 장의는 소진의 허허실실 술책에 탄복하였다.

지혜가 출중하여 혜문왕의 신임을 받아 진나라의 재상에까지 오른 장의는 왕을 도와 자신의 연횡책을 진행시켜 소진의 합종국가들을 이간시켰다. 이러한 상황에서 조나라에 머물고 있던 소진은 입장이 난처해지자 제나라로 도망가서 왕의 자문관 역할을 하고 있었다. 그러나 제나라 중신 중에 소진을 질투하는 자가 있어 소진은 그의 자객에게 불의의 일격을 당하고 치명상을 입고 말았다. 소진은 문병을 온 제나라 왕에게 말했다.

"수레로 저의 몸을 찢는 형벌을 내리시고 소진은 연나라를 위해 제나라에서 난을 일으키려다가 이렇게 죽노라고 선포하십시오."

이러한 방법이 적중하여 소진을 찌른 자객이 나타나 소진의 역모를 저지하기 위하여 찌른 것이라고 자랑하자 왕은 자객과 그 배후 조종자를 잡아 극형에 처하였다.

장의는 소진이 죽은 뒤 더욱 기세등등하여 소진이 추진한 6개 합종국을 드나들며 갖은 교활한 방법으로 이들 나라들을 이간시켜 진나라에 대한 전열을 흐트러뜨리고 진나라와 형제관계 또는 군신관계를 맺도록 하였다. 한 예로 장의는 진나라의 적수인 초나라에 들어가 천하에 남보다 늦게 복종하는 자가 남보다 먼저 멸망하고, 약한 양떼가 사나운 호랑이를 모는 것은 무모한 일이며, 상대국과 대등하지 못한 나라는 지구전을 펴지 말라는 옛 병법을 인용하면서 현재 상황에서 초나라가 진나라에 맞서는 것은 실익이 없다고 설득하였다. 그러면서 장의는 초왕의 자존심이 상하지 않도록, 진나라 태자를 초나라에 인질 형식으로 보내고 초나라에서 태자를 진나라에 인질로 보내는 등 상호 형제관계를 유지하면 두 나라는 오랫동안 화목하게 지낼 수 있다고 초왕을 설득하였다. 장의는 이와 유사한 방법으로 여러 나라를 돌아다니며 소진의 합종을 분쇄하였으며, 말년에는 위나라에 가서 애왕哀王을 돕다가 천수를 다하였다.

사마천은 소진의 합종책이 장의의 연횡책에 비해서 무색해진 것은 천운에 따라 소진이 먼저 죽었기 때문이며, 소진이 일개 평민 출신으로 6개국을 드나들며 이들 나라 왕들의 마음을 움직인 재간만은 인정할 만하다고 말하면서도 두 사람 다 위험한 인물이었다고 결론지었다.

테러리즘을 미학으로 승화시킨 자객 – 예양과 형가

사마천은 「사기열전」의 '자객열전'편에서 의로움을 위하여 두 마음을 품지 않은 예양豫讓을 높이 평가하고 있다.

"시니이는 자신을 알아주는 사람을 위해서 목숨을 바치고, 여자는 자기를 사랑해 주는 사람을 위해서 화장을 한다(士爲知己者死, 女爲說己者容)"는 유명한 말도 '자객열전'편에 나오는 말이다. 예양은 진나라 사람으로 당초에는 범씨范氏와 중행씨中行氏를 섬겼으나 제대로 인정을 받지 못하자 지백(智伯: 지양자智讓子 지씨를 말하며 진晉나라 6대부, 즉 6경卿[范씨, 智씨, 魏씨, 韓씨 趙씨, 中行씨] 중 가장 세력이 강하였음)을 섬기게 되었다. 지백은 예양을 아끼고 인정하여 언제나 그의 의견을 존중하였다. 지백이 조양자趙讓子를 치자 위씨와 결탁하여 지백을 멸하고 그의 가족을 몰살한 뒤 지백의 영토를 분할하였다. 그러자 예양은 "지백이 나를 알아주었으니 나는 반드시 지백의 원수를 갚고 죽겠다."고 결심하였다. 그래서 예양은 이름을 바꾼 뒤 허름하게 가장하고, 조양자가 거처하는 조나라 궁전의 화장실 잡부 노릇을 하면서 양자가 화장실에 들어오는 틈을 타 양자를 비수로 찔러 죽이려 하였으나 간발의 차이로 실패하여 양자에게 잡히고 말았다. 자초지종을 들은 조양자는 예양의 의로운 행동을 가상히 여겨 그를 풀어 주었다.

그러자 얼마 후 예양은 온몸에 옻칠을 해서 나병환자처럼 가장하고 숯을 먹어 벙어리처럼 된 후 양자를 다시 죽일 기회를 기다리고 있었다. 우연한 기회에 친구가 그를 알아보고 무모한 계획을 만류하자 예양은 "후세 사람들이 두 사람의 주군을 섬기는 것을 부끄럽게 생각하기 위함이다."라고 의연하게 말하면서 당초의 뜻을 굽히려 하지 않았다. 그 뒤 예양은 걸인처럼 행세하며 조양자가 지나다니는 다리 밑에 숨어 그를 죽일 기회를 엿보고 있었다. 그러던 어느 날 조양자의 마차가 예양이 숨어 있는 다리 부근에 당도하자 마차를 끌던 말이 갑자기 놀라 머뭇거리며 다리를 건너려 하지 않았다. 조양자는 낌새가 이상해 부하를 시켜 다리 밑을 수색해 보니 예양이 비수를 들고 숨어 기다리고 있었다. 조양자도 더 이상 참을 수가 없어 예양을 죽이기로 하고 죽기 전에 할 말을 물었다. 그러자 예양은 대답하였다.

"명군은 타인과 부하의 장점을 발휘케 하고 충신은 지조를 지켜 목숨

형가가 진시황제를 찌르려는 장면

을 아끼지 않는다고 하였습니다. 지난번에 주군께서는 저를 너그러이 용서하여 만인이 주군의 도량을 칭찬하지 않는 사람이 없었습니다. 오늘의 일로 저는 죽음을 감수하겠습니다. 바라옵건대 주군의 겉옷을 내주시면 이것을 칼로 베어 원수를 갚는 뜻으로 하겠습니다."

조양자는 예양의 뜻을 가상히 여겨 부하에게 자기 겉옷을 내주도록 하였다. 그러자 예양은 조양자의 옷을 칼로 세 번 치고 나서 스스로 자신의 목을 찌르고 죽었다. 예양이 죽은 날 조나라의 뜻 있는 사람들은 예양의 사나이다운 기개를 칭송하고 그의 장렬한 죽음을 애도하였다.

한편 자객 형가荊軻는 예양보다 한 단계 더 높은 테러리스트로, 테러리즘을 미학적으로 승화시켰다. 형가는 위나라 사람으로 독서와 검술을 즐겨한, 그야말로 문무를 겸한 의인이었을 뿐만 아니라 기예에도 능한 팔방미인이었다. 형가는 고점리高漸離라는 예능인과 어울려 다니며 고성방가하다가도 평소에 무슨 한이 많았는지 자주 대성통곡하였다. 천박한 뭇사람들이 그를 경계하였으나 그의 곁에는 항상 영웅호걸들과 현자들이 함께하였다. 그 가운데 전광田光이라는 은사隱士는 그의 재능과 기개를 어느 누구보다도 높이 평가하고 있는 터였다. 형가도 평소부터 그의 학식과 인품에 경의를 표하여 왔으며 자기를 알아주는 전광 선생을 항시 고맙게 생각하였다.

그 무렵 연나라의 태자 단丹이 진나라에 볼모로 가 있다가 본국으로 돌아왔다. 태자 단은 이전에도 조나라에서 볼모 생활을 한 적이 있으며, 진왕 정政은 조나라에서 태어나 어렸을 적에는 단과 사이가 좋았다. 그 후 정이 진나라의 왕이 되자 단은 다시 진나라의 볼모로 들어갔으나 진나라 왕은 예전과 달리 그를 너무 홀대하였다. 진나라에서 탈출한 태자 단은 복수할 생각을 하고 있었으나 연나라는 힘이 약하여 이를 실행할 수가 없었다. 태자 단은 고심하던 끝에 그의 태부 국무鞠武와 이를 상의하였다. 국무는 수모를 당했다고 하여 섣불리 진왕의 분노를 사서는 안 된다고 하면서 지혜가 심원한 전광 선생을 찾아가 상의토록 하였다. 전광 선생은 그때 이미 늙어서 은둔 생활을 하고 있었다.

태자 단이 전광 선생을 만나 자초지종을 설명하고 도움을 청하자 전광은 형가라는 의인을 천거하였다. 전광은 형가의 사람 됨됨이로 보아 충분히 큰일을 해낼 수 있다고 확신하고 있었다. 마침내 전광은 형가를 은밀히 불러 태자 단의 입장을 충분히 이해시키고 도와줄 것을 간청하였다. 이 거사는 세 사람만이 아는 극비사항으로 하였다. 전광은 이 거사가 탄로날 경우 자신이 의심받는 것은 수치라고 생각하여 거사 전에 스스로 목숨을 끊었다. 비보를 들은 형가는 전광 선생의 죽음을 애통해하고 그의 영전에서 고인의 뜻을 실천에 옮길 것을 굳게 다짐하였다. 형가는 태자를 위해서가 아니라 자신을 알아주는 전광 선생을 위해서라도 이 일을 꼭 성사시켜야 되겠다고 생각한 것이다. 물론 이 거사는 자신의 생명과 맞바꾸는 일인지라 용단을 내리기가 무척 어려운 일이었다. 형가는 이 일을 성공시키기 위해서는 진나라에 망명해 와 있는 번어기樊於期 장군의 목이 필요하다고 생각하였다. 전후 사정 이야기를 들은 번어기는 어차피 죽을 몸인지라 자신의 목을 기꺼이 내놓았다. 형가는 이와 함께 연나라의 옥토인 독항督杭 땅도 함께 내놓아야 한다고 말하고, 독항이 그려진 지도도 요청하였다. 형가는 마침내 번어기의 머리와 독항이 그려진 지도를 싸 들고 역수易水에서 고점리 등 여러 친지들과 슬픈 고별주를 나누었다. 형가는 당시의 심경을 이렇게 읊었다.

바람소리 쓸쓸하고
역수는 차거워라.
대장부 한 번 떠나면
다시는 돌아오지 않으리.

형가의 비장한 뒷모습을 지켜보던 사람들은 저마다 눈시울을 적시며 고개를 숙였다. 함양의 도성에 도착한 형가는 진나라 황제를 알현하고 번어기의 머리와 지도를 내놓았다. 둘둘 말려 있는 지도 안쪽 끝에는 비수가 숨겨져 있었다. 독항의 위치를 진 황제에게 직접 가까이서 설명드리겠다고 말하고 지도를 펼치는 순간, 그 속에서 비수를 꺼내들고 황제의 가슴을 내리쳤으나 칼끝은 몸에 닿지 못하고 옷소매만 찢겨나갔다. 놀란 황제는 자신의 칼을 잡았으나 당황한 나머지 칼이 칼집에서 빠지지 않았다. 형가가 도망치는 황제를 뒤쫓았으나 황제는 황급히 기둥 뒤로 몸을 숨겼다. 신하들은 너무도 갑작스러운 일에 누구나 손을 쓰지 못하고 부들부들 떨고만 있었다. 이때 황제의 시의侍醫인 하무저가 들고 있던 약통을 형가를 향해 내던졌다. 이 틈을 타서 황제는 칼을 빼내어 형가의 왼쪽 다리를 내리쳤다. 형가는 넘어지면서 황제에게 비수를 던졌으나 칼은 빗나가 구리기둥에 스쳐 떨어졌고, 형가의 몸은 여덟 군데나 베어져 피투성이가 된 채 비참하게 죽고 말았다. 이 사건이 끝난 후 황제는 겁 많은 신하들을 일벌백계하고 황제 주치의 하무저에게는 많은 황금을 하사하였다.

그 후 진나라 황제는 연나라와 제나라를 쳐 천하를 통일하였으며 후환이 두려워 연나라의 태자 단과 형가의 주변 인물들을 추적, 색출하였다. 마침내 형가의 옛 친구 고점리가 붙잡혀 오자 황제는 그의 재능을 아까워 한 나머지 그의 양 눈을 찔러 앞을 보지 못하게 한 다음 악기만 연주하도록 해주었다. 맹인이 된 고점리는 악기 속에 납덩어리를 숨겨 두었다가 연회가 열리던 어느 날 황제가 그의 곁에 이르자 황제를 향해 납덩어리를 내던졌으나 눈이 멀어 있는 그의 솜씨로 황제를 명중시키기에는 역부족이었다. 그 일로 인해서 고점리도 목을 베이고 말았다. 참으로 안타까운 운명의 의인들이었다.

사마천은 자신의 목숨을 버린 예양과 형가의 사나이다운 의리와 기개를 처연하게 묘사해 이들의 장렬한 죽음을 만천하에 드높였다. 그는 '자객열전' 마지막에 이렇게 결론지었다. "의인들의 의거는 성취되기도 하고, 실패로 돌아가기도 하였다. 그러나 그들의 신념은 매우 확신에 차 있었고 의리를 위해 목숨을 아끼지 않았기 때문에 그들의 기개가 후세에 전해지는 것도 그만한 가치와 이유가 있다."

의리에 살고 의리에 죽는 사나이들의 행동을 담은 '자객열전'은 테러리즘의 세계를 미학적으로 승화시킨 한 편의 드라마라 하겠다.

토사구팽의 표본 – 한신

사마천은 『사기열전』의 '회음후 열전淮陰候列傳' 편에서 권력세계의 비정한 현실을 극적으로 서술함으로써 후세에 많은 교훈을 남겨 주고 있다.

비운의 장군 한신韓信은 회음(淮陰: 중국 강소성 서남쪽 지역) 사람으로

한신

천신만고 끝에 유방劉邦의 부하로 들어가 전쟁에서 혁혁한 공을 세워 유방, 즉 한고조가 천하를 통일하는 데 일등공신이 되었다. 한신은 그 보답으로 당초에는 초나라 왕으로 봉해졌다. 그러나 그는 자만심과 분에 넘치는 행동, 한 고조의 경계심으로 회음 땅의 일개 제후, 즉 회음후淮陰候로 격하되었으며, 끝내는 주변의 끈질긴 꼬임과 회유에 휘말려 천하 제일의 권좌를 넘보다가 비참한 최후를 맞았다. 오늘날 정치세계에서도 이와 유사한 사례가 많이 나타나고 있어 많은 시사점을 던져 주고 있으며, 사정과 정황은 다르지만 우리나라 정가에서도 이 고사에서 유래한 토사구팽兎死狗烹이라는 사자성어가 많이 사용되고 있다.

한신은 회음 사람으로 원래 아무런 관직도 없이 무위도식하며 낚시로 세월을 보내고 있었다. 어느 날 우물가에서 무명 옷 빨래를 하던 어떤 아낙네가 밥도 먹지 못하고 물로 목을 축이려던 한신에게 밥을 먹여 주었다. 그 후에도 여러 날 밥을 얻어먹은 한신은 고마운 나머지 그 아낙네에게 후일 반드시 보답하겠다고 말했다. 그러나 그 아낙네는 사내가 제 손으로 입에 풀칠도 못하는 것을 보고 불쌍해서 밥을 준 것뿐이라며 보답이라는 말에 관심도 두지 않았다. 또한 어느 날 그곳 청년들 중 한 사람이 한신을 모욕하며 "이놈아, 죽기 싫으면 내 가랑이 밑으로 기어나가 보아라"라고 말하자 한신은 한동안 그 청년을 쏘아보더니 그의 가랑이 밑으로 기어 나갔다. 당연히 한신은 그들의 웃음거리가 되었으나 굴욕을 참

아내었다.

이런 그에게도 어느 날 기회가
왔다. 한신은 그 무렵 회수淮水 땅
을 진격해 오는 초나라 항량項梁의
군대에 가담했으나 이렇다 할 공
적을 세우지 못했다. 항량이 전사
한 후에는 항우項羽의 부하가 되었
으나 줄곧 별다른 두각을 나타내
지 못했다. 낙담한 한신은 초나라
에서 도망쳐 한나라 유방의 진영

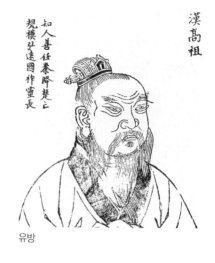

유방

으로 가 미관말직의 자리를 얻었으나 어떤 음모사건에 연루되어 참형을
당할 처지에 놓이게 되었다. 같은 무리 열세 명이 먼저 참수를 당하고 한
신의 차례가 되자 한신은 "주상(유방)께서는 천하를 얻으실 분인데 어찌
저 같은 미미한 장수를 죽이려 하십니까?"라고 말하자 이 말을 들은 하
우영(유방의 동료)은 한신의 남다른 면모를 알아보고 유방에게 한신을 살
려 주기를 건의하고, 그를 장수로까지 추천하였다. 그러나 유방은 처음
에는 그를 별로 탐탁지 않게 생각했다. 한신도 유방 밑에 있어 본들 별 득
이 없다고 생각하여 도망치고 말았다. 그의 재능을 아깝게 여긴 재상 소
하蕭何는 이 사실을 알고 유방에게 알릴 틈도 없이 그를 찾아 나섰고, 유
방에게는 소하가 도망쳤다는 보고가 들어갔다. 유방이 낙담하고 있는 중
에 이틀 후 소하가 다시 돌아왔다. 유방이 그 경위를 따져 묻자 그는 한신
을 급히 찾아나서다 보니 그리 된 것이라고 해명하고 한신을 다시 강력
히 추천하였다.

유방은 소하의 간청에 따라 한신을 대장군의 자리에 앉히고 자기에게
무슨 도움을 주겠느냐고 물었다. 그러자 한신은 유방에게 지금 천하의

패권을 다투는 항우와 비교해서 어느 편이 우월하다고 생각하느냐고 되물었다. 유방은 망설이던 끝에 현재로서는 자기가 부족하다고 솔직히 시인했다. 이에 한신은 그 말이 맞기는 하나 항우는 우유부단하고 공을 세운 부하에게 벼슬을 주는 데 인색하여 인심을 잃고 있다고 말했다. 그러니 이제부터라도 유방이 인재를 믿고 일을 맡긴다면 반드시 승리할 것이라면서 동쪽으로 진군하면 천하를 얻을 것이라고 장담하였다. 한신의 말대로 유방은 동쪽으로 진군하여 평정하고 인근 작은 나라들까지 모두 항복시켰다. 그 후 유방은 제나라와 조나라를 합쳐 초나라를 공격하던 중 대패하였으나 한신은 흩어진 무리를 다시 규합하여 끝내는 초나라 군대를 섬멸하였다. 한신은 그 후에도 나무로 만든 항아리를 연결한 뗏목에 군사들을 숨겨 위나라를 굴복시켰으며, 1만 명의 군대로 강물을 등진 이른 바 '배수진背水陣'을 치고 적을 유인한 뒤, 뒤에서 다른 아군 부대가 역공하는 방법으로 조나라까지 멸망시켰다. 그러나 한신은 조나라 광무군은 죽이지 않고 사로잡은 뒤 그를 깍듯이 예우해 주었다.

승전 축하연에서 부하 장수들이 물었다.

"병법에는 산허리를 오른편으로 하여 등지고, 강을 왼편으로 하여 수택(水澤: 물이 고인 연못)을 앞에 둔다고 하였는데, 왜 그 반대 방법을 취하였으며 이는 무슨 전술입니까?"

한신이 이에 대답하였다.

"이것도 병법에 있다. 그대들이 유심히 살펴보지 않았을 뿐이다. 병법에 이런 말이 있지 않은가? '죽을 곳에 빠진 뒤에야 살 수 있고, 망할 곳에 있어야 생존할 수 있다.'

지금의 군대는 오합지졸을 모아 놓았기 때문에, 물러서면 곧 깅물에 곧 빠져 죽는다는 것을 알아야 죽기를 각오하고 싸운다는 것이었다. 한신의 이 말에 부하 장수들은 곧 탄복하고 말았다.

한신은 사로잡은 광무군을 위로하며 북쪽으로 연나라를, 동쪽으로 제나라를 치려 하는데 좋은 의견을 제시해 주기 바랐다. 광무군은 "패장은 군사에 대해서 말할 자격이 없고, 나라가 망한 신하와는 나라를 보존할 방법을 상의하는 것은 무의미하다."고 말하면서 조언을 사양하였다. 그러자 한신은 백리해白里奚라는 사람은 자기 나라에 있을 때에는 어리석었으나 진나라에 있을 때에는 현명하였다고 말하면서 이는 임금이 중용하느냐 안 하느냐 차이 때문이라고 설명하였다. 그러자 광무군은 "슬기로운 사람도 많은 일을 생각하다보면 실수가 있는 법(千慮一失), 어리석은 사람도 많은 일을 하다보면 유익한 일을 할 수 있다."며 지금의 군사들이 지쳐 있으므로 군사를 동원하여 연나라와 제나라를 치는 것은 바람직하지 않으니 당분간 군사들을 쉬게 하는 편이 후일을 기약할 수 있다고 조언하였다. 그는 또 "병법에 능한 자는 자기의 단점으로 적을 공략하지 않고 자기의 장점으로 적을 공격하는 법"이라고 말하고, 지금의 군사들을 술과 고기로 위로하고 한 숨 돌린 후에 적을 공격해야 할 것이며, 화술이 좋은 부하를 연나라와 제나라에 보내어 한나라 군대의 강함을 과시하는 편이 효과적이라고 말하였다. 즉 먼저 큰소리로 적의 기를 꺾고 진짜 싸움은 나중에 하는 것이 바람직하다는 것이다. 이렇게 해서 한나라는 싸우지 않고 연나라를 굴복시켰다.

그 후 한신은 유방의 명을 받고 제나라로 진격하고 있는데, 그 사이에 역생易生이라는 신하가 제나라를 회유한 끝에 제나라의 항복을 받아냈다는 소식이 들려왔다. 이에 한신이 제나라 공격을 중지하려고 하자 책략가인 괴통蒯通은 이는 옳지 않은 방법이라고 말하고 유방으로부터 공격 중지 명령을 받지 않은 점을 유념해야 한다고 충언하였다. 이 말을 듣고 한신이 계속 공격하자 제나라 왕은 역생이 자기를 속였다고 크게 노하여 그를 끓는 물에 넣어 죽였다. 한신이 공격의 고삐를 늦추지 않고 계속 추격하자 초나라도 장군 용저龍且에게 병사 20만을 주어 제나라를 돕게 하였다. 그러나 한신은 유수維水에서 밤중에 만 개의 모래주머니를 만들도록 하여 강의 상류를 막고 적이 강을 가로지르도록 유인한 다음, 적이 강 한복판에 이르자 쌓아두었던 모래주머니를 한꺼번에 무너뜨려 적군의 대부분을 섬멸하였다. 한신이 마침내 제나라를 평정하자 유방은 이에 대한 보답으로 한신을 제나라 왕으로 봉하였다.

이렇게 되자 초나라 항우는 앞날이 우려되어 한신에게 신하를 보내 유방은 믿을 사람이 못되기 때문에 언제 화를 당할지 모르니 이때를 놓치지 말고 천하를 삼분하는 결단을 내리자고 제안하였다. 그러나 한신은 이렇게 말하면서 항우의 제안을 받아들이지 않았다.

"내가 항왕項王을 섬겼을 당시에는 미관말직에 지나지 않았으며 어떤 제안을 해도 받아 주지 않았소. 그래서 초나라를 버리고 한나라에 온 것이오. 한왕은 나에게 대장군의 벼슬과 수만의 군대를 주었소. 오늘날 내가 이렇게 된 것은 한왕의 덕택인데 어찌 그를 배반할 수 있겠소?"

항우의 회유는 끈질겼다. 이번에는 지략가 괴통이 나서서 좀 더 고차원적인 방법으로 회유하였다. 즉 한신의 얼굴은 제후가 될 상에 불과하나 등을 보니 천하를 통일하고도 남을 상이며, 초나라와 한나라가 오랜 전쟁으로 국운이 한계에 이르렀으니 하늘이 내린 기회를 놓쳐서는 안 된다고 부추겼다. 그러나 한신은 "남의 수레를 얻어 타는 자는 그의 걱정거리를 자기 몸에 실어야 하고, 남의 옷을 얻어 입은 자는 그의 근심을 함께 안아야 하며, 남의 음식을 얻어먹은 자는 그를 위해 희생할 줄 알아야 한다."는 속담을 인용하면서 자기의 이익에 사로잡혀 의리를 저버릴 수 없다면서 괴통의 조언을 거부하였다. 그러나 괴통은 물러서지 않고, 대부 종種과 범려范蠡가 망해가는 월나라를 일으켜 세우고 구천句踐을 월왕으로 만들어 주었지만, 결국 이들이 구천으로부터 버림받은 사실을 상기시키면서 들짐승이 없어지면 결국 사냥개는 잡아먹히는 것이 세상의 이치라는 점을 상기시켰다. 또한 용기와 지략이 군주를 떨게 하는 자는 몸이 항상 위태롭고 공로가 천하를 뒤 덮는 자는 오히려 상을 받지 못하는 법이라고 말하면서, 지금 한신이 한나라와 초나라 모두에게 경계의 대상이 되고 있다는 점을 상기시켰다. 한신이 머뭇거리자 괴통은 "망설이는 호랑이는 벌만도 못하고, 제자리걸음만 하는 기린은 뛰는 말보다 못하며, 공은 쌓기는 어려우나 잃기는 쉽고, 기회는 잡기 어려우나 놓치기는 쉽다."고 덧붙였다. 그러나 한신은 계속 주저하며 괴통의 말을 따르지 않았다.

한신은 끝내 유방을 배반하지 않고 한나라가 천하를 제패하도록 만들었고, 그 공로로 한신은 초나라 왕으로까지 봉해졌다. 한신은 초나라로 가면서 옛날 낭인 시절 그에게 밥을 준 빨래하던 아낙네를 찾아 천금으로 보답하였고, 한때 신세를 진 지방 유지에게도 보은하였다.

그러나 한나라 6년, 한신이 반란을 일으켰다는 소문을 들은 한 고조 (유방)는 한신을 체포하기 위하여 운몽이라는 곳에 모든 제후를 집결시켰다. 불길한 예감이 든 한신은 어느 신하가 "이전에 유방의 원한을 산 적이 있는 한신의 부하 종리매鍾離昧라는 장수를 먼저 죽인 후 운몽으로 가는 편이 좋겠다고 하자 한신이 이를 받아들여 종리매에게 자초지종을 설명하였다. 그러자 종리매는 "내가 죽는 것은 두렵지 않으나 그 다음에는 공도 망할 것이오. 역시 공은 큰 사람이 못되오."라고 말하고 한신을 쏘아보더니만 스스로 자기 목을 찔러 죽었다.

한신은 종리매의 목을 들고 한 고조에게 갔으나 유방은 결국 한신을 붙잡아 낙양으로 호송한 뒤 그 동안의 공적을 가상히 여겨 목숨을 살려 주는 대신에 초왕의 자리를 박탈하고 회음 땅의 제후로 격하시켰다. 그러자 한신은 다음과 같이 탄식하였다.

"속담대로 토끼 사냥이 끝나면 사냥개는 잡아먹히고, 하늘을 나는 새가 없어지면 활은 쓸모 없이 창고에 버려지듯, 적국이 멸망하니 지모가 있는 신하는 죽게 되는구나. 천하가 평정되었으니 내가 죽는 것은 당연하다."

그래도 유방과 한신의 관계는 그때까지만 해도 그런대로 지속되었다. 어느 날 한고조가 자신이 어느 정도의 군사를 거느릴 수 있느냐고 물었다. 이에 한신이 대답하였다.

"폐하께서는 10만이면 족하나 저는 많으면 많을수록 좋습니다(多多益善)."

고조가 다시 물었다.

"그러면 귀공은 어찌 나에게 잡히는 몸이 되었소?"

이에 한신이 대답하였다.

"폐하께서는 병사들을 가까이 둘 수는 없지만 장수들의 우두머리가 될 능력이 있습니다. 더구나 폐하의 능력은 하늘이 주신 것이기 때문에 어쩔 도리가 없습니다."

그 후 한신은 자기 부하 거록鉅鹿의 태수 진희陳豨와 함께 역모를 꾀하였다. 한신은 진희로 하여금 난을 일으키게 하고 자신은 몸이 불편하다는 핑계를 대고 전쟁에 참가하지 않았다. 이 사실을 안 한고조의 부인 여후는 계략을 세워 진희가 이미 처형되었다는 소문을 퍼뜨린 후 한신을 불러들여 그의 목을 베어버렸다. 그때 한고조는 출정 중이었으므로 여후가 스스로 결단을 내린 것이다. 죽음에 앞서 한신은 아녀자에게 속아 목숨까지 잃게 된 것을 땅을 치며 후회하였으나 이미 때는 늦었다. 그로 인하여 한신은 자신은 물론 그의 삼족까지 몰살당하는 비운을 맞았다.

참으로 권력세계의 비정한 현실을 실감케 하는 교훈적인 비극의 한 토막이었다. 사마천은 이에 관해서 한신이 이렇게 비운을 맞은 것은 모친의 분묘를 호화롭게 꾸미는 등 겸양하지 않고 자신의 능력을 지나치게

430

과신한 것이 화근이었다고 말하면서, 천하가 이미 안정된 후 때늦은 역모를 꾸몄으니 당연한 결과라고 부연하였다.

우국충정에 불타오른 비운의 문인 ─ 굴원

굴원屈原은 초나라 회왕懷王 때 간관諫官을 지냈으며, 문장이 뛰어나고 지혜로웠을 뿐만 아니라 품성이 고결하여 왕의 총애를 받았다. 그러나 동료 상관대부 근상勤尚의 질시와 회왕의 우매함, 그리고 왕의 막내아들 자란子蘭의 미움을 사 뜻을 제대로 펴지 못하고 멱라수에 몸을 던진 비운의 문인이었다. 사마천은 「사기열전」의 '굴원·가생열전屈原·賈生列傳'편에서 굴원의 인물 됨됨이와 고결한 행동에 대해서 각별한 애정을 가지고 어떤 인물보다 많은 부분을 할애하였다. 어쩌면 사마천은 굴원이 우국충정에 불탄 문인으로서 자신의 처지와 비슷하다고 생각하여 그에게 남다른 애착을 가졌는지도 모른다.

회왕은 굴원에게 제반 법령을 기초하도록 하였다. 그러나 초안이 완성되기도 전에 평소 그를 시기해 온 상관대부 근상이 초안을 보고 중간에서 가로채려 하자 굴원은 이를 단호히 거부하였다. 이에 앙심을 품은 근상이 왕에게 굴원을 모함하여 졸지에 굴원은 왕의 눈 밖으로 벗어나고 말았다. 굴원은 억울한 심경을 달랠 길 없어 깊은 시름에 잠긴 나머지 『이소離騷』를 지었다. 그 내용은 선대 성왕들의 예를 들어 도덕의 숭고함과 치세의 도리를 미묘한 문장으로 표현한 것이다. 사마천은 이와 관련하여 다음과 같이 썼다.

"생각하건대 하늘은 사람의 시작이며 부모는 사람의 근본이다. 사람이 난관에 봉착하게 되면 근본으로 돌아가기 마련이다. 그래서 힘들고 피로가 극에 달하면 하늘을 부르지 않는 사람이 없으며, 질병이나 고통에 시달리게 되면 부모를 찾지 않는 사람이 없다. 굴평(屈平: 굴원의 본명)은 자기가 걷는 길을 바르게 하고 행실을 똑바로 하며 충성과 지혜를 다하여 군주를 섬겼으나 참소하는 자가 있어 그가 왕과 굴원을 이간시켰다. 허위가 없는데도 의심을 받고 충성을 다하였는데도 모함을 받았으니 원망하지 않을 수 있겠는가. 굴원이 『이소』를 지은 것은 한이 맺힌 마음에서 지었을 것이다.

「국풍國風」(『시경』에 나오는 민요 모음집)은 사랑을 노래하였으나 음탕하지 않았고 '소아小雅'(『시경』에 나오는 음악 이름으로 조정의 실정을 비꼰 내용이 담겨 있음)는 원망과 비난을 담고 있으나 모반의 내용이 아니었다. 그런 점에서 이소는 양자의 장점을 두루 갖고 있다. 위로는 제곡(帝嚳: 중국 고대 부족국가의 수령)을 칭송하고 아래로는 제 환공齊桓公을 말하며, 그 중간에는 탕왕湯王과 주 무왕을 서술하고 당대의 사적을 풍자하여 도덕의 광대·숭고함과 흥망성쇠의 인과관계를 조리 있게 표현하여 빠진 것이 없다. 그의 문장은 간결하고 심오하여 노골적이지 않으며, 그의 뜻은 고결하고 행위는 청렴하기 이를 데 없다. 또한 말의 수효는 적으나 그 뜻하는 바는 가히 광대하며 열거한 예는 비근하지만 표현은 심오하다. 그 뜻이 고결하기에 인용하는 사물마저 향기가 드높으며 그의 행실이 아주 청렴하였기에 사후에도 인정받지 못하고 스스로 세인의 이목에서 멀어졌다. 진흙탕에서 몸을 씻었으나 더러움을 벗어났으며 속세에 때묻지 않고 결백하였다. 그가 지향하는 바를 논거 한다면 일월과 빛을 다툴 만큼 큰 인물이라 하겠다.

사마천이 한 인물을 이렇게 극찬한 예는 굴원말고는 거의 없다.

굴원이 회왕 곁을 떠난 후 진나라가 제나라를 치려고 하였다. 당시 제나라는 초나라와 합종合縱하고 있었으므로 진나라의 혜왕이 이를 근심하여 연횡책連衡策을 쓴 장의張儀를 시켜 초나라에 6백 리 땅을 할양하겠다고 거짓 약속하여 제나라와 국교를 단절시켰다. 어리석은 회왕은 나중에 6백 리가 아니라 6리라는 소식을 듣고 진노하여 진나라와 싸움을 벌였으나 8만의 군사를 잃고 대패하는 수모를 당하였다. 그 후 진나라의 소왕이 초나라와 혼인관계를 맺겠다며 회왕을 만나자고 제의하였다. 굴원이 이에 응하지 말도록 간하였으나 우매한 회왕은 막내아들 자란의 말만 듣고 진나라의 땅에 들어갔다. 진나라 군사는 회왕의 퇴로를 차단하고 초나라 땅을 할양할 것을 요구해 왔다. 회왕은 크게 노하여 조나라로 도망하였으나 조나라에서도 받아 주지 않아 결국 이국 땅에서 비참한 최후를 맞았다. 이처럼 회왕은 충신과 간신을 구분하지 못하였기 때문에 안으로는 신하에 현혹되고 밖으로는 적군에 속아 천하의 웃음거리가 되고 말았다.

그 뒤 자란은 상관대부 근상을 시켜 자신의 큰 형이며 부친 회왕의 뒤를 이은 경양왕에게 굴원을 모함하여 굴원은 마침내 양자강 쪽으로 귀양을 가게 되었다. 초췌한 굴원의 얼굴을 보고 한 어부가 어찐 일이냐고 물었다. 굴원이 그간의 경위를 털어놓자 어부가 물었다.

"세상이 모두 흐렸다면 어째서 그 탁류에 몸을 맡기지 않았으며, 세상 사람들이 취했다면 왜 함께 취하지 않습니까?"

이에 굴원이 답하였다.

"머리를 감은 자는 반드시 관의 먼지를 털어서 쓰고 목욕을 한 자는 의복의 먼지를 털어서 입는 법이오. 사람이라면 누가 깨끗한 몸에 더러운 때를 묻히겠소. 차라리 양자강에 몸을 던져 강 속 물고기 뱃속에 들어가는 편이 낫지 않겠소."

그렇게 말하고 굴원은 「회사부懷沙賦」라는 시 한 수를 남기고 멱라수에 몸을 던졌다.

원한을 끊고 분노를 삭여

애써 심난한 마음을 추스르고

혼탁한 세상에도 변치 않으며

후세에 모범이 되고자

여정에 올라 북녘 땅에 머무니

해는 뉘엿뉘엿 저물어가네.

시름도 슬픔도 잊고

죽음으로 끝맺을 거나……

사람은 태어날 때 천명을 받고

저마다 운명을 지녔으니

마음을 정하고 넓게 가지면

무엇이 또 두려우랴.

그래도 상심하고 애달피 장탄식함은

세상이 혼탁해서 나를 알아주지 못해도

깨우칠 바 없음이리라.

죽음은 피할 수 없음을 알기에

목숨을 아끼지 않노라.

후세의 군자들에게 분명히 고하노니

나 이제 죽어 세상의 모범이 되리.

우국충정에 불타오른 한 문사는 이처럼 처절하게 죽었다. 사마천은 굴원의 죽음을 못내 애석히 여기고, 후세의 많은 문사들이 그를 모방하였지만 그의 참뜻을 감히 따르지 못하였다고 굴원을 추켜세웠다.

"자신이 죽을 것이라는 사실을 알면 용기가 솟아나는 법이다. 죽는 것은 어려운 일이 아니다. 죽음에 대처하는 것이 어렵다(知死必勇, 非死者難也, 處死者難)."

이 말은 죽는 것이 어려운 일이 아니라 죽음에 처하였을 때 어떻게 대처하고, 처신하느냐가 어려운 일이라는 말로 해석된다. 사마천은 그 해답을 '염파·인상여 열전廉頗·藺相如 列傳'편에서 찾고 있다.

인상여는 조나라 사람으로 환관의 우두머리 무현繆賢의 가신이었으나 지혜가 출중하여 조정에 발탁된 후 '누란累卵의 위기危機'에 처해 있는 나라를 구하여 약소국인 조나라가 강대국인 진나라에 의연히 맞설 수 있게 하였다. 조나라의 인접 강대국인 진나라는 수시로 조나라를 괴롭혔다. 어느 날 진나라는 조나라의 국보급인 '화씨벽和氏璧'이라는 구슬과 진나라의 15개 성을 맞바꾸자고 조나라에 요구하였다. 이에 조나라 문왕은 고민 끝에 신하인 환관 무현의 천거에 따라 인상여의 의견을 듣기로 하였다. 인상여는 왕에게 진나라는 강대국이고 조나라는 약소국이므로 이를 거절할 수 없다면서, 진나라의 요구를 거절하면 조나라의 잘못이 되지만, 조나라의 구슬을 받고도 진나라가 약속을 이행치 않으면 진나라의 잘못이 되는 것이므로, 진나라의 요구를 들어주는 계책을 세워 잘못을 진나라에 전가하는 편이 슬기로운 방법이라고 말했다.

이렇게 해서 인상여는 사신이 되어 문제의 화씨벽을 들고서 진왕을 배알하였다 진왕은 예상대로 화씨벽을 받고 기뻐하면서도 약속한 15개 성省을 줄 생각을 하지 않고 있었다. 그러자 인상여는 기지를 발휘하여 그 구슬에 티가 있으니 이를 확인해 보이겠다고 말했다. 진왕이 구슬을 내놓자 인상여는 구슬을 들고 물러나 기둥에 몸을 기대고 다음과 같은 말로 진왕을 궁지에 몰아넣었다.

"개인 간의 사사로운 일도 약속을 지키거늘 국가와 국가 간의 약속이 구슬 하나로 파기될 수 있겠습니까? 또한 구슬을 보내기에 앞서 5일 동안 목욕재계하고 최상의 예의를 갖추었는데 폐하께서는 저를 마치 말단 신하처럼 대하며 구슬을 가지고 희롱할 수 있습니까?"

그리고 만일 진왕이 자신을 위협하면 구슬과 자기 머리를 벽에 부딪쳐 구슬을 깨뜨린 후 죽고 말겠다고 으름장을 놓았다. 좌우 백관이 술렁거리며 노하였으나 진왕은 구슬이 아까워 주변을 진정시키고 지도를 펴 보이며 약속한 성을 주겠다고 달랬다. 그러나 인상여는 진왕의 거짓 약속을 알아차리고 조왕이 5일간 목욕재계하고 최상의 예우를 갖추었으니 진왕도 이에 합당한 예의를 표해야 한다고 주장하였다. 진왕은 이런 상태에서 구슬을 손에 넣을 수 없다고 판단한 끝에 인상여의 청을 들어주기로 하고 사신들이 묵는 객사에서 기다리도록 하였다. 그 사이 인상여는 야음을 틈타 함께 온 부하 한 사람을 시켜 구슬을 몰래 본국으로 돌려보냈다. 5일 후 진왕이 인상여를 다시 불렀으나 그는 대대로 진나라의 군왕은 약속을 지킨 적이 없어 그 보물을 본국으로 돌려보냈으며, 지금이라도 약속을 확실히 지킨다면 약소국인 조나라에서는 지체 없이 구슬을 다시 보낼 것이라고 말했다. 그리고 자신이 진왕을 속였으니 신들과 논의하여 탕확(湯鑊: 끓는 가마솥에 집어넣어 죽이는 형벌)에 처해 줄 것을 요청하였다. 신하들이 노기를 띠면서 인상여를 끌어내리려고 하자 진왕은 이를 만류하였다. 진왕은 인상여를 죽인다고 해서 그 보물을 손에 넣을 수 있는 것도 아니고, 사소한 구슬 하나로 양국의 관계가 악화되어 봐야 별 득이 될 것이 없다고 판단한 것이다.

이렇게 해서 인상여는 진왕에게 할 말을 다하고 무사히 귀국하였으며, 조왕은 지혜롭고 용감한 신하 덕분에 구슬을 떳떳하게 되돌려받을 수 있게 되었다. 조왕은 인상여의 공을 높이 평가하여 상대부라는 높은 벼슬을 주었다. 오늘날에도 많이 쓰이는 '완벽完璧'이라는 말은 이 고사에서 유래하였다.

그 후에도 진왕은 다시 트집을 잡아 조나라 변방을 습격하여 많은 인명을 살상하고 성을 빼앗아 협박조의 불리한 회담을 요구해 왔다. 조왕이 두려워서 회담에 응하려 하지 않자, 인상여는 비겁하다는 욕과 수모를 당하지 않으려면 회담에 임해야 한다고 주장하고, 왕을 모시고 회담 장소에 나가 진왕과 대면하게 되었다. 이때에도 진왕은 주연을 베풀어 갖가지 방법으로 회유하고 협박하였으나 그때마다 인상여의 기지로 위기를 모면하였으며, 결국 진왕은 도저히 승산이 없다고 판단하여 조왕 일행을 돌려보냈다. 조왕은 인상여의 슬기에 거듭 탄복하여 그에게 상경上卿이라는 더 큰 벼슬을 주었다. 이렇게 하여 인상여는 일등공신인 염파 장군보다 높은 벼슬에 있게 되었다. 이에 염파는 세 치의 혀로 벼락감투를 쓴 인상여를 노골적으로 시기하였다. 그러나 현명한 인상여는 염파 장군을 깍듯이 예우하였으며, 가급적 그와 자리를 함께하는 것을 피하였으며 불가피하게 동행할 때에는 염파에게 상석을 양보하였다. 보다 못한 부하들이 그의 비굴함을 참지 못하고 떠나려 하자 그는 죽음을 각오하고 적진에서 살아 돌아온 자신이 염파 따위를 두려워하겠느냐고 말하면서 부하들을 이렇게 타일렀다.

"생각해 보건대 강대한 진나라가 약한 조나라를 감히 치지 못하는 것은 오직 우리 두 사람, 즉 염파와 내가 있기 때문이다. 비유해서 말하면 지금 두 호랑이가 서로 싸우면 결국 둘 다 살지 못하고 나라까지 흔들린다. 내가 염파를 피하는 까닭은 국가의 위급함을 먼저 생각하고 사사로운 싸움을 뒤로하기 때문이다."

이 말을 전해들은 염파 장군은 탄복하여 인상여를 찾아가 깊이 사과하고 머리를 숙였다. 그 일로 인해서 두 사람은 소위 '문경지교(刎頸之交: 목이 달아나도 후회하지 않는 진실한 우정을 맺는 것)'를 맺고 죽는 날까지 변함없는 우정을 나누었다.

그 뒤 조나라의 혜문왕이 죽고 그의 아들 효성왕이 등극하여 진나라와 대치하였으나 그때 이미 인상여는 늙고 병들어 있었기 때문에 왕은 인상여의 충고 따위는 염두에 두지 않았다. 인상여가 죽고 얼마 되지 않아 조나라는 결국 망하고 말았다. 사마천은 인상여의 지혜와 용기, 겸양에 대해서 다음과 같이 평하였다.

"대체로 선비는 겁이 많아 용기를 낼 줄 모른다. 그러나 인상여는 목숨을 아끼지 않고 용기를 발휘하였기 때문에 그의 위세가 적국을 뒤덮었고, 본국에 돌아온 후에는 염파 장군에게 겸양하였기 때문에 그의 명성이 태산보다 높아졌다. 인상여는 지혜와 용기 이 두 가지를 겸비한 인물이다." 특히 최고 권력자 곁에서 일하는 고위 공직자들이 마음에 새기고 참고해야 할 대목이다.

사마천의 탁월한 경제사상 – '화식열전'

사마천은 「사기열전」의 사실상 대미를 장식하는 마지막 장 '화식열전貨殖列傳'편에서 31인의 부자를 사례별로 열거하여 그들의 부의 형성과정과 특성은 물론 현실을 살아가는 데 필요한 돈의 가치와 나아가 경제의 중요성을 놀라운 식견으로 언급하여 그가 단지 명분에 치우친 이상주의자가 아니라 현실도 중시하는 이상과 현실의 균형론자임을 입증하고 있다.

그는 말했다 "창고가 꽉 차야 예절을 알고, 옷과 음식이 넉넉해야 영욕을 안다.(『관자』 목민牧民편) 그러므로 예의라는 것은 재산이 있으면 생기고 없으면 사라진다. 때문에 군자가 부유하면 덕을 행하기를 좋아하게 되고, 소인이 부유하게 되면 자신의 능력에 맞게 처신한다. 연못이 깊어야 물고기가 살고, 산이 깊어야 짐승이 노닐듯이 사람은 부유해야만 비로소 인의仁義를 행하게 된다. 부유한 사람이 세력을 얻으면 세상에 더욱 빛을 발하게 되고, 세력을 잃으면 객客도 줄어들어 즐겁지 않게 되는 법이다…… 세간의 말에 이르기를 '천금을 가진 부자의 자식은 저잣거리에서 죽지 않는다.'는 말이 있는데, 이는 빈말이 아니다. 그러므로 '세상 사람들은 이익을 위해서는 희희낙락 모여들고 이익이 없으면 소란을 떨다가 슬그머니 떠난다.'는 말이 있는데, 이는 틀린 말이 아니다. 천승千乘의 마차를 가진 왕, 만호萬戶를 가진 제후, 백실百室을 가진 대부들이라고 해도 돈을 걱정하는데, 하물며 호적에 올라 있는 정도의 일반 백성들이야 어떻겠는가?"

이어서 사마천은 옛날 월왕 구천이 회계산에서 고통을 겪으면서 범려와 계연(計然: 범려의 스승)을 기용, 농민들이 지은 농산물의 유통과 가격을 적절이 조절하여 농민들의 불만을 극소화하였기 때문에 나라가 부강해졌고, 병사들도 사기가 올라 전쟁에 승리할 수 있었으며, 범려는 회계산의 치욕을 씻고서 정계에서 스스로 물러나 생업에 전념하였는데, 그는 19년간 세 차례에 걸쳐 천금의 재산을 모아 가난한 친구들과 고향에 있는 형제들에게 나누어 주고 노년에는 자손들에게 일을 맡겨 그 자손들이 수만금을 더 모아 천복을 누렸기 때문에 부자를 말할 때는 모두가 범려의 선행을 이야기 했다고 말하면서 천복을 오래 누리고 자손이 번성하려면 베풂의 미덕이 중요하다는 점을 강조하였다. 이어서 그는 "백리 먼 곳에 나가 땔나무를 팔지 말고, 천리 먼 곳에 나가 곡식을 팔지 말라(운송비가 많이 들어 이문이 별로 없다는 뜻)"고 말하면서도 일 년을 살려거든 곡식을 심고, 십 년을 살려거든 나무를 심고, 백 년을 살려거든 덕행을 베풀어야 한다."는 관자管子의 말을 부연 설명하면서 부의 사회적 환원을 역설하였다. 그러면서 "무릇 범인들은 다른 사람의 재산이 자기보다 열 배가 되면 그를 헐뜯고, 백 배가 되면 그를 두려워하며, 천 배가 되면 그의 일을 해주고, 만 배가 되면 그의 하인이 되니, 이것이 어쩔 수 없는 사물의 이치이다(凡編戶之民 富相什則卑下之 伯則畏憚之 千則役 萬則僕 物之理也)." 라고 말하여 돈의 가치와 위력을 현실적으로 증명하고 있다. 또한 그는 경제의 부가가치 측면도 서슴없이 이야기하면서 가난한 자가 가난을 빨리 탈피하기 위해서는 농사나 집에서 수繡를 놓는 것보다 시장에 나가 장사를 하는 것이 낫다고 말하고 있다. 그러면서 세상을 등지고 깊은 산에 사는 것도 아니면서 벼슬도 하지 않고 무위도식하며 세상사를 비판만 하거나, 오랫동안 비천한 자리에 있으면서도 말로만 인의仁義를 운운하는 것은 부끄러운 처신이라고 일갈하였다.

이어서 사마천은 부를 축적한 사람의 예로 제철업으로 부자가 된 촉지방 탁씨와 양나라 공씨를 들고, 특히 공씨는 많이 벌어 많이 씀으로써 시시한 동업자나 장사꾼보다 더 많은 부를 축적, 주변의 사업가들이 그의 대범함, 즉 스케일을 본받았다고 기술하고 있다. 또한 선곡(宣曲: 지금의 서안시 서남쪽 지방)에 사는 임씨의 경우는 부자가 되면 대부분 허세를 부리고 사치를 누렸지만, 그는 절약·검소하고 농사와 목축에 힘쓰며, 이에 필요한 용품은 반드시 싼 것보다 질 좋은 고급품을 썼기 때문에 양질의 생산품을 만들어내어 사업이 번창하였다고 지적하였다. 그리고 그는 작업이 완전히 끝나기 전에는 술과 질탕한 음식을 피하여 타의 모범이 되었으니 그의 재산 형성 근본은 근검 절약이었다고 분석하였다.

그러면서 사마천은 "이로써 미루어 볼 때, 부자가 되는 것에는 정해진 직종이 따로 없고, 재물에는 일정한 주인이 없는 것이다. 재능이 있는 자에게는 재물이 모이고, 못난 사람에게서는 재물이 기왓장 부서지듯 흩어

저 버린다. 천금의 부자는 한 도시의 군주와 맞먹고, 수만금을 모은 자는 왕처럼 즐겼다. 이것이야 말로 '소봉(素封: 오늘날 식으로 말하면 부동산 재벌이나 금융 재벌격)이 아니겠는가?"라고 결론지으면서, 현실을 살아가는 데 부의 능동적 축적도 중요하나 이의 합리적 분배, 더 나아가 사회적 환원의 필요성을 직간접적으로 역설하였다. 그것이 돈의 올바른 쓰임새요, 가진 자의 책무라고 강조하고 있다. '화식열전'을 통해서 본 사마천의 경제·경영 이론과 그 철학은 오늘의 관점에서도 매우 유효하고 놀라운 탁견이라고 말하지 않을 수 없다

'높은 산이 있어 우러러보네, 큰 길이 있어 따라가네'

사마천은 역사가로서 투철한 역사 의식을 가지고 역사에서 명멸한 인물들의 행적을 추적하여 오늘을 살아가는 우리들에게 많은 교훈과 뜻 깊은 메시지를 전해 주고 있다. 그는 윤리의식과 도덕관, 현실 순응 등 동양적인 사고의 틀을 벗어나 때로는 기존의 가치 질서에 대한 비판적 사고를 가지고 역사를 기술하였다. 그는 군주로부터 부당한 수모를 당하였기에 이에 대한 원한감정을 저술로 승화시켰으며, 핍박받는 민중과 약자의 편에서 그들과 함께 한을 되새겼다. 그는 권력의 언저리에 있었지만 호가호위狐假虎威하지 않았고 민중이 역사의 주인임을 언제나 자각하고 있었다. 그가 기술한 역사 인물들은 현실과 야합하여 행복을 향유하는 인물들보다 명분과 의리를 중히 여기는 현실의 패배자들에 더욱 애착을 갖고 그들의 험난한 삶을 밀도 있게 부각시켰으며, 그들과 함께 고뇌하고 괴로워했다. 그러나 한편으로 사마천은 「사기열전」의 대미를 장식하는 '화식열전'편에서도 볼 수 있는 바와 같이 인간의 삶에서 돈의 가치와 필요성 즉 경제의 중요성에 대해서도 구체적인 사례를 들어 언급함으로써

그의 사상이 이상과 명분에만 치우치지 않고 실질을 숭상하는 현실적인 삶도 중시하고 있음을 입증하고 있다.

또한 사마천은 역사의 인물들에서 그들의 업적 못지않게 등장하는 인물들의 성격과 심리상태까지도 세밀하게 묘사하여 문학가로서도 뛰어난 자질을 보여 주었다. 그는 선과 악, 위선과 정의, 명분과 실리, 배신과 의리 등 인간의 복잡한 양면 세계를 심층적으로 분석하여 인간의 존재 가치와 참 인간의 길을 찾는 데 진력하였다. 반고가 "그의 글은 웅변이지만 요설饒舌이 아니며, 질박하지만 천박하지 않다."고 말한 것은 적절한 표현이다. 우리는 그의 방대한 저술에 외경과 경탄을 금할 수 없으며, 폐부를 찌르는 촌철살인적인 명언에서 삶의 예지와 슬기를 터득하게 된다. 그런 면에서 "『삼국지』를 백 번 읽는 것보다 『사기』를 한 번 정독하는 것이 오히려 낫다."는 말은 지나친 말이 아니다.

"죽는 것은 어려운 일이 아니다. 죽음에 처하였을 때 이에 대처하는 것이 어렵다."는 말이나, 그의 좌우명 "높은 산이 있어 우러러보네, 큰 길이 있어 따라가네(高山仰止, 景行行止)."(『시경詩經』)에서도 알 수 있는 바와 같이, 후세의 우리는 큰 길을 걸어가려는 인간 사마천의 고뇌에 찬 몸부림과 뜨거운 숨결을 불후의 대작 『사기』를 통해서 능히 파악할 수 있을 것이다.

주요 참고문헌 및 더 읽을 만한 책

司馬遷 지음, 鄭範鎭 외 옮김, 『史記列傳』(上中下), 도서출판 까치, 1997.

司馬遷 지음, 鄭範鎭 외 옮김, 『史記世家』(上下), 도서출판 까치, 1994.

司馬遷 지음, 鄭範鎭 외 옮김, 『史記本紀』, 도서출판 까치, 2010.

司馬遷 지음, 鄭範鎭 외 옮김, 『史記 表序·書』, 2010.

버튼 왓슨 지음, 박혜숙 옮김, 『위대한 역사가 사마천』, 도서출판 한길사, 1995.

하야시다 신노스케 지음, 심경호 옮김,『인간 사마천』, 도서출판 강, 1995.
김영수 지음,『사마천, 인간의 길을 묻다』, 도서출판 왕의서재, 2012.
班固 지음, 홍대표 옮김,『漢書列傳』, 도서출판 범우사, 1997.